工业和信息化高职高专“十三五”规划教材立项项目
高等职业教育**财经类**“十三五”规划教材

THE PRACTICAL COURSE OF ERP FINANCIAL MANAGEMENT SYSTEM

ERP财务管理实践教程——用友ERP-U8 V10.1版（微课版）

黄杰敏 主编
王溪若 王苏生 李浩然 方瑶 副主编

人 民 邮 电 出 版 社
北 京

图书在版编目（CIP）数据

ERP财务管理实践教程 : 用友ERP-U8 V10.1版 : 微课版 / 黄杰敏主编. -- 北京 : 人民邮电出版社, 2017.8

高等职业教育财经类“十三五”规划教材

ISBN 978-7-115-46160-5

Ⅰ. ①E… Ⅱ. ①黄… Ⅲ. ①财务软件－高等职业教育－教材 Ⅳ. ①F232

中国版本图书馆CIP数据核字(2017)第169397号

内 容 提 要

本书以企业一个完整的运行案例为载体，介绍了9个项目内容，涉及系统管理、企业应用平台、总账管理系统日常业务处理、应收款管理系统业务处理、应付款管理系统业务处理、固定资产管理系统业务管理、薪资管理系统业务处理、总账管理系统期末业务处理、报表管理系统业务处理等知识。

本书配有操作视频、练习数据以及数据账套等资源，内容通俗易懂，架构清晰。本书可作为高等院校、职业院校的专业教材或参考书，也可作为各类成人教育培训机构的培训教材或企业领导、技术人员和管理人员了解和运用ERP软件的参考书。

◆ 主　　编　黄杰敏
副 主 编　王溪若　王苏生　李浩然　方　瑶
责任编辑　刘　琦
责任印制　周昇亮

◆ 人民邮电出版社出版发行　　北京市丰台区成寿寺路 11 号
邮编　100164　　电子邮件　315@ptpress.com.cn
网址　http://www.ptpress.com.cn
北京市艺辉印刷有限公司印刷

◆ 开本：787×1092　1/16
印张：17.5　　　　2017 年 8 月第 1 版
字数：459 千字　　　　2017 年 8 月北京第 1 次印刷

定价：49.80 元

读者服务热线：(010)81055256　印装质量热线：(010)81055316
反盗版热线：(010)81055315
广告经营许可证：京东工商广登字 20170147 号

前言

为了认真贯彻落实《国务院关于加快发展现代职业教育的决定》、教育部等六部门《现代职业教育体系建设规划（2014—2020 年）》文件精神，根据《财政部关于全面推进我国会计信息化工作的指导意见》和财政部发布的《企业会计信息化工作规范》，我们以财政部 2006 年颁布的《企业会计准则——基本准则》及 2014 年新修订部分和有关财经法规为依据，结合高等职业教育会计及相关专业标准中对会计信息化课程的要求，编写了这本书。

本书是作者在深入调查了解我国中小企业会计信息化现状的基础上，根据教育部制定的财经大类专业教学标准，与企业和院校的专家学者合作完成的。本书以 ERP-U8 V10.1 软件为蓝本，以某工业企业一个月的业务资料为依据，按照“必须、够用、实用”的原则设计了系统管理、企业应用平台、总账管理系统日常业务处理、应收款管理系统业务处理、应付款管理系统业务处理、固定资产管理系统业务管理、薪资管理系统业务处理、总账管理系统期末业务处理、报表管理系统业务处理 9 个项目的教学内容。在内容的编排上，本书通过业务描述、岗位说明、实验要求、实验资料、操作指导等环节设计教学内容。以清晰的业务流程、详细的操作步骤，启发学生，不断提高学生积极思考的意识，以及分析和解决问题的能力。

本书具有以下明显的特点。

1. 实用性。本书以某工业企业一个月的业务为主要素材进行编写，业务类型丰富且业务描述以原始单据形式呈现，能够更好地培养学生的会计职业操作能力。

2. 教学资源丰富。在教学资源的提供方面，校企合作共同开发教材资源，包括操作视频、教学课件、电子教案、账套等。丰富的资源为教师和学生提供了全面的教学支持。

本书由黄杰敏（深圳信息职业技术学院）任主编，王溪若（深圳信息职业技术学院）、王苏生（哈尔滨工业大学）、李浩然、方瑶（宣城职业技术学院）任副主编。

本书的主要参与者还有石燕、杨泽涛、张跃馨、刘晓凤、王悦琦、吕青霞、潘诗霞、曾美梅、郑秋妍、吴丽丽、郑婉芬等，在此感谢所有参与者。

编者由于水平有限，对实际工作研究不够全面，本书难免存在疏漏和不当之处，在此，我们希望使用本书的教师和同学不吝指正，以便今后不断完善。

编者

2017 年 2 月

目录

项目九

项目一
系统管理

功能概述

系统管理的主要功能是对用友 ERP-U8 V10.1 管理系统的各个产品进行统一的操作管理和数据维护，它包括以下几个方面的内容。

- 账套管理：账套指的是一组相互关联的数据，每个企业（或每一个独立核算的部门）的数据在系统内部都体现为一个账套。账套管理包括账套的建立、修改、引入和输出等。
- 年度账套管理：在用友 ERP-U8 V10.1 管理系统中，每个账套里都存放着企业不同年度的数据，称为年度账。年度账管理包括年度账的建立、引入、输出和结转上年数据，清空年度数据等。
- 用户及权限的集中管理：为了保护系统数据的安全，对系统数据进行保密，系统管理提供了用户及其功能权限的集中管理功能。通过对系统操作分工和权限的管理，一方面可以避免与业务无关的人员进入系统，另一方面可以按照企业的需求对各个用户进行管理授权，以保证各负其责。用户及权限的集中管理主要包括定义角色、设定系统用户及设置用户功能权限。
- 系统运行安全的统一管理：系统管理员对系统运行安全负责，在系统管理中，可以对整个系统的运行过程进行监控，清除系统运行过程中的异常任务，设置系统自动备份计划等。

实验目的与要求

- 理解系统管理在用友 ERP-U8 V10.1 管理软件中的应用。
- 掌握设置系统管理及用户权限的方法，理解用户在整个系统中的地位。

实训 设置系统管理及用户权限

业务描述

已安装用友 ERP-U8 V10.1 管理软件，将系统日期修改为“2016 年 1 月 1 日”。

实验要求

扫一扫

- 增加用户。
- 建立账套“不进行系统启用的设置”。
- 设置用户权限。
- 设置备份计划。

- 将账套修改为有“外币核算”的账套。
- 账套备份。

实验资料

用户功能及权限如表1-1所示。

表1-1　　用户功能及权限一览表

编号	姓名	所属部门	认证方式	角色	权限
w01	王昭	财务部	用户+口令（传统）	账套主管	账套主管的全部权限
w02	解树	财务部	用户+口令（传统）	总账会计	除总账会计权限外增加凭证复制权限
w03	高夏珍	财务部	用户+口令（传统）	出纳	总账系统中出纳签字（GL0203）及出纳（GL04）的所有权限

账套信息

账套号：823

单位名称：深圳杰威尔出版有限公司

单位简称：杰威尔出版

单位地址：深圳市前海自贸区公举路823号

法人代表：周思伦

邮政编码：082123

税号：959708210823520

启用会计日期：2016年1月

企业类型：工业

行业性质：2007年新会计制度科目

账套主管：王昭

基础信息：对存货进行分类

分类编码方案

科目编码级次：4222

客户分类编码级次：123

部门编码级次：12

存货分类编码级次：122

收发类别编码级次：12

结算方式部门级次：12

操作指导

1．以系统管理员身份登录系统管理

【操作步骤】

（1）执行“开始”|“程序”|“用友ERP-U8 V10.1”|“系统服务”|“系统管理”命令，打开“ERP-U8 V10.1系统管理”窗口。

（2）执行“系统”|“注册”|命令，打开“登录”系统管理对话框。

（3）系统中预先设定了一个系统管理员admin，第一次运行时，系统管理员密码为空，如图1-1所示，单击“登录”按钮，以系统管理员身份进入系统管理。

温馨提示 系统管理员的初始密码为空，为保证系统运行的安全性，企业在实际应用中应及时为系统管理员设置密码，设置系统管理员密码为“super”的操作步骤是：在系统管理员登录系统管理对话框中选中“改密码”复选框，单击“确定”按钮，打开“设置操作员密码”对话框，在“新密码”和“确认”文本框中均输入“super”；最后单击“确定”按钮，返回系统管理，在教学过程中，由于多人共用一套系统，为了避免由于他人不知道系统管理员密码，而无法以系统管理员身份进入系统管理的情况出现，建议不要给系统管理员设置密码。

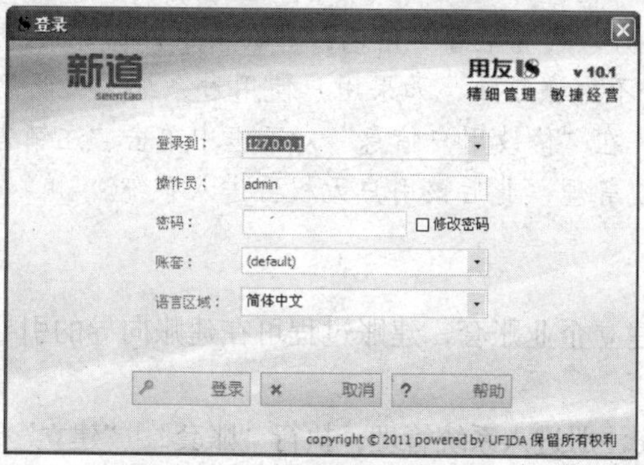

图 1-1 “系统登录”对话框

2．增加用户

只有系统管理员（admin）才能执行增加用户的操作。

【操作步骤】

（1）以系统管理员身份登录系统管理，执行“权限”|“用户”命令，打开“用户管理”对话框。

（2）单击“增加”按钮，打开增加用户的对话框，录入编号“w01”，姓名“王昭”，认证方式“用户+口令（传统）”。所属部门“财务部”，在所属角色列表中选中“账套主管”前的复选框，单击“确定”按钮，即可保存用户设置如图 1-2 所示。

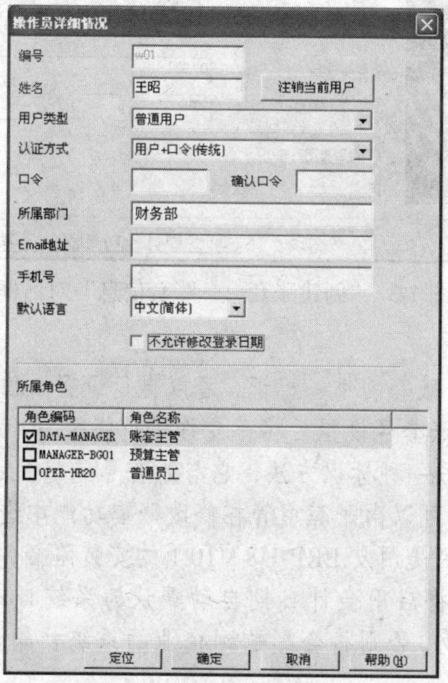

图 1-2 “操作员详细情况”对话框

（3）单击“增加”按钮，依次设置其他操作员。设置完成后单击“取消”按钮退出。

温馨提示

• 在增加用户时可以直接指定用户所属的角色，如：王昭的角色为“账套主管”，解树的角色为“总账会计”。由于系统中已经为预设的角色赋予了相应的权限，因此，如果在增加用户时就指定了相应的角色，则该用户就自动拥有了该角色的所有权限，如果该用户所拥有的权限与该角色的权限不完全相同，可以在“权限”|“权限”功能中进行修改。

• 如果已设置用户为“账套主管”角色，那么该用户也是系统内所有账套的主管。

• 用户被启用后将不允许删除，如果用户使用过系统又被调离单位，应在用户管理窗口中单击“修改”按钮，在“修改用户信息”对话框中单击“注销当前用户”按钮，最后单击“修改”按钮返回系统管理，此后该用户无权再进入系统。

3. 建立账套

只有系统管理员可以建立企业账套，建账过程可在建账向导的引导下完成。

【操作步骤】

（1）以系统管理员身份注册进入系统管理，执行“账套”|“建立”命令，打开“创建账套——账套信息”对话框。

（2）输入账套号“823”，输入账套名称“深圳杰威尔出版有限公司”；选择启用会计期“2016-1”，如图 1-3 所示。

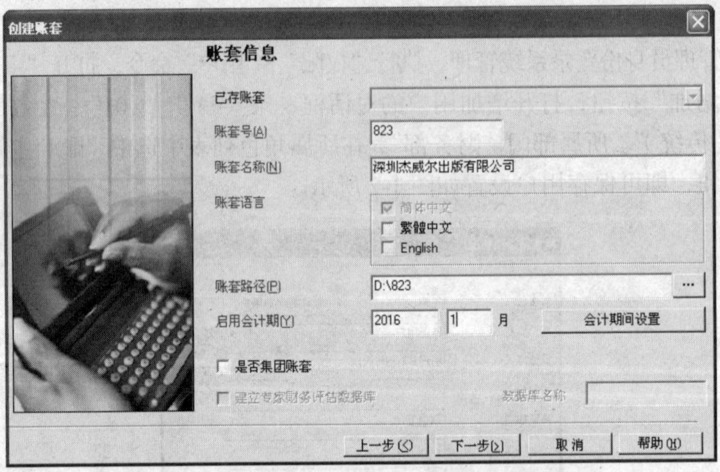

图 1-3 “创建账套——账套信息”对话框

温馨提示

• 账套号是账套的唯一标识，可以自行设置 3 位数字，但不允许与已存账套的账套号重复，账套号设置后将不允许进行修改。

• 账套名称是账套的另一种标识方法，它与账套号一起显示在系统正在运行的屏幕上。账套名称可以自行设置，并可以由账套主管在修改账套功能中进行修改。

• 系统默认的账套路径是用友 ERP-U8 V10.1 的安装路径，用户可以进行修改。

• 建立账套时系统会将启用会计日期自动默认为系统日期，用户应注意根据所给资料对系统启用日期进行修改，否则将会影响到企业的系统初始化及日常业务处理等内容的操作。

（3）单击“下一步”按钮，打开“创建账套——单位信息”对话框。

（4）输入单位名称“深圳杰威尔出版有限公司”，输入单位简称“杰威尔出版”，输入单位地址“深圳市前海自贸区公举路 823 号”等单位信息，单击“下一步”按钮，如图 1-4 所示。

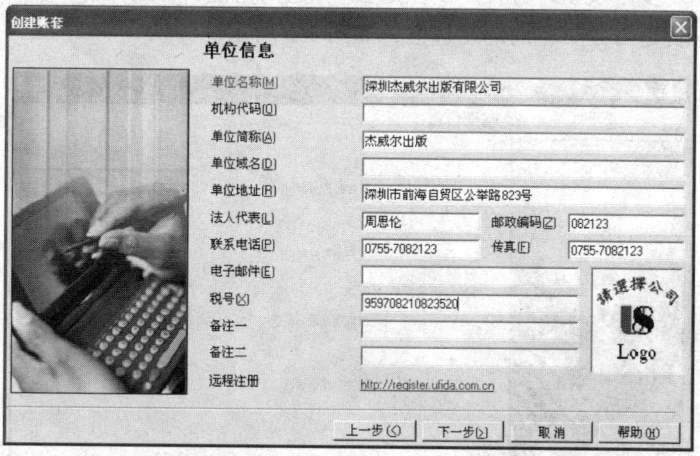

图 1-4 “创建账套——单位信息”对话框

温馨提示

- 单位信息中只有“单位名称”是必须输入的。必须输入的信息以蓝色字体表示（以下同）（本书用浅色字体表示）。
- 单位名称应输入企业的全称，以便打印发票时使用。

（5）单击“下一步”按钮，打开“创建账套——核算类型”对话框。

（6）单击“账套主管”栏的下三角按钮，选择“w01 王昭”，其他采取系统默认，如图 1-5 所示。

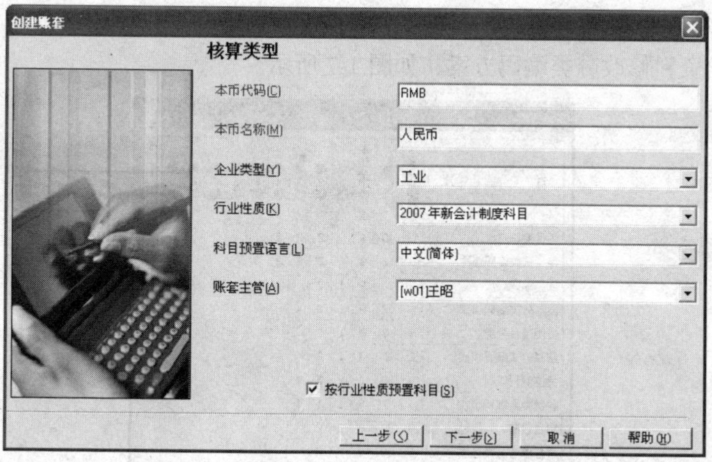

图 1-5 “创建账套——核算类型”对话框

温馨提示

- 行业性质将决定系统预置科目的内容，必须选择正确。
- 如果事先增加了用户，则可以在建账时选择该用户为该账套的主管，待账套建立完成后再到“权限”功能中进行账套主管权限的设置。

- 如果选择了按行业性质预置科目，则系统会根据您所选择的行业类型自动装入国家规定的一级科目及部分二级科目。

（7）单击“下一步”按钮，打开“创建账套——基础信息”对话框。

（8）勾选“存货是否分类”前的复选框，如图1-6所示。

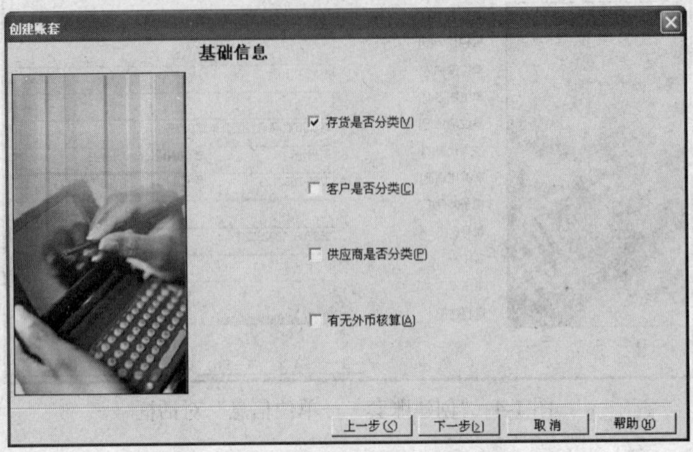

图1-6 “创建账套——基础信息”对话框

- 本企业要求对存货进行分类，不对客户、供应商进行分类，且无外币核算。
- 是否对存货、客户及供应商进行分类将会影响其档案的设置。有无外币核算将会影响其基础信息的设置及日常能否处理外币业务。
- 如果基础信息设置错误，可以由账套主管在修改账套功能中进行修改。

（9）单击“完成”按钮，弹出系统提示“可以创建账套了吗？”。单击“是”按钮，稍候，打开“编码方案”对话框。

（10）按所给资料修改分类编码方案，如图1-7所示。

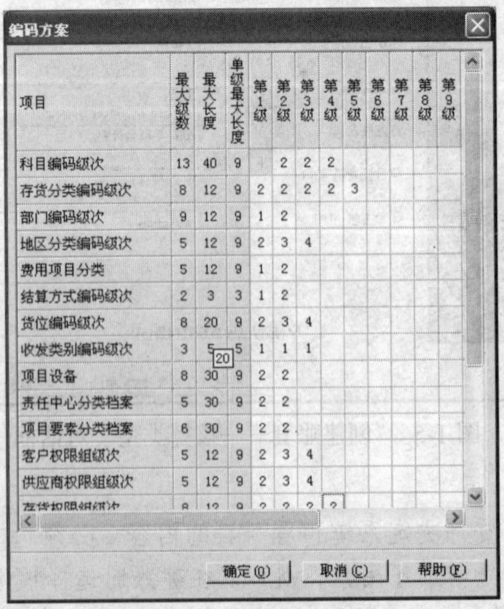

项目	最大级数	最大长度	单级最大长度	第1级	第2级	第3级	第4级	第5级	第6级	第7级	第8级	第9级
科目编码级次	13	40	9		2	2	2					
存货分类编码级次	8	12	9	2	2	2	2	3				
部门编码级次	9	12	9	1	2							
地区分类编码级次	5	12	9	2	3	4						
费用项目分类	5	12	9	1	2							
结算方式编码级次	2	3	3	1	2							
货位编码级次	8	20	9	2	3	4						
收发类别编码级次	3	5	5	1	1	1						
项目设备	8	30	9	2	2							
责任中心分类档案	5	30	9	2	2							
项目要素分类档案	6	30	9	2	2							
客户权限组级次	5	12	9	2	3	4						
供应商权限组级次	5	12	9	2	3	4						
存货权限组级次	8	12	9	2	2	2	2					

图1-7 编码方案

- 编码方案的设置，将会直接影响到企业基础信息设置中相应内容的编码级次及每级编码的位长。
- 删除编码级次时，必须从最后一级向前依次进行删除。

（11）单击“确定”按钮，再单击“取消”按钮，打开“数据精度”对话框，如图 1-8 所示。

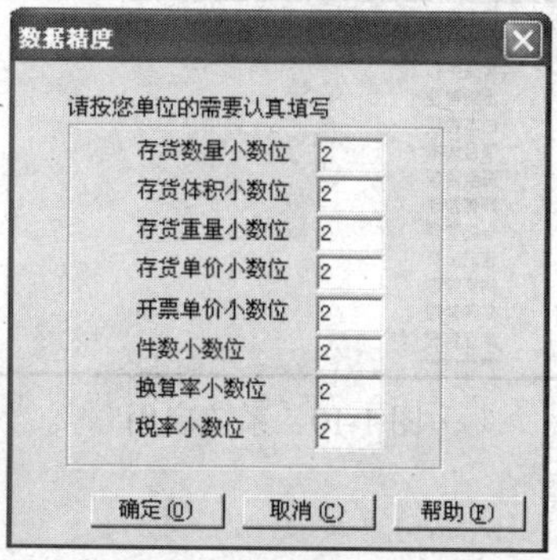

图 1-8　数据精度

（12）默认系统预置的数据精度设置，单击“确定”按钮，稍后系统会弹出信息提示框，如图 1-9 所示。

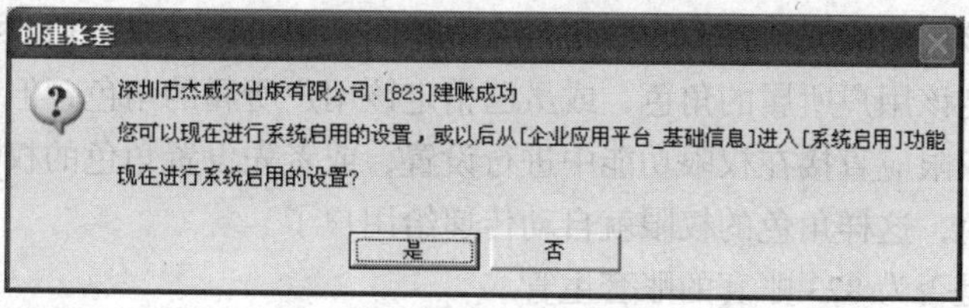

图 1-9　“创建账套”提示框

温馨提示

- 如果单击“是”按钮则可以直接进行“系统启用”的设置；也可以点击“否”按钮先结束建账过程，之后在企业应用平台中的基础信息中再进行系统启用设置。

（13）单击“是”按钮，进入“系统启用”系统。

4．启用总账系统

启用总账系统有两种方法：一种是系统管理员在建立账套时直接启用，另一种是账套主管在企业应用平台的基本信息中启用。

【操作步骤】

（1）选中“总账”“应收款管理”“应付款管理”“固定资产”“薪资管理”前的复选框，如图 1-10 所示。弹出“日历”对话框。

（2）选中“日历”对话框中的“2016 年 1 月 1 日”。

（3）单击“确定”按钮，系统弹出“确实要启用当前系统吗？”信息提示框，单击“是”按钮，完成总账系统的启用。

温馨提示

- 只有账套主管才有权在企业应用平台中进行系统启用。
- 系统的启用时间必须大于或等于账套的启用时间。

图 1-10　系统启用

5．设置操作员权限

设置操作员权限的工作应由系统管理员或该账套的账套主管，在系统管理中的权限功能中完成。在权限功能中既可以对角色赋权，又可以对用户赋权。如果在设置账套时已经正确地选择了该账套的主管，则此时可以查看；否则，可以在权限功能中设置账套主管。如果在设置用户时已经设定该用户的所属角色，并且该角色已经被赋权，则该用户已经拥有了与所选角色相同的权限；如果经查看后发现该用户的权限并不与该角色完全相同，则可以在权限功能中进行修改；如果在设置用户时并未指定该用户所属的角色，或虽已指定该用户所属的角色，但该角色并未进行权限设置，则该用户的权限应直接在权限功能中进行设置，或者先设置角色的权限再设置用户，并指定该用户所属的角色，这样角色的权限就自动传递给用户了。

（1）查看王昭是否为 823 账套的账套主管

【操作步骤】

（1）在系统管理中，执行“权限”｜“权限”命令，打开“操作员权限”窗口。

（2）在“账套主管”右边的下拉列表框中选中“［823］深圳杰威尔出版有限公司”的账套。

（3）在左侧的操作员列表中，选中“w01”号操作员王昭，如图 1-11 所示。

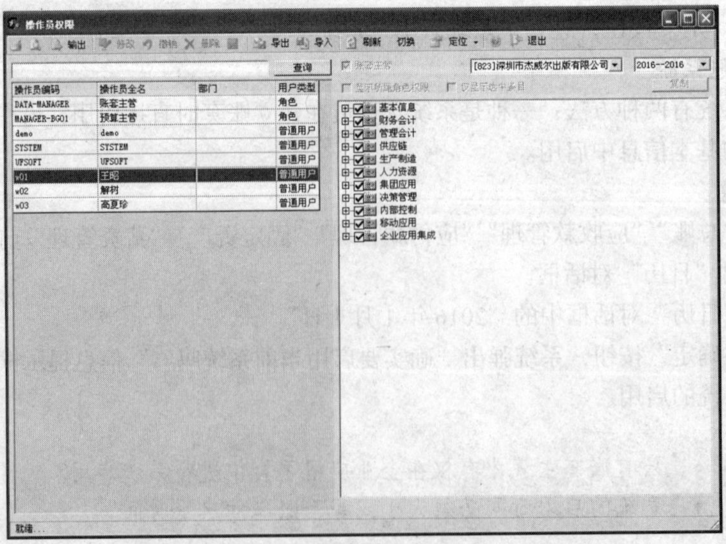

图 1-11　“操作员权限”对话框——王昭

温馨提示

- 只有系统管理员才有权限设置或取消账套主管。而账套主管只有权对所辖账套进行操作员的权限设置。
- 设置权限时应注意分别选中“账套”及相应的“用户”。
- 如果此时 823 账套主管前的复选框为未选中状态，则可以单击该复选框将其选中，设置该用户为 823 账套的账套主管。
- 账套主管拥有该账套的所有权限，因此无须为账套主管另外赋权限。
- 一个账套可以拥有多个账套主管。

（2）为解树赋权

【操作步骤】

（1）在“操作员权限”窗口中，选中“w02”号操作员解树，因为在新增用户时已经赋予了解树“总账会计”的角色，因此，选中“显示所属角色权限”复选框后，右边窗口中会自动显示总账会计角色所具有的权限。

（2）单击“修改”按钮。

（3）在右侧窗口中，单击“总账”前的“+”标记，依次展开“总账”“凭证”前的“+”标记，展开其下级菜单。

（4）单击“凭证”前的复选框，使之为选中状态，如图 1-12 和图 1-13 所示。

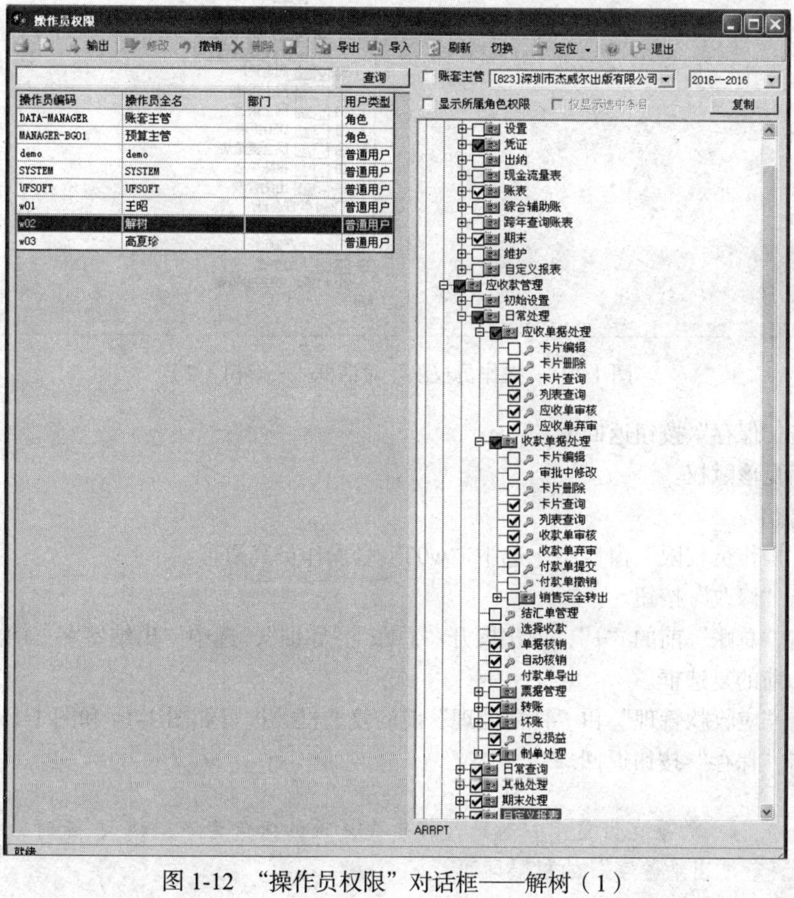

图 1-12 “操作员权限”对话框——解树（1）

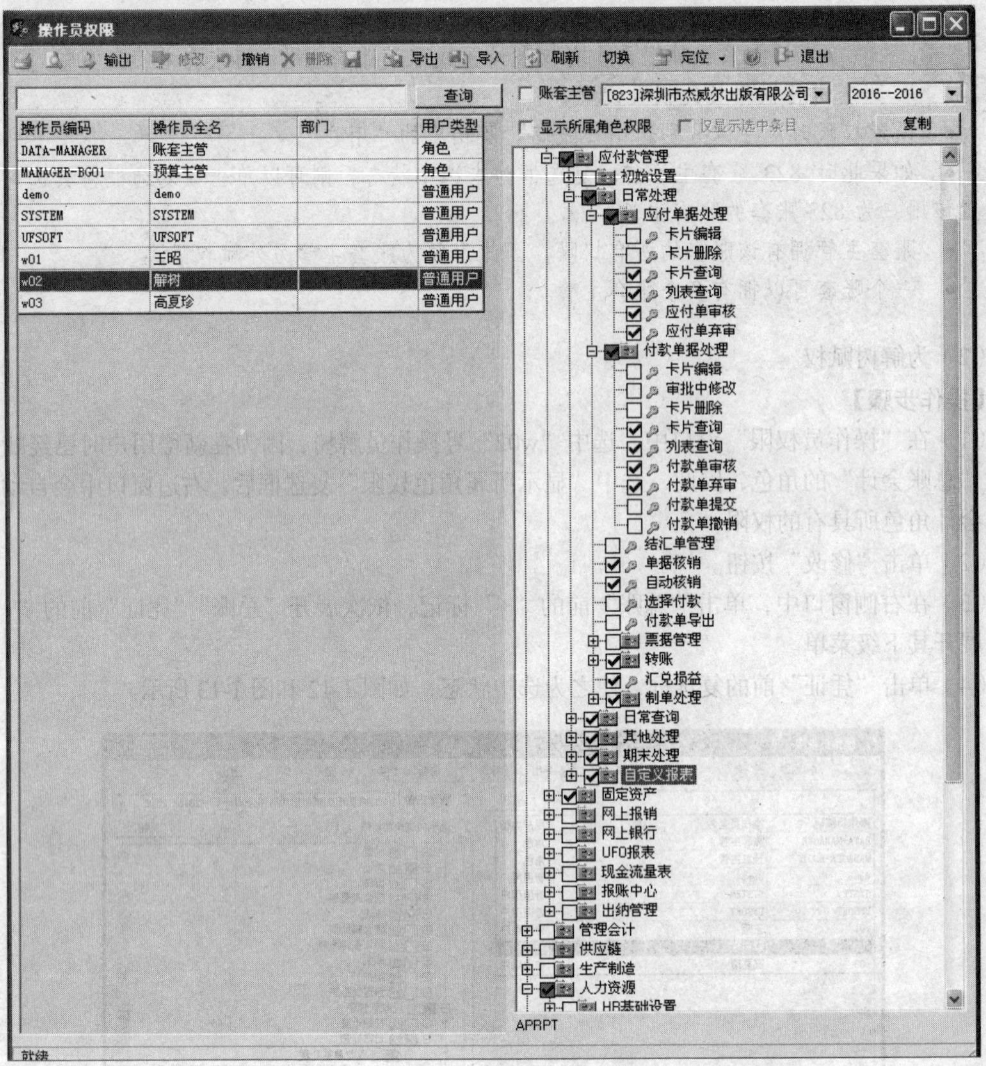

图 1-13 “操作员权限”对话框——解树（2）

（5）单击“保存”按钮返回。

（6）为高夏珍赋权。

【操作步骤】

（1）在“操作员权限”窗口中，选中“w03”号操作员高夏珍。

（2）单击“修改”按钮。

（3）单击“总账”前的“+”，依次展开“总账”“凭证”，选中“出纳签字”前的复选框。再选中“出纳”前的复选框。

（4）单击“应收款管理”和“日常处理”前的复选框，进行如图 1-14 和图 1-15 所示的勾选。

（5）单击“保存”按钮返回。

> 温馨提示
>
> • 如果在设置用户时已经指定高夏珍的角色为“出纳”，此时只需再赋予高夏珍“出纳签字”的权限即可。

6．设置系统自动备份计划

设置系统自动备份计划的工作应在系统管理员的“设置备份计划”功能中完成。

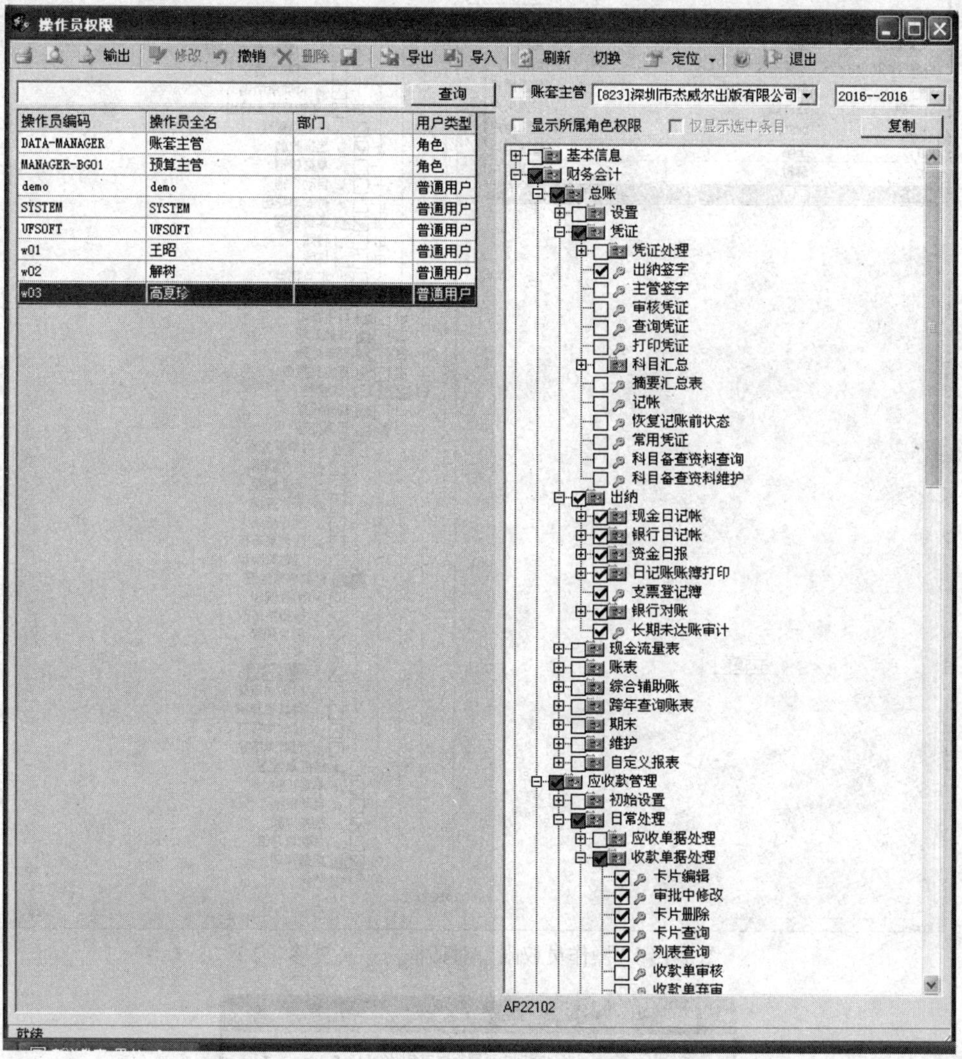

图 1-14 “操作员权限”对话框——高夏珍（1）

【操作步骤】

（1）在 D 盘中新建“账套备份”文件夹。

（2）在系统管理中，执行“系统”｜“设置备份计划”命令，打开“备份计划布置”对话框。

（3）单击“增加”按钮，打开“备份计划详细情况”对话框。

（4）输入计划编号“2016-1”和计划名称“823 账套备份”；单击“发生频率”栏的下三角按钮，选择“每周”；在“发生天数”栏输入或选择“1”，在“开始时间”栏输入“18:00:00”；单击“增加”按钮，在“请选择备份路径”选项区中单击“浏览”按钮，打开“请选择账套备份路径”对话框。

（5）选择“D：\823 账套备份\1\”文件夹为备份路径，单击“确认”按钮返回。

（6）选中“[823]深圳市杰威尔出版有限公司”前的复选框，如图 1-16 所示。

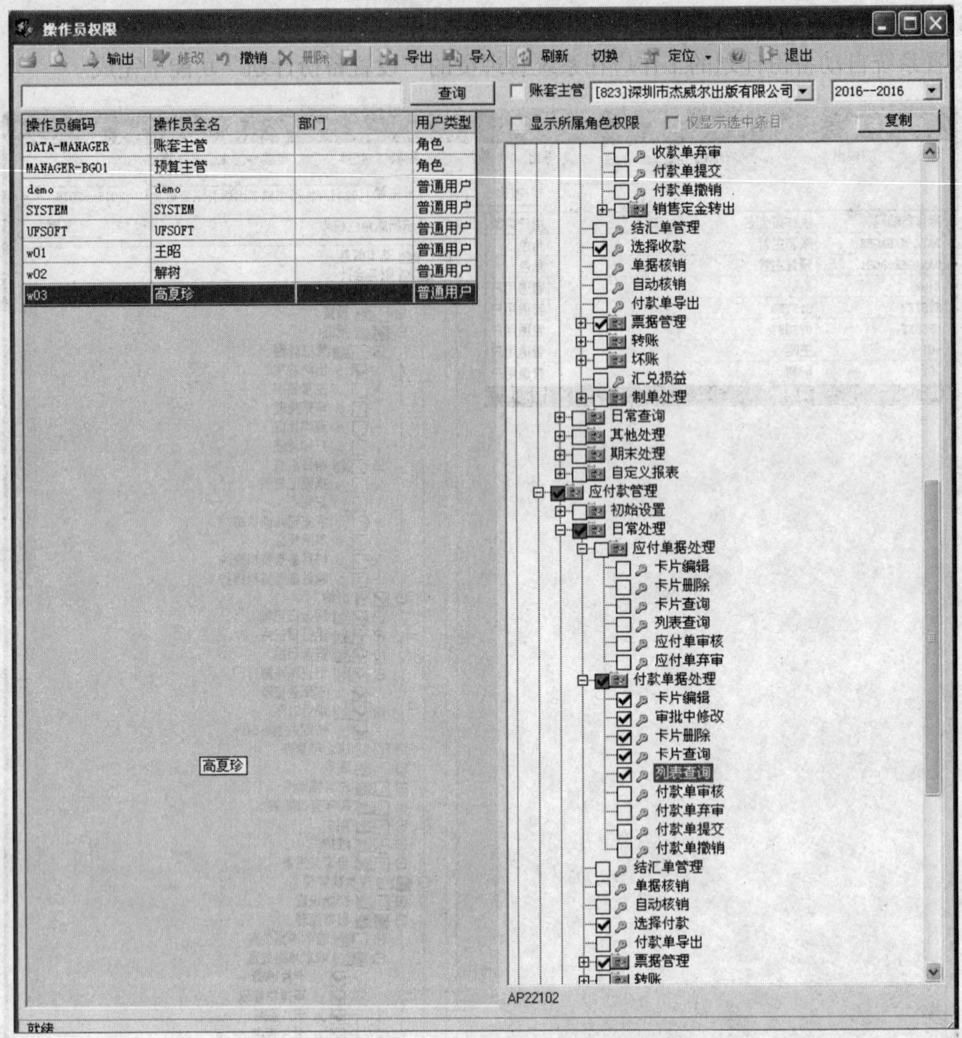

图 1-15 “操作员权限”对话框——高夏珍（2）

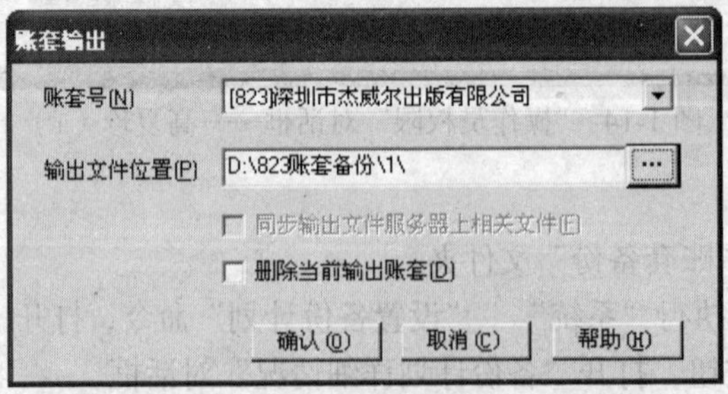

图 1-16 账套输出

（7）单击“确认”按钮，保存备份计划设置，单击“取消”按钮退出。

7. 修改账套

修改账套的工作应由账套主管在系统管理中的“账套”｜“修改”功能中完成。

【操作步骤】

（1）执行“系统”｜“注册”命令，打开“登录”系统管理对话框。

> 温馨提示：如果此时已由其他操作员注册系统管理，则应先通过执行“系统”｜“注销”命令注销当前操作员后，再由账套主管重新注册。

（2）输入操作员“w01”，单击“账套”栏下的下三角按钮，选择“[823]深圳杰威尔出版有限公司”。

（3）单击“确定”按钮，以账套主管的身份登录系统管理。

（4）执行“账套”｜“修改”命令，打开“修改账套”对话框。

（5）单击“下一步”按钮，打开“单位信息”对话框。

（6）单击“下一步”按钮，打开“核算类型”对话框。

（7）单击“下一步”按钮，打开“基础信息”对话框。

（8）单击选中“有无外币核算”前的复选框。

（9）单击“完成”按钮，系统弹出提示“确认修改账套了吗？”

（10）单击“是”按钮，并在“分类编码方案”和“数据精度”对话框中分别单击“取消”和“确定”按钮后确定修改成功。

8．账套备份

账套备份的工作应由系统管理员在系统管理中的“账套”｜“输出”功能中完成。

【操作步骤】

（1）在D盘中新建“823账套备份”文件夹，再在“823账套备份”文件夹中新建“1-1系统管理”文件夹。

（2）由系统管理员注册系统管理，执行“账套”｜“输出”命令，打开“账套输出”对话框。

（3）单击“账套号”栏的下三角按钮，选择“[823]深圳杰威尔出版有限公司”。

（4）单击“确认”按钮，打开“选择备份目标”对话框。

（5）在“选择备份目标”对话框中，选择“D：\823账套备份\（1-1）系统管理”文件夹。单击“确定”按钮。

（6）系统进行账套输出数据，完成后，弹出“输出成功”信息提示框，单击“确定”按钮返回。

> 温馨提示：
> - 利用账套输出功能还可以进行“删除账套”的操作。其方法是在“账套输出”对话框中，选中“删除当前输出账套”复选框，单击“确认”按钮，系统在删除账套前同样要进行账套输出，当输出完成后系统提示“真的要删除当前账套吗？”，单击“是”按钮便可以删除该账套。
> - 只有系统管理员有权进行账套输出。
> - 正在使用的账套可以进行账套输出而不允许进行账套删除。
> - 账套备份时应先建立一个账套备份的文件夹，以便将数据存放在目标文件夹中。

实训练习

设置自动备份计划

计划编号：2016-11-8

计划名称：823账套备份

备份类型：账套备份

发生频率：每周

发生天数：1
开始时间：18:00
有效触发：2
保留天数：0
备份路径：C:\账套备份
账套：深圳杰威尔出版有限公司

项目小结

系统地学习系统管理的主要功能和操作方法，理解系统管理在用友 ERP-U8 V10.1 系统中的重要地位，掌握在系统管理中设置用户、建立企业账套和设置用户权限的方法，熟悉账套输出和引入的方法。了解账套备份与设置账套备份计划，本书接下来每一个实训项目均需要进行账套输出，读者在此项目基础上开始下一项目的内容。

项目综合评价

评价记录表

姓　　名：　　　班　　级：　　　评价时间：

<table>
<tr><th colspan="2">评价指标</th><th>评价标准</th><th>所占比例</th><th>分值</th></tr>
<tr><td rowspan="8">学习
过程
Σ70</td><td rowspan="4">学习目标
Σ40</td><td>增加用户</td><td>10%</td><td></td></tr>
<tr><td>建立账套“不进行系统启用的设置”</td><td>5%</td><td></td></tr>
<tr><td>设置用户权限</td><td>15%</td><td></td></tr>
<tr><td>本章成绩</td><td>10%</td><td></td></tr>
<tr><td rowspan="4">综合能力
Σ30</td><td>设置备份计划</td><td>10%</td><td></td></tr>
<tr><td>将账套修改为有“外币核算”的账套</td><td>10%</td><td></td></tr>
<tr><td>账套备份</td><td>5%</td><td></td></tr>
<tr><td>综合能力</td><td>5%</td><td></td></tr>
<tr><td rowspan="4">小组
合作
Σ30</td><td>工作计划</td><td>计划设置及实施</td><td>5%</td><td></td></tr>
<tr><td>过程实施</td><td>配合及解决问题的方法</td><td>5%</td><td></td></tr>
<tr><td>合作交流</td><td>小组成员间的交流与合作</td><td>10%</td><td></td></tr>
<tr><td>资源利用</td><td>资源使用及组织</td><td>10%</td><td></td></tr>
<tr><td colspan="2">综合得分</td><td colspan="3"></td></tr>
<tr><td colspan="2">教师评语</td><td colspan="3">签名：
年　月　日</td></tr>
<tr><td colspan="2">学生意见</td><td colspan="3">签名：
年　月　日</td></tr>
</table>

项目二
企业应用平台

功能概述

企业应用平台顾名思义，就是用友 ERP-U8 V10.1 管理软件的集成应用平台，可以实现系统基础数据的集中维护、进行各种信息的及时沟通、数据资源的有效利用。企业应用平台为企业员工、合作伙伴提供了访问系统的唯一通道。通过企业应用平台，用户可以设计个性化的工作流程，提高工作效率，还可以实现与日常办公的协同进行。

企业应用平台包含的内容极为丰富，与系统应用相关的主要项目包括以下几项。

- 设置：包括基本信息、基础档案、数据权限和单据的设置。在基本信息中，企业可以设置系统启用、修改建账时设置的分类编码方案和数据精度。在基础档案中企业可以设置用友 ERP-U8 V10.1 管理软件各个系统公用的基础档案信息，如机构人员、客商信息、财务信息等。在数据权限中企业可以针对系统数据的操作权限进行进一步的细分。单据设置提供了个性化数据显示及打印格式的定义。
- 业务：将用友 ERP-U8 V10.1 管理软件分为财务会计、供应链、集团应用等功能群，每个功能群中又包括若干个功能模块，企业应用平台也是用户访问用友 ERP-U8 V10.1 管理软件中各功能模块的唯一通道。
- 工具：提供了常用的系统配置工具。

实验目的与要求

- 理解企业应用平台在用友 ERP-U8 V10.1 管理软件中的应用。
- 掌握在企业应用平台中设置系统启用、建立各项基础档案、进行数据权限设置及单据设置的方法。
- 理解各项基础档案在系统中所起的作用及各项目的含义。

实训一 基础设置

业务描述

引入“D：\823 账套备份\1 系统管理”的备份数据，或引入光盘中的“实验账套\1 系统管理”中的数据。

扫一扫

实验要求

- 启用总账系统（启用日期为 2016 年 1 月 1 日）。

- 设置部门档案。
- 设置客户档案。
- 设置供应商档案。
- 设置操作员王昭有权对解树及高夏珍所填制凭证的查询、删改、审核、弃审以及关闭的权限。
- 利用单据设计功能将“应收单”表头中的“币种”项目和“汇率”项目删除。
- 账套备份。

实验资料

1．档案部门

企业有以下几个部门，如表 2-1 所示。

表 2-1 部门档案表

部门编号	部门名称
1	经理室
2	财务部
3	采购部
4	销售部
5	生产部
501	一车间
502	二车间
6	仓储部

2．人员类别

企业在职人员有以下五种，如表 2-2 所示。

表 2-2 企业在职人员类别

人员类别编号	人员类别名称
1011	企业管理人员
1012	采购人员
1013	销售人员
1014	车间管理人员
1015	生产人员

3．人员档案（见表 2-3）

表 2-3 人员档案表

人员编号	人员名称	雇佣状态	所属部门	人员类别	性别	是否是业务员	业务或费用部门
101	崔知梦	经理室	在职	企业管理人员	男	是	经理室
201	王昭	财务部	在职	企业管理人员	男	是	财务部
202	解树	财务部	在职	企业管理人员	女	是	财务部
203	高夏珍	财务部	在职	企业管理人员	女	是	财务部
301	季白	采购部	在职	采购人员	男	是	采购部
302	许诩	采购部	在职	采购人员	女	是	采购部
401	王郁	销售部	在职	销售人员	男	是	销售部

续表

人员编号	人员名称	雇佣状态	所属部门	人员类别	性别	是否是业务员	业务或费用部门
402	虞姬	销售部	在职	销售人员	女	是	销售部
501	白钰	一车间	在职	车间管理人员	男	否	生产部
502	甄平	一车间	在职	生产人员	男	否	生产部
503	徐翊轩	一车间	在职	生产人员	男	否	生产部
504	吴虞雯	二车间	在职	车间管理人员	女	否	生产部
505	柯建宇	二车间	在职	生产人员	男	否	生产部
506	李英宇	二车间	在职	生产人员	男	否	生产部
601	洛夜樱	仓储部	在职	企业管理人员	女	是	仓储部

4．客户档案（见表 2-4）

表 2-4　客户档案

客户编号	客户名称	客户简称	税号	地址电话	开户银行	账号	分管部门	专管业务员
001	一号店超市有限公司	一号店	340204735760887	深圳市南山区前海路 801 号 0755-3522177	中国工商银行深圳前海支行	1307310182600024932	销售部	王郁
002	岁宝百货超市有限公司	岁宝百货	340206874790757	深圳市宝安区花园路 43 号 0755-3424632	中国银行深圳花园路支行	6477620185600024346	销售部	王郁
003	国美家电超市有限公司	国美家电	340207865230333	深圳市龙华区梨园东路 58 号 0755-4795488	中国建设银行梨园路支行	3478620185600024642	销售部	王郁
004	顺电电器有限公司	顺电电器	340208321260348	深圳市大鹏区燕京路 45 号 0755-3272287	交通银行深圳燕京路支行	5893680183600024178	销售部	王郁
005	天虹超市有限公司	天虹超市	340208321260468	深圳市盐田区解放路 12 号 0755-6916585	中国农业银行深圳解放路支行	6282680186600028239	销售部	虞姬
006	顺丰快递有限公司	顺丰	340208321260269	深圳市罗湖区开放北路 78 号 0755-5779548	中国银行深圳开放路支行	6477620186600024378	销售部	虞姬
007	华为终端有限公司	华为终端	340208321260386	深圳市龙岗区坂田东路 17 号 0755-4578276	中国工商银行坂田路支行	1307310182600024678	销售部	虞姬

5．供应商档案（见表 2-5）

表 2-5　供应商档案

供应商编号	供应商名称	供应商简称	税号	地址电话	开户银行	账号	分管部门	专管业务员
001	惠州申远脚轮制品有限公司	申远脚轮	230285723354486	深圳市惠州演达路 85 号 0755-82301288	中国工商银行惠州演达路支行	0402022029249363661	采购部	季白

续表

供应商编号	供应商名称	供应商简称	税号	地址电话	开户银行	账号	分管部门	专管业务员
002	东莞业伟铸管有限公司	业伟铸管	340215777321663	东莞市城区松山路56号 0723-6685898	中国银行东莞松山路支行	270060059734526278	采购部	季白
003	上海恒天合金焊条有限公司	恒天焊条	440300545731347	上海市浦东区建设路178号 021-81204793	交通银行上海建设路支行	2300600236934526237	采购部	许诩
004	深圳红海木业有限公司	红海木业	340203610266556	深圳市福田区深南大道77号 0755-8269018	中国建设银行深圳深南大道支行	2600600236934526237	采购部	许诩

操作指导

1. 启用总账系统

启用总账系统有两种方法：一种是系统管理员在建立账套时直接启用，另一种是账套主管在企业应用平台的基本信息中启用。823 账套并没有在账套建立后直接启用任何系统，现在在企业应用平台中启用总账系统。

【操作步骤】

（1）执行“开始”|“程序”|“ERP-U8 V10.1”|“企业应用平台”命令，打开“登录”对话框。

（2）输入操作员“w01”（或王昭），单击“账套”栏的下三角按钮，选择“[823]（default）北京华兴股份有限公司”，如图 2-1 所示。

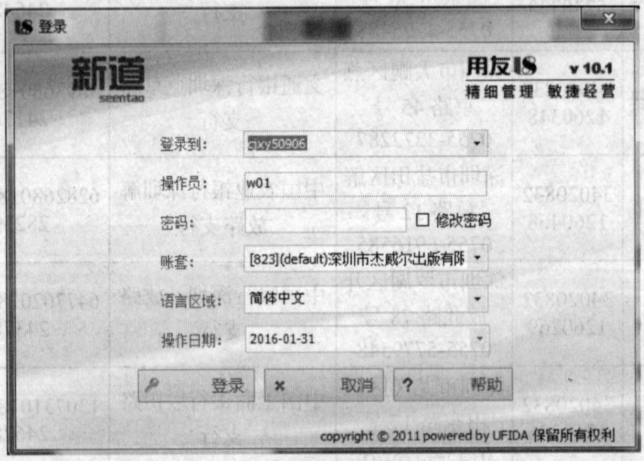

图 2-1　登录企业应用平台

（3）单击“登录”按钮，进入“企业应用平台”窗口。

（4）在“基础设置”选项卡中，执行“基础信息”|“系统启用”命令，打开“系统启用”对话框。

（5）选中“总账”“应收账款”“应付账款”“固定资产”“薪资管理”前的复选框，弹出“日历”对话框。

（6）选中“日历”对话框中的“2016 年 1 月 1 日”，如图 2-2 所示。

图 2-2　启用账套

（7）单击“确定”按钮，系统弹出“确实要启用当前系统吗？”信息提示框，单击“是”按钮，完成总账系统的启用。

温馨提示

- 只有账套主管才有权在企业应用平台中进行系统启用。
- 单个系统的启用时间必须大于或等于账套的启用时间。

2. 设置部门档案

【操作步骤】

（1）在“基础设置”选项卡中，执行“基础档案”|“机构人员”|“部门档案”命令，进入“部门档案”窗口。

（2）单击“增加”按钮，输入部门编号“1”、部门名称“经理室”，如图 2-3 所示。

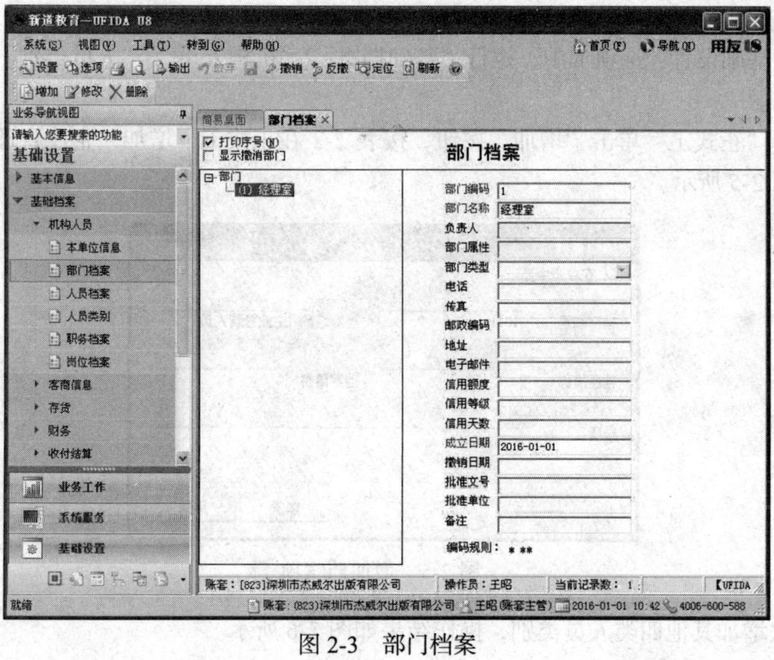

图 2-3　部门档案

（3）单击“保存”按钮。以此方法输入其他的部门档案。其操作结果如图 2-4 所示。

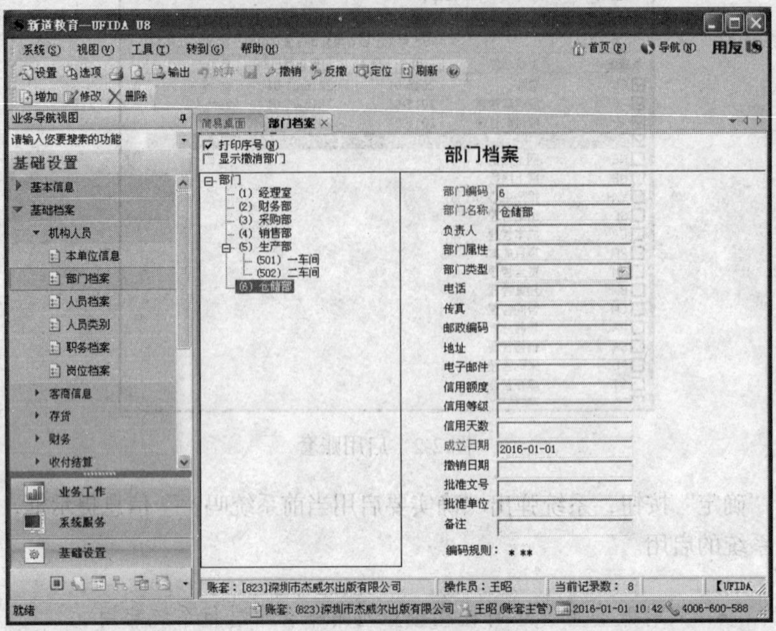

图 2-4　设置部门档案

温馨提示

- 部门编号必须符合在分类编码方案中定义的编码规则。
- 由于此时还未设置“人员档案”，因此部门中的“负责人”暂时不能进行设置，如果需要设置，必须在完成“人员档案”设置后，再回到“部门档案”采用修改的方式补充设置。

3．设置人员类别

【操作步骤】

（1）在“基础设置”选项卡中，执行“基础档案”|“机构人员”|“人员类别”命令进行“人员类别”窗口。

（2）选择“正式工”单击“增加”按钮，按表 2-2 在正式工下增加“企业管理人员”类别，操作结果如图 2-5 所示。

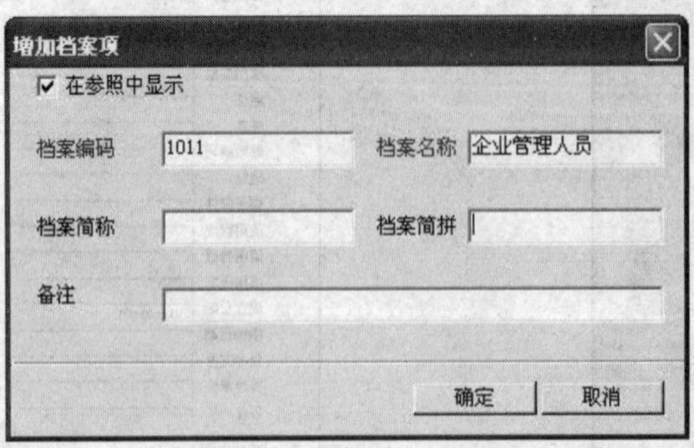

图 2-5　增加档案项

（3）依次增加其他四类人员类别，操作结果如图 2-6 所示。

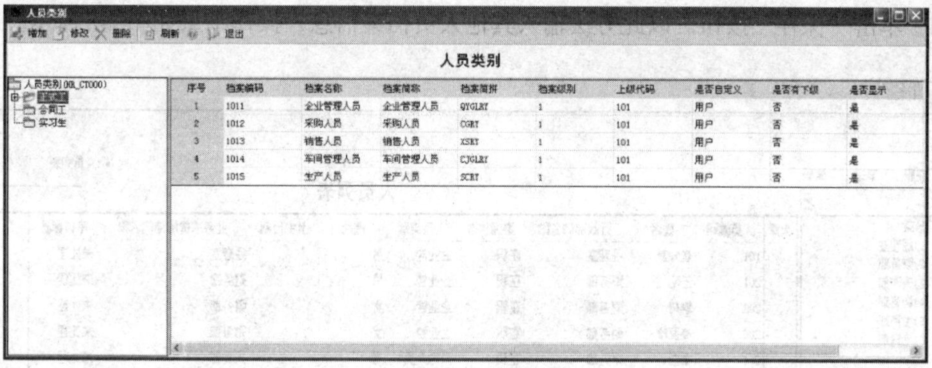

图 2-6　人员类别

温馨提示

- 人员类别与工资费用的分配、分摊有关，工资费用的分配及分摊是薪资管理系统的一项重要功能。人员类别设置的目的是为工资分摊生成与凭证设置相应的入账科目做准备，因此可以按不同的入账科目的需要设置不同的人员类别。
- 人员类别是人员档案中的必选项目，需要在人员档案建立之前进行设置。
- 人员类别名称可以进行修改，但已使用的人员类别名称不能删除。

4．设置人员档案

【操作步骤】

（1）在“基础设置”选项卡中，执行“基础档案”|“机构人员”|“人员档案”命令进入“人员列表”窗口。

（2）单击左侧窗口中“部门分类”下的“经理室”。

（3）单击“增加”按钮，按表 2-3 的资料输入人员信息，如图 2-7 所示。

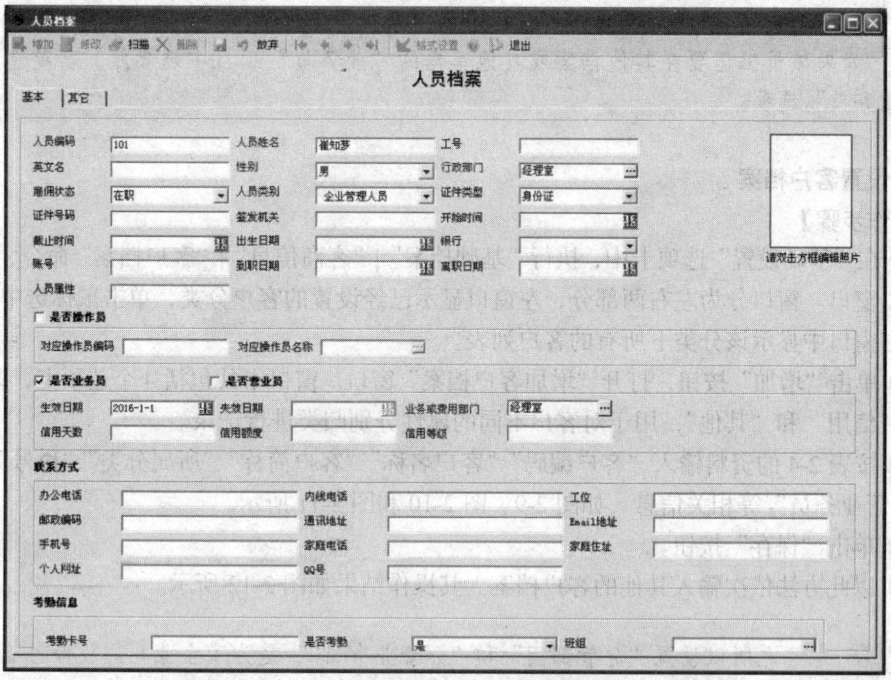

图 2-7　增加人员档案

（4）单击“保存”按钮。以此方法输入其他人员档案信息，操作结果如图 2-8 所示。

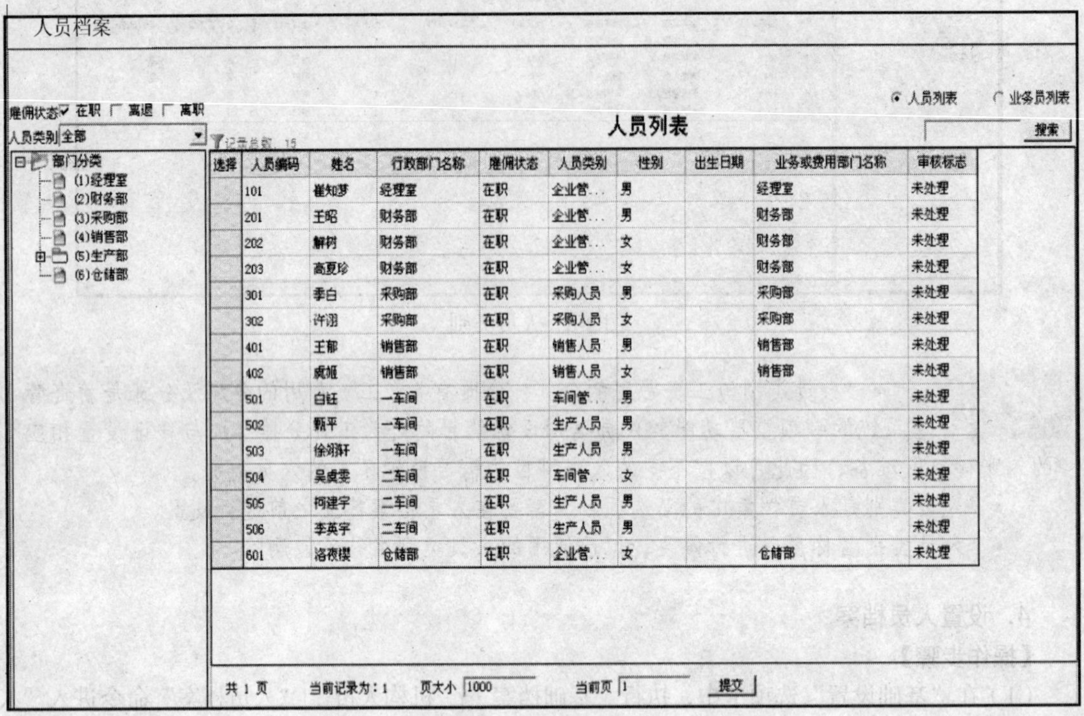

图 2-8 人员档案

温馨提示

- 此处的人员档案应该包括企业的所有员工。
- 人员编码必须唯一，行政部门只能是末级部门。
- 如果该员工需要在其他档案或其他单据的“业务员”项目中被参照，需要选中“是否是业务员”选项。

5. 设置客户档案

【操作步骤】

（1）在“基础设置”选项卡中，执行“基础档案”|“客商信息”|“客户档案”命令，打开“客户档案”窗口。窗口分为左右两部分，左窗口显示已经设置的客户分类，单击鼠标选中某一客户分类，右窗口中显示该分类下所有的客户列表。

（2）单击“增加”按钮，打开“增加客户档案”窗口。窗口中共包括 4 个选项卡，即“基本”“联系”“信用”和“其他”，用于对客户不同的属性分别归类进行记录。

（3）按表 2-4 的资料输入“客户编码”“客户名称”“客户简称”“所属分类”“税号”“分管部门”“专管业务员”等相关信息。如图 2-9、图 2-10 和图 2-11 所示。

（4）单击“保存”按钮。

（5）以此方法依次输入其他的客户档案。其操作结果如图 2-12 所示。

温馨提示

之所以设置“分管部门”和“分管业务员”，是为了企业在应收应付管理系统填制发票等原始单据时能自动根据客户显示部门及业务员信息。

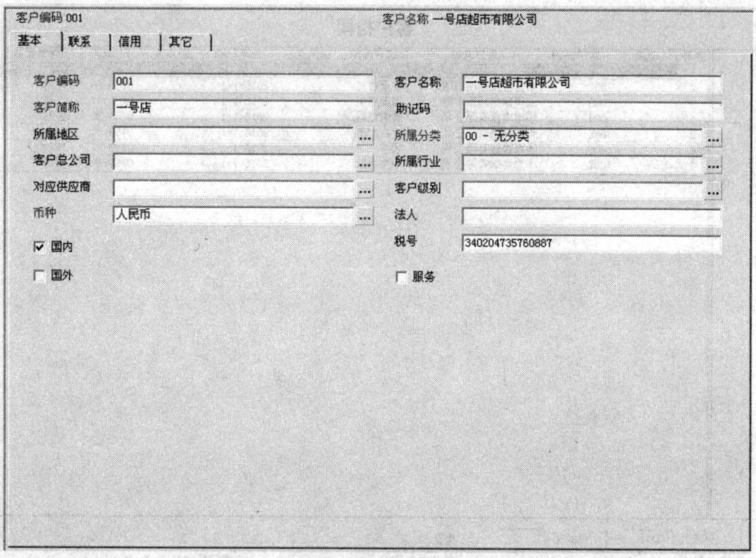

图 2-9 “客户档案——基本”界面

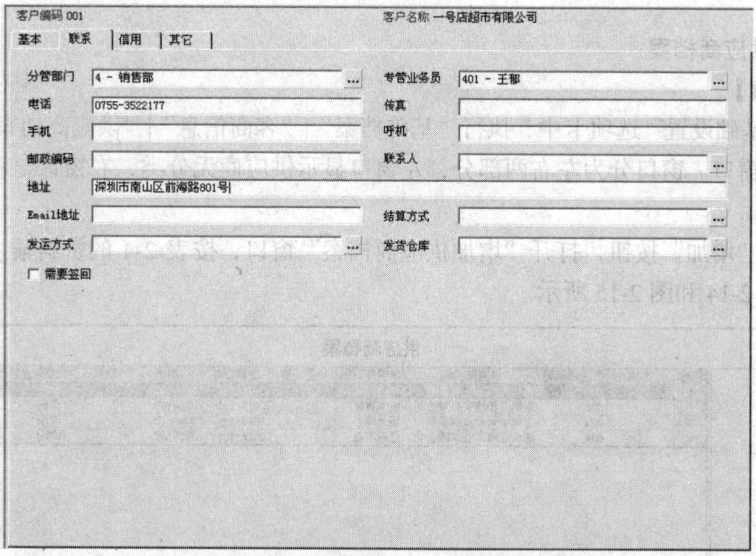

图 2-10 “客户档案——联系”界面

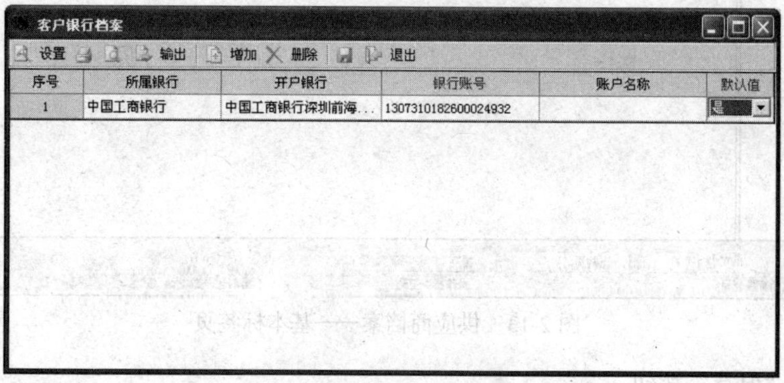

图 2-11 “客户银行档案”窗口

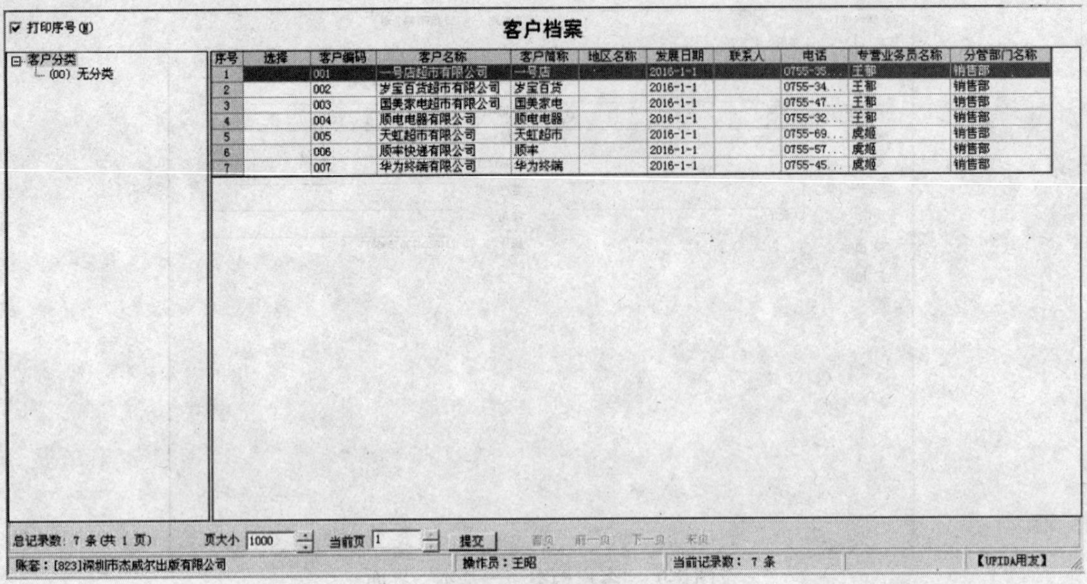

序号	选择	客户编码	客户名称	客户简称	地区名称	发展日期	联系人	电话	专营业务员名称	分管部门名称
1		001	一号店超市有限公司	一号店		2016-1-1		0755-35...	王郁	销售部
2		002	岁宝百货超市有限公司	岁宝百货		2016-1-1		0755-34...	王郁	销售部
3		003	国美家电超市有限公司	国美家电		2016-1-1		0755-47...	王郁	销售部
4		004	顺电电器有限公司	顺电电器		2016-1-1		0755-32...	王郁	销售部
5		005	天虹超市有限公司	天虹超市		2016-1-1		0755-69...	虞姬	销售部
6		006	顺丰快递有限公司	顺丰		2016-1-1		0755-57...	虞姬	销售部
7		007	华为终端有限公司	华为终端		2016-1-1		0755-45...	虞姬	销售部

图 2-12　客户档案

6. 设置供应商档案

【操作步骤】

（1）在“基础设置”选项卡中，执行“基础档案”|“客商信息”|“供应商档案”命令，打开”供应商档案”窗口。窗口分为左右两部分，左窗口显示供应商无分类，右窗口显示所有的供应商列表。

（2）单击“增加”按钮，打开“增加供应商档案”窗口，按表 2-4 的资料输入供应商信息，如图 2-13、图 2-14 和图 2-15 所示。

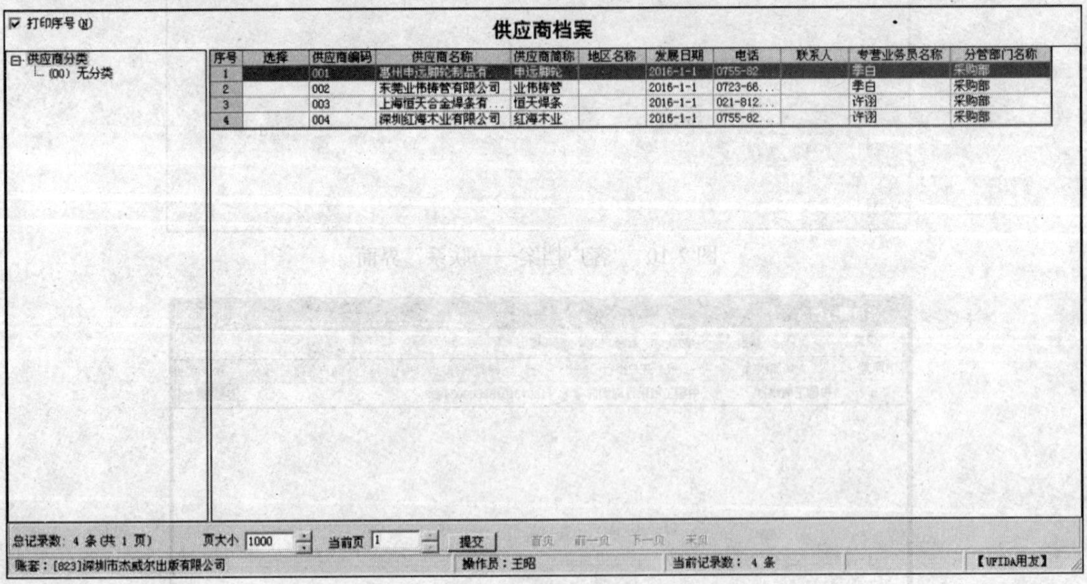

序号	选择	供应商编码	供应商名称	供应商简称	地区名称	发展日期	电话	联系人	专营业务员名称	分管部门名称
1		001	惠州申远脚轮制品有...	申远脚轮		2016-1-1	0755-82...		李白	采购部
2		002	东莞业伟铸管有限公司	业伟铸管		2016-1-1	0723-66...		李白	采购部
3		003	上海恒天合金焊条有...	恒天焊条		2016-1-1	021-812...		许诩	采购部
4		004	深圳红海木业有限公司	红海木业		2016-1-1	0755-82...		许诩	采购部

图 2-13　供应商档案——基本标签页

（3）单击“保存”按钮。

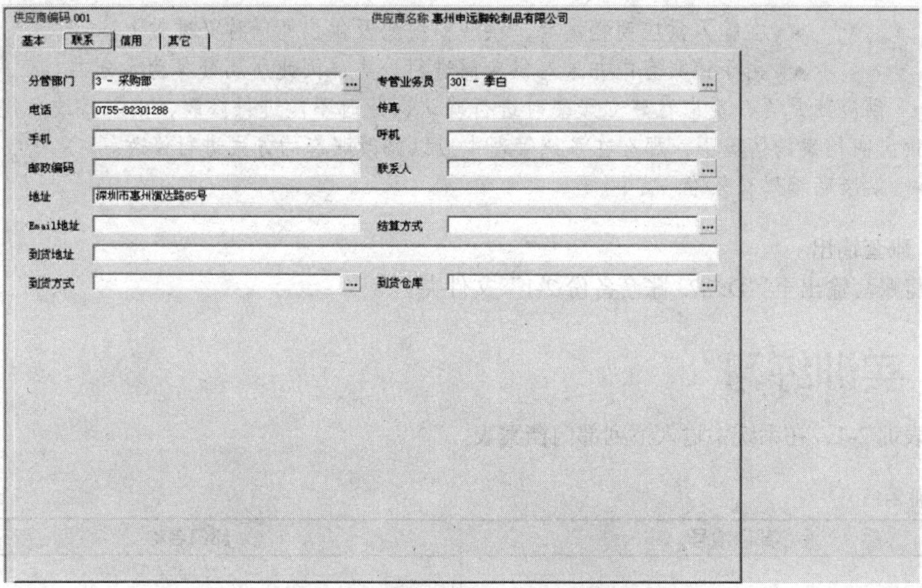

图 2-14　供应商档案——联系标签页

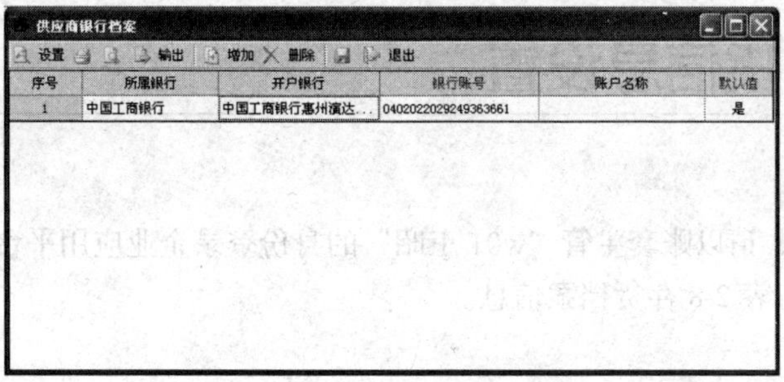

图 2-15　供应商银行档案

（4）同理，依次输入其他的供应商档案，其操作结果如图 2-16 所示。

图 2-16　供应商档案

温馨提示

- 在输入供应商档案时，供应商编码及供应商简称必须输入。
- 由于该账套中并未对供应商进行分类，因此所属分类为无分类。
- 供应商是否分类应在建立账套时进行确认，此时不能进行修改，如果修改只能在未建立供应商档案的情况下，那么在系统管理中应以修改账套的方式进行修改。
- 供应商编码必须唯一。

7．账套输出

请将账套输出至"D:\823 账套备份\2-1"文件夹。

实训练习

按表训 2-1，在系统中输入下列部门档案表。

表训 2-1

部门编号	部门名称
1	经理室
2	财务部

实训二　存货信息设置

业务描述

2016 年 1 月 1 日，请以账套主管"w01 王昭"的身份登录企业应用平台。增加表 2-6 计量单位、表 2-7 存货分类、表 2-8 存货档案信息。

扫一扫

实验要求

- 输入计量单位。
- 输入存货信息。
- 编辑存货档案。

实验资料

表 2-6　　计量单位

计量单位组编码	计量单位组名称	计量单位类别	计量单位编码	计量单位
01	自然单位组	无换算	01	米
01	自然单位组	无换算	02	个
01	自然单位组	无换算	03	盒
01	自然单位组	无换算	04	台
01	自然单位组	无换算	05	千米

表 2-7　　存货分类

分类编码	分类名称	分类编码	分类名称
01	原材料	03	周转材料
02	产成品	09	其他

表 2-8 存货档案

分类编码	所属类别	存货编码	存货名称	计量单位	税率	存货属性
01	原材料	001	脚轮	个	17%	外购、生产耗用
		002	钢管	米	17%	外购、生产耗用
		003	方管	米	17%	外购、生产耗用
		004	角钢	米	17%	外购、生产耗用
		005	焊条	盒	17%	外购、生产耗用
		006	木托盘	个	17%	外购、生产耗用
02	产成品	007	货架	个	17%	自制、内销、外销
		008	工装车	台	17%	自制、内销、外销
		009	仓储笼	个	17%	自制、内销、外销
03	周转材料	010	包装箱	个	17%	外购、生产耗用
09	其他	011	运输费	公里	17%	内销、外购、应税劳务

操作指导

1. 计量单位

【操作步骤】

（1）在企业应用平台中，打开“基础设置”选项卡，执行“基础档案”|“存货”|“计量单位”命令，打开“计量单位”窗口。

（2）单击“分组”按钮，打开“计量单位组”窗口。

（3）单击“增加”按钮，输入计量单位编码“01”，输入计量单位组名称“自然单位组”，单击“计量单位组类别”栏的下三角按钮，选择“无换算率”，如图 2-17 所示。

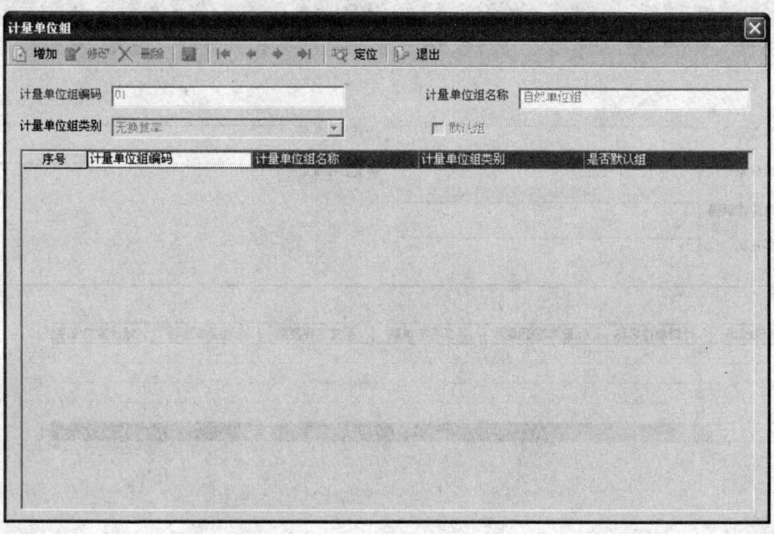

图 2-17 “计量单位组”窗口

（4）单击“保存”按钮，再单击“退出”按钮。

（5）单击“单位”按钮，打开“计量单位设置”窗口。

（6）单击“增加”按钮，输入计量单位编码“01”，计量单位名称“米”，单击“保存”按钮，如图 2-18 所示。

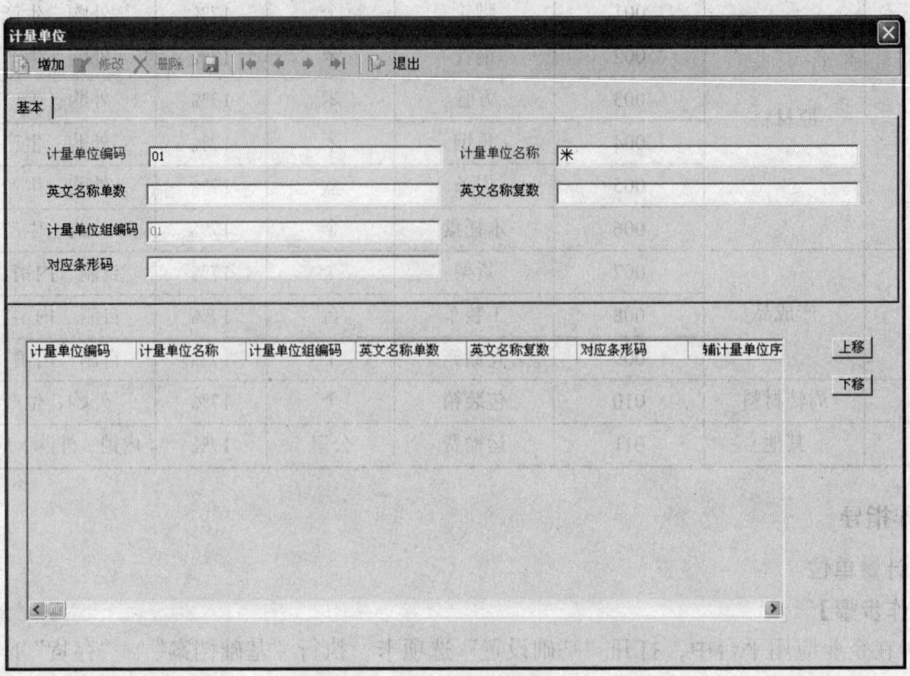

图 2-18　设置“计量单位”窗口

（7）依次输入其他的计量单位，录入完成所有的计量单位之后单击“退出”按钮，操作结果如图 2-19 所示。

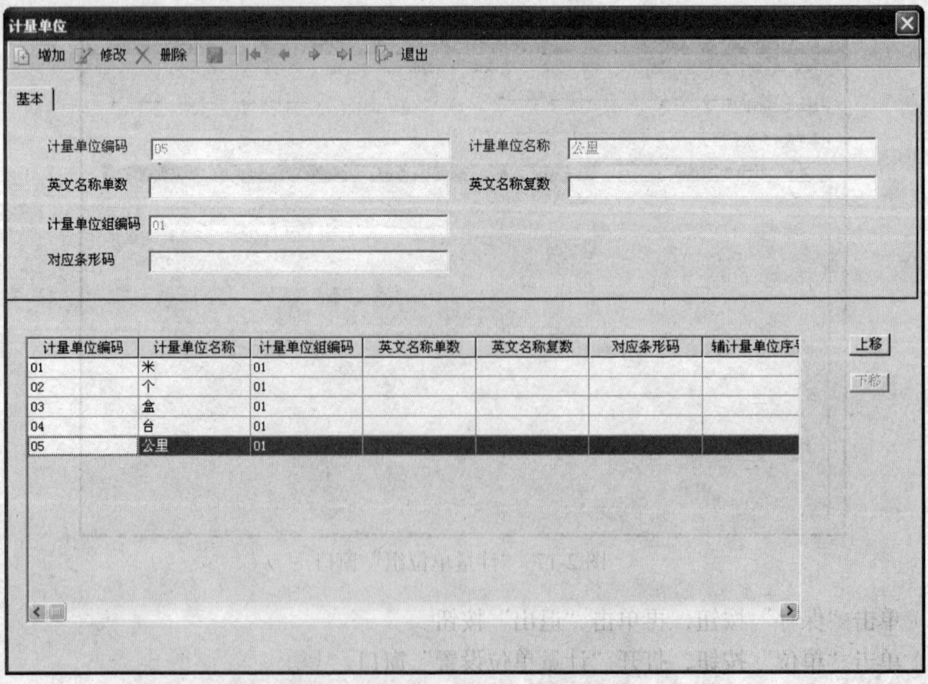

图 2-19　“计量单位”窗口（输入完成）

2. 存货分类

【操作步骤】

（1）在企业应用平台中，打开“基础设置”选项卡，执行“基础档案”|“存货”|“存货分类”命令，打开“存货分类”窗口，如图 2-20 所示。

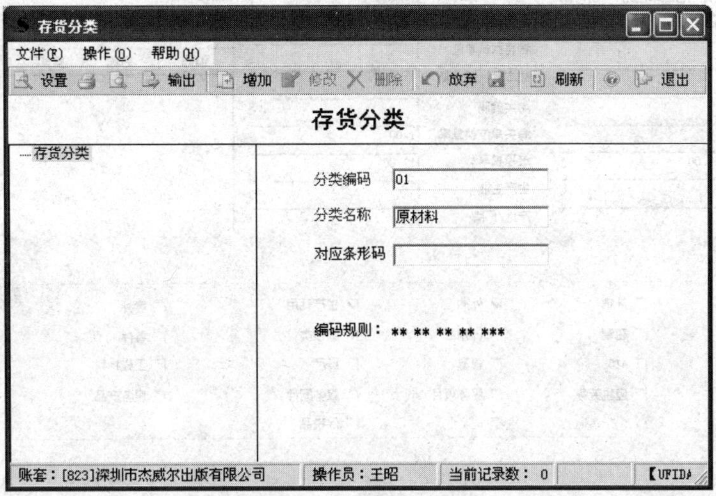

图 2-20 “存货分类”窗口

（2）单击“增加”按钮，按表 2-9 资料输入存货信息，操作结果如图 2-21 所示。

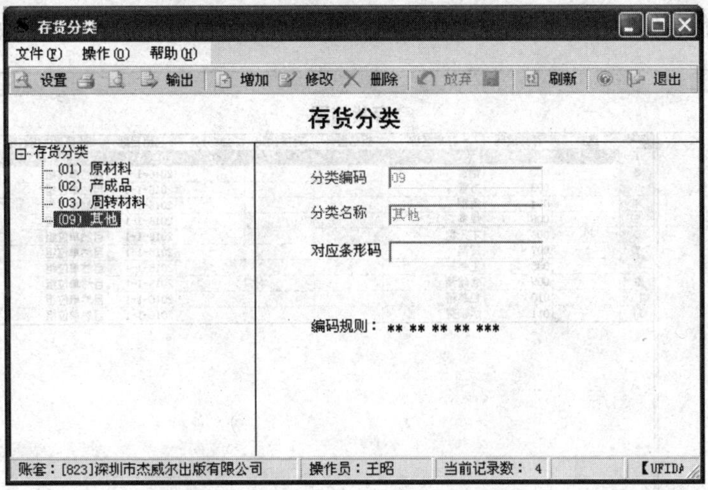

图 2-21 “存货分类”窗口（输入完成）

3. 存货档案

【操作步骤】

（1）在企业应用平台中，打开“基础设置”选项卡，执行“基础档案”|“存货”|“存货档案”命令，打开“存货档案”窗口。

（2）单击存货分类中的“原材料”，再单击“增加”按钮；输入存货编码“001”，存货名称“脚轮”，单击“计量单位组”栏的参照按钮，选择“01-自然单位组”；单击“主计量单位”栏的参照按钮，选择“02-个”；勾选存货属性“外购”和“生产耗用”复选框，如图 2-22 所示。

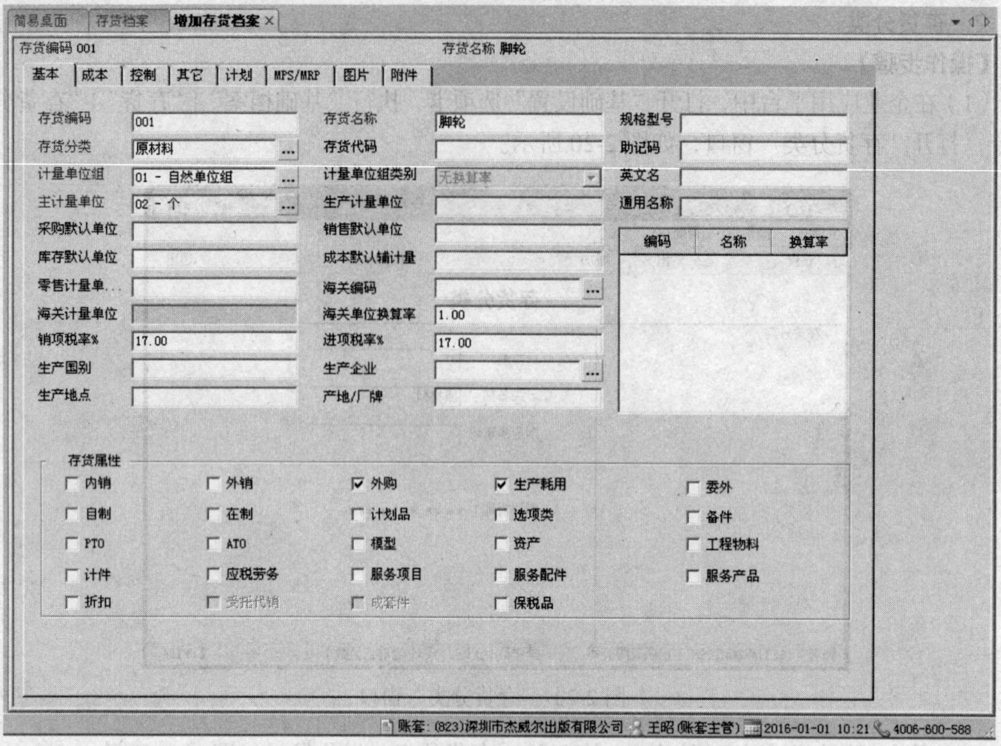

图 2-22 “增加存货档案”选项卡

（3）单击“保存”按钮，以此方式继续输入其他的存货档案，输入完成后如图 2-23 所示。

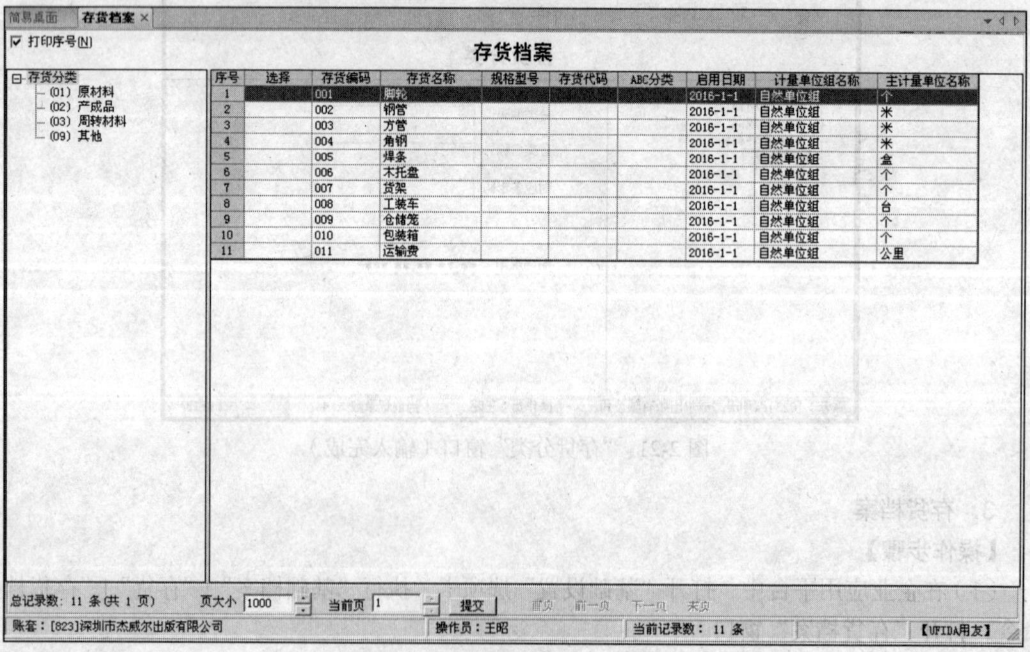

图 2-23 “存货档案”选项卡

4．账套输出

请将账套输出至“D:\823 账套备份\2-2”文件夹。

实训练习

根据表训 2-2 和表训 2-3，在系统中增加存货分类、存货档案。

表训 2-2　存货分类

分类编码	分类名称
04	应税劳务

表训 2-3　存货档案

存货编码	存货名称	存货分类	存货属性	计量单位组	主计量单位	税率%
0401	运费	应税劳务	应税劳务	里程	千米	11

实训三　财务信息设置

业务描述

2016 年 1 月 1 日，请以账套主管“w01 王昭”的身份登录企业应用平台，设置凭证类别、外币、会计科目及项目核算信息。

扫一扫

实验要求

1．凭证类别设置

将深圳杰威尔出版有限公司的凭证类别设置为收款凭证、付款凭证、转账凭证，限制科目为 1001、1002。

2．外币设置

将深圳杰威尔出版有限公司的外币类型设置为“美元”，货币符号为“USD”，汇率类型为“固定汇率”，2016 年 1 月的记账汇率为“6.21”。

实验资料

1．会计科目设置

会计科目如表 2-9 所示。

表 2-9　会计科目

科目名称	币种	方向	辅助核算
库存现金 1001（修改科目）		借	日记账，现金科目
银行存款 1002（修改科目）		借	日记账、银行账，银行科目
人民币 100201（增加科目）		借	日记账、银行账，银行科目
美元 100202（增加科目）	美元	借	日记账、银行账，银行科目
应收账款 1122		借	
人民币 112201（增加科目）		借	客户往来，应收系统
美元 112202（增加科目）	美元	借	客户往来，应收系统
应收票据 1121		借	

续表

科目名称	币种	方向	辅助核算
人民币 112101（增加科目）		借	客户往来，应收系统
美元 112102（增加科目）	美元	借	客户往来，应收系统
预付账款 1123		借	
人民币 112301（增加科目）		借	供应商往来，应付系统
美元 112302（增加科目）	美元	借	供应商往来，应付系统
其他应收款 1221（修改科目）		借	个人往来
原材料 1403		借	
脚轮 140301（增加科目）		借	数量核算（个）
钢管 140302（增加科目）		借	数量核算（米）
方管 140303（增加科目）		借	数量核算（米）
角钢 140304（增加科目）		借	数量核算（米）
焊条 140305（增加科目）		借	数量核算（盒）
木托盘 140306（增加科目）		借	数量核算（个）
库存商品 1405		借	
货架 140501（增加科目）		借	数量核算（个）
工装车 140502（增加科目）		借	数量核算（台）
仓储笼 140503（增加科目）		借	数量核算（个）
周转材料 1411		借	
包装箱 141101（增加科目）		借	数量核算（个）
短期借款 2001		贷	
工行芜湖经济技术开发区支行 200101（增加科目）		贷	
应付票据 2201		贷	
人民币 220101（增加科目）		贷	供应商往来，应付系统
美元 220102（增加科目）	美元	贷	供应商往来，应付系统
应付账款 2202		贷	
人民币 220201（增加科目）		贷	供应商往来，应付系统
美元 220202（增加科目）	美元	贷	供应商往来，应付系统
预收账款 2203		贷	
人民币 220301（增加科目）		贷	客户往来，应收系统
美元 220302（增加科目）	美元	贷	客户往来，应收系统
应付职工薪酬 2211		贷	
工资 221101（增加科目）		贷	
职工福利 221102（增加科目）		贷	
养老保险 221103（增加科目）		贷	
医疗保险 221104（增加科目）		贷	

续表

科目名称	币种	方向	辅助核算
失业保险 221105（增加科目）		贷	
工伤保险 221106（增加科目）		贷	
生育保险 221107（增加科目）		贷	
住房公积金 221108（增加科目）		贷	
工会经费 221109（增加科目）		贷	
职工教育经费 221110（增加科目）		贷	
应交税费 2221		贷	
应交增值税 222101（增加科目）		贷	
进项税额 22210101（增加科目）		借	
销项税额 22210102（增加科目）		贷	
进项税额转出 22210103（增加科目）		贷	
转出未交增值税 22210104（增加科目）		贷	
未交增值税 222102（增加科目）		贷	
应交消费税 222103（增加科目）		贷	
应交营业税 222104（增加科目）		贷	
应交城建税 222105（增加科目）		贷	
应交教育费附加 222106（增加科目）		贷	
应交地方教育费附加 222107（增加科目）		贷	
应交企业所得税 222108（增加科目）		贷	
应交个人所得税 222109（增加科目）		贷	
利润分配 4104		贷	
未分配利润 410415（增加科目）		贷	
生产成本 5001		借	
直接材料 500101（增加科目）		借	项目核算
直接人工 500102（增加科目）		借	项目核算
制造费用 500103（增加科目）		借	项目核算
制造费用 5101		借	
折旧费 510101（增加科目）		借	
其他 510109（增加科目）		借	
主营业务收入 6001		收入	
货架 600101（增加科目）		收入	数量核算（个）
工装车 600102（增加科目）		收入	数量核算（台）
仓储笼 600103（增加科目）		收入	数量核算（个）
主营业务成本 6401		支出	
货架 640101（增加科目）		支出	数量核算（个）
工装车 640102（增加科目）		支出	数量核算（台）
仓储笼 640103（增加科目）		支出	数量核算（个）

续表

科目名称	币种	方向	辅助核算
销售费用 6601		支出	
工资 660101（增加科目）		支出	
福利费 660102（增加科目）		支出	
社会保险费 660103（增加科目）		支出	
广告费 660104（增加科目）		支出	
业务招待费 660105（增加科目）		支出	
折旧费 660106（增加科目）		支出	
其他 660109（增加科目）		支出	
管理费用 6602		支出	
工资 660201（增加科目）		支出	部门核算
福利费 660202（增加科目）		支出	部门核算
社会保险费 660203（增加科目）		支出	部门核算
办公费 660204（增加科目）		支出	部门核算
业务招待费 660205（增加科目）		支出	部门核算
折旧费 660206（增加科目）		支出	部门核算
差旅费 660207（增加科目）		支出	部门核算
其他 660209（增加科目）		支出	部门核算

2. 项目设置

项目内容如表 2-10 所示。

表 2-10　项目

项目设置步骤	设置内容
项目大类	01 生产成本核算
核算科目	生产成本——直接材料（500101） 生产成本——直接人工（500102） 生产成本——制造费用（500103）
项目分类	1 自产产品
项目目录	项目编号：1 项目名称：货架 是否结算：否 所属分类码：1
	项目编号：2 项目名称：工装车 是否结算：否 所属分类码：1
	项目编号：3 项目名称：仓储笼 是否结算：否 所属分类码：1

3．指定现金科目和银行科目

操作指导

1．设置凭证类别

（1）执行“基础档案”|“财务”|“凭证类别”命令，打开“凭证类别预置”对话框。

（2）选中“收款凭证、付款凭证、转账凭证”前的单选按钮，如图 2-24 所示。

（3）单击“确定”按钮，打开“凭证类别”窗口。

（4）单机“修改”按钮，双击“收款凭证”所在行的“限制类别”栏，出现下三角按钮，从下拉列表中选择“借方必有”，在“限制科目”栏输入“1001，1002”，或单击限制科目栏参照按钮，分别选择“1001”及“1002”，同理，完成对付款凭证和转账凭证的限制设置，如图 2-25 所示。

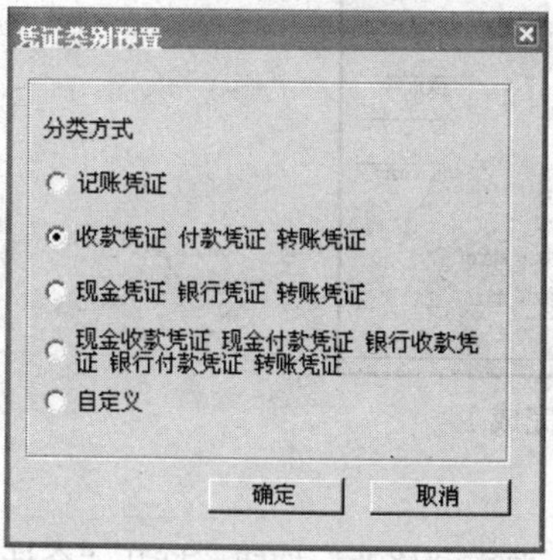

图 2-24 “凭证类别预置”对话框

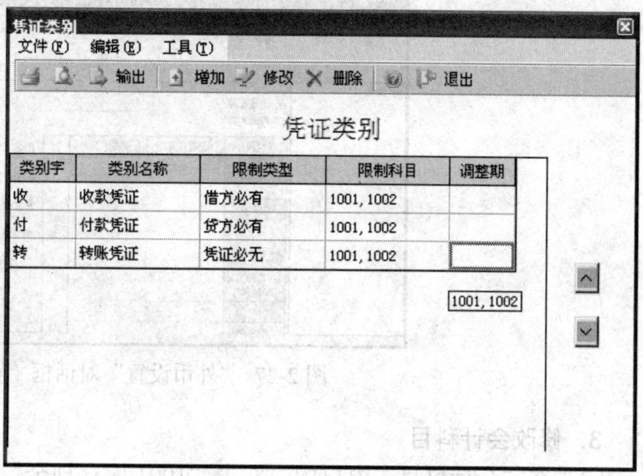

图 2-25 “凭证类别”对话框

（5）单击“退出”按钮。

温馨提示

• 已经使用的凭证类别不能删除，也不能修改类别字。

• 如果收款凭证的限制类型为借方必有一个是“1001”或“1002”，则在填制凭证时，系统要求收款凭证的借方一级科目至少有一个是“1001”或“002”，否则，系统会判断为该张凭证不属于收款凭证类别，不允许进行保存。付款凭证及转账凭证也应满足相应的要求。

• 如果直接输入科目编码，则编码间的标点符号应为英文状态下的标点符号，否则系统会提示科目编码有错误。

2．外币设置

（1）执行“基础档案”|“财务”|“外币设置”命令，打开“外币设置”窗口。

（2）单击“增加”按钮，选择“固定汇率”，输入“货币符号”为“USD”，“货币名称”为“美元”，单击“确认”按钮，如图 2-26 所示。

（3）双击“2016.01”的“记账汇率”，输入“6.21”，如图 2-27 所示，单击“确认”按钮后退出。

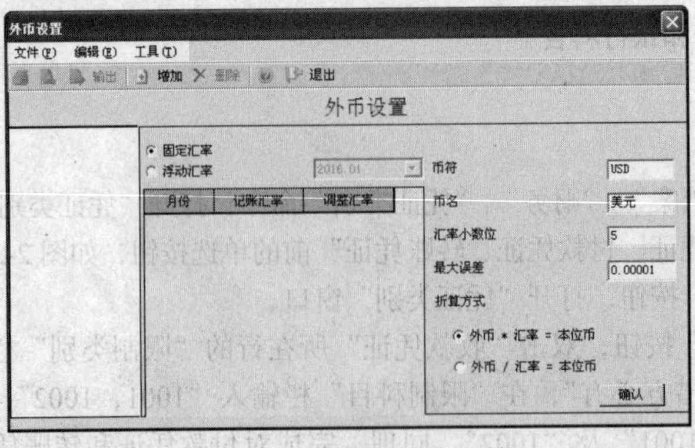

图 2-26 “外币设置”对话框

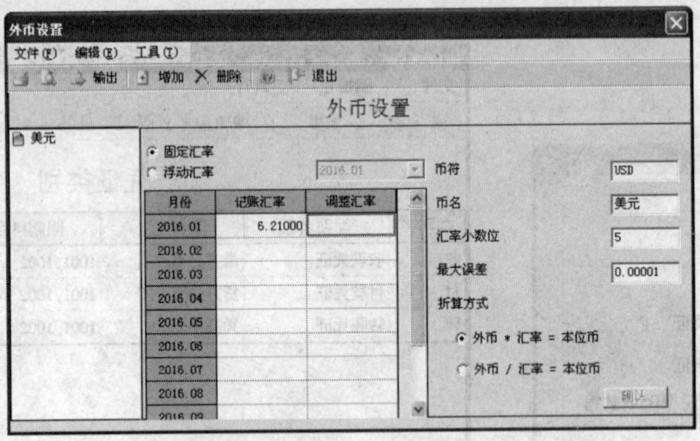

图 2-27 “外币设置”对话框（输入完成）

3．修改会计科目

（1）在“会计科目”窗口中，双击“1001 库存现金”后，单击“修改”按钮，打开“会计科目—修改”窗口。

（2）单击“修改”按钮，勾选“日记账”前的复选框，如图 2-28 所示。

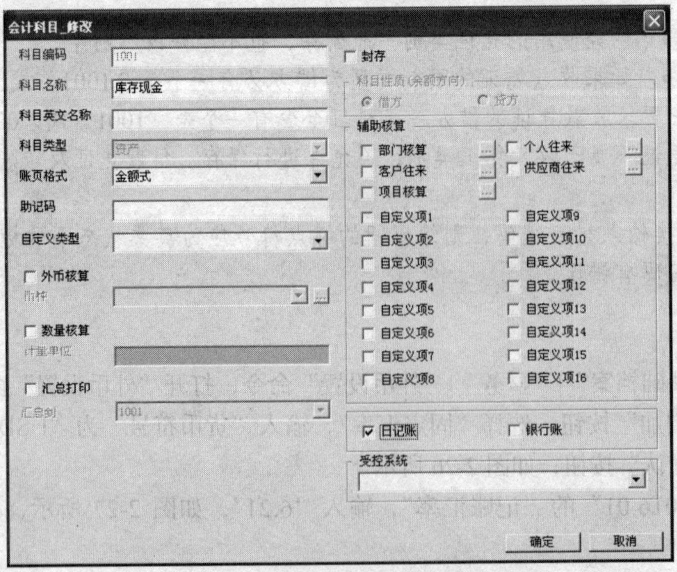

图 2-28 “会计科目—修改”对话框（1）

（3）单击“确定”按钮。

（4）重复以上步骤，修改其他科目。

> **温馨提示**
>
> • “无受控系统”即该账套不使用“应收”及“应付”系统，“应收”及“应付”业务均以辅助账的形式在总账系统中进行核算。
>
> • 在会计科目使用前一定要先检查系统预置的会计科目是否能够满足企业的要求，如果不能满足需求，则以增加和修改的方式增加新的会计科目及修改已经存在的会计科目，如果系统预置的会计科目中有一些是不需要的，则可以进行删除。
>
> • 凡是设置有辅助核算内容的会计科目，操作人员在填制凭证时都需填制具体的辅助核算内容。

4．增加会计科目

（1）执行“基础档案”|“财务”|“会计科目”命令，打开“会计科目”窗口，单击“增加”按钮，打开“新增会计科目”对话框。

（2）输入科目编码“100201”，科目名称“人民币”，如图 2-29 所示。

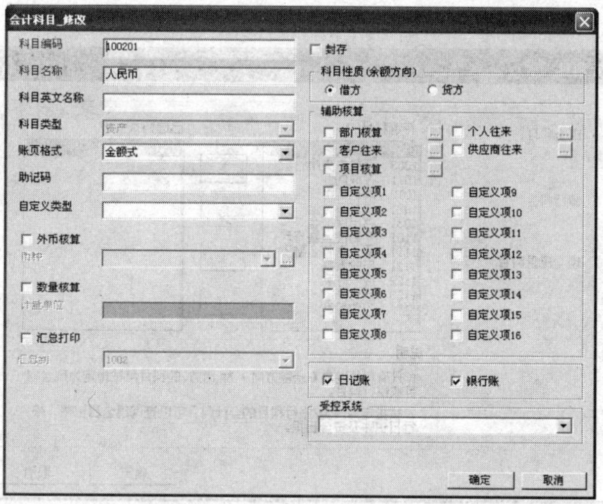

图 2-29　会计科目—修改（2）

（3）同理，依次增加其他的会计科目，操作结果如图 2-30 所示。

会计科目

科目级长 4-2-2-2　　科目个数 223

全部 | 资产 | 负债 | 共同 | 权益 | 成本 | 损益

级次	科目编码	科目名称	外币币种	辅助核算	银行科目	现金科目	计量单位	余额方向	受控系统	是否封存	银行账	日记账	自定义类型
1	1001	库存现金						借				Y	
1	1002	银行存款						借			Y	Y	
2	100201	人民币						借			Y	Y	
2	100202	美元	美元					借			Y	Y	
1	1003	存放中央银行款项						借					
1	1011	存放同业						借					
1	1012	其他货币资金						借					
1	1021	结算备付金						借					
1	1031	存出保证金						借					
1	1101	交易性金融资产						借					
1	1111	买入返售金融资产						借					
1	1121	应收票据						借					
1	1122	应收账款						借					
2	112201	人民币		客户往来				借	应收系统				
2	112202	美元	美元	客户往来				借	应收系统				
1	1123	预付账款						借					
2	112301	人民币		供应商往来				借	应付系统				
2	112302	美元	美元	供应商往来				借	应付系统				

图 2-30　“会计科目”窗口

温馨提示

- 由于预置科目“1002”已经被设置为“日记账”及“银行账”，所以新增科目“100201”被自动识别为“日记账”及“银行账”。
- 会计科目编码应符合编码规则。
- 如果会计科目已经使用，则不能被修改或删除。
- 设置会计科目时应注意会计科目的“账页格式”，一般情况下应为“金额式”，也有可能是“数量金额式”。如果是“数量金额式”还应继续设置计量单位，否则仍不能同时进行数量金额式的核算。
- 如果新增科目为原有某一科目相同或类似的科目，则可采用复制的方法，但是要特别注意复制后的科目是否需要修改科目性质（余额方向）。

5．指定会计科目

（1）执行“基础档案”|“财务”|“会计科目”命令，进入“会计科目”窗口。

（2）执行“编辑”|“指定科目”命令，打开“指定科目”对话框。

（3）单击“>”按钮将“1001 库存现金”从“待选科目”列表选入“已选科目”列表，如图2-31所示。

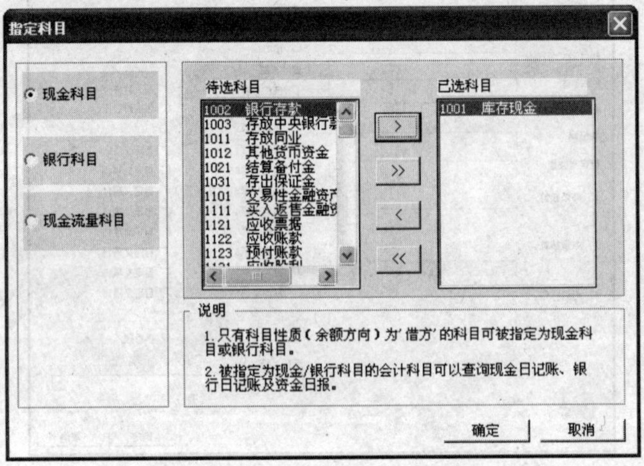

图2-31 “指定科目——库存现金”对话框

（4）单击选择“银行科目”选项，单击“>“按钮将“1002 银行存款”从“待选科目”列表选入“已选科目”列表，如图2-32所示。

（5）单击“确定”按钮。

温馨提示

- 被指定的“现金总账科目”及“银行总账科目”必须是一级会计科目。
- 只有指定现金及银行总账科目才能进行出纳签字的操作。
- 只有指定现金及银行总账科目才能查询现金日记账和银行存款日记账。

6．设置项目目录

（1）在企业应用平台“基础设置”选项中，执行“基础档案”|“财务”|“项目命令”命令，打开“项目档案”窗口。

（2）单击“增加”按钮，打开“项目大类定义_增加”文本框。

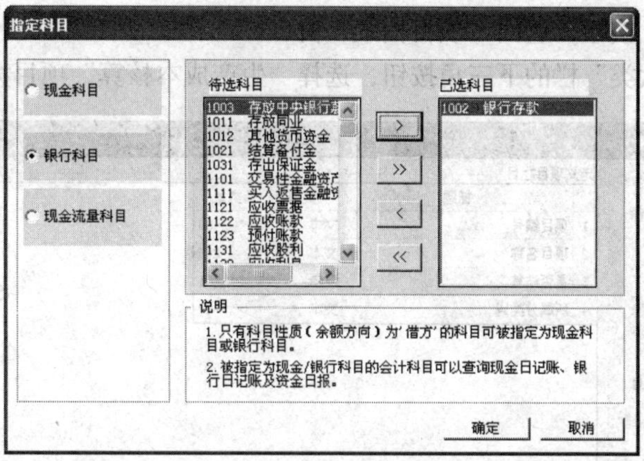

图 2-32 “指定科目——银行科目”窗口

（3）输入新项目大类名称“生产成本核算”，如图 2-33 所示。

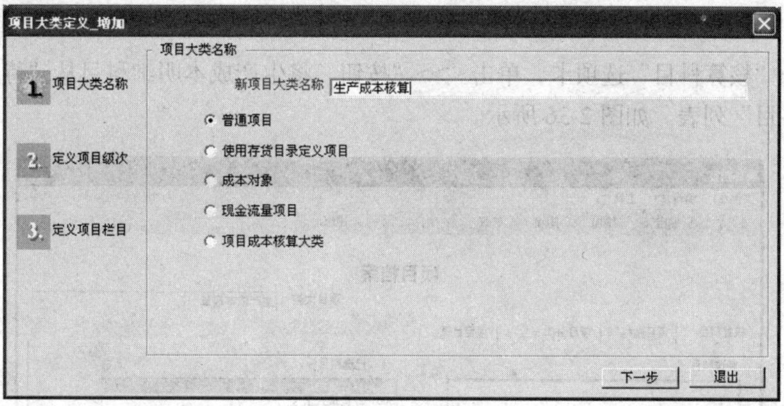

图 2-33 “项目大类定义_增加——项目大类名称”对话框

（4）单击“下一步”按钮，打开“项目大类定义_增加——定义项目级次”对话框，如图 2-34 所示。

（5）默认系统设置，单击“下一步”按钮，打开“项目大类定义_增加——定义项目栏目”对话框，如图 2-35 所示。

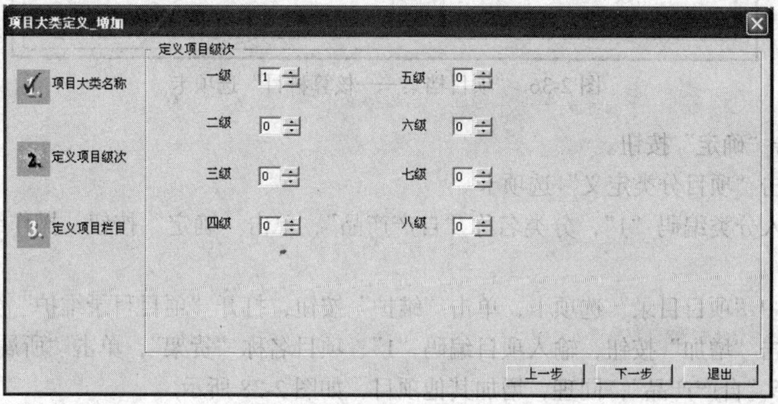

图 2-34 “项目大类定义_增加——定义项目级次”对话框

（6）单击“完成”按钮，返回“项目档案”窗口。

（7）单击“项目大类”栏的下三角按钮，选择“生产成本核算”项目大类。

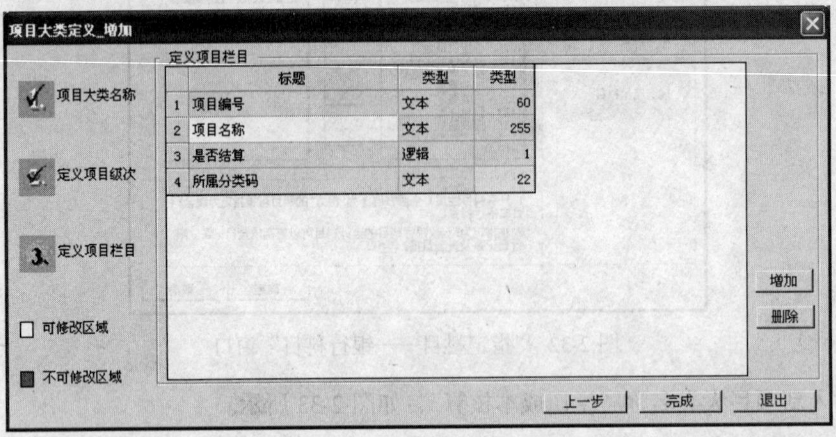

图 2-35 “项目大类定义_增加——定义项目栏目”对话框

（8）单击“核算科目”选项卡，单击“>>“按钮，将生产成本明细科目从“待选科目”列表选入“已选科目”列表。如图 2-36 所示。

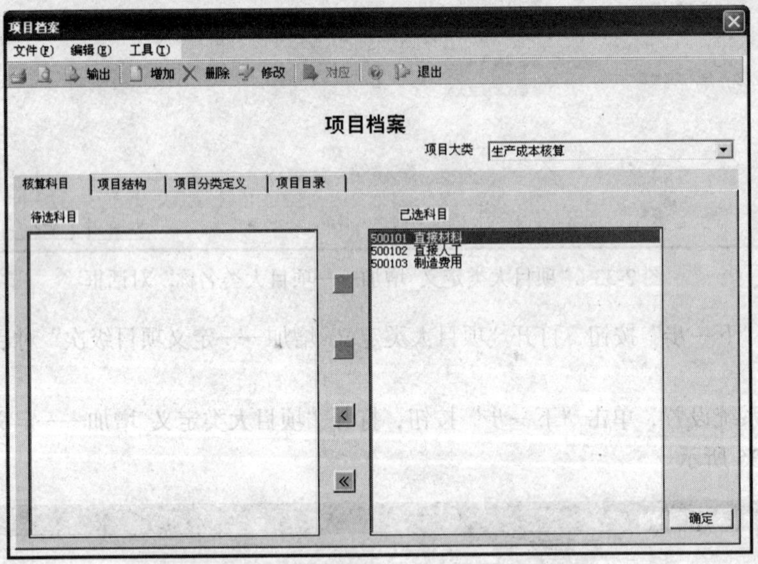

图 2-36 “项目档案——核算科目”选项卡

（9）单击“确定”按钮。

（10）单击“项目分类定义”选项卡。

（11）输入分类编码“1”，分类名称“自产产品”，单击“确定”按钮，操作结果如图 2-37 所示。

（12）选中“项目目录”选项卡，单击“维护”按钮，打开“项目目录维护”窗口。

（13）单击“增加”按钮，输入项目编码“1”、项目名称“货架”，单击“所属分类码”栏参照按钮，选择“自产产品”，同理，增加其他项目，如图 2-38 所示。

（14）单击“退出”按钮。

7．账套输出

请将账套输出至“D:\823 账套备份\2-3”文件夹。

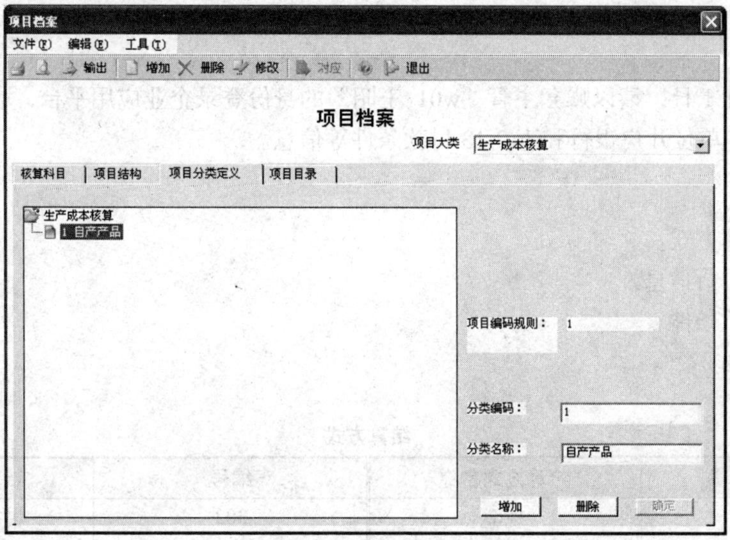

图 2-37 “项目档案—项目分类定义”选项卡

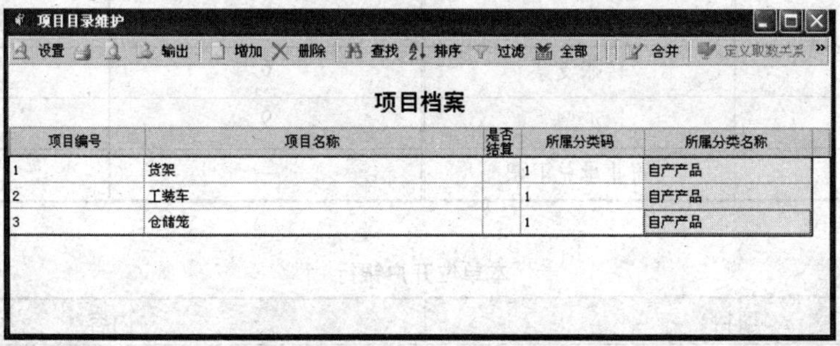

图 2-38 “项目目录维护”窗口

温馨提示

- 一个项目大类可以指定多个科目，一个科目只能属于一个项目大类。
- 每年年初企业应将已结算或不用的项目删除。
- 标识结算后的项目将不能再使用。

实训练习

1. 指定现金总账科目和银行总账科目。
2. 根据表训 2-4，在项目档案中增加相关信息。

表训 2-4　　项目

项目大类	项目分类定义	项目目录
商品项目	1 男装	106 男式皮衣
	2 女装	206 女式皮衣
		207 女式皮手套

实训四 收付结算信息设置

业务描述

2016年1月1日，请以账套主管“w01 王昭”的身份登录企业应用平台，增加表2-11结算方式、表2-12本单位开户银行和表2-13付款条件等信息。

实验要求

扫一扫

- 设置结算方式。
- 设置开户行信息。
- 设置付款条件。

实验资料

表2-11 结算方式

编号	结算方式名称	编号	结算方式名称
1	现金	302	银行承兑汇票
2	支票	4	电汇
201	现金支票	5	托收承付
202	转账支票	6	委托收款
3	汇票	9	其他
301	商业承兑汇票	—	—

表2-12 本单位开户银行

项目	内容
企业开户银行编码	01
开户银行	中国工商银行深圳市经济技术开发区支行
账号	1307100026160024388
账户名称	深圳杰威尔出版有限公司
币种	人民币
所属银行	中国工商银行
项目	内容
企业开户银行编码	02
开户银行	中国工商银行深圳市经济技术开发区支行
账号	1307100026160024668
账户名称	深圳杰威尔出版有限公司
币种	美元
所属银行	中国工商银行

表 2-13　　付款条件

付款条件	信用天数	优惠天数 1	优惠率 1	优惠天数 2	优惠率 2
01	30	10	2%	20	1%

操作指导

1. 设置结算方式

“w01 王昭”设置收付结算信息。

（1）执行“基础档案”|“收付结算”|“结算方式”命令，打开“结算方式”窗口。

（2）单击“增加”按钮，输入结算方式编码“1”，输入结算方式名称“现金”，单击“保存”按钮。以此方式继续输入表 2-11 中的其他结算方式，如图 2-39 和图 2-40 所示。

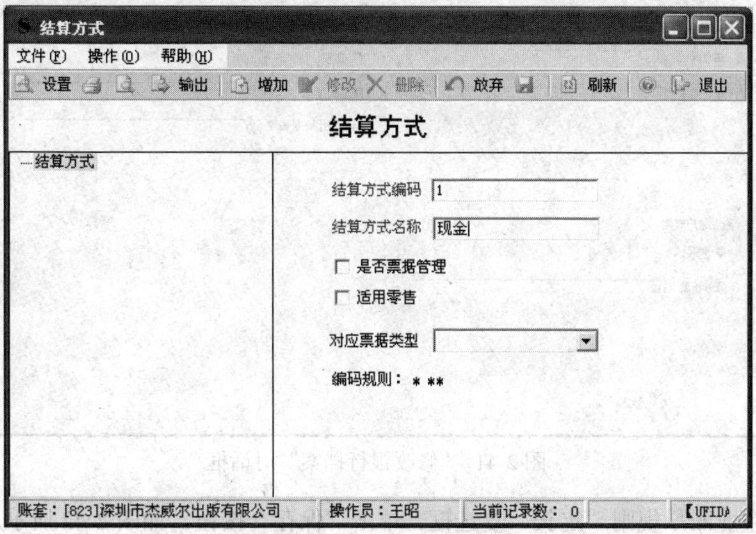

图 2-39 “结算方式”窗口

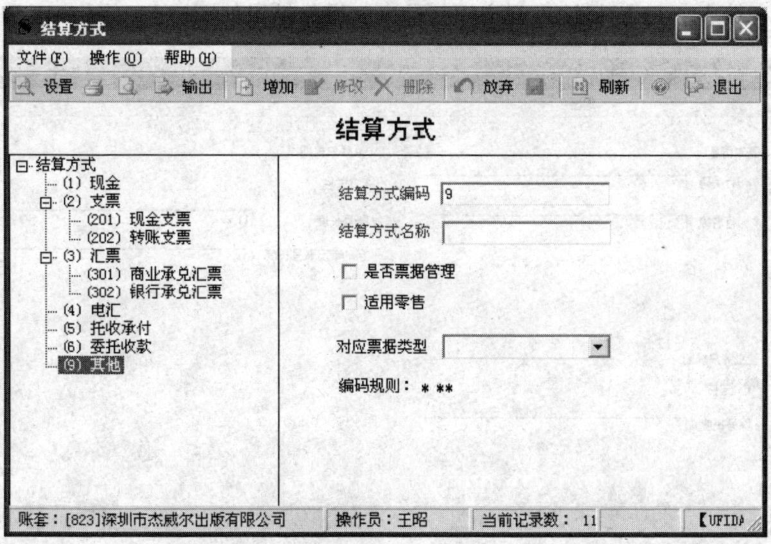

图 2-40 “结算方式”窗口（输入完成）

（3）单击“退出”按钮。

温馨提示　在总账系统中，结算方式将在使用“银行账类”科目填制凭证时使用，并可作为银行对账的一个参数。

2. 设置本单位开户银行

（1）执行“基础设置”|“基础档案”|“收付结算”|“银行档案”命令，打开“银行档案”窗口，选中“01 中国工商银行”，单击“修改”按钮，打开“修改银行档案”对话框，如图2-41所示。

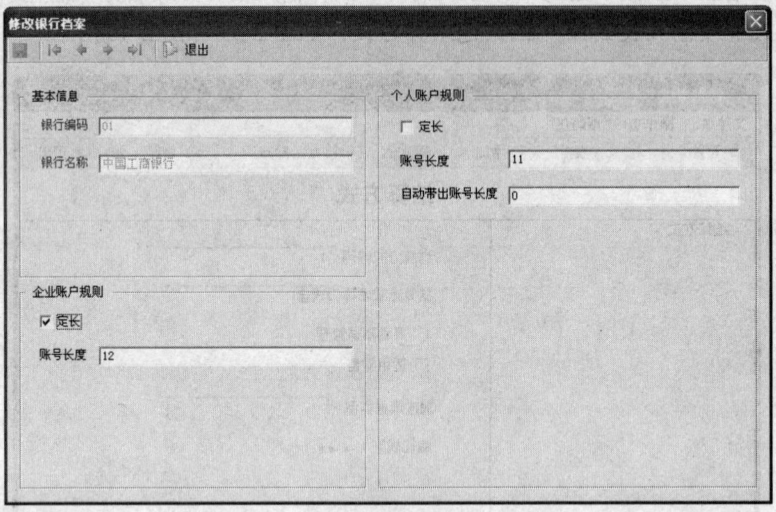

图2-41 “修改银行档案”对话框

（2）取消企业账户规则“定长”复选框，单击“保存”按钮，如图2-42所示。

（3）执行“基础设置”|“基础档案”|“收付结算”|“本单位开户银行”命令，打开“本单位银行”窗口，按表2-12资料输入开户银行信息，操作结果如图2-43、图2-44和图2-45所示。

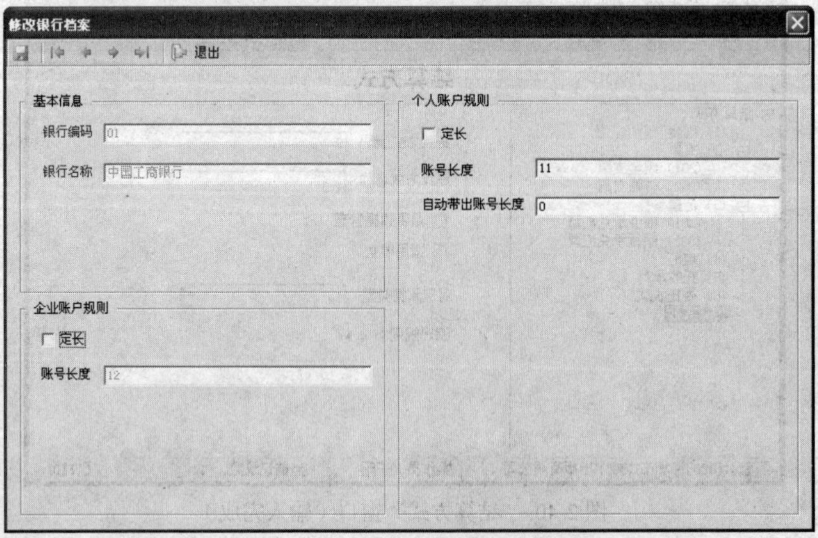

图2-42 “修改银行档案”对话框（修改完成）

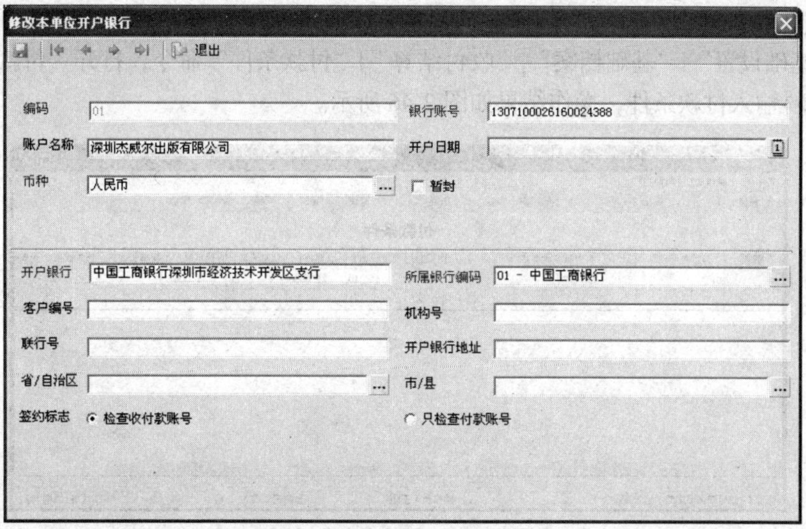

图 2-43 “修改本单位开户银行”对话框（币种：人民币）

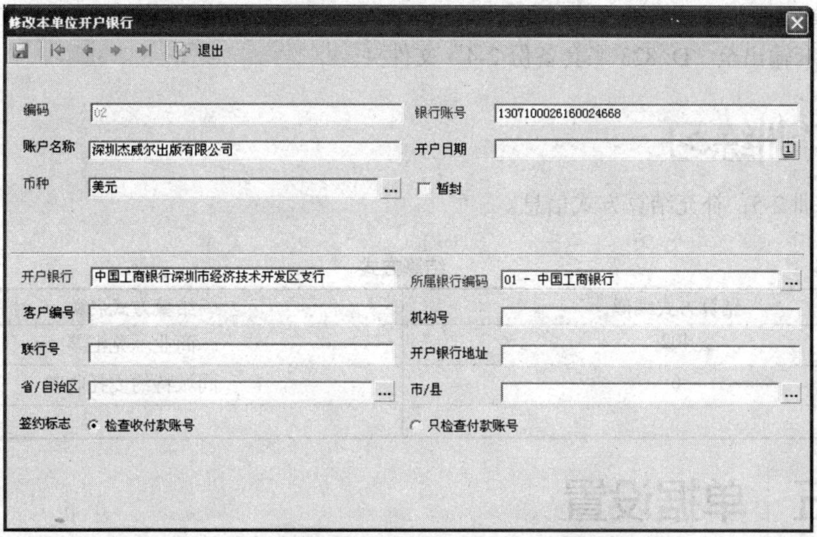

图 2-44 “修改本单位开户银行”对话框（币种：美元）

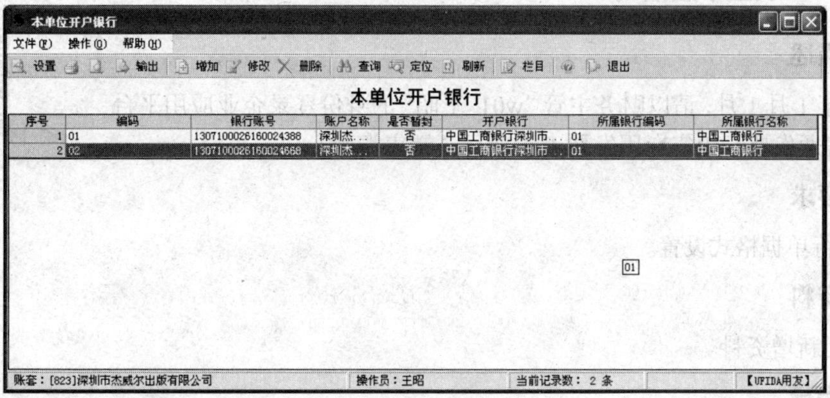

图 2-45 “本单位开户银行”窗口

3．设置付款条件

执行“基础设置”|“基础档案”|“收付结算”|“付款条件”命令，打开“付款条件”窗口。按表2-13资料输入付款条件，操作结果如图2-46所示。

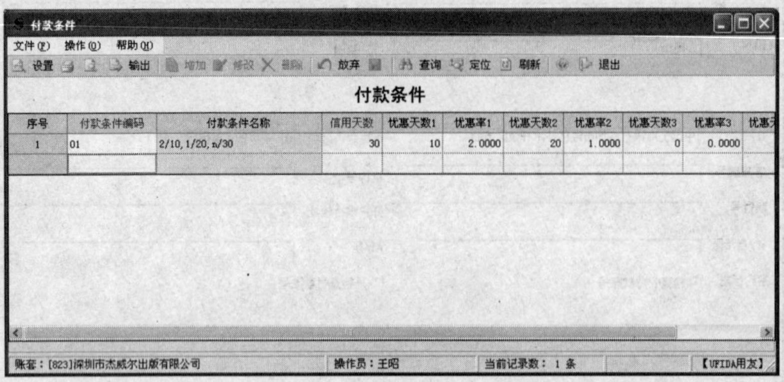

图2-46 “付款条件”窗口

4．账套输出

请将账套输出至“D:\823账套备份\2-4”文件夹。

实训练习

根据表训2-5，补充结算方式信息。

表训2-5 结算方式

结算方式编码	结算方式名称
402	商业承兑汇票
6	同城特约委托收款

实训五 单据设置

业务一 设置单据格式

扫一扫

业务描述

2016年1月1月，请以财务主管“w01 王昭”的身份登录企业应用平台，删除销售普通发票、销售专用发票表头项目“销售类型”。

实验要求

- 进行单据格式设置。

实验资料

本节无新增资料。

操作指导

“w01 王昭”设置单据格式。

（1）执行“基础设置”|“单据设置”|“单据格式设置”命令，打开“单据格式设置”窗口，单击打开“销售专用发票显示模板”，单击选中表头项目“销售类型”，如图 2-47 所示。

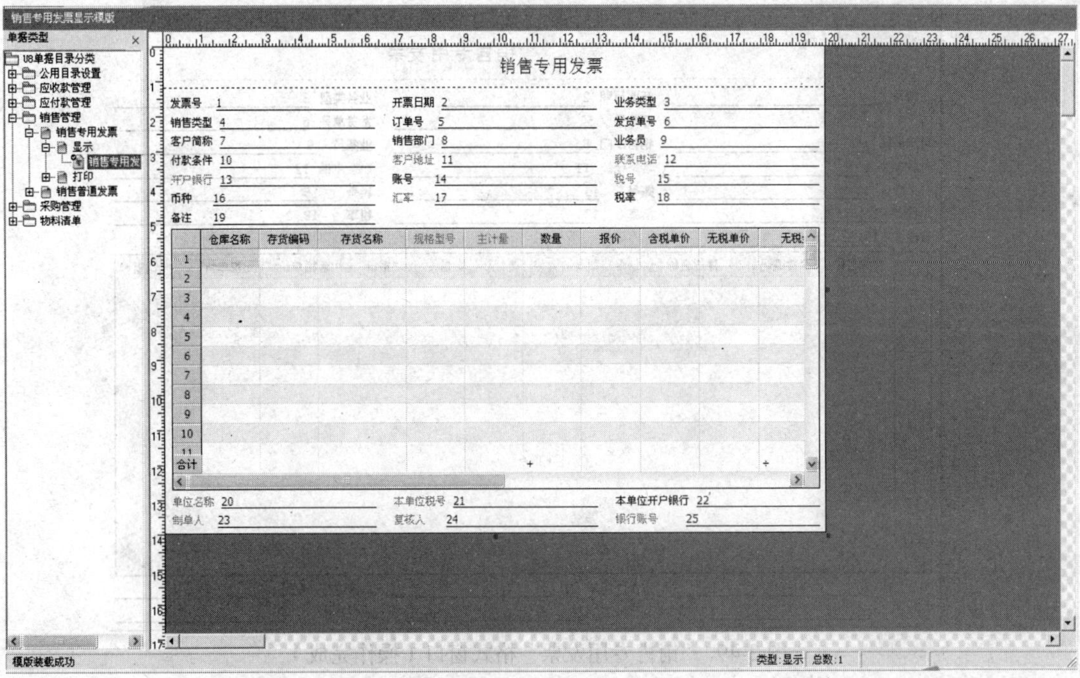

图 2-47 “销售专用发票显示模板”窗口

（2）单击“删除”按钮，系统会弹出对话框“是否删除当前选择项目？”如图 2-48 所示，单击“是”按钮。

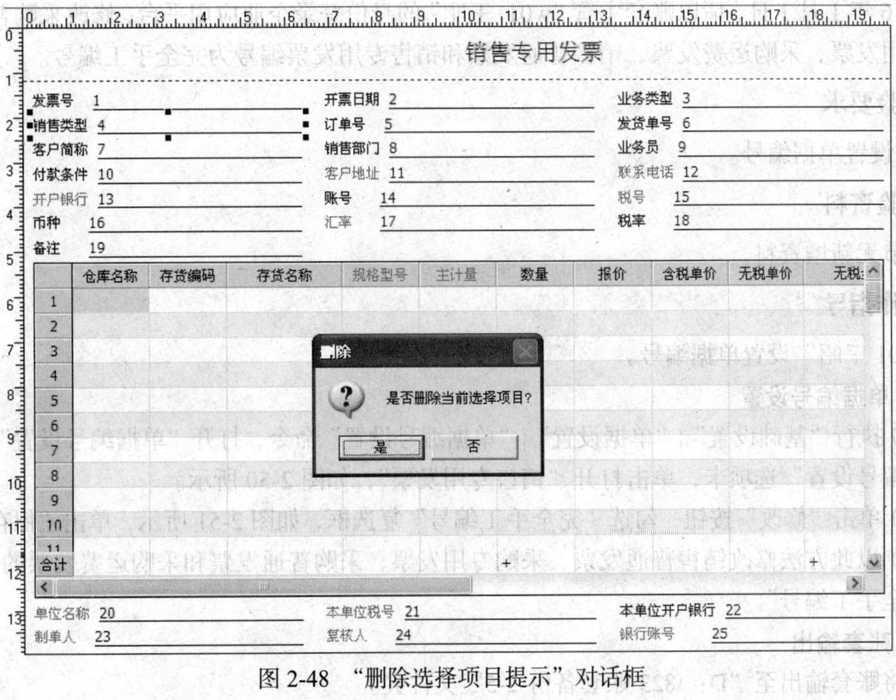

图 2-48 “删除选择项目提示”对话框

（3）单击“保存”按钮，修改后的“销售专用发票”格式如图 2-49 所示。

（4）以此方法删除“销售普通发票”的表头项目“销售类型”。

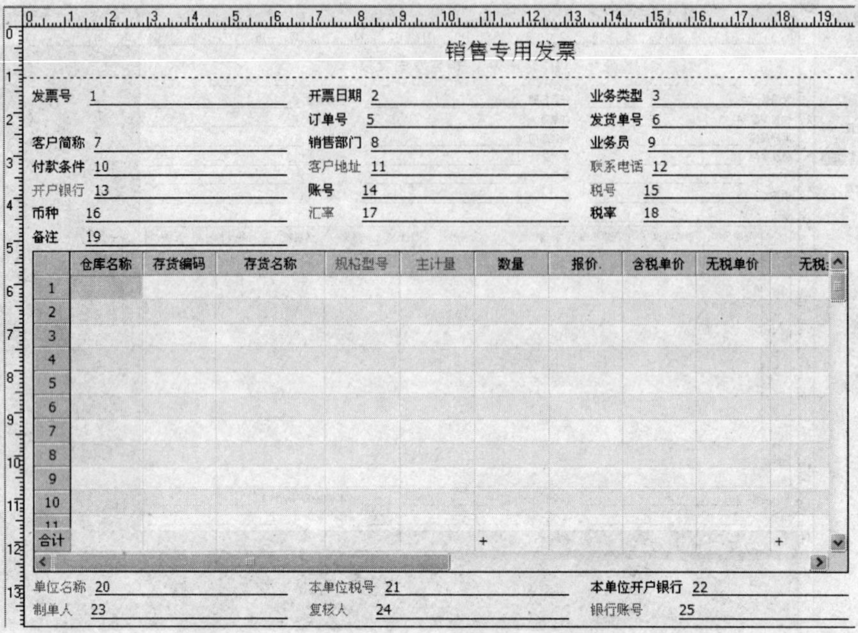

图 2-49 “销售专用发票”格式窗口（操作完成）

业务二　单据编号设置

业务描述

2016 年 1 月 1 日，请以账套主管“w01 王昭”的身份登录企业应用平台，修改采购普通发票、采购专用发票、采购运费发票、销售普通发票和销售专用发票编号为完全手工编号。

实验要求

- 设置单据编号。

实验资料

本节无新增资料。

操作指导

“w01 王昭”设置单据编号。

1. 单据编号设置

（1）执行“基础设置”|“单据设置”|“单据编号设置”命令，打开“单据编号设置”对话框，选中“编号设置”选项卡，单击打开“销售专用发票”，如图 2-50 所示。

（2）单击“修改”按钮，勾选“完全手工编号”复选框，如图 2-51 所示，单击“保存”按钮。

（3）以此方法修改销售普通发票、采购专用发票、采购普通发票和采购运费发票的编号方式为“完全手工编号”。

2. 账套输出

请将账套输出至“D：\823 账套备份\2-5”文件夹。

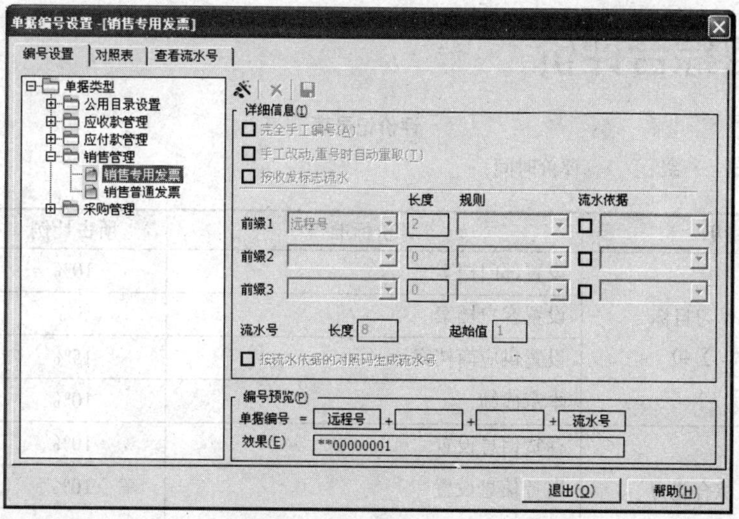

图 2-50 “编号设置”选项卡

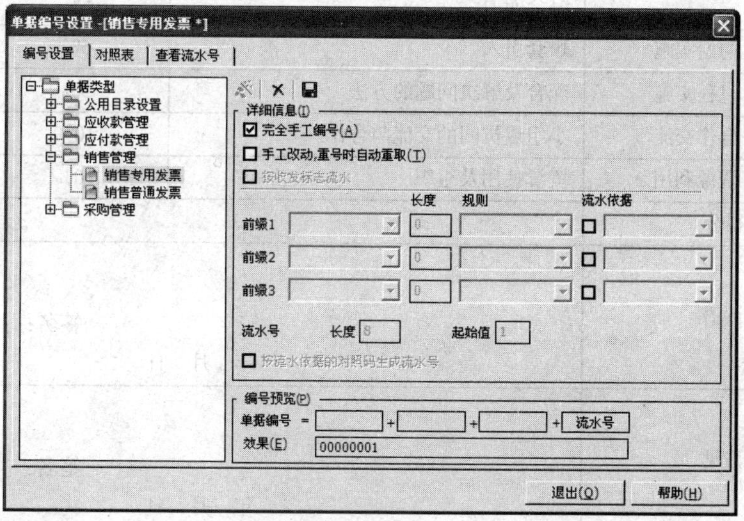

图 2-51 “编号设置”选项卡（操作完成）

实训练习

在单据编号设置中将销售专用发票设置为“手工改动，重号时自动重取”。

项目小结

本项目主要内容包括企业应用的基础设置、存货信息的设置、财务信息的设置、收付结算信息设置、单据设置，这些内容是系统地设置企业应用平台的基础，让读者可以更好地为以后的学习做铺垫。本章内容是重点内容，企业应用平台是接下来主要的操作场所，如果设置得不好，会影响接下来的一系列操作。账套主管可以使用企业应用平台的一切功能，如果步骤出错，可以使用账套主管（即 w01 王昭）更改设置。

项目综合评价

评价记录表

姓　　名：　　班　　级：　　评价时间：

<table>
<tr><th colspan="2">评价指标</th><th>评价标准</th><th>所占比例</th><th>分值</th></tr>
<tr><td rowspan="8">学习过程
Σ70</td><td rowspan="4">学习目标
Σ40</td><td>设置部门档案</td><td>10%</td><td></td></tr>
<tr><td>设置客户档案</td><td>5%</td><td></td></tr>
<tr><td>设置供应商档案</td><td>15%</td><td></td></tr>
<tr><td>本章成绩</td><td>10%</td><td></td></tr>
<tr><td rowspan="4">综合能力
Σ30</td><td>存货信息设置</td><td>10%</td><td></td></tr>
<tr><td>财务信息设置</td><td>10%</td><td></td></tr>
<tr><td>收付结算信息设置</td><td>5%</td><td></td></tr>
<tr><td>综合能力</td><td>5%</td><td></td></tr>
<tr><td rowspan="4">小组合作
Σ30</td><td>初始实施</td><td>账套引入</td><td>5%</td><td></td></tr>
<tr><td>过程实施</td><td>配合及解决问题的方法</td><td>5%</td><td></td></tr>
<tr><td>合作交流</td><td>小组成员间的交流与合作</td><td>10%</td><td></td></tr>
<tr><td>资源利用</td><td>资源使用及组织</td><td>10%</td><td></td></tr>
<tr><td colspan="2">综合得分</td><td colspan="3"></td></tr>
<tr><td colspan="2">教师评语</td><td colspan="3">签名：
年　月　日</td></tr>
<tr><td colspan="2">学生意见</td><td colspan="3">签名：
年　月　日</td></tr>
</table>

项目三 总账管理系统日常业务处理

功能概述

总账系统是整个用友 ERP-U8 V10.1 管理软件的核心部分。凭证等主要账务处理程序都在这个系统中进行操作，包括各种期末处理。

总账系统包含的内容极为丰富，与系统应用相关的主要项目包括以下几项。

- 设置：包括期初余额、选项等设置，选项中以会计日历与凭证设置为主，设置完成之后才可以在系统中进行其他操作。
- 凭证：包括了填写凭证、凭证查询等，根据人物权限的不同有不一样的操作选项，账套主管有全部功能的权限，w02 主要是进行填制凭证等操作，w03 主要负责出纳签字。
- 期末：进行各种期末处理，如结转损益、结账等。

实验目的与要求

- 理解总账系统在用友 ERP-U8 V10.1 管理软件中的应用。
- 掌握初始化设置与凭证处理和出纳处理两个流程的操作。

实训一 总账管理系统初始化设置

业务一 总账管理系统参数设置

业务描述

扫一扫

2016 年 1 月 1 日，823 深圳市杰威尔出版有限公司账套总账系统的参数信息如下，请以账套主管“w01 王昭”的身份修改参数。

实验要求

- 凭证选项卡：取消现金流量科目必录现金流量项目；勾选自动填补凭证断号；取消制单序时控制。
- 权限选项卡：不允许修改、作废他人填制的凭证；勾选出纳凭证必须经由出纳签字。
- 会计日历选项卡：数量小数位 2，单价小数位 2。
- 其他选项卡：部门、个人、项目排序方式选择按编码排序。

实验资料

本节无新增资料。

操作指导

“w01 王昭”设置总账管理系统参数。

（1）在企业应用平台上执行“业务工作”|“财务会计”|“总账”命令，打开总账系统。

（2）在总账系统中，执行“设置”|“选项”命令，打开“选项”对话框，单击“编辑”按钮，如图 3-1 所示。

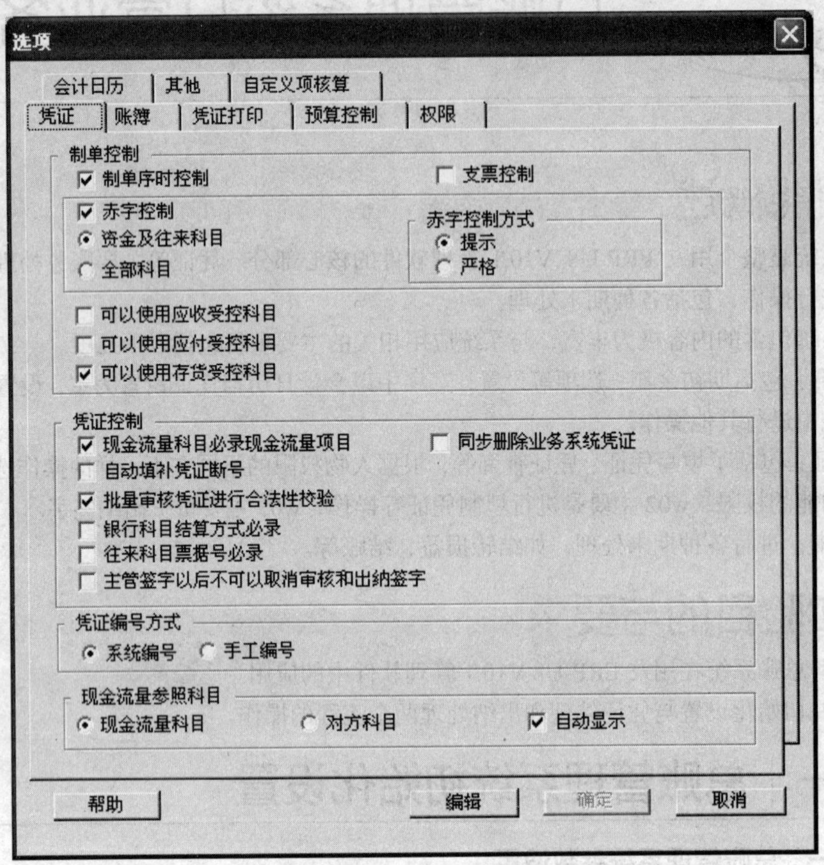

图 3-1 “选项”对话框

（3）在“凭证”选项卡中，取消“制单序时控制”“现金流量科目必录现金流量项目”复选框，勾选“自动填补凭证断号”复选框，如图 3-2 所示。

（4）在“权限”选项卡中，取消“允许修改、作废他人填制的凭证”复选框，如图 3-3 所示。

（5）在“会计日历”选项卡中，分别修改“数量小数位”“单价小数位”“本位币精度”为 2，如图 3-4 所示。

（6）在“其他”选项卡中，分别修改“部门排序方式”“个人排序方式”“项目排序方式”为按编码排序。如图 3-5 所示。

（7）单击“确定”按钮保存并返回。

温馨提示

- 总账系统中的参数设置将决定总账系统的输入控制、处理方式、数据流向、输出格式等，这些参数一旦设定一般不能随意改变。

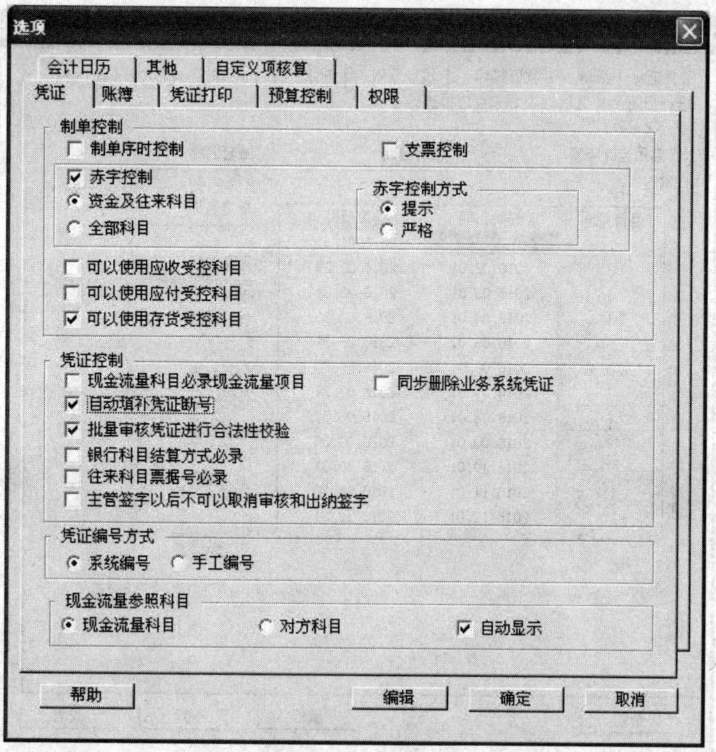

图 3-2 “凭证”选项卡

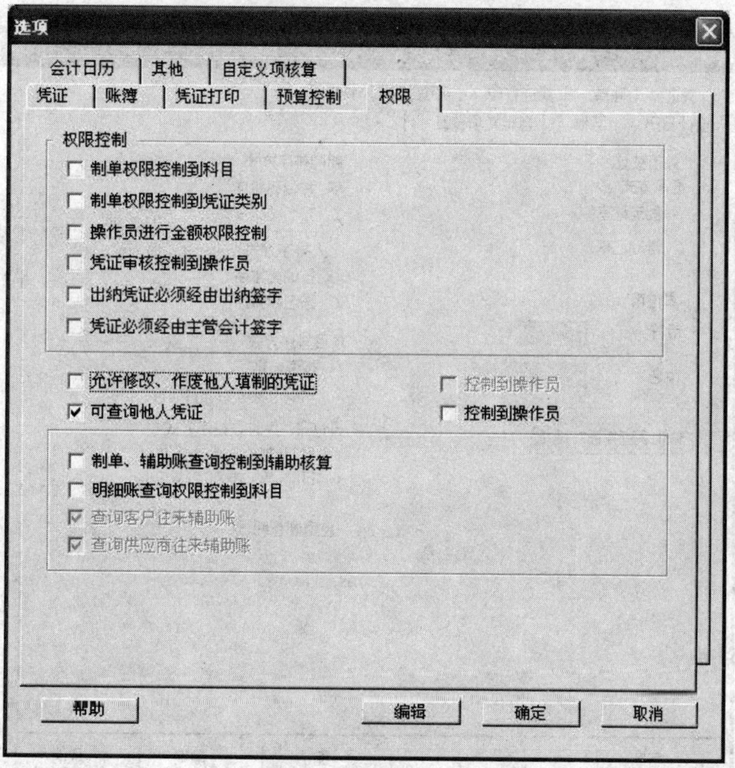

图 3-3 “权限”选项卡

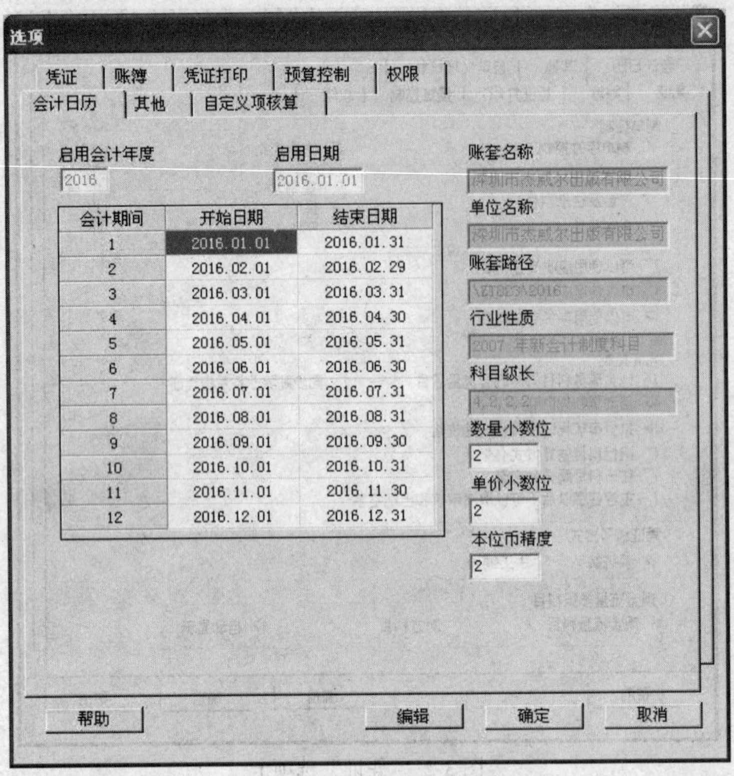

图 3-4 “会计日历”选项卡

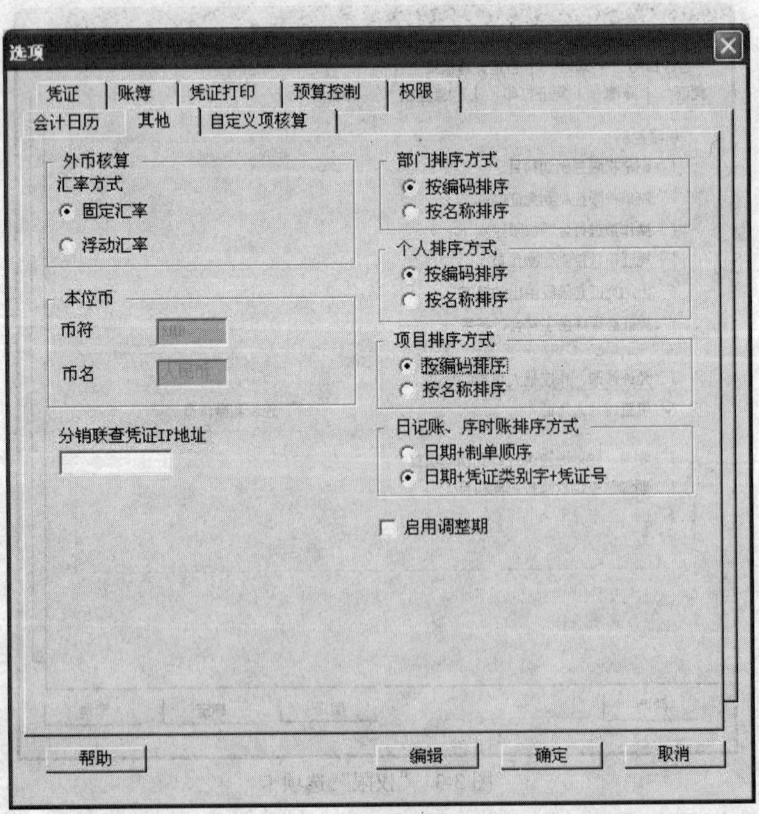

图 3-5 “其他”选项卡

业务二　输入总账期初余额

业务描述

2016 年 1 月 1 日，823 深圳市杰威尔出版有限公司 2016 年 1 月的期初余额如表 3-1～表 3-7 所示，请以账套主管“w01 王昭”的身份输入期初余额并试算平衡。

实验要求

- 录入期初数据。
- 输出账套。

实验资料

表 3-1　　总账期初余额

科目名称	方向	计量	期初余额/元
库存现金 1001	借		100 00.00
银行存款 1002	借		259 990.20
人民币 100201	借		259 990.20
应收账款 1122	借		140 400.00
人民币 112201	借		140 400.00
应收票据 1121	借		56 160.00
人民币 112101	借		56 160.00
预付账款 1123	借		10 000.00
人民币 112301	借		10 000.00
坏账准备 1231	借		702.00
原材料 1403	借		480 000.00
脚轮 140301	借		100 000.00
	借	个	1 000.00
钢管 140302	借		50 000.00
	借	米	1 000.00
方管 140303	借		80 000.00
	借	米	1 000.00
角钢 140304	借		100 000.00
	借	米	1 000.00
焊条 140304	借		90 000.00
	借	盒	500.00
木托盘 140305	借		60 000.00
	借	个	1 000.00
库存商品 1405	借		1 580 000.00

续表

科目名称	方向	计量	期初余额/元
货架 140501	借		300 000.00
	借	个	1 000.00
工装车 140502	借		1 000 000.00
	借	台	500.00
仓储笼 140503	借		280 000.00
	借	个	1 000.00
周转材料 1411	借		50 000.00
包装箱 141101	借	个	50 000.00
	借		1 000.00
固定资产 1601	借		347 000.00
累计折旧 1602	贷		47 183.33
短期借款 2001	贷		200 000.00
工行芜湖经济技术开发区支行 200101	贷		200 000.00
应付票据 2201	贷		21 060.00
人民币 220101	贷		21 060.00
应付账款 2202	贷		11 700.00
人民币 220201	贷		11 700.00
预收账款 2203	贷		10 000.00
人民币 220301	贷		10 000.00
应交税费 2221	贷		111 055.00
未交增值税 222102	贷		67 890.00
应交城建税 222105	贷		4 752.30
应交教育费附加 222106	贷		2 036.70
应交地方教育费附加 222107	贷		1 357.80
应交企业所得税 222108	贷		34 880.00
应交个人所得税 222109	贷		138.20
实收资本 4001	贷		2 000 000.00
资本公积 4002	贷		475 849.87
利润分配 4104	贷		56 000.00
未分配利润 410415	贷		56 000.00

表 3-2　　应收账款——人民币（112201）期初余额

日期	客户名称	摘要	方向	余额/元
2015-12-16	顺电电器有限公司	销售货架，100 个，480 元/个，票号 64378946	借	56 160.00
2015-12-30	顺丰有限公司	销售工装车 20 台，3600 元/台，票号 86549368	借	84 240.00

表 3-3　　应收票据——人民币（112101）期初余额

日期	客户名称	摘要	方向	余额/元
2015-12-18	岁宝百货超市有限公司	销售货架，100 个，480 元/个，票号 84378948	借	56 160.00

表 3-4　　预付账款——人民币（112301）期初余额

日期	供应商名称	摘要	方向	余额/元
2015-12-16	业伟铸管	采购钢管，1000 米，50 元/米，票号 64334865	借	10 000.00

表 3-5　　应付账款——人民币（220201）期初余额

日期	供应商名称	摘要	方向	余额/元
2015-12-19	申远脚轮	采购脚轮，100 个，100 元/个，票号 56738946	借	11 700.00

表 3-6　　应付票据——人民币（220101）期初余额

日期	供应商名称	摘要	方向	余额/元
2015-12-16	恒天焊条	采购焊条，100 盒，180 元/盒，票号 64374789	贷	210 060.00

表 3-7　　预收账款——人民币（220301）期初余额

日期	供应商名称	摘要	方向	余额/元
2015-12-28	国美家电	预售货架款，100 个，480 元/个，票号 84378948	贷	10 000.00

【操作步骤】

1. 输入期初余额

“w01 王昭”输入总账期初余额。

（1）在总账系统中，执行“设置”|“期初余额”命令，打开“期初余额输入”窗口。

（2）白色的单元为末级科目，可以直接输入期初余额。如：库存现金 10 000.00、银行存款——人民币 259 990.20。

温馨提示

- 灰色的单元为非末级科目，不允许输入期末余额，待下级科目余额输入完成后自动汇总生成。

（3）黄色的单元代表此科目设置了辅助核算，不允许直接输入余额，需要在该单元格中双击进入辅助账期初设置。在辅助账中输入期初数据，完成后自动返回总账期初余额表。如双击“应收账款——人民币”所在行的“期初余额”栏，进入“辅助期初余额”窗口。

（4）单击“往来明细”按钮，进入“期初往来明细”窗口。单击“增行”按钮；单击“日期”栏参照按钮，选择“2015-12-18”；单击“客户”栏参照按钮，选择“岁宝百货”；在“摘要”栏输入“销售货架”，在“金额”栏输入“56 160.00”等信息。

（5）单击“汇总”按钮，系统弹出提示对话框“完成了往来明细到辅助期初表的汇总！”如图 3-6 所示。

图 3-6 “往来明细账辅助期初表汇总提示”对话框

（6）单击“确定”按钮后，再单击“退出”按钮，在“辅助期初余额”窗口显示汇总结果，如图 3-7 所示。

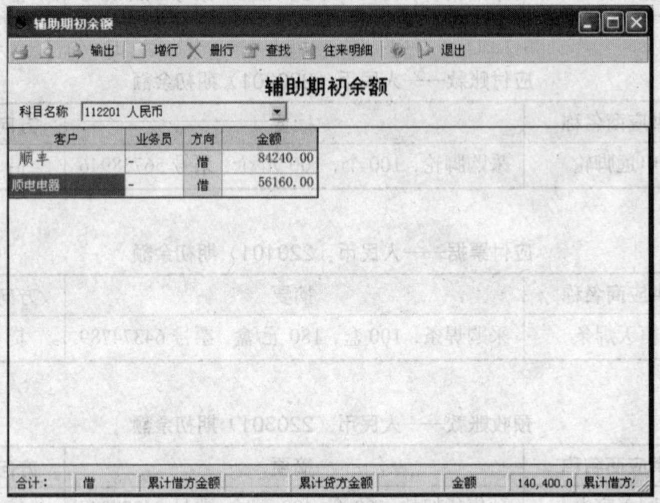

图 3-7 “辅助期初余额”窗口

（7）同理，输入其他带辅助核算的科目余额。

（8）单击“试算”按钮，系统进行试算平衡。试算结果如图 3-8 所示。

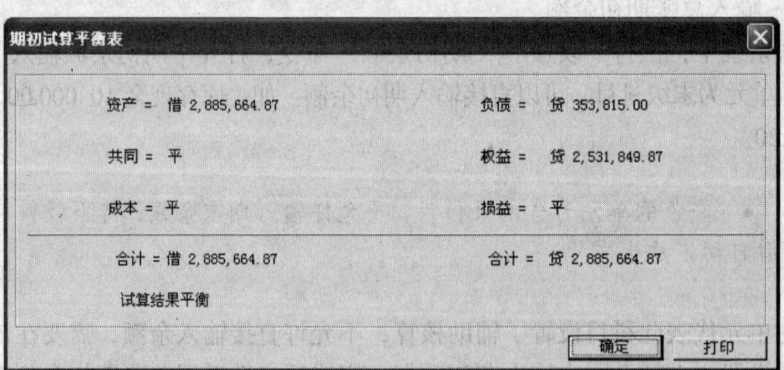

图 3-8 “期初试算平衡表”对话框

（9）单击“确定”按钮。

2．输出账套

请将账套输出至“D:\823 账套备份\3-1 文件夹”。

温馨提示

- 只需输入末级科目的余额，非末级科目的余额由系统移动计算生成。
- 如果要修改余额的方向，可以在未输入余额的情况下，单击【方向】按钮改变余额的方向。

- 总账科目与下级科目的方向必须一致。如果所输入的明细余额方向与总账余额方向相反，也用“-”号表示。
- 如果输入余额的科目有辅助核算的内容，则在输入余额时必须输入辅助核算的明细内容，而修改时也应修改明细内容。
- 如果某一科目有数量（外币）核算的要求，则输入余额时还应输入该余额的数量（外币）。
- 如果年中某月开始建账，需要输入启用月份的月初余额及年初到该月的借贷方累计发生额（年初余额由系统根据月初余额及借贷方累计发生额自动计算生成）。
- 系统只能对月初余额的平衡关系进行试算，不能对年初余额进行试算。
- 如果账户期初余额不平衡，操作人员可以填制凭证但不允许记账。
- 凭证记账后，期初余额变为只读状态，不能再进行修改。

实训练习

录入“在途物资”账户期初余额，如表训 3-1 所示。

表训 3-1

日期	供应商	摘要	金额
2014-03-31	武汉佳慧电子	购买商品	450 000.00

实训二　凭证处理

业务一　填制凭证

扫一扫

业务描述

请对 823 深圳市杰威尔出版有限公司 2016 年 1 月发生的以下 7 笔业务进行账务处理。

实验要求

- 填制记账凭证。
- 设置常用凭证。

实验资料

（1）2016 年 1 月 1 日，财务部王昭预借差旅费 2 000 元人民币。

（2）2016 年 1 月 2 日，财务部开出现金支票提取 2 000 元人民币备用金。现金支票票号 36585432。

（3）2016 年 1 月 3 日，一车间生产货架领用方管 400 米，单价 80 元人民币；角钢 100 米，单价 100 元人民币，焊条 50 盒，单价 180 元人民币；木托盘 400 个，单价 60 元，共 75 000 元人民币。

（4）2016 年 1 月 4 日，一车间生产工装车领用脚轮 320 个，单价 100 元人民币；钢管 800 米，单价 50 元人民币；角钢 200 米，单价 100 元人民币，焊条 200 盒，单价 180 元人民币；木托盘

160个，单价60元人民币，共137 600元人民币。

（5）2016年1月5日，财务部王昭报销差旅费，交通费960元人民币，住宿费660元人民币，以及其他的花费540元人民币，共2 160元人民币。

（6）2016年1月6日，转账支付沸点广告有限公司广告费3 000元人民币。转账支票票号34557686。

（7）2016年1月7日，经理室报销业务招待费1 200元人民币，现金付讫。

（8）常用凭证的生成和调用。

操作指导

1．填制第一笔业务的记账凭证

“w02 解树”添置记账凭证；“w01 王昭”设置常用凭证。

（1）2016年1月1日，在企业应用平台中，单击“重注册”，以“w02 解树”的用户身份进入企业应用平台。

（2）在“业务工作”选项卡中，执行“总账”|“凭证”|“填制凭证”。打开“填制凭证”窗口。

（3）单击“增加”按钮或者按“F5”键。

（4）单击凭证类别的参照按钮，选择“付款”按钮。

（5）修改凭证日期为“2016.01.01”。

（6）在摘要栏输入“财务部王昭预借差旅费”。

（7）按回车键，或用鼠标单击“科目名称”栏，单击科目名称栏的参照按钮（或按F2键），选择“资产”类科目“1221 其他应收款”，或者直接在科目名称栏中输入“1221”。

（8）按回车键，系统弹出“辅助项”对话框，输入部门“财务部”，个人“王昭”，选择发生日期“2016-01-01”，如图3-9所示，单击“确定”按钮返回。

（9）按回车键，或用鼠标单击“借方金额”栏，输入借方金额“2 000”。

（10）按回车键（复制上一行的摘要），再按回车键，或用鼠标单击“科目名称”栏（第二行），单击科目名称栏的参照按钮（或按F2键），选择“资产”类科目“1001 库存现金”，或者直接在科目名称栏中输入“1001”。

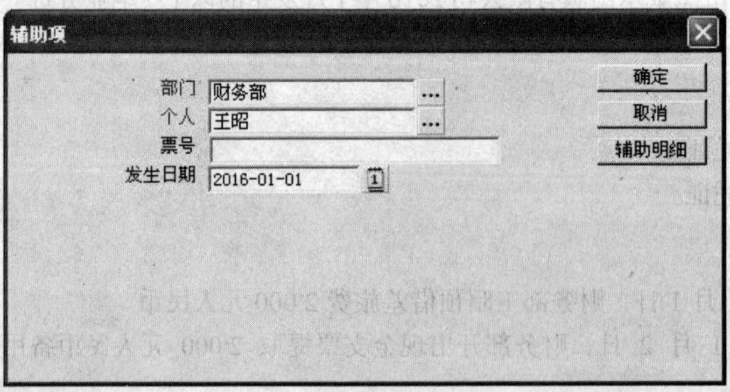

图3-9 “辅助框”对话框

（11）按回车键，或用鼠标单击“贷方金额”栏，输入贷方金额“2 000”，或直接按“-”键，如图3-10所示。

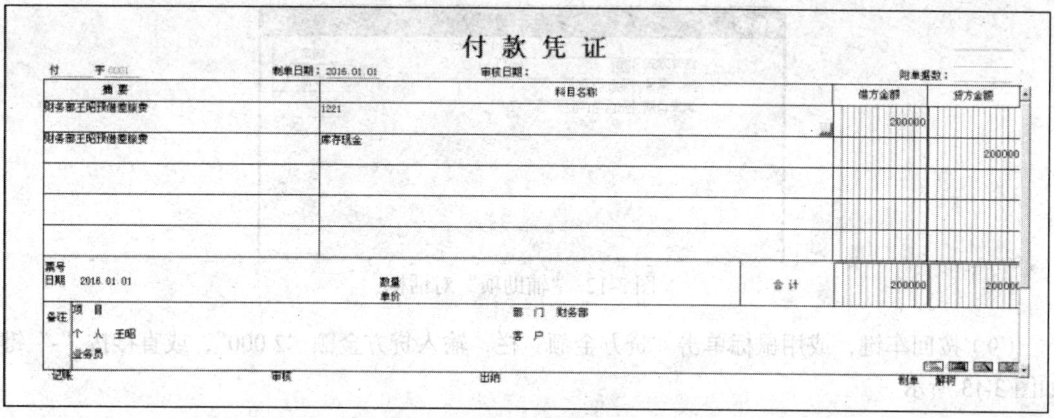

图 3-10 “第 1 笔业务付款凭证”窗口

（12）单击“保存”按钮，系统弹出提示“凭证已成功保存！”对话框，如图 3-11 所示，单击“确定”按钮返回。

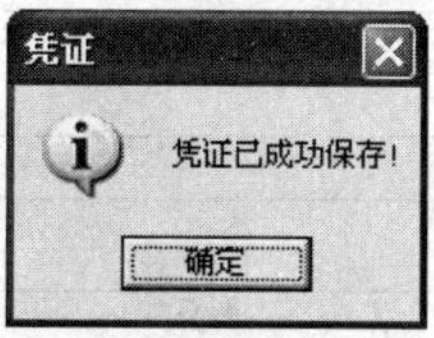

图 3-11 “凭证成功保存提示”对话框

温馨提示

- 检查当前用户，如果当前用户不是“w02 解树”，则应以重新注册的方式更换用户为 w02 解树。
- 凭证填制完成后可以单击“保存”按钮保存凭证，也可以单击“增加”按钮保存并增加下一张凭证。
- 凭证填制完成后，在未审核前可以直接进行修改。如果凭证的金额录错了方向，则可以按空格键改变余额方向。
- 凭证日期应满足总账选项中的设置，如果默认系统的选项，则不允许凭证日期逆序。

2．填制第二笔业务的记账凭证。

（1）单击“增加”按钮或者按“F5”键。

（2）单击凭证类别的参照按钮，选择“付款”按钮。

（3）修改凭证日期为“2016.01.02”。

（4）在摘要栏中输入“提现备用”。

（5）按回车键，或用鼠标单击“科目名称”栏，单击科目名称栏的“参照”按钮（或按 F2 键），选择“资产”类科目“1001 库存现金”，或者直接在科目名称栏输入“1001”。

（6）按回车键，或用鼠标单击“借方金额”栏，输入借方金额“2 000”。

（7）按回车键（复制上一行的摘要），再按回车键，或用鼠标单击“科目名称”栏（第二行），单击科目名称栏的“参照”按钮（或按 F2 键），选择“资产”类科目“100201 银行存款——人民币”，或者直接在科目名称栏中输入“100201”。

（8）按回车键，系统弹出“辅助项”对话框，输入结算方式“201”，票号“36585432”，选择发生日期“2016-01-02”，如图 3-12 所示，单击“确定”按钮返回。

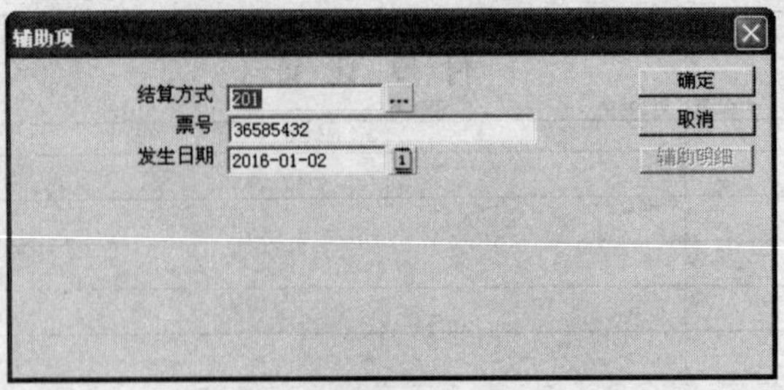

图 3-12 “辅助项”对话框

（9）按回车键，或用鼠标单击“贷方金额”栏，输入贷方金额“2 000”，或直接按“-”键，如图 3-13 所示。

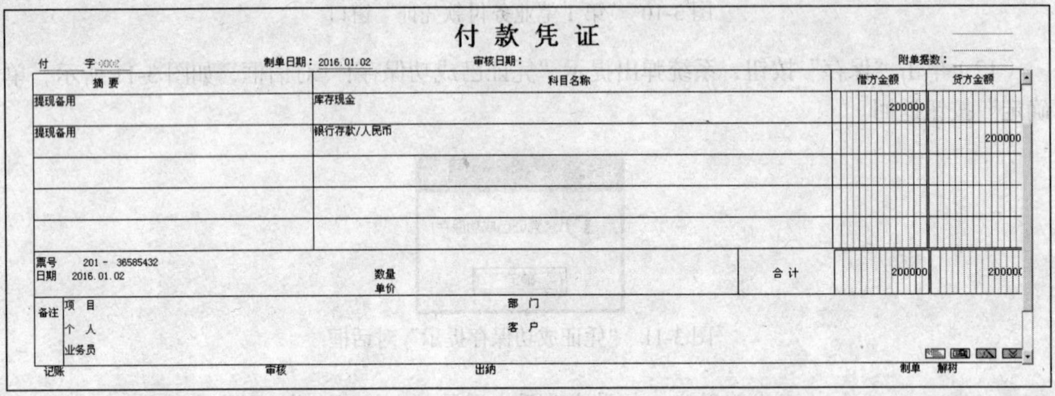

图 3-13 “第 2 笔业务付款凭证”窗口

3. 填制第三笔业务的记账凭证。

（1）单击“增加”按钮或者按“F5”键。

（2）单击凭证类别的“参照”按钮，选择“转账”按钮。

（3）修改凭证日期为“2016.01.03”。

（4）在摘要栏输入“生产领料”。

（5）按回车键，或用鼠标单击“科目名称”栏，单击科目名称栏的参照按钮（或按 F2 键），选择“资产”类科目“500101 直接材料”，或者直接在科目名称栏输入“500101”。

（6）按回车键，系统弹出“辅助项”对话框，选择项目“货架”，如图 3-14 所示，单击“确定”按钮返回。

图 3-14 “辅助框”对话框

（7）按回车键，或用鼠标单击“借方金额”栏，暂时输入借方金额“1”。

（8）按回车键（复制上一行的摘要），再按回车键，或用鼠标单击“科目名称”栏（第二行），单击科目名称栏的“参照”按钮（或按 F2 键），选择“资产”类科目“140303 方管”，或者直接在科目名称栏输入“140303”。

（9）单击“余额”按钮，打开“最新余额一览表”窗口，如图 3-15 所示，查询期末金额“80 000.00”，数量“1 000.00”，计算平均单价“80.00”，单击“关闭”按钮返回。

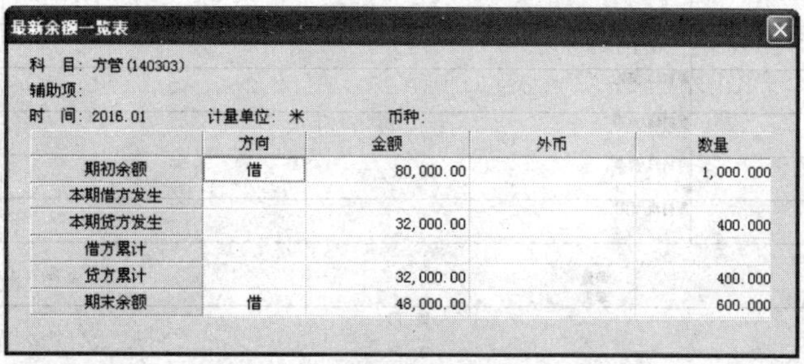

图 3-15 “最新余额一览表”窗口

（10）按回车键，系统弹出“辅助项”对话框，输入数量“400.00000”，单价“80”如图 3-16 所示，单击“确定”按钮返回。

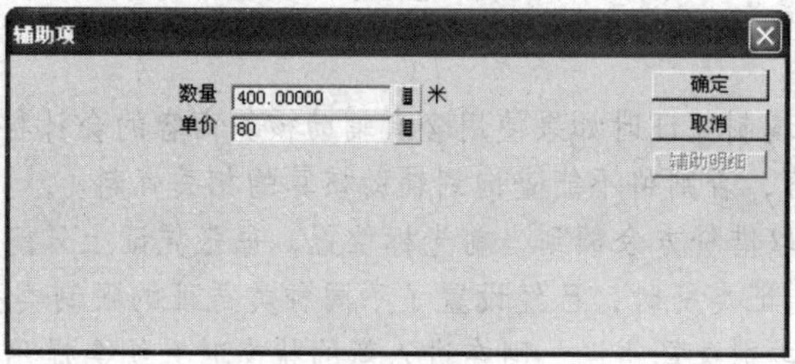

图 3-16 “辅助项”对话框

（11）系统自动根据数量及单价计算“140303 方管”的金额填列在借方，此时须按“空格键”调整方向为“贷方”。

（12）以此方式输入“140304 角钢”“140305 焊条”“140306 木托盘”的“数量”“单价”及“贷方金额”。

（13）单击“500101 直接材料”的借方余额，按“-”键，借方余额自动填上“75 000.00”。

（14）单击“保存”按钮或按“F5”保存凭证，其操作结果如图 3-17 所示。

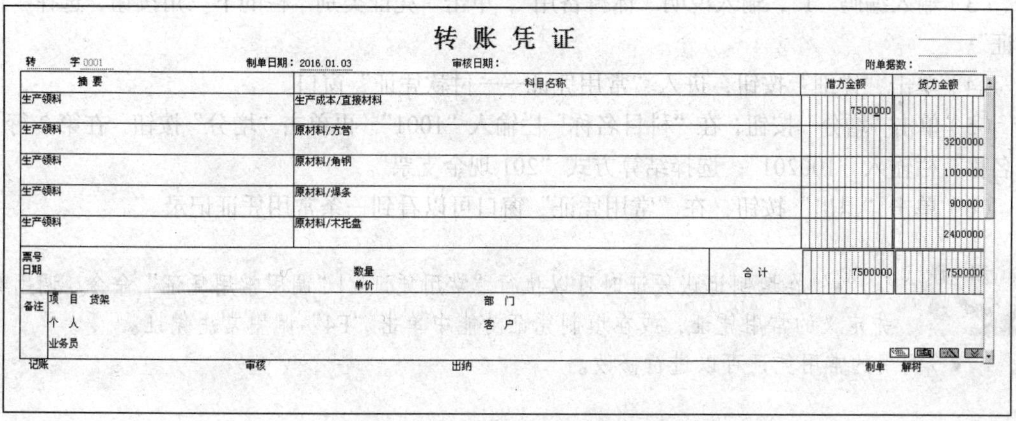

图 3-17 “第 3 笔业务转账凭证”窗口

（15）以上述方法填制第4笔，第5笔，第6笔，第7笔业务的记账凭证，其操作结果如图3-18所示。

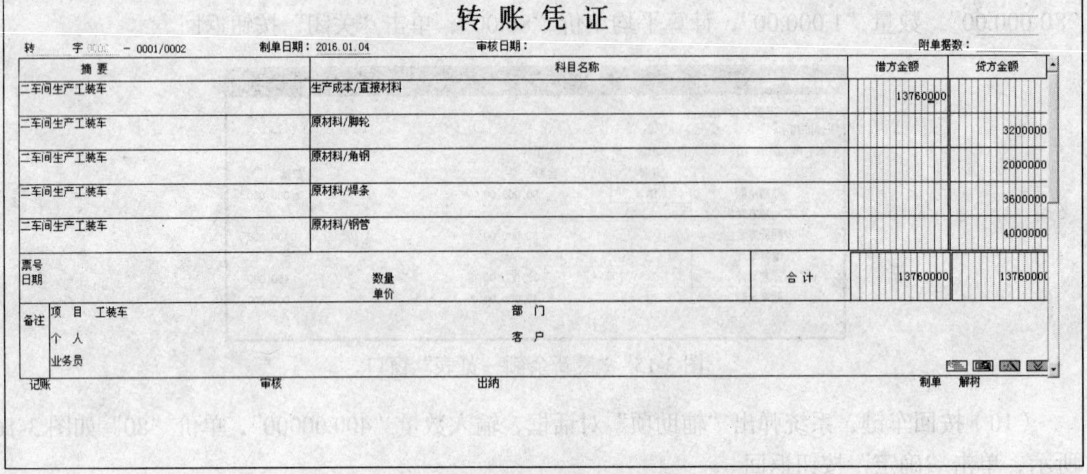

图3-18 “第4笔业务转账凭证”窗口

- 在填制凭证时如果使用含有辅助核算内容的会计科目，则应选择相应的辅助核算内容，否则将不能查询到辅助核算的相关资料。
- “=”键意为取借贷方余额到当前光标位置，每张凭证上只能使用一次。
- 如果在设置凭证类别时，已经设置了不同种类凭证的限制类型及限制科目，那么在填制凭证时，若凭证类别选择错误，则在进入新的状态时系统会提示凭证不能满足的条件，且凭证不能进行保存。
- 如果科目参照中没有相关科目，可以通过编辑科目，添加所需要的科目。

4．设置常用凭证。

（1）以“w01 王昭”的身份登录企业应用平台，执行“财务会计”|“总账”|“凭证”|“常用凭证”。打开“常用凭证”窗口。

（2）单击“增加”按钮。

（3）输入编码“1”，输入说明“体癣备用”，单击“凭证类别”栏的下三角按钮，选择“付款凭证”。

（4）单击“详细”按钮，进入“常用凭证——付款凭证”窗口。

（5）单击“增分”按钮，在“科目名称”栏输入“1001”。再单击“增分”按钮，在第2行“科目名称”栏输入“100201”，选择结算方式“201 现金支票”。

（6）单击“退出”按钮，在“常用凭证”窗口可以看到一条常用凭证记录。

- 在填制记账凭证时可以执行“常用凭证”|“调用常用凭证”命令，调用事先定义的常用凭证，或在填制凭证功能中单击“F4”调用常用凭证。
- 调用的常用凭证可以进行修改。

业务二　审核凭证

业务描述

2016年1月10日，请对823深圳市杰威尔出版有限公司2016年1月的7笔业务进行审核处理。

实验要求

- 审核已填凭证。

实验资料

本节无新增资料。

操作指导

“w01 王昭”审核记账凭证。

（1）重新注册，更换用户为“w01 王昭”。

（2）执行“总账”|“凭证”|“审核凭证”命令，打开“凭证审核”对话框，如图3-19所示。

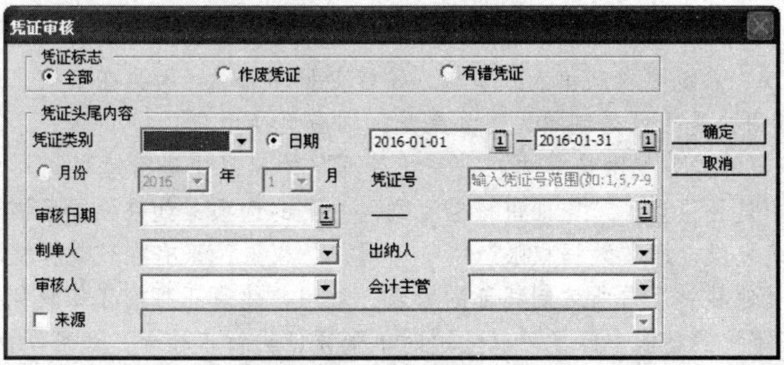

图3-19　“凭证审核”对话框

（3）单击“确定”按钮，进入“凭证审核列表”窗口，如图3-20所示。

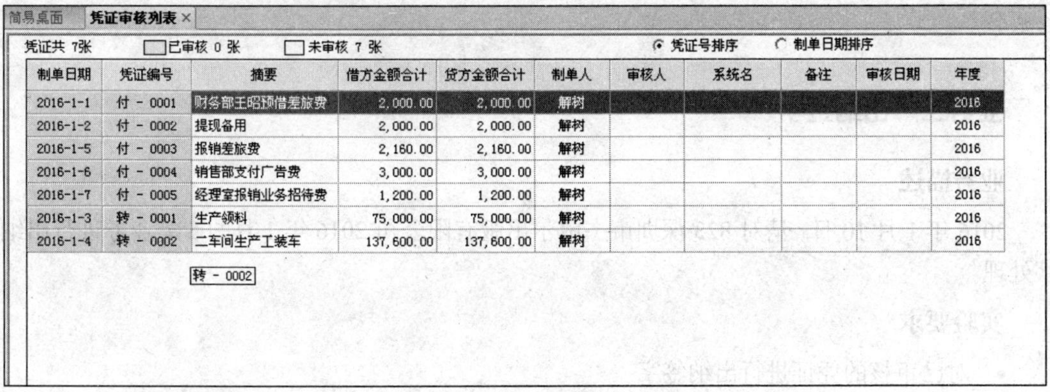

图3-20　“凭证审核列表”窗口

（4）双击打开待审核的第1号“付款凭证”。

（5）单击“审核”按钮（第一号审核凭证完成后，系统自动翻页到第2张待审核的凭证），再单击“审核”按钮，或执行“批处理”|“成批审核凭证”命令，将已经添置的7张凭证全部进行审核并签字，如图3-21所示。

图 3-21 “凭证——审核成功”对话框

（6）单击“确定”按钮，系统弹出提示“是否重新刷新凭证列表数据”对话框，如图 3-22 所示。

图 3-22 “重新刷新凭证列表数据提示”对话框

温馨提示

• 系统要求制单人和审核人不能是同一个人，因此在审核凭证前一定要检查当前用户是否就是制单人。如果是，则应更换用户。

• 凭证审核的操作权限应首先在“系统管理”的权限中进行赋权，其次还要注意在总账系统的选项中是否设置了“凭证审核控制到用户”的选项，如果设置了该选项，则应继续设置审核的明确权限，即“数据权限”中的“用户”权限，只有在“数据权限”中设置了某用户有权审核其他某一用户所填制凭证的权限，该用户才真正拥有了审核凭证的权限。

• 在凭证审核的功能中除了可以分别对单张凭证进行审核外，还可以执行“批量处理”的功能，对符合条件的待审核凭证进行成批审核。

• 在审核凭证时还可以对有错误的凭证进行“标错”处理，还可以“取消”审核。已审核的凭证将不能直接进行修改，只能在取消审核后才能在填制凭证的功能中进行修改。

业务三 出纳签字

业务描述

2016 年 1 月 10 日，请对 823 深圳市杰威尔出版有限公司 2016 年 1 月的 5 笔业务进行出纳签字处理。

实验要求

• 对已审核的凭证进行出纳签字。

实验资料

本节无新增资料。

操作指导

“w03 高夏珍”审核出纳凭证并进行出纳签字。

（1）重新注册，更换用户为“w03 高夏珍”。

（2）执行“总账”|“凭证”|“出纳签字”命令，打开“出纳签字”对话框，如图 3-23 所示。

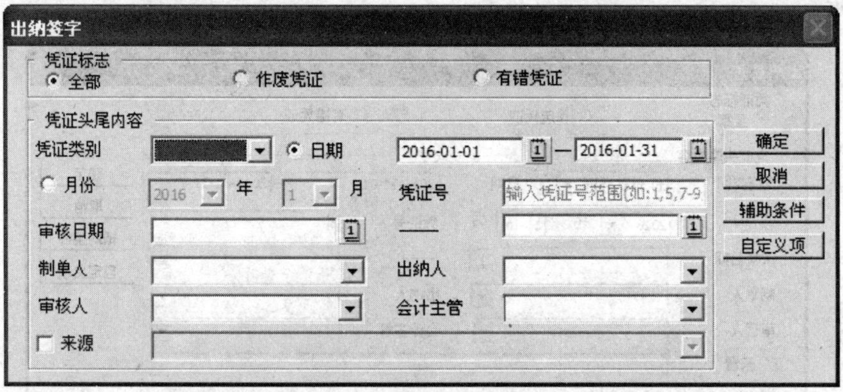

图 3-23 “出纳签字”对话框

（3）单击“确定”按钮，进入“出纳签字列表”窗口。

（4）双击打开待签字的第 1 号“付款凭证”。

（5）单击“签字”，接着单击“下张”按钮，再单击“签字”按钮，或执行“批处理”|“成批出纳签字”命令，将已经填制的所有收付凭证进行出纳签字温馨提示

温馨提示

- 出纳签字的操作既可以在“凭证审核”后进行，也可以在“凭证审核”前进行。
- 进行出纳签字的用户已在系统管理中被赋予了“出纳签字”的权限。
- 进行出纳签字的操作，应满足以下 3 个条件：首先，在总账系统的选项中已经设置了“出纳凭证必须经由出纳签字”；其次，已经在会计科目中进行了“指定科目”的操作；最后，凭证中所使用的会计科目是已经在总账体系中设置为“日记账”辅助核算内容的会计科目。
- 如果已经进行出纳签字的凭证有错误，则应在取消出纳签字后再在填制凭证功能中进行修改。

业务四 修改已审核凭证

业务描述

2016 年 1 月 10 日，请修改 823 深圳市杰威尔出版有限公司 2016 年 1 月的付字 5 号凭证。

实验要求

- 修改凭证信息。

实验资料

本节无新增资料。

操作指导

1．修改第 5 号付款凭证

“w01 王昭”取消凭证的审核，“w03 高夏珍”取消凭证的出纳签字，“w02 解树”修改凭证，

“w03 高夏珍”对凭证进行出纳签字，“w01 王昭”审核凭证。

（1）由用户“w03 高夏珍”执行“凭证”|“出纳签字”命令，打开“出纳签字”对话框，如图 3-24 所示。

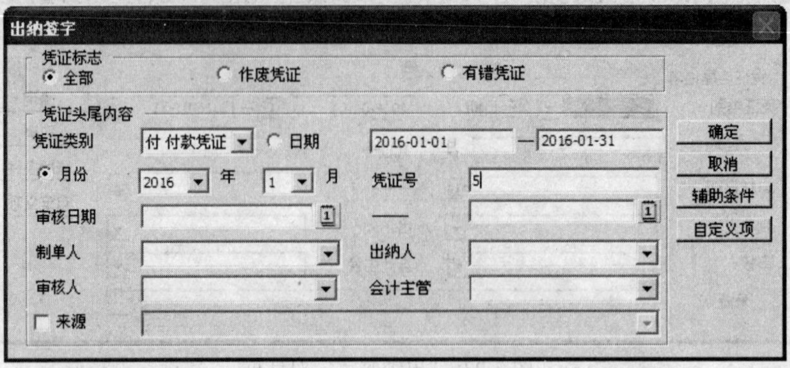

图 3-24 “出纳签字”对话框

（2）单击“凭证类别”栏的下三角按钮，选择“付款凭证”。

（3）单击“月份”选项，在“凭证号”栏输入“5”。

（4）单击“确定”按钮，进入“出纳签字列表”窗口。

（5）双击进入第 5 号付款凭证窗口。

（6）单击“取消”按钮，取消出纳签字，再单击“退出”按钮。

（7）重新注册，更换用户为“w01 王昭”。

（8）执行“凭证”|“凭证审核”命令，打开“凭证审核”对话框，如图 3-25 所示。

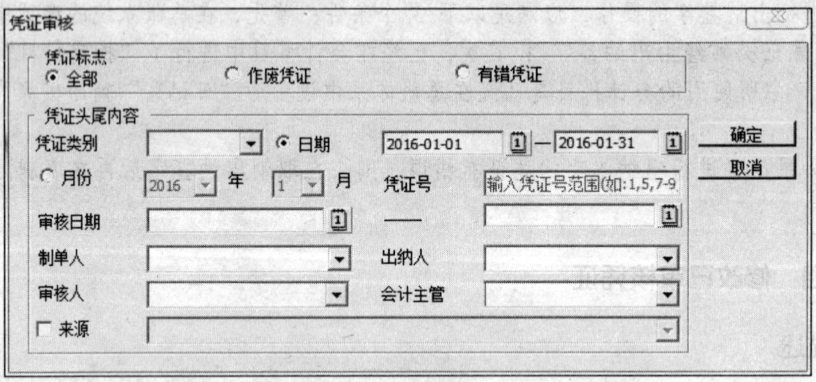

图 3-25 “凭证审核”对话框

（9）以上述方式操作，找到并打开第 5 号付款凭证。

（10）单击“取消”按钮，取消审核签字，然后单击“退出”按钮。

（11）重新注册，更换用户为执行“w02 解树”。

（12）执行“凭证”|“填制凭证”命令，打开“填制凭证”窗口。

（13）单击“上张”“下张”按钮，找到第 5 号付款凭证。

（14）在第 5 号付款凭证中，将借贷方金额分别修改为“1 000”，单击“保存”按钮。

（15）再更换用户，由“w01 王昭”对第 5 号付款凭证进行审核，由“w03 高夏珍”对第 5 号付款凭证进行出纳签字，图 3-26 所示。

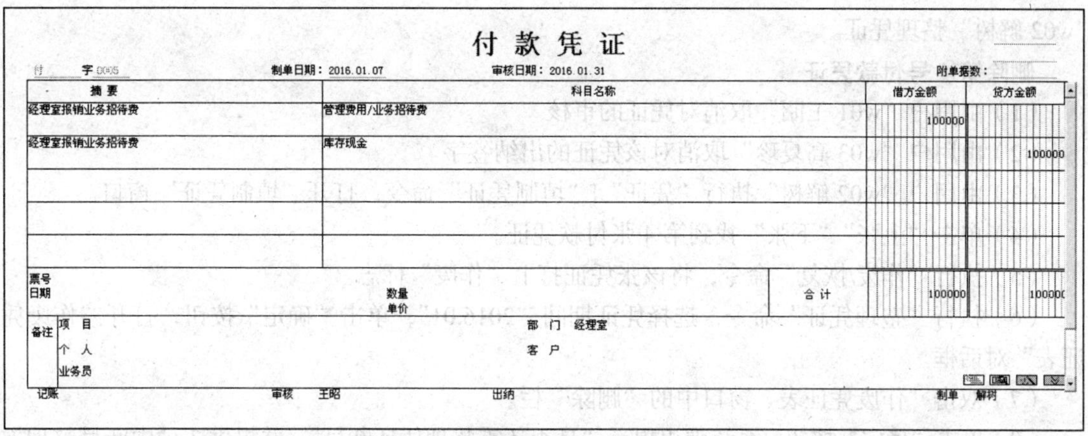

图 3-26 “出纳签字付款后的凭证”窗口

温馨提示

- 未经审核的凭证可以直接进行修改，但是，凭证类别不能进行修改。
- 已进行出纳签字而未进行审核的凭证如果发现有错误，则可以由原出纳签字的用户在“出纳签字”功能中取消出纳签字后，再由原制单人在填制凭证功能中修改备注。
- 如果在总账系统选中“允许修改、作废他人填制的凭证”的选项，则在填制凭证功能中可以由非原制单人修改或作废他人填制的凭证，被修改的凭证制单人将被修改为现在修改凭证的人。
- 如果总账系统的选项中没有选中“允许修改、作废他人的凭证”的选项，则只能由原制单人在填制凭证的功能处用修改或作废凭证。
- 已审核的凭证如果发现有错误，应由原审核人在“审核凭证”功能中取消审核签字后，再由原制单人在“审核凭证”功能中取消审核签字，后再由原制单人在填制凭证功能中修改凭证。
- 被修改的凭证应在保存后退出。
- 凭证的辅助项内容如果有错误，可以再单击含有错误项的会计科目，将光标移到错误的辅助项所在位置，当出现“笔头状光标”时双击此处，弹出辅窗口，直接修改辅助项的内容，或者按“Ctrl+S”键调出辅助项输入窗口后修改。

业务五 删除凭证

业务描述

2016 年 1 月 10 日，请删除 823 深圳市杰威尔出版有限公司 2016 年 1 月的付 4 号凭证。

实验要求

- 删除错误凭证。

实验资料

本节无新增资料。

操作指导

“w01 王昭”取消凭证的审核，“w03 高夏珍”取消凭证的出纳签字，“w02 解树”作废凭证，

“w02 解树”整理凭证。

删除第 4 号付款凭证

（1）由用户“w01 王昭”取消对凭证的审核。

（2）由用户“w03 高夏珍”取消对该凭证的出纳签字。

（3）由用户“w02 解树”执行“凭证”|“填制凭证”命令，打开“填制凭证”窗口。

（4）单击“上张”“下张”找到第 4 张付款凭证。

（5）执行“作废/恢复”命令，将该张凭证打上“作废”标志。

（6）执行“整理凭证”命令，选择凭证期间“2016.01”，单击“确定”按钮，打开“作废凭证表”对话框。

（7）双击“作废凭证表”窗口中的“删除”栏。

（8）单击“确定”按钮，系统弹出提示“是否还需整理凭证断号”，并提供 3 种中断号整理方式：“按凭证号重排”“按凭证日期重排”“按审核日期重排”。

（9）选择“按凭证号重排”，单击“是”按钮，系统完成对凭证号的重新整理，原来的付 5 号（经理室报销业务招待费业务）凭证号转为付 4 号凭证。

温馨提示

- 未审核的凭证可以直接删除，已审核或已进行出纳签字的凭证不能直接删除，必须在取消凭证及取消出纳签字后再删除。
- 若要删除凭证，必须先进行“作废”操作，而后再进行整理。如果在总账系统的选项中选中“自动填补凭证断号”及“系统编号”，那么在对作废凭证进行整理时，若选择不整理断号，则再填制凭证时可以由系统自动填补断号。否则，将会出现凭证断号的现象。
- 对于作废凭证，可以单击“作废/恢复”按钮，取消“作废”标志。
- 作废凭证不能修改、不能审核。但应参与记账。
- 只能对未记账的凭证进行凭证整理。
- 账簿查询时查不到作废凭证的数据。

业务六　记账

业务描述

2016 年 1 月 10 日，请对深圳市杰威尔出版有限公司 2016 年 1 月的 6 笔业务的凭证进行记账处理。

实验要求

- 对已有凭证进行记账处理。

实验资料

本节无新增资料。

操作指导

“w01 王昭”记账。

（1）由用户“w01 王昭”，执行“凭证”|“记账”命令，打开“记账”对话框。选择“2016.01 月份凭证”，“记账范围”为“全选”，如图 3-27 所示。

（2）单击“记账”按钮，打开“期初试算平衡表”对话框，如图 3-28 所示。

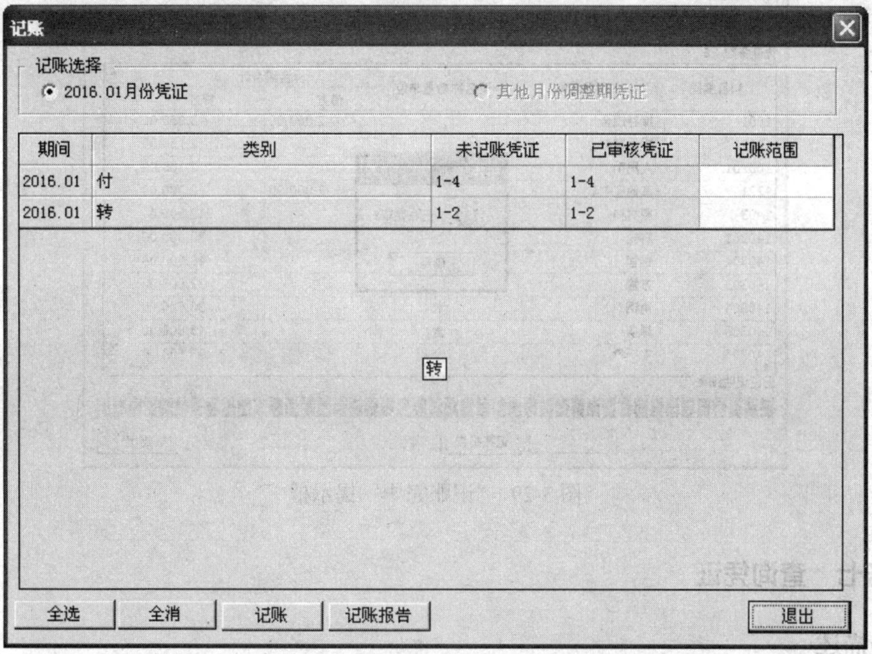

图 3-27 “记账——记账选择”对话框

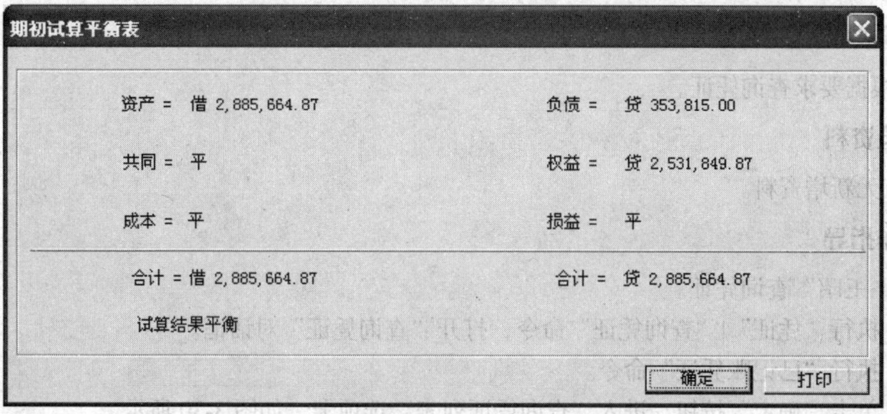

图 3-28 “期初试算平衡表”对话框

（3）单击“确定”按钮，系统自动进行记账，记账完成后，系统弹出“记账完毕!”提示框，如图 3-29 所示。

（4）单击“确定”按钮。

温馨提示

- 如果期初试算不平衡，不允许记账；如果有未审核的凭证，不允许记账；上月未结账，本月不能记账。
- 如果不输入记账范围，系统将默认为所有凭证。
- 记账后不能整理凭证断号。
- 已记账的凭证不能在“填制凭证”窗口中进行查询。

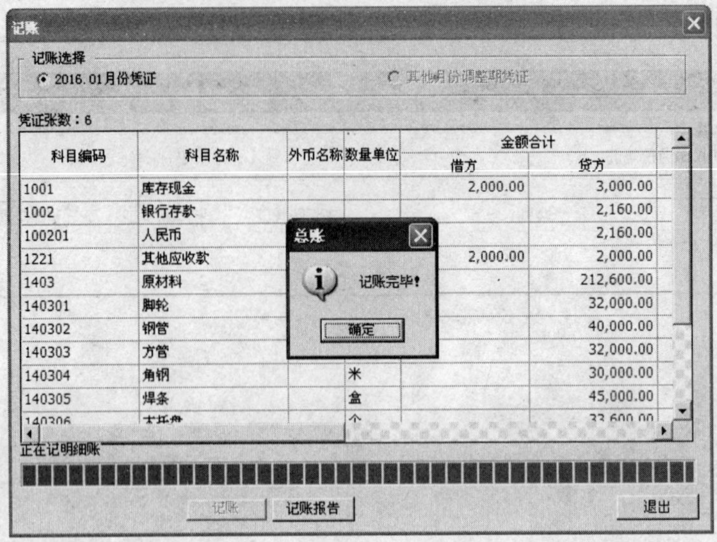

图 3-29 “记账完毕”提示框

业务七　查询凭证

业务描述

2016 年 1 月 10 日，请查询深圳市杰威尔出版有限公司 2016 年 1 月的转 1 号凭证。

实验要求

- 根据要求查询凭证。

实验资料

本节无新增资料。

操作指导

“w01 王昭”查询凭证。

（1）执行“凭证”|“查询凭证”命令，打开“查询凭证”对话框。

（2）执行“已记账凭证”命令。

（3）单击“确定”按钮，进入“查询凭证列表”选项卡，如图 3-30 所示。

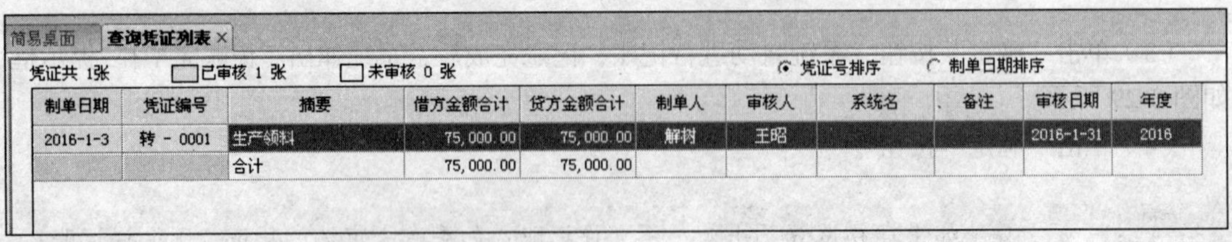

图 3-30 “查询凭证列表”选项卡

（4）双击打开转 1 号凭进行查看。

温馨提示

- 在“查询凭证”功能中既可以查询到已经记账的凭证，也可以查询未进行记账的凭证。而在填制凭证功能中只能查询未记账凭证。

- 通过设置查询条件还可以查询“作废凭证”“有错凭证”“某制单人填制的凭证”“其他子系统传递过来的凭证”，以及一定日期区间、一定凭证号区间的记账凭证。
- 已记账凭证除了可以在查询凭证功能中进行查询外，还可以在查询账簿资料时，以联查的方式进行查询。
- 在“凭证查询”对话框中，单击“辅助条件”按钮，可以设定更多的查询条件。

业务八　修改已记账凭证

业务描述

2016 年 1 月 10 日，请修改 2 号凭证借贷方金额为 3 000.00 元。

实验要求

- 修改已有凭证信息。

实验资料

本节无新增资料。

操作指导

“w02 解树”做冲销凭证和补充登记凭证，“w03 高夏珍”进行出纳签字，“w01 王昭”审核凭证，“w01 王昭”记账。

1．修改已记账凭证

（1）以“w02 解树”的身份执行“凭证”|“填制凭证”命令，打开“填制凭证”窗口。

（2）执行“冲销凭证命令”，打开“冲销凭证”对话框。

（3）单击“凭证类别”栏的下三角按钮，选择“付款凭证”，在“凭证号”栏输入“2”。

（4）单击“确定”按钮，弹出窗口。

（5）单击“增加”按钮，填制一张金额为 3 000.00 的正确凭证，单击“保存”按钮，如图 3-31 所示。

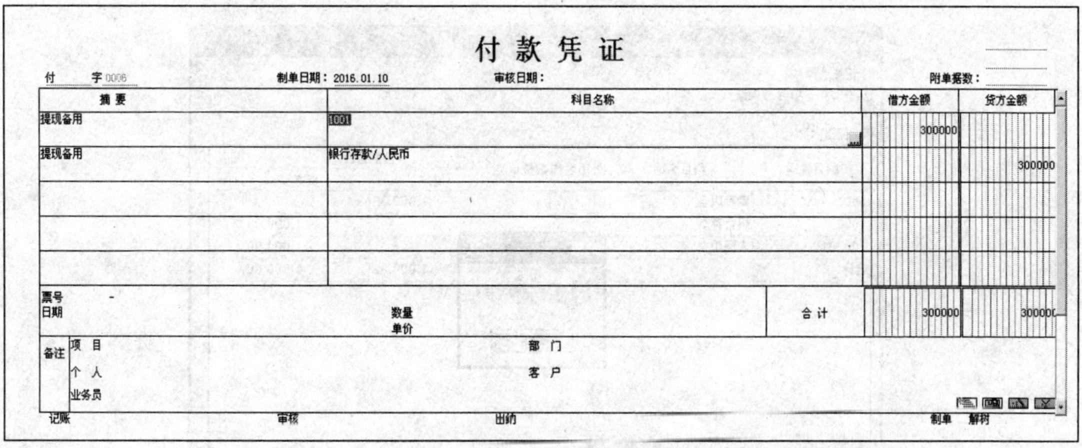

图 3-31　“付 6 号凭证”窗口

（6）以“w03 高夏珍”的身份执行“凭证”|“出纳签字”命令，打开“出纳签字”对话框。

（7）单击“确定”按钮，打开“出纳签字列表”窗口。

（8）双击打开付5号凭证，执行“批处理”|“成批出纳签字”命令，系统弹出提示，如图3-32所示。

（9）以“w01王昭”身份执行“凭证”|“审核凭证”命令，打开“审核凭证”对话框。

（10）单击“确定”按钮，单击打开“凭证审核列表”窗口。

（11）双击打开付5号凭证，执行“批处理”|“成批审核凭证”命令，系统弹出提示，如图3-33所示。

图3-32 “凭证出纳签字成功”对话框

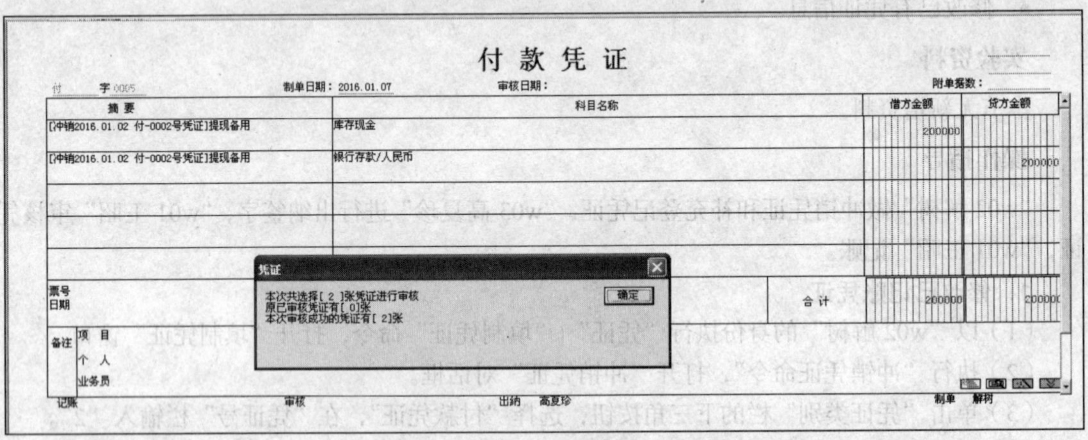

图3-33 “凭证审核成功”对话框

（12）以“w01王昭”身份执行“凭证”|“记账”命令，打开“记账”对话框。

（13）单击“记账”按钮，系统弹出“记账完毕！”对话框，如图3-34所示。

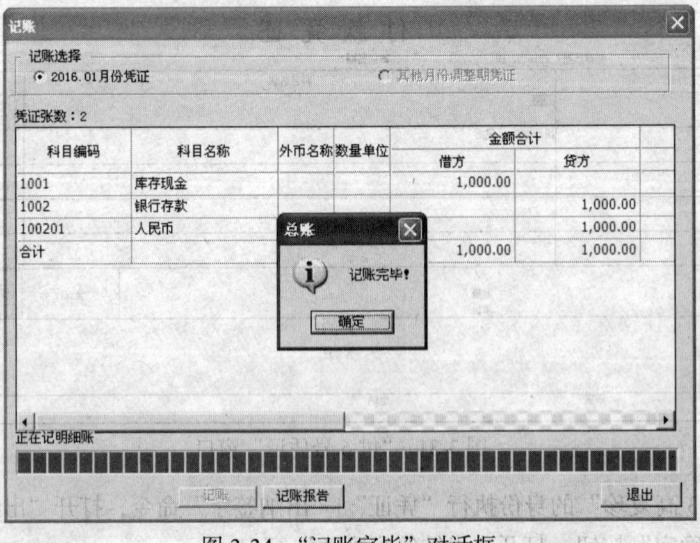

图3-34 “记账完毕”对话框

2．账套输出

请将账套输出至“D\823 账套备份\3-2”文件夹。

实训练习

请修改 3 号凭证借贷方金额为 5 000.00 元。

实训三　出纳处理

业务描述

2016 年 1 月 10 日，请查询深圳市杰威尔出版有限公司 2016 年 1 月的现金日记账、银行日记账，并与银行对账。

扫一扫

实验要求

- 查询现金日记账。
- 查询银行日记账。
- 与银行对账。

实验资料

本节无新增资料。

操作指示

“w03 高夏珍”查询现金日记账、银行日记账、资金日报表、登记支票，并与银行对账。

1．查询现金日记账

（1）以“w03 高夏珍”的身份登录，执行“出纳”｜“现金日记账”命令，打开“现金日记账查询条件”对话框，如图 3-35 所示。

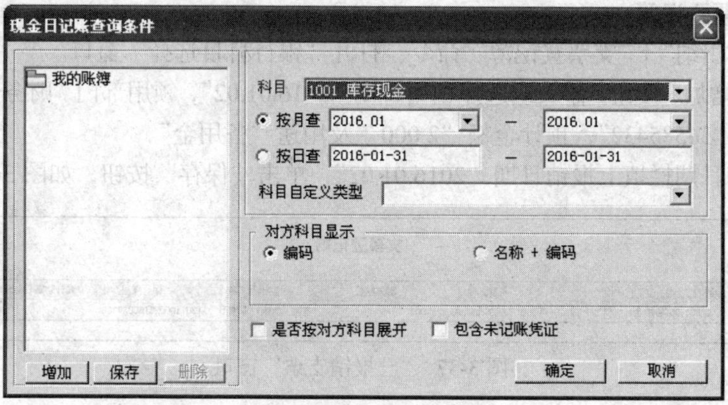

图 3-35　“现金日记账查询条件”对话框

（2）单击“确定”按钮，打开“现金日记账”窗口。

（3）执行“出纳”｜“银行日记账”命令，打开“银行日记账查询条件”窗口，单击“确定”按钮，打开“银行日记账”窗口。

温馨提示

• 只有在“会计科目”功能中使用“指定科目”功能指定“现金总账科目”及“银行总账科目”，才能查询“现金日记账”及“银行日记账”。

• 现金及银行存款日记账既可以按日查询，也可以按月查询。

• 查询日记账时还可以查询包含未记账凭证的日记账。

• 在已打开的日记账窗口中还可以通过单击“过滤”按钮，输入过滤条件快速查询日记账的具体内容。

• 在已打开的日记账窗口中还可以通过单击“凭证”按钮，查询该条记录所对应的记账凭证。

2. 查询1月2日的资金日报表

(1) 执行“出纳” | “资金日报表”命令，打开“资金日报表查询条件”窗口。

(2) 选择日期“2016.01.02”，单击“确定”按钮，进入“资金日报表”窗口，其操作结果如图3-36所示。

资金日报表

日期:2016.01.02

科目编码	科目名称	币种	今日共借	今日共贷	方向	今日余额	借方笔数	贷方笔数
1001	库存现金		2,000.00		借	10,000.00	1	
1002	银行存款			2,000.00	借	257,990.20		1
合计			2,000.00	2,000.00	借	267,990.20	1	1

图3-36 “资金日报表”窗口

温馨提示

• “资金日报”功能可以查询现金、银行存款科目某日的发生额及余额情况。

• 查询资金日报表时可以查询未记账凭证的资金日报表。

• 如果在“资金日报表查询条件”窗口中选中“有余额无发生额也显示”，则即使现金或银行科目在查询日中没有发生业务，只要有余额也会显示出来。

3. 登记支票登记簿

(1) 执行“出纳” | “支票登记簿”命令，打开“银行科目选择”窗口。

(2) 单击“增加”按钮，输入或选择领用日期“2016.01.02”，领用部门“财务部”，领用人“高夏珍”，支票号“36585432”，预计金额“2 000”及用途“备用金”。

(3) 在报销日期栏填上报销日期“2016.01.02”，单击“保存”按钮，如图3-37所示。

支票登记簿

科目：人民币(100201)

支票张数：0(其中：已报0 未报0)

支票号	预计金额	用途	收款人	对方科目	付款银行名称	银行账号	预计转账日期	报销日期	备注
36585432	2,000.00	备用金	深圳市杰威尔出版有...	1001	中国工商银行深圳市...	307100026160024388		2016-01-02	

图3-37 “已报销支票”窗口

温馨提示

• 只有在总账系统的初始设置选项中选择“支票控制”，并且在结算方式设置中设置“票据结算”，在“会计科目”中指定银行账的科目，才能使用支票登记簿。

- 针对不同的银行账户分别登记支票登记簿。
- 支票登记簿中的报销日期为空时，表示该支票为报销，否则系统认为该支票已报销。
- 支票支出后，在填制凭证时输入该支票的结算方式的结算号，则系统会自动在支票登记簿中将该号支票写上报销日期，该支票即为已报销。
- 单击“批删”按钮，输入需要删除已报销支票的起止日期，即可删除此期间的已报销支票。
- 单击“过滤”按钮后，即可对支票按领用人或者部门进行各种统计。

4．输入银行对账期初数据

（1）执行“出纳” | “银行对账期初输入”命令，打开“银行科目选择”对话框。

（2）选择“人民币（100201）”，单击“确定”按钮，打开“银行对账期初”窗口。

（3）单击“方向”按钮，调整银行对账单的余额方向为“贷方”。

（4）在单位日记账的“调整前余额”栏输入“259 990.20”，在银行对账单的“调整前余额”栏输入“257 990.20”，如图 3-38 所示。

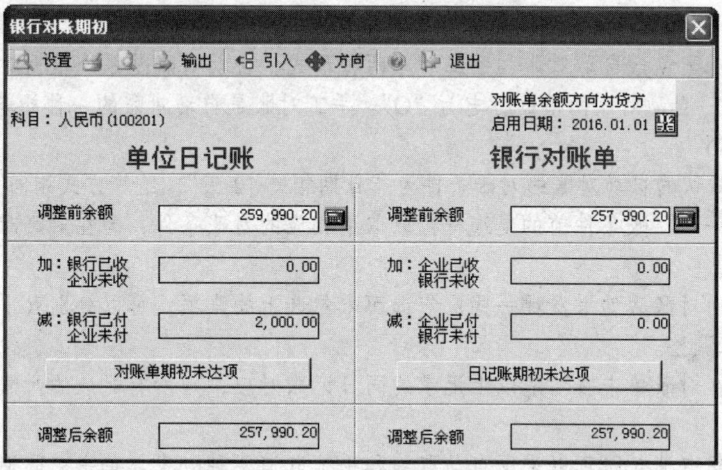

图 3-38 “银行对账期初”窗口

（5）单击“对账单期初未达项”按钮，打开“银行方期初”对话框。

（6）单击“增加”按钮，在“日期”栏输入或选择“2015.12.30”，在“结算方式”栏选择“202”转账支票，在“票号”栏输入“23567643”，在“借方金额”栏输入“2 000”。

（7）单击“保存”按钮，再单击“退出”按钮，返回“银行对账期初”对话框。

温馨提示

- 在第一次使用银行对账功能时，应输入单位日记账及银行对账单的期初数据，包括期初余额及期初未达账项。
- 系统默认银行对账单余额方向为借方，即银行对账单中借方发生额为银行存款增加，贷方发生额为银行存款减少，通过“方向”按钮可以调整银行对账单的余额方向，把余额方向调整为贷方，则银行对账单中借方发生额为银行存款减少，而贷方发生额为贷方增加。

5．输入银行对账单

（1）执行“出纳” |“银行出纳” | “银行对账单”命令，打开“银行科目选择”窗口。

（2）单击“确定”按钮，打开“银行对账单”窗口。

（3）单击“增加”按钮。

（4）在“日期”栏输入或选择“2016.01.03”，在“结算方式”栏选择“201”现金支票，在“票号”栏输入“36585432”，在“借方金额”栏输入“2 000”。

（5）依次输入银行对账单其他记录，单击“保存”按钮，再单击“退出”按钮。

6. 银行对账

（1）执行“出纳”|“银行对账”命令，打开“银行科目选择”窗口，选择“人民币（100201）”。

（2）单击“确定”按钮，打开“银行对账”对话框。

（3）单击“对账”按钮，打开“自动对账”对话框。

（4）在“自动对账”条件选择窗口中，单击“确定”按钮。

（5）单击“对账”按钮，出现对账结果。

温馨提示

• 如果在银行对账期初中默认银行对账单方向为借方，则对账条件为方向相同、金额相同的日记账与对账单进行勾选。如果在银行对账期初中将银行对账单的余额方向修改成了贷方，则对账条件为方向相反，金额相同的日记账与对账单进行勾对。

• 银行对账包括自动对账和手工对账两种形式。自动对账是系统根据对账依据自动进行核对、勾销，自动对账两清的标志为“O”。手工对账是自动对账的一种补充，手工对账的两清标志为“Y”。

• 系统默认的自动对账的对账条件为“日期相差12天”“结算方式相同”“结算票号相同”，单击每一项对账条件前的复选框可以取消相应的对账条件，即在对账时不考虑相应的对账条件。

• 在自动对账后如果发现一些应勾选而未勾选上的账项，可以分别双击“两清”栏，直接进行手工调整。

• 如果在对账单中有两笔以上记录的同日记账对应，则所有对应的对账单都应标上两清标记。

• 如果想取消对账可以采用自动取消和手工取消两种方式。单击“取消”按钮可以自动取消所有的两清标记；如果手工取消，则可以双击要取消对账标志业务的“两清”栏，取消两清标志。

7. 查看余额调节表

（1）执行“出纳”|“银行对账”|“余额调节表”命令，打开“银行存款余额调节表”窗口，如图3-39所示。

银行存款余额调节表

银行科目（账户）	对账截止日期	单位账账面余额	对账单账面余额	调整后存款余额
人民币(100201)	2016.01.10	256,830.20	255,990.20	252,830.20
美元(100202)		0.00	0.00	0.00

图3-39 “银行存款余额调节表”窗口

（2）单击“查看”按钮，进入“银行存款余额调节表”窗口，如图3-40所示。

（3）单击“详细”按钮，打开“余额调节表（详细）”窗口，如图3-41所示。

8．账套输出

请将账套输出至“D：\823 账套备份\3-3”文件夹。

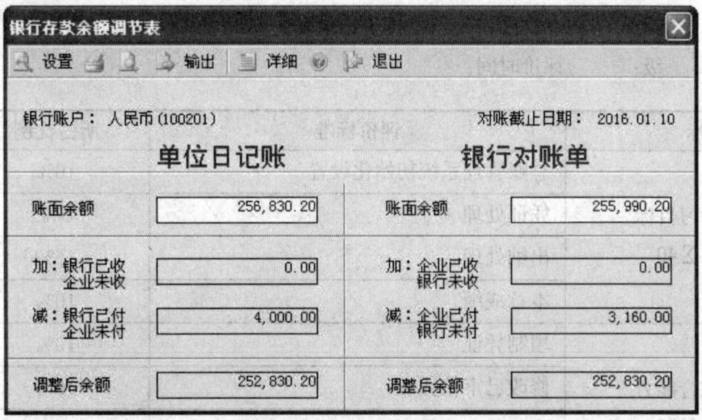

图 3-40 “银行存款余额调节表”查看窗口

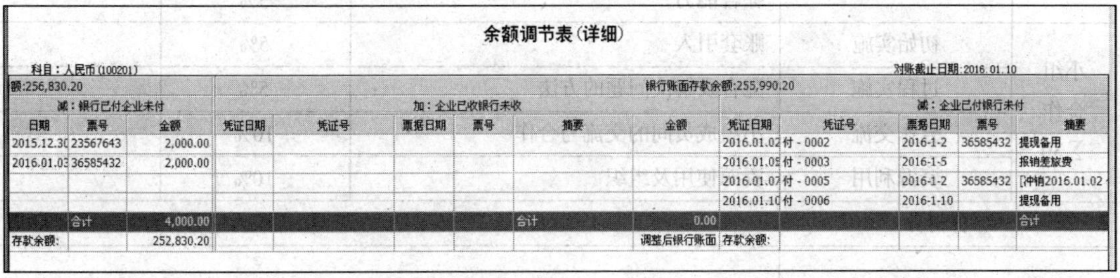

图 3-41 “余额调节表（详细）”窗口

温馨提示

- 银行存款余额调节表应显示账面余额平衡，如果不平衡应分别查看银行对账期初、银行对账单及银行对账是否确。
- 在银行对账之后可以查询对账的勾选情况，如果确认银行对账的结果是正确的，可以使用“核销银行账”功能核销已达账项。

实训练习

如果对账时发现有误，要如何取消对账？写出取消对账的逆向操作。

项目小结

本项目主要介绍总账管理系统初始化设置、凭证处理流程、出纳处理，其中包括总账系统参数设置、总账期初余额的输入、凭证处理、查询现金日记账、查询资金日报表、登记支票登记簿、输入银行对账期初数据、输入银行对账单、银行对账、查看余额调节表，在这一项目中，初始设置有助于接下来进行凭证填写，而凭证填写是接下来项目四和项目五的基础，也是重点内容。总账系统主要包括期末系统处理等。

项目综合评价

评价记录表

姓　　名：　　班　　级：　　评价时间：

评价指标		评价标准	所占比例	分值
学习过程 Σ70	学习目标 Σ40	总账管理系统初始化设置	10%	
		凭证处理	5%	
		出纳处理	15%	
		本章成绩	10%	
	综合能力 Σ30	填制凭证	10%	
		修改已审核凭证	10%	
		修改已记账凭证	5%	
		综合能力	5%	
小组合作 Σ30	初始实施	账套引入	5%	
	过程实施	配合及解决问题的方法	5%	
	合作交流	小组成员间的交流与合作	10%	
	资源利用	资源使用及组织	10%	
综合得分				
教师评语		签名： 年　月　日		
学生意见		签名： 年　月　日		

项目四
应收款管理系统业务处理

功能概述

应收款管理系统的主要功能是在用友 ERP-U8 V10.1 中承担销售业务的应收款部分的处理，包括以下内容。

设置：在一个系统开启即第一次运用都要在这个模块中进行设置，包括初始设置、期初余额设置和选项设置。

应收单据处理：应收单据主要有销售专用发票，可以进行录入与审核。

收款单据处理：与应收单据处理结构类似。

核销处理：主要对收款单进行核销，可以选择自动核销与手工核销。

单据查询：可以查询到应收款系统中的各种单据。

实验目的与要求

- 理解应收款管理系统在用友 ERP-U8 V10.1 管理软件中的应用，掌握其初始化设置、单据处理、票据管理、转账处理、汇兑损益处理、坏账处理的内容，体会其在整个系统中的作用。

实训一　应收款管理系统初始化设置

业务一　应收款管理系统参数设置

业务描述

请以“w01 王昭”身份设置应收款系统的以下参数：

单据审核日期的依据为“单据日期”，坏账处理方式为“应收余额百分比法”，勾选“自动计算现金折扣”，受控科目制单方式为“明细到单据”。

扫一扫

实验要求

- 修改坏账处理方式。
- 修改受控科目设置。

实验资料

本节无新增资料。

操作指导

“w01 王昭”设置应收款管理系统参数。

（1）执行“财务会计”|“应收款管理”|“设置”|“选项”命令，打开“账套参数设置”窗口，系统弹出“选项修改需要重新登录才能生效”提示框，如图 4-1 所示。

图 4-1 “应收款管理——选项修改需要重新登陆才能生效”提示框

（2）单击“编辑”按钮，打开“常规”选项卡，修改单据审核日期依据为“单据日期”；单击“坏账处理方式”栏的下三角按钮，选择“应收余额百分比法”，如图 4-2 所示。

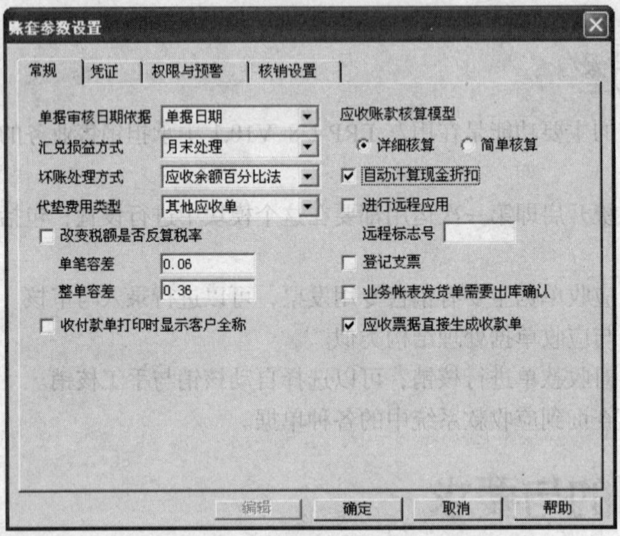

图 4-2 “账套参数设置——常规”选项卡

（3）打开“凭证”选项卡，选择受控科目制单方式“明细到单据”，如图 4-3 所示。

（4）单击“确定”按钮。

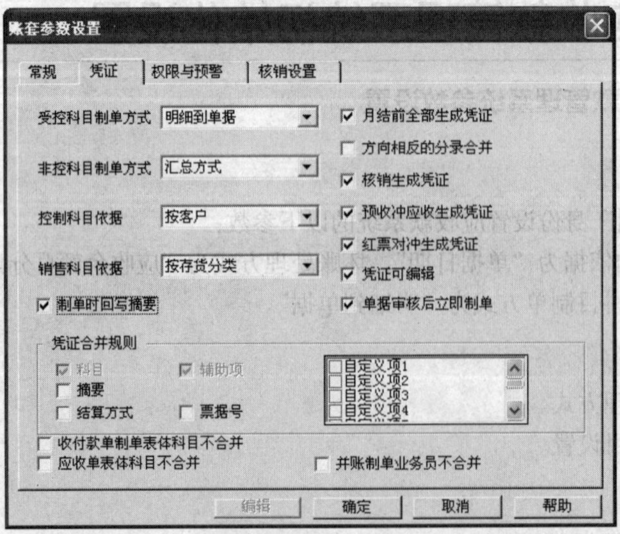

图 4-3 “账套参数设置——凭证”选项卡

温馨提示

- 在账套使用过程中可以修改账套参数。
- 如果选择单据日期为审核日期，则月末结转时单据必须全部审核。
- 如果当年已经计提过坏账准备，则坏账处理方式不能修改，只能在下一年度进行修改。
- 关于应收账款核算模型，系统在启用时或者还没有进行任何业务处理的情况下才允许从简单核算改为详细核算；从详细核算改为简单核算随时可以进行。

业务二　初始设置

业务描述

请以“w01 王昭”身份设置应收款系统的以下初始设置。

实验要求

- 设置基础科目、控制科目、结算方式。
- 坏账准备设置、账龄期间设置。

实验资料

1．基础科目

应收科目为“112201”应收账款——人民币，“112202”应收账款——美元；预收科目为“220301”预收账款——人民币，“220302”预收账款——美元；应收增值税科目为“22210102”应交税费——应交增值税——销项税额；现金折扣科目为“6603”财务费用；票据利息科目为“6603”财务费用，票据费用科目为“6603”财务费用。

2．控制科目设置

客户编码为“001”至“006”的客户的应收科目为“112201”应收账款——人民币，预收科目为“220301”预收账款——人民币；客户编码为“007”的客户的应收科目为“112202”应收账款——美元，预收科目为“220302”预收账款——美元。

3．结算方式科目设置

现金结算方式科目为“1001”库存现金，现金支票结算方式科目为“100201”银行存款——人民币，转账支票结算方式为“100201”银行存款——人民币，电汇结算方式科目为“100201”银行存款——人民币，其他结算方式科目为“100201”银行存款——人民币。

4．坏账准备设置

提取比率为“0.500%”，坏账准备期初余额为“702.00”元，坏账准备科目为“1231”坏账准备，坏账准备对方科目为“6701”资产减值损失。

5．账龄区间设置

账期内账龄区间设置总天数为 10 天、30 天、60 天和 90 天。

操作指导

“w01 王昭”设置应收款管理系统科目。

1．基本科目设置

（1）在应收款管理系统中，执行“设置”|“初始设置”命令，打开“初始设置”窗口，如图 4-4 所示。

（2）选择“设置科目”|“基本科目设置”，单击“增加”按钮，从“基础科目种类”列表中选择“应收科目”，科目选择“112201”；同理增加其他的基本科目，如图 4-5 所示。

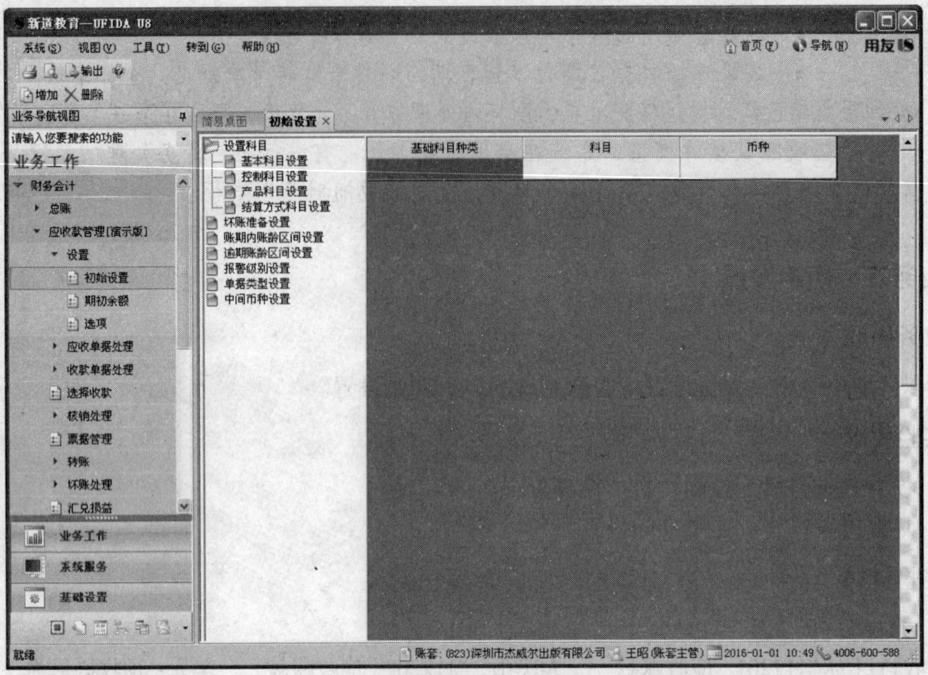

图 4-4 “初始设置”窗口

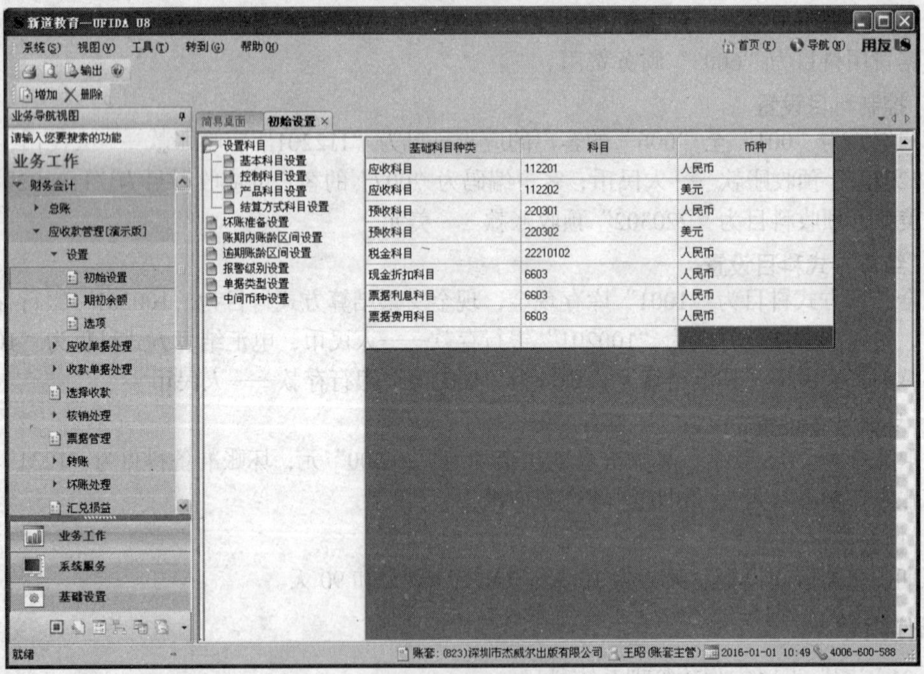

图 4-5 “基础科目种类设置”窗口

温馨提示

• 在基本科目设置中所设置的应收科目“112201”应收账款——人民币、预收科目“220301”预收账款——人民币及“112101”应收票据——人民币，应在总账系统中设置其辅助核算内容为“客户往来”，并且其受控系统为“应收系统”。否则在这里无法选中。

- 只有在这里设置了基本科目，在生成凭证时才能直接生成凭证中的会计科目，否则凭证中将没有会计科目，相应的会计科目只能手工输入。
- 如果应收科目、预收科目按不同的客户或客户分类分别设置，可以在“控制科目设置”中设置。
- 如果针对不同的存货分别设置销售收入核算科目，可以在“产品科目设置”中进行设置。

2. 控制科目设置

选择“设置科目”|“控制科目设置”，单击“增加”按钮，从“客户编码”列表中选择“001”，应收科目选择“112201”，预收科目选择“220301”；同理增加其他的控制科目，如图 4-6 所示。

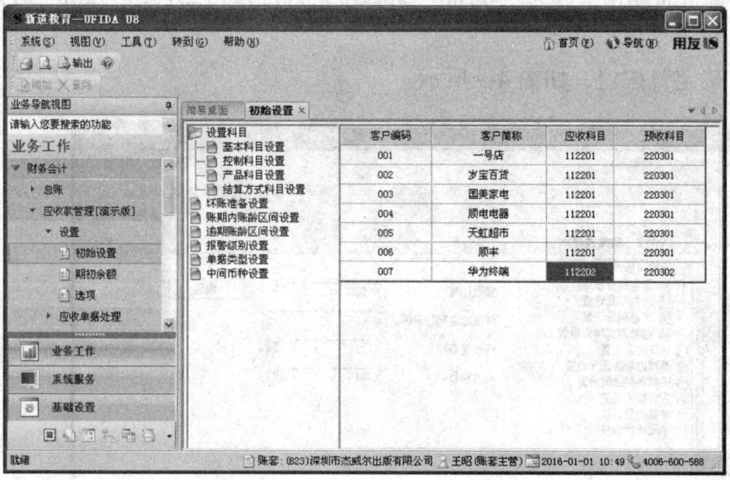

图 4-6　增加其他控制科目

3. 结算方式科目设置

（1）在“初始设置”选项卡中，选择“结算方式科目设置”，打开“结算方式科目设置”窗口。

（2）单击“增加”按钮，在“结算方式”栏下拉列表中选择“现金”；单击“币种”栏，选择“人民币”；在“科目”栏输入或选择“1001”，按回车键。以此方法继续输入其他的结算方式科目，如图 4-7 所示。

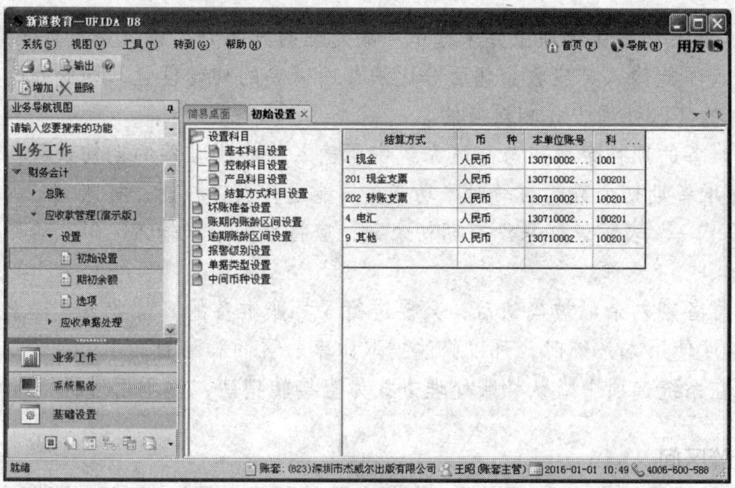

图 4-7　增加结算方式

温馨提示

● 结算方式科目设置时针对已经设置的结算方式设置相应的结算科目。即在收款或付款时只要告诉系统结算时使用的结算方式就可以由系统自动生成该种结算方式所使用的会计科目。

● 如果在此不设置结算方式科目，则在收款或付款时可以手工输入不同结算方式对应的会计科目。

4．坏账准备

（1）在“初始设置”窗口中，选择“坏账准备设置”，打开“坏账准备设置”窗口，输入提取比率“0.500”，坏账准备期初余额为“702.00”，坏账准备科目为“1231”，坏账准备对方科目为“6701”，如图 4-8 所示。

（2）单击“确定”按钮，如图 4-9 所示。

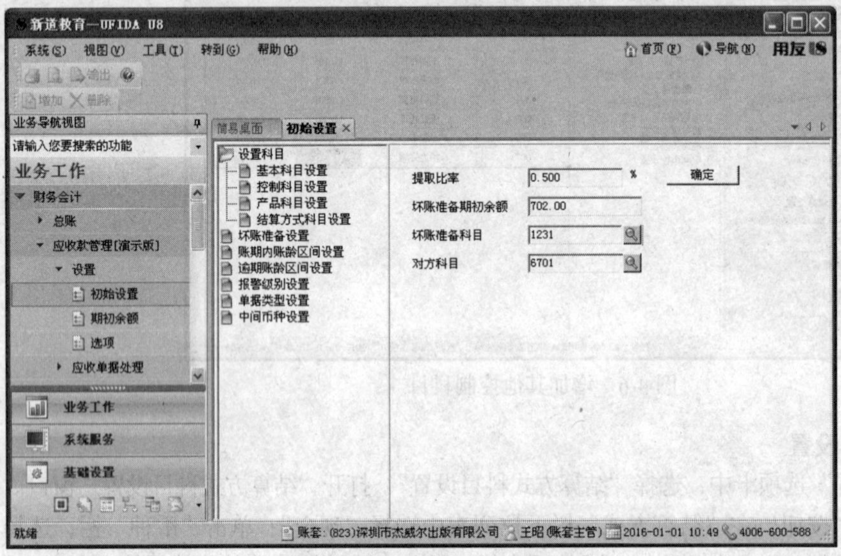

图 4-8 “坏账准备设置”选项卡

图 4-9 “应收款管理——储存完毕”提示框

温馨提示

● 如果在选项中并未选中坏账处理的方式为“应收余额百分比法”，则在此处就不能输入“应收余额百分比法”所需要的初始设置，即此处的初始设置是与选项中所选择的坏账处理方式相对应的。

● 坏账准备的期初余额应与总账系统中所输入的坏账准备的期初余额相一致，但是，系统没有坏账准备期初余额的自动对账功能，只能进行人工核对。坏账准备的期初余额如果在借方，则用“—”表示，如果没有期初余额，应将期初余额输入“0”，否则，系统将不予确认。

● 坏账准备期初余额被确认后，只要进行了坏账准备的日常业务处理就不允许再进行修改。下一年度使用本系统时，可以修改提取比率、区间和科目。

● 如果在系统选项中默认坏账处理方式为直接转销法，则不用进行坏账准备设置。

5．设置账龄区间

（1）在“初始设置”窗口中，选择“账期内账龄区间设置”，打开“账期内账龄区间设置”

窗口。

（2）在“总天数”栏输入“10”，按回车键，再在“总天数”栏输入“30”后回车。以此方法继续输入其他的总天数，如图 4-10 所示。

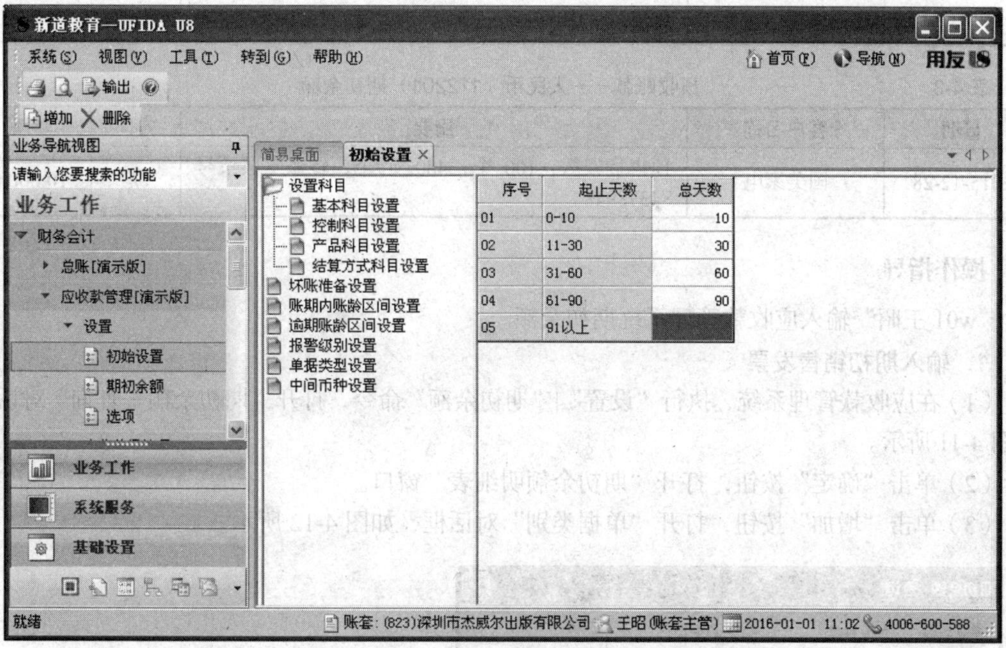

图 4-10 输入总天数

温馨提示

- 序号由系统自动生成，不能修改和删除。
- 总天数直接输入该区间的账龄总天数。
- 最后一个区间不能修改和删除。

业务三 期初余额

业务描述

请以“w01 王昭”身份在应收款管理系统输入如表 4-1、表 4-2 和表 4-3 所示的期初余额。

实验要求

- 录入单据。
- 应收系统与总账系统对账。

实验资料

期初余额（存货税率均为 17%，开票日期均为 2015 年）如表 4-1、表 4-2 和表 4-3 所示。

表 4-1　　应收账款——人民币（112201）期初余额

日期	客户名称	摘要	方向	余额
2015-12-16	顺电电器	销售货架，100 个，480 元/个，发票号 64378946	借	56 160.00
2015-12-30	顺丰	销售工装车 20 台，3600 元/台，发票号 86549368	借	84 240.00

表 4-2　　应收票据——人民币（112201）期初余额

日期	客户名称	摘要	方向	余额
2015-12-18	岁宝百货	销售货架 100 个，480 元/个，银行承兑汇票号 84278948，票面利率 6%，到期日 2016-02-18，承兑银行：中国银行	借	56 160.00

表 4-3　　预收账款——人民币（112201）期初余额

日期	客户名称	摘要	方向	余额
2015-12-28	国美家电	预售货架款，100 个，480 元/个，转账支票票号 84378948	贷	10 000.00

操作指导

“w01 王昭”输入应收款管理系统期初余额。

1．输入期初销售发票

（1）在应收款管理系统，执行“设置”|“期初余额”命令，打开“期初余额—查询”对话框，如图 4-11 所示。

（2）单击“确定”按钮，打开“期初余额明细表”窗口。

（3）单击“增加”按钮，打开“单据类别”对话框，如图 4-12 所示。

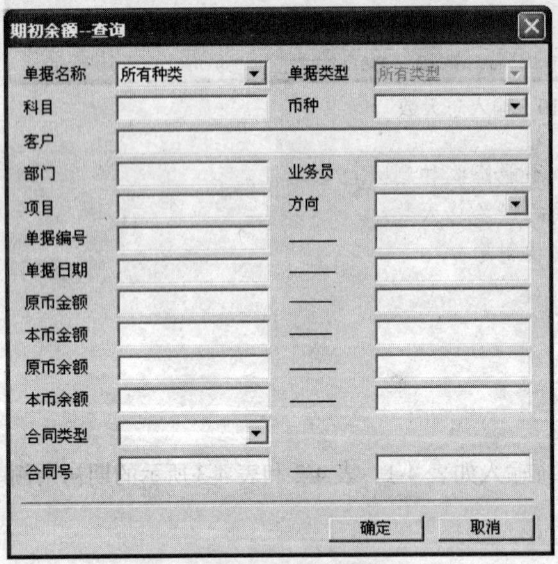

图 4-11　期初余额—查询

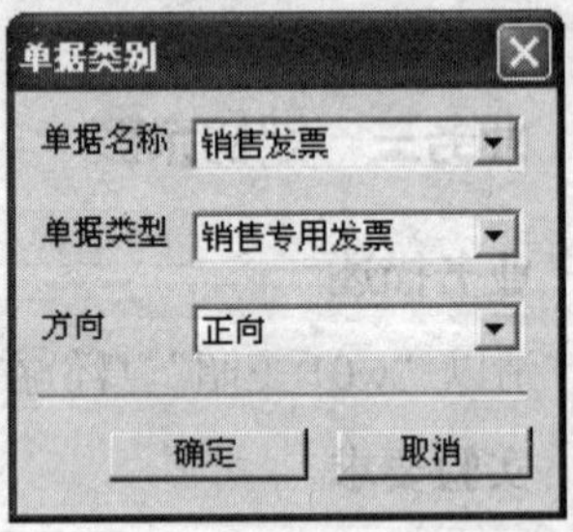

图 4-12　“单据类别”对话框

（4）选择单据名称为“销售发票”，单据类型为“销售专用发票”，然后单击“确定”按钮，进入“销售专用发票”窗口。

（5）单击“增加”按钮，修改开票日期为“2015-12-16”，输入发票号“64378946”，单击“客户名称”栏的参照按钮，选择“顺电电器”，系统自动带出客户相关信息；在“税率”栏输入“17.00”；单击“科目”栏参照按钮，选择“112201”应收账款——人民币；在“货物名称”栏选择“货架”；在“数量”栏输入“100.00”，在“无税单价”栏输入“480.00”，如图 4-13 所示。

（6）单击“保存”按钮，用此方法继续输入第 2 张销售专用发票，如图 4-14 所示。

图 4-13　第一张销售专用发票

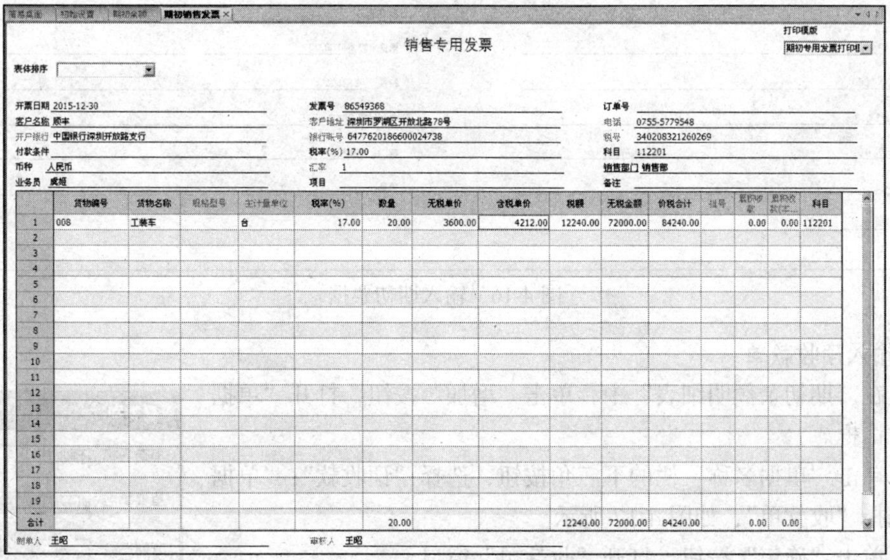

图 4-14　第二张销售专用发票

温馨提示

- 在初次使用应收款系统时，应将启用应收款系统时未处理完的所有科目的应收账款、预收账款、应收票据等数据输入到本系统中。当进入第二年度时，系统自动将上年度未处理完的单据转为下一年度的期初余额。在下一年度的第一个会计期间里，可以进行期初余额的调整。
- 如果退出了输入期初余额的单据。在“期初余额明细表”窗口中并没有看到新输入的期初余额，应单击“刷新”按钮，就可以列示出所有期初余额的内容。
- 在输入期初余额时一定要注意期初余额的会计科目。应收款系统的期初余额应与总账进行对账，如果科目错误将会导致对账错误。
- 如果并未设置允许修改销售专用发票的编号，则在填制销售专用发票时不允许修改销售专用发票的编号。其他单据的编号也一样，系统默认的状态是不允许修改的。

2．输入期初票据

（1）单击“增加”按钮，打开“单据类别”对话框。

（2）选择单据名称为“应收票据”，单据类型为“银行承兑汇票”，如图4-15所示。然后单击“确定”按钮，打开“期初票据”窗口。

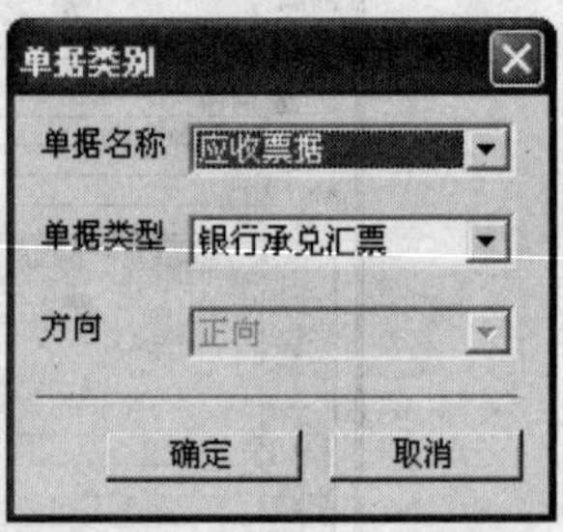

图4-15　选择单据类别

（3）单击“增加”按钮，输入票据编号“84378948”；承兑银行“中国银行”；单击“开票单位”栏的参照按钮，选择“岁宝百货”，系统自动带出客户相关信息；在“票据面值”栏输入“56 160.00”；单击“科目”栏参照按钮，选择“112101”应收票据——人民币；在“签发日期”栏选择“2015-12-18”；在“收到日期”栏选择“2015-12-18”；在“到期日”栏选择“2016-02-18”；在“摘要”栏输入“销售货架”，如图4-16所示。

（4）单击“保存”按钮，返回“期初余额明细表”窗口。

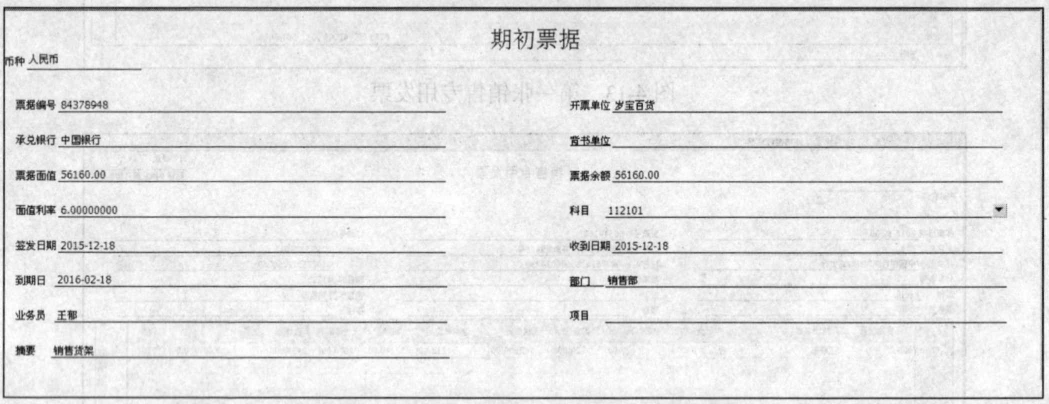

图4-16　输入期初票据

3．输入预收款单

（1）在“期初余额明细表”中，单击“增加”按钮，打开“单据类别”对话框。

（2）单击“单据名称”栏的下三角按钮，选择“预收款”；“单据类型”选择“收款单”，如图4-17所示。

（3）单击“确定”按钮，打开“收款单”窗口。

（4）修改日期为“2015-12-28”；在“客户”栏参照按钮，选择“国美家电”；单击“结算方式”栏的参照按钮，选择“100201转账支票”；在“金额”栏输入“10 000.00”，在“摘要”栏输入“销售货架预收款”；在收款单下半部分中的“款项类型”栏选择“预收款”，如图4-18所示。

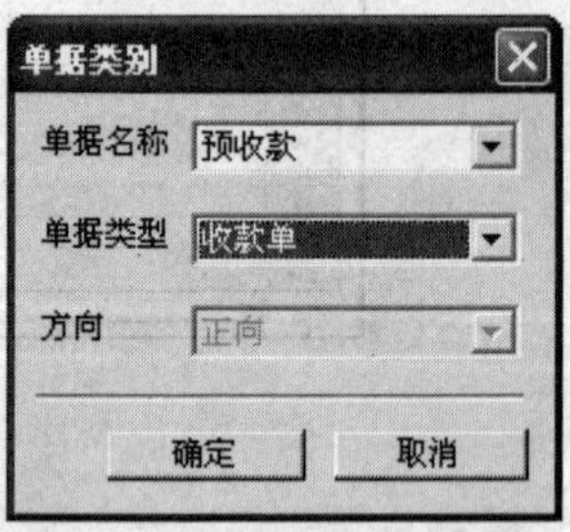

图4-17　选择单据类别

（5）单击“保存”按钮，单击“退出”按钮。

温馨提示

- 输入预收款的单据类型仍然是“收款单”，但是款项类型为“预收款”。

4．应收款系统与总账系统对账

（1）在“期初余额明细表”窗口中，单击“对账”按钮，打开“期初对账”窗口。

（2）单击“退出”按钮退出。

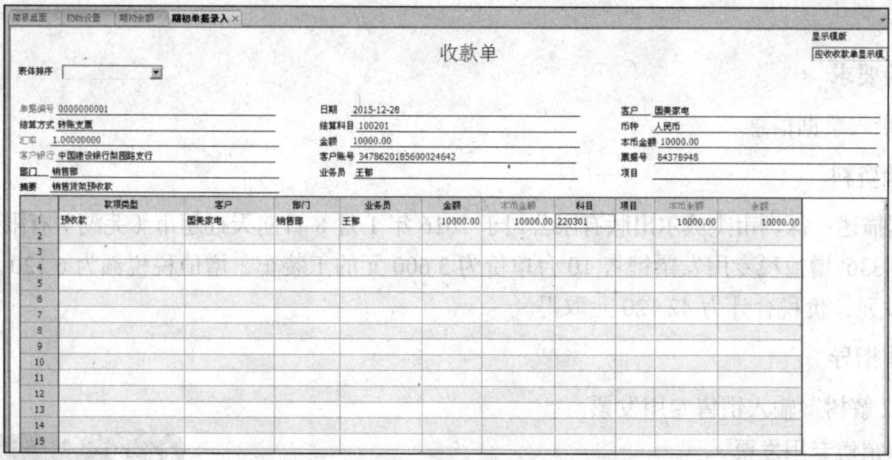

图 4-18　收款单

5. 账套输出

请将账套输出至“D:|823 账套备份|4-1”文件夹。

温馨提示

- 当完成全部应收期初余额输入后，应通过“对账”功能将应收系统期初余额与总账系统期初余额进行核对。
- 当保存了期初余额结果，或在第二年使用需要调整期初余额时可以进行修改。当第一个会计期已结账后，期初余额只能查询不能修改。
- 期初余额所输入的票据保存后自动审核。
- 应收款系统与总账系统的对账，必须要在总账与应收系统同时启用后才可以进行。

实训练习

1. 在应收款管理系统中设置“单据审核后立即制单”。
2. 在应收款管理系统中将坏账处理方式设置为“应收余额百分比法”，并设置“提取比率”和“期初余额”。
3. 根据表训 4-1，增加控制科目。

表训 4-1

客户编码	客户简称	应收科目	预收科目
008	一号店	112201	220301

实训二　单据处理

业务一　销售工装车

扫一扫

业务描述

2016 年 1 月 8 日，向天虹超市（芜湖）有限公司销售工装车（付款条件 2/10，1/20，n/30，计算现金折扣时不考虑增值税），取得与业务相关的原始单据。

实验要求

- 录入票据信息。

实验资料

票据描述：深圳市杰威尔出版有限公司于 2016 年 1 月 8 日向天虹超市（芜湖）有限公司发行 NO.45684336 增值税专用发票销售 10 台单价为 3 600 元的工装车，增值税税额为 6 120 元，价款为 36 000 元，价税合计为 42 120 元取得。

操作指导

“w02 解树”输入销售专用发票。

填制销售专用发票

（1）在应收款管理系统中，执行“应收单据处理”|“应收单据输入”命令，打开“单据类别”对话框，如图 4-19 所示。

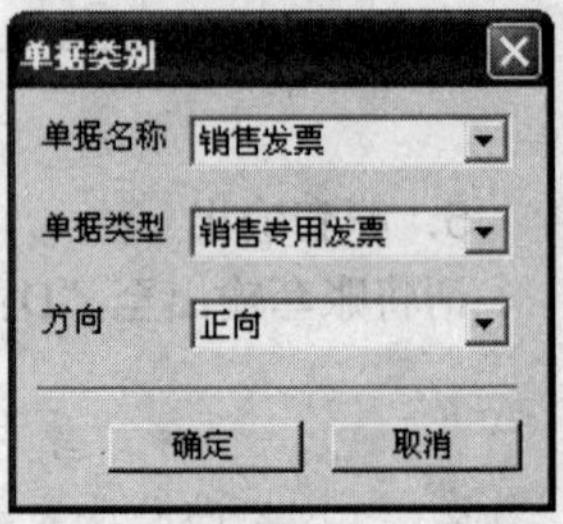

图 4-19 “单据类别”对话框

（2）在“单据名称”栏选择“销售发票”，在“单据类型”栏选择“销售专用发票”，在“方向”栏选择“正向”。

（3）单击“确定”按钮，打开“销售专用发票”窗口。

（4）单击“增加”按钮，输入发票号“45684336”，修改开票日期为“2016-01-08”，单击“客户简称”栏的参照按钮，选择“天虹”，单击“销售部门”栏参照按钮，选择“销售部”，在“付款条件”栏选择“01”，在“税率”栏输入“17”，在“备注”栏输入“销售工装车”。

（5）在“存货编码”栏输入“008”，或单击“存货名称”栏的参照按钮，选择“工装车”，在“数量”栏输入“10.00”，在“无税单价”栏输入“3 600.00”，如图 4-20 所示。

图 4-20 销售专用发票

（6）单击“保存”按钮。

业务二　销售仓储笼

业务描述

2016 年 1 月 9 日，向一号店超市有限公司销售仓储笼，开出转账支票代垫运费，取得与业务相关的原始凭证单据。

实验要求

- 录入票据信息。

实验资料

票据描述：深圳市杰威尔出版有限公司于 2016 年 1 月 9 日向一号店超市有限公司发行 NO.24567986 的增值税专用发票销售 100 个单价为 450 元的仓储笼，增值税为 7 650 元，价款为 45 000 元，价税合计为 52 650 元。

操作指导

“w02 解树”输入销售专用发票、输入其他应收单。

1．输入销售专用发票

（1）单击“增加”按钮，输入发票号“24567986”；修改开票日期为“2016-01-09”；单击“客户简称”栏的参照按钮，选择“一号店”；单击“销售部门”栏的参照按钮，选择“销售部”；在“税率”栏输入“17.00”；在“备注”栏输入“销售仓储笼”。

（2）在“存货编码”栏输入“009”，或单击“存货名称”栏的参照按钮，选择“仓储笼”，在“数量”栏输入“100.00”，在无税单价”栏输入“450.00”。

（3）单击“保存”按钮，如图 4-21 所示。

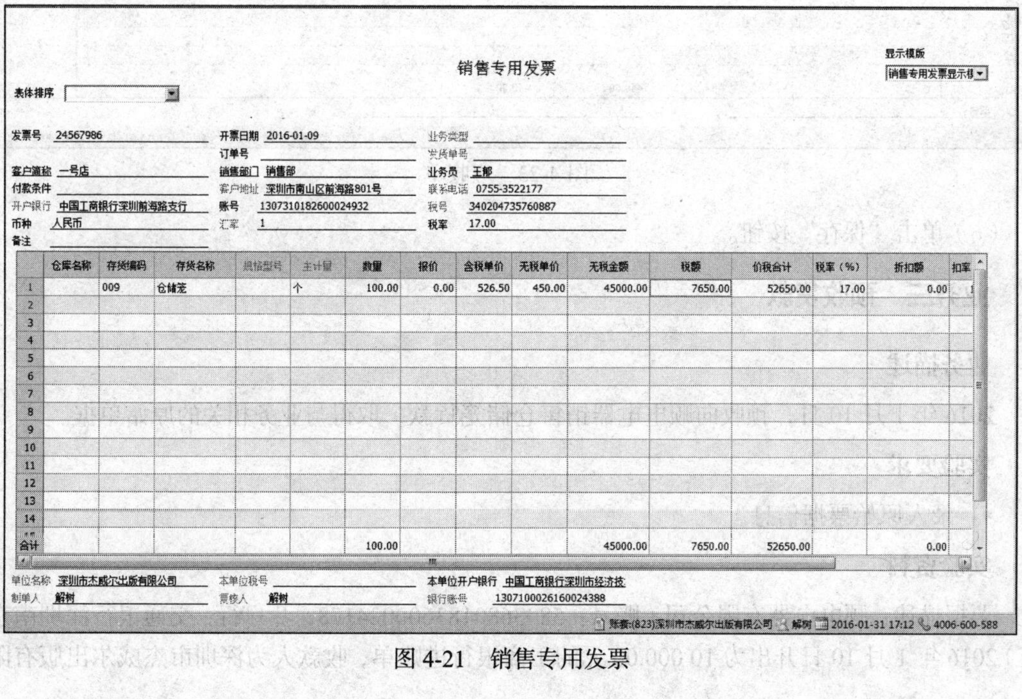

图 4-21　销售专用发票

2．输入其他应收单

（1）在应收款管理系统中，执行“应收单据处理”|“应收单据输入”命令，打开“单据类别”对话框。

（2）在“单据名称”栏选择“应收单”，在“单据类型”栏选择“其他应收单”，在“方向”栏选择“正向”，如图 4-22 所示。

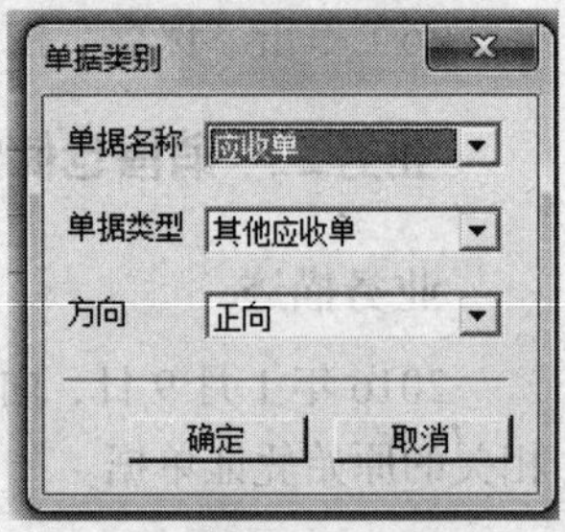

图 4-22　单据类别

（3）单击“确定”按钮，打开“应收单”窗口。

（4）单击“增加”按钮，修改开票日期为“2016-01-09”；单击“客户简称”栏的参照按钮，选择“一号店”；在“金额”栏输入“440.00”；单据“销售部门”栏的参照按钮，选择“销售部”，在“摘要”栏输入“代垫销售仓储笼运费”。

（5）单击表体中的“科目”栏的参照按钮，选择“112201”，如图 4-23 所示。

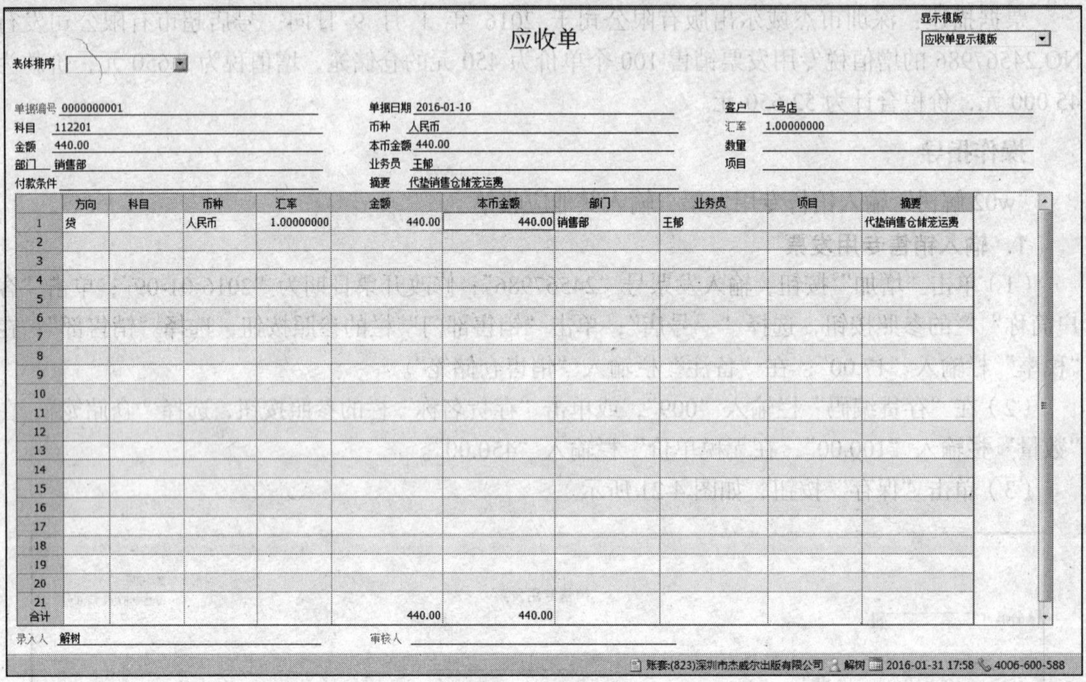

图 4-23　应收单

（6）单击“保存”按钮。

业务三　预收货款

业务描述

2016 年 1 月 10 日，预收向顺电电器销售仓储笼货款，取得与业务相关的原始单据。

实验要求

- 录入原始票据信息。

实验资料

票据描述：顺电电器有限公司（账号：5893680183600024178，开户行：交通银行深圳南京支行）2016 年 1 月 10 日开出为 10 000.00 元的工商银行进账单，收款人为深圳市杰威尔出版有限公司（账号：1307100026160024388，开户行：中国工商银行深圳市经济技术开发区支行），票据号码：35687636

操作指导

“w03 高夏珍”输入收款单。

（1）在应收款管理系统中，执行“收款单据处理”|“收款但据输入”命令，打开“收付款单输入——收款单”窗口。

（2）单击“增加”按钮，修改日期为“2016-01-10”；单击“客户”栏的参照按钮，选择“顺电电器”；单击“结算方式”栏的参照按钮，选择“转账支票”；在“金额”栏输入“10 000.00”；在“票据号”栏输入“35687636”；单击“部门”栏的参照按钮；选择“销售部”；在“摘要”栏输入“销售仓储笼预收款”。

（3）单击表体中的“款项类型”栏的参照按钮，选择“预收款”，如图 4-24 所示。

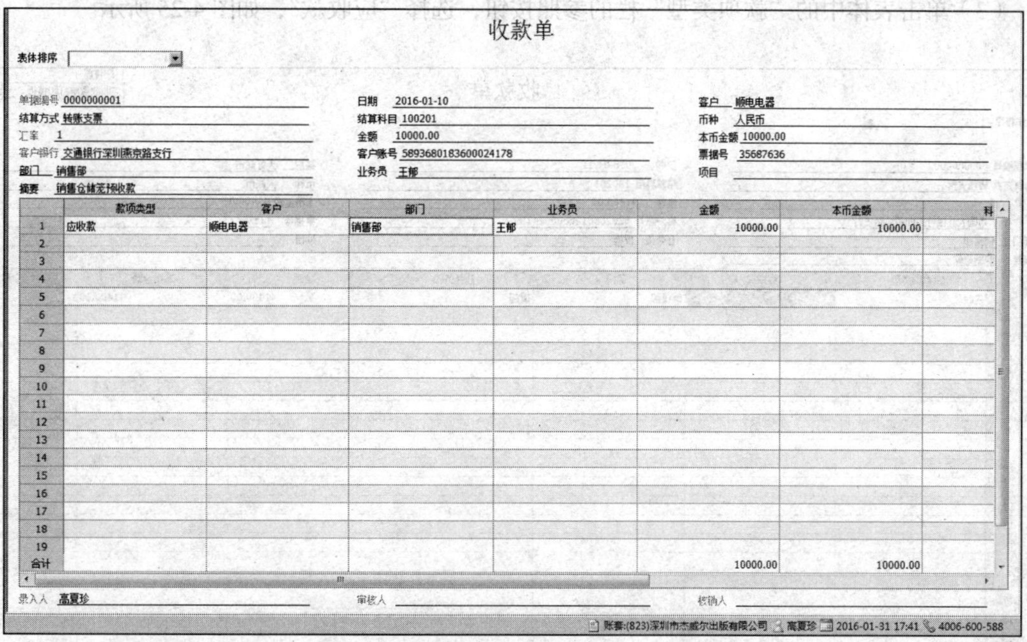

图 4-24　收款单

（4）单击“保存”按钮。

业务四　收到货款

业务描述

2016 年 1 月 11 日，收到天虹超市有限公司的转账支票一张，系销售工装车 10 台的价税款，取得与业务相关的原始单据。

实验要求

- 录入原始单据信息。

实验资料

票据描述：天虹超市有限公司（账号：6282680186600028239，开户行中国农业银行深圳解放路支行）2016 年 1 月 11 日开出一张转账支票，价为 41 400.00 元的中国工商银行进账单，收款人为深圳市杰威尔出版有限公司（账号：1307100026160024388，开户行：中国工商银行深圳市经济技术开发区支行），票据号码：43678736。

操作指导

“w03 高夏珍”输入收款单。

（1）在应收款管理系统中，执行“收款单据处理”|“收款单据输入”命令，打开“收付款单输入——收款单”窗口。

（2）单击“增加”按钮，修改日期为“2016-01-11”；单击[客户]栏的参照按钮，选择“天虹”；单击“结算方式”栏的参照按钮，选择“转账支票”；在“金额”栏输入“41 400.00”；在“票据号”栏输入“43678736”；单据[部门]栏的参照按钮，选择“销售部”；在“摘要”栏输入“收到货款”。

（3）单击表体中的“款项类型”栏的参照按钮，选择“应收款”，如图 4-25 所示。

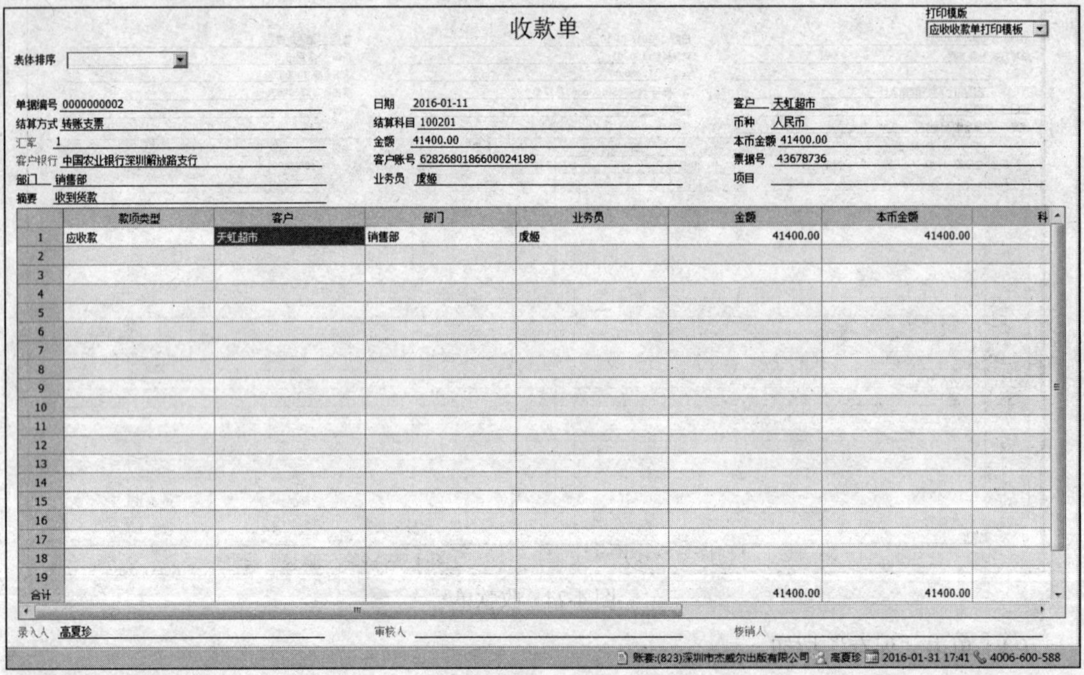

图 4-25 收款单

（4）单击“保存”按钮。

业务五 单据审核

业务描述

请以“w02 解树”的身份在应收款系统中审核应收单据及收款单据。

实验要求

- 审核应收单及收款单。

实验资料

本节无新增资料。

操作指导

“w02 解树”审核应收单及收款单。

1. 应收单据审核

（1）在应收管理系统中，执行“应收单据处理”|“应收单据审核”命令，打开“应收单查询条件”对话框，如图 4-26 所示。

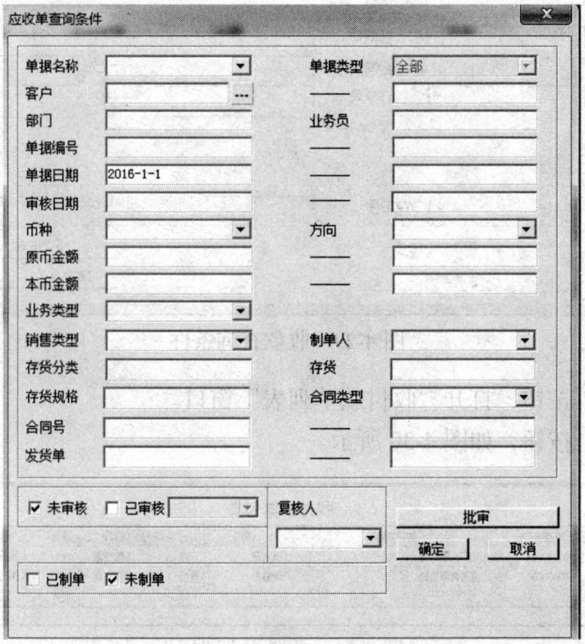

图 4-26 “应收单查询条件”对话框

（2）单击“确定”按钮，打开“应收单据列表”窗口。

（3）单击“全选”按钮，如图 4-27 所示。

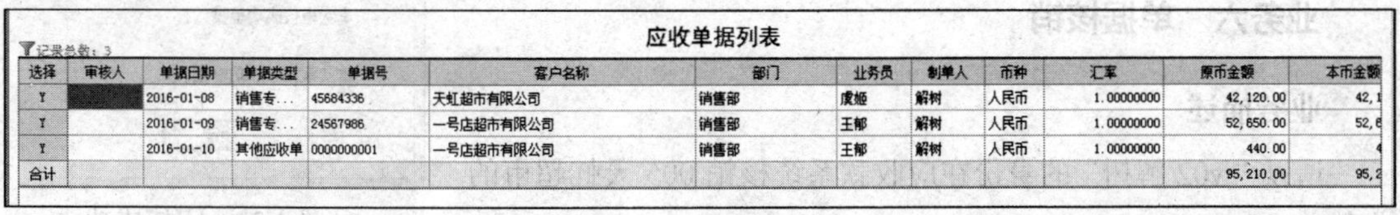

应收单据列表

记录总数：3

选择	审核人	单据日期	单据类型	单据号	客户名称	部门	业务员	制单人	币种	汇率	原币金额	本币金额
Y		2016-01-08	销售专...	45684336	天虹超市有限公司	销售部	虞姬	解树	人民币	1.00000000	42,120.00	42,1
Y		2016-01-09	销售专...	24567986	一号店超市有限公司	销售部	王郁	解树	人民币	1.00000000	52,650.00	52,6
Y		2016-01-10	其他应收单	0000000001	一号店超市有限公司	销售部	王郁	解树	人民币	1.00000000	440.00	4
合计											95,210.00	95,2

图 4-27 应收单据列表

（4）单击“审核”按钮，系统提示“本次审核成功单据[3]张”，如图 4-28 所示。

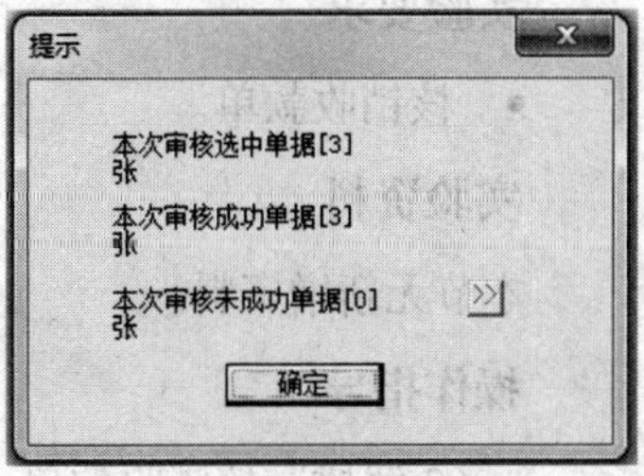

图 4-28 审核成功提示框

（5）单击“确定”按钮，再单击“退出”按钮，已审核单据。

2. 收款单据审核

（1）在应收管理系统中，执行“收款单据处理”|“收款单据审核”命令，打开“收款单查询条件”对话框，如图 4-29 所示。

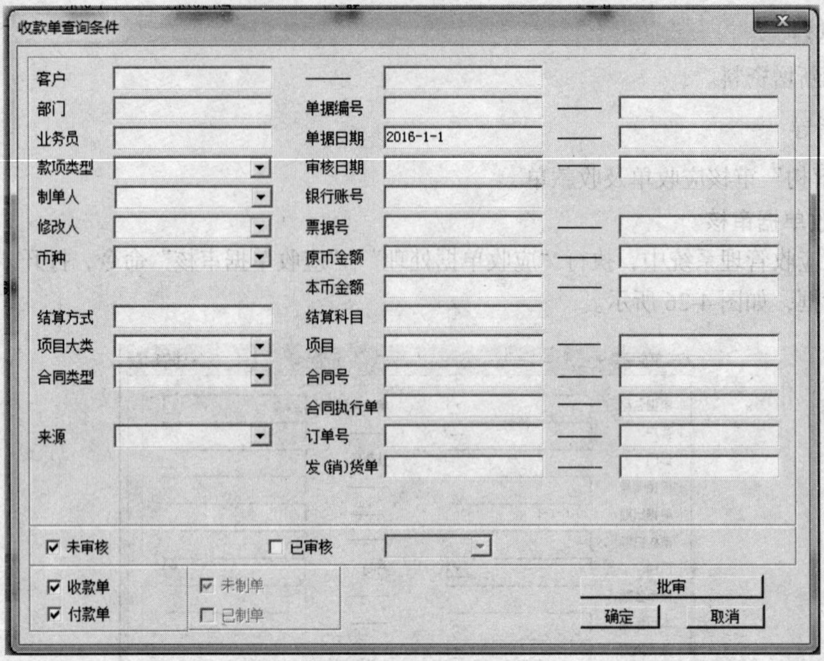

图 4-29　收款查询条件

（2）单击“确定”按钮，打开“收付款单列表”窗口。

（3）单击“全选”按钮，如图 4-30 所示。

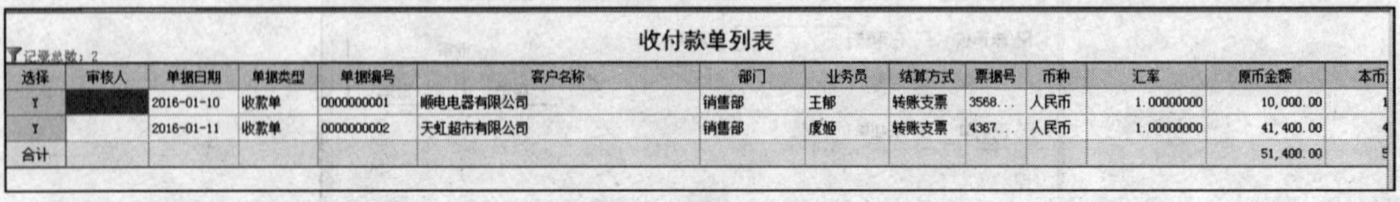

收付款单列表

记录总数：2

选择	审核人	单据日期	单据类型	单据编号	客户名称	部门	业务员	结算方式	票据号	币种	汇率	原币金额	本币
Y		2016-01-10	收款单	0000000001	顺电电器有限公司	销售部	王郁	转账支票	3568...	人民币	1.00000000	10,000.00	1
Y		2016-01-11	收款单	0000000002	天虹超市有限公司	销售部	虞姬	转账支票	4367...	人民币	1.00000000	41,400.00	4
合计												51,400.00	5

图 4-30　收款单据列表

（4）单击“审核”按钮，系统提示“本次审核成功[2]张”，如图 4-31 所示。

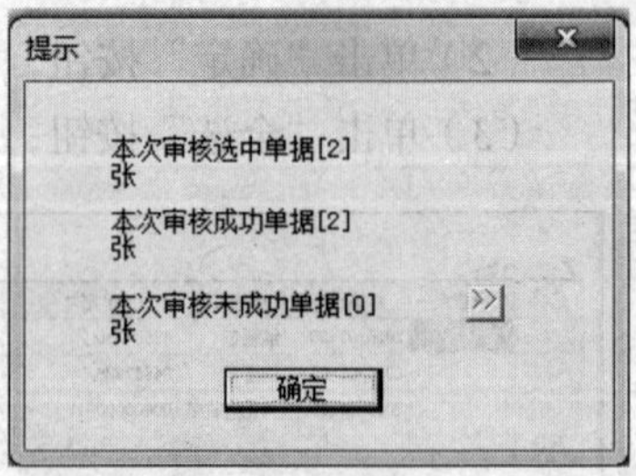

图 4-31　审核成功

业务六　单据核销

业务描述

请以“w02 解树”的身份在应收款系统核销 005 天虹超市的收款单。

实验要求

- 核销收款单。

实验资料

本节无新增资料。

操作指导

“w02 解树”核销收款单。

（1）在应收款管理系统中，执行“核销处理”|“手工核销”命令，打开“核销条件”对话框。

（2）单击“客户”栏的参照按钮，选择“005”，如图 4-32 所示。

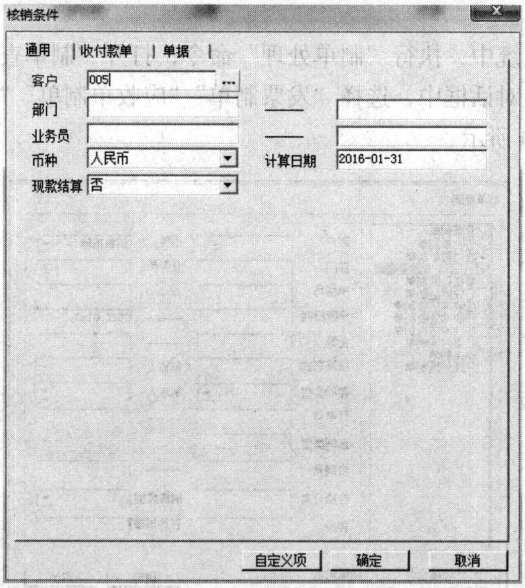

图 4-32 “核销条件”对话框

（3）单击“确定”按钮，打开“单据核销”窗口。在“单据核销”窗口中，将上半部分款项类型为“应收款”的收款单的“本次结算金额”栏的数据修改为“41 400.00”，在下半部分的“本次结算”栏输入“41 400.00”，“本次折扣”栏输入“720.00”，如图 4-33 所示。

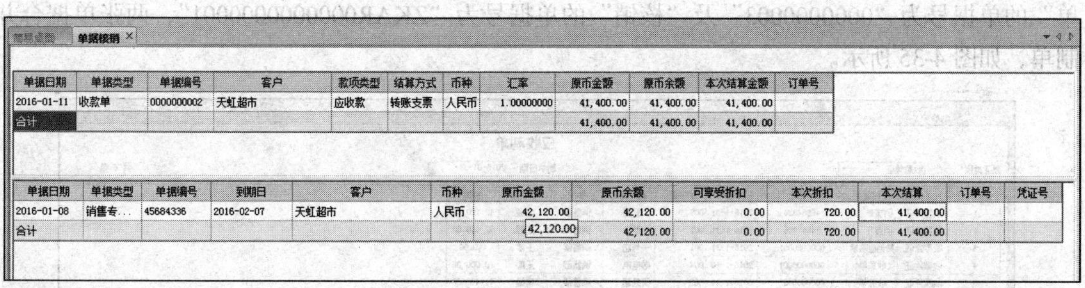

图 4-33 “单据核销”窗口

（4）单击“保存”按钮。

业务七 单据制单

业务描述

请以“w02 解树”的身份在应收款管理系统进行单据制单。

实验要求

- 在应收系统制单。

实验资料

本节无新增资料。

操作指导

“w02 解树”制单生成凭证。

1．单据制单

（1）在应收款管理系统中，执行“制单处理”命令，打开“制单查询”对话款。

（2）在“制单查询”对话框中，选择“发票制单”“应收单制单”“收付款单制单”和“核销制单”复选框，如图 4-34 所示。

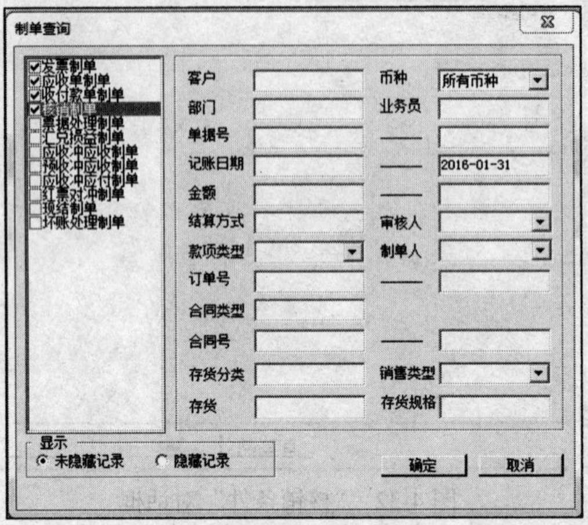

图 4-34 “制单查询——核销制单”对话框

（3）单击“确定”按钮，打开“应收制单”窗口。

（4）单击“全选”按钮，单击“凭证类别”栏的下三角按钮，选择“转账凭证”，其中“收款单”的单据号为“0000000003”及“核销”的单据号为“ZKAR0000000000001”，两张单据合并制单，如图 4-35 所示。

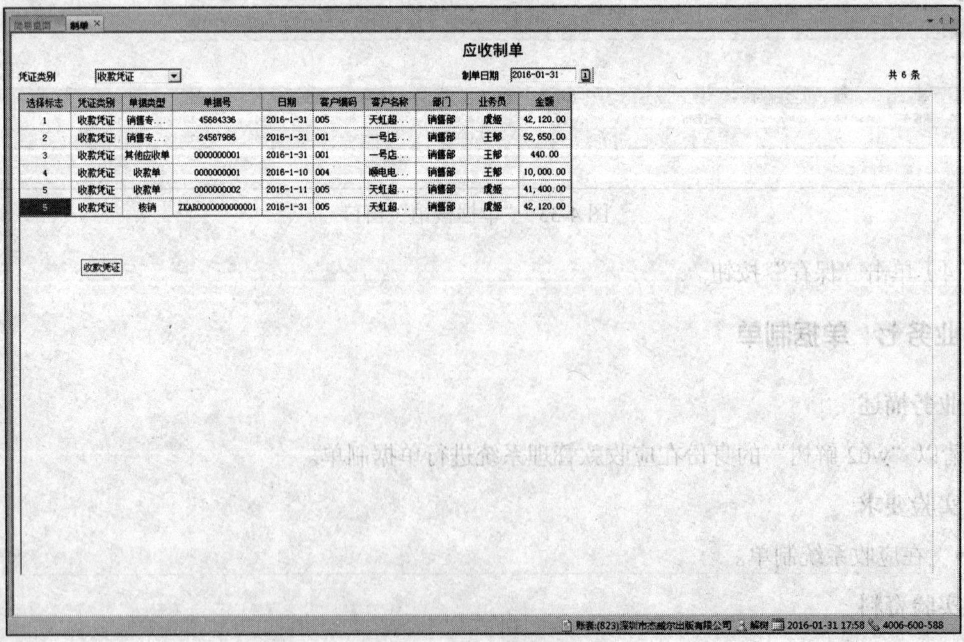

图 4-35 “应收制单”窗口

（5）单击“制单”按钮，输入“主营业务收入/工装车”的辅助相信息，如图 4-36 所示。

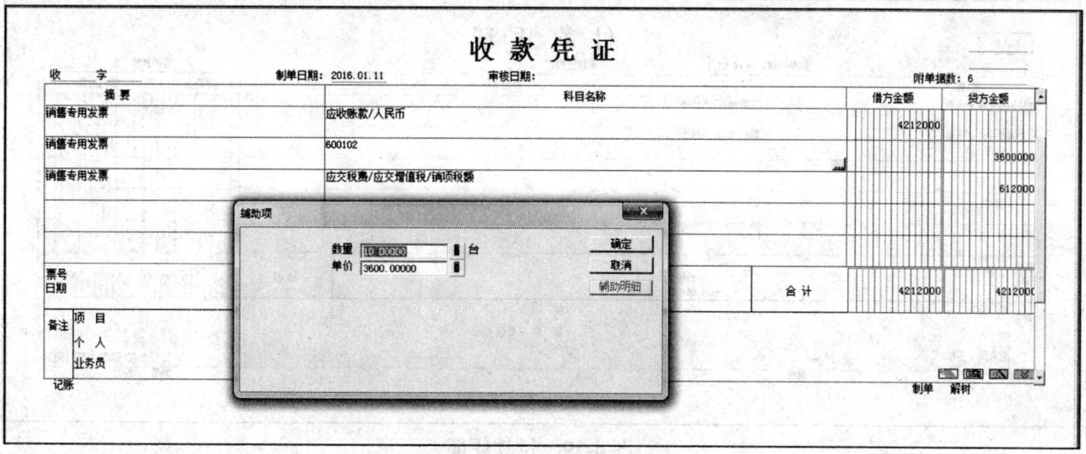

图 4-36 辅助项对话框

（6）单击“保存”按钮，在应收款系统中生成第 1 张转账凭证，如图 4-37 所示。

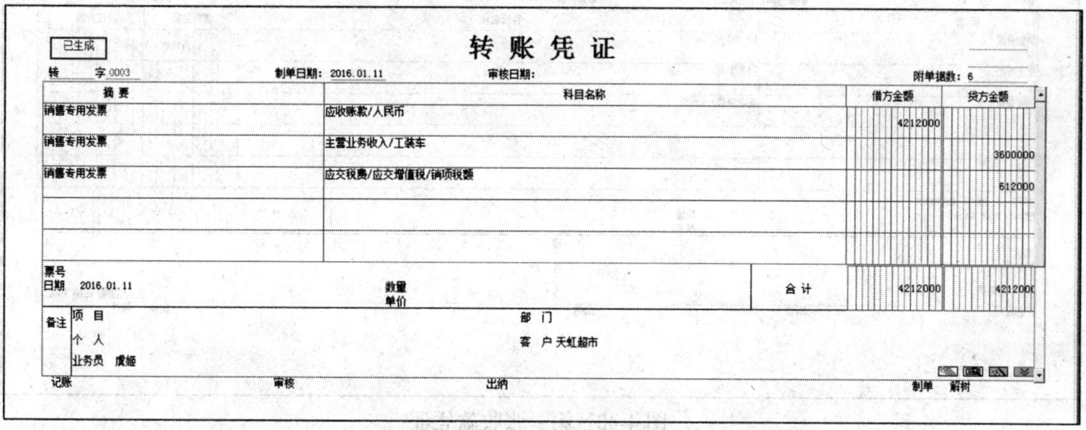

图 4-37 第一张转账凭证

（7）单击“下张”按钮，以上述方式输入“辅助项”信息，在单击“保存”，生成如图4-38、图 4-39、图 4-40 和图 4-41 所示凭证。

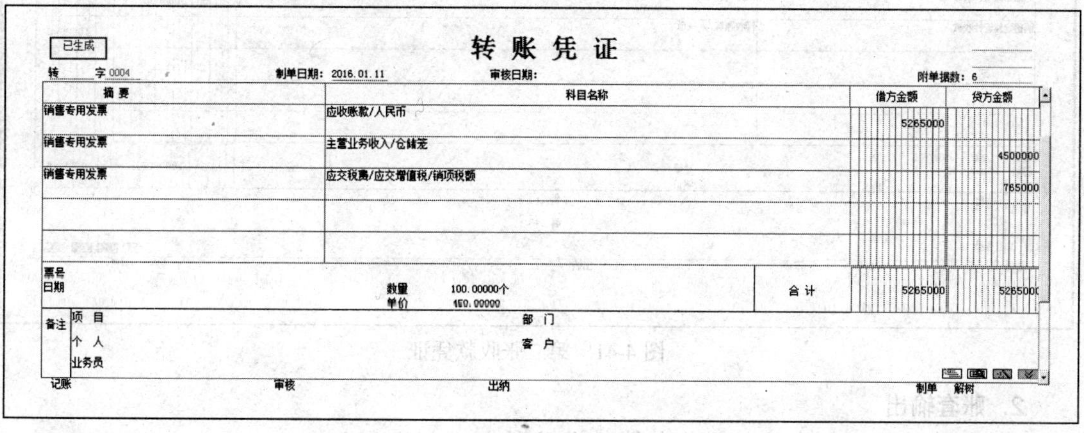

图 4-38 第二张转账凭证

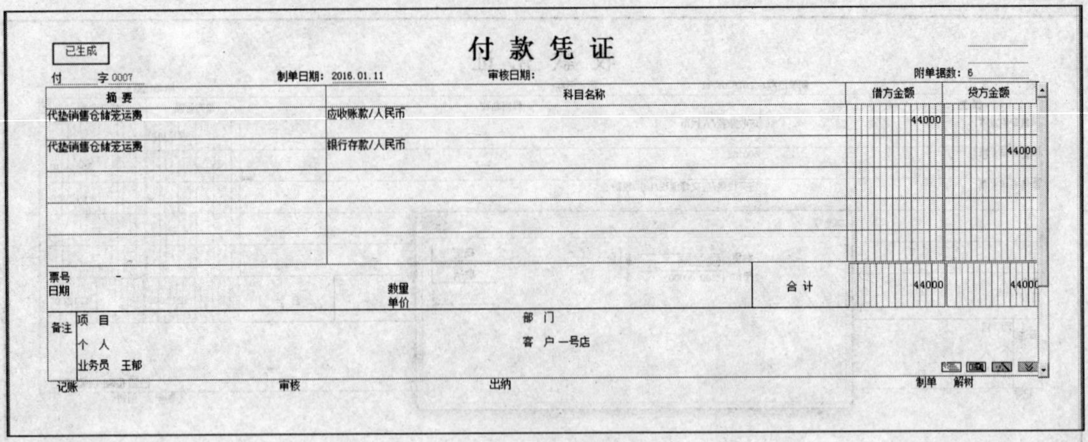

图 4-39 付款凭证

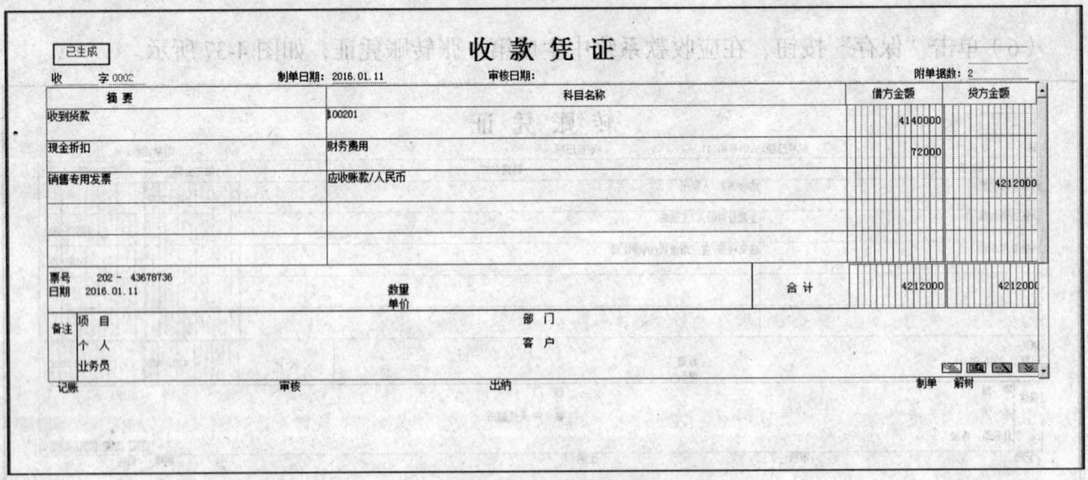

图 4-40 第一张收款凭证

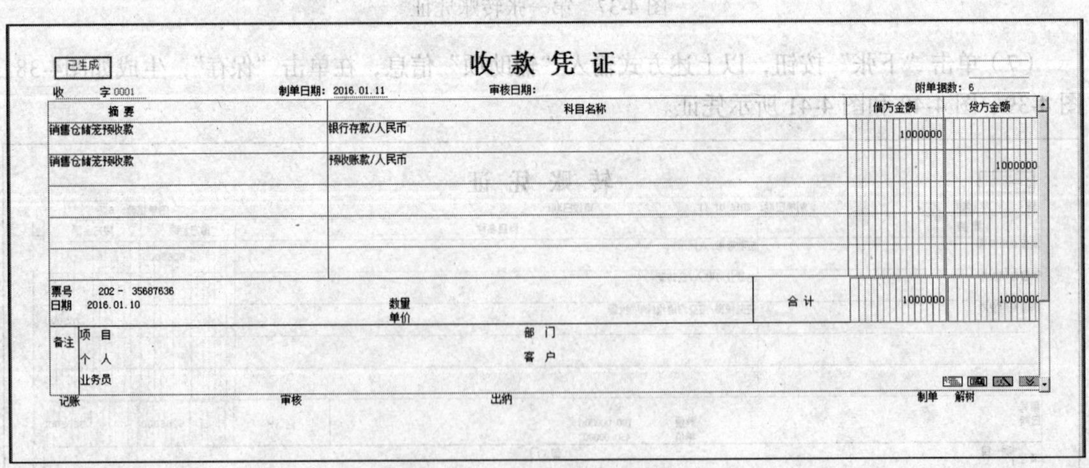

图 4-41 第二张收款凭证

2. 账套输出

请将账套输出至“D：\823 账套备份\4-2”文件夹。

实训练习

预收国美家电货架货款 20 000.00，请填制相关凭证。

实训三 票据管理

业务一 输入发票

扫一扫

业务描述

2016 年 1 月 11 日，向顺丰销售工装车，收到顺丰签发并承兑的汇票，取得与业务相关的原始单据如图 4-28 和图 4-29 所示。

实验要求

- 录入原始单据信息。
- 审核单据。
- 生成凭证。

实验资料

深圳增值税专用发票

开票日期：2016 年 1 月 11 日；发票号：33566743；

（购货单位）

名称：顺丰有限公司

纳税人识别号：S40208S21260269

公司地址、电话：深圳市罗湖区开放北路 78 号 0755-5779548

开户行及账号：中国银行深圳开放路支行 6477620186600024378

货物或应税劳务名称：工装车；单位：台；数量：50；单价：3 600.00 元；金额：180 000.00 元；税率：17；税额：30 600.00 元；价税合计：210 600.00 元。

（销货单位）

名称：深圳市杰威尔出版有限公司

纳税人识别号：340207689778608

公司地址、电话：深圳市前海自贸区公举路 823 号 0755-7082123

开户行及账号：中国工商银行深圳市经济技术开发区支行 1307100026160024388

出票日期：2016 年 1 月 11 日

付款人：

全称：顺丰有限公司；账号：6477620186600024378；开户银行：中国银行深圳开放路支行；开户行号：54367886；地址：深圳市罗湖区开放北路 28 号；

收款人：

全称：深圳市杰威尔出版有限公司；账号：1307100026160024388；开户银行：中国工商银行深圳市经济技术开发区支行。

出票金额：210 600.00 元

汇票到期日：2016 年 2 月 11 日；交易合同号码：XS0001。

操作指导

“w02 解树”输入发票；“w03 高夏珍”输入商业承兑汇票；“w02 解树”审核应收单和收款单并制单。

1．输入销售专用发票

（1）单击“增加”按钮，输入发票号“33566743”；修改开票日期为“2016-01-11”；单击“客户简称”栏的参照按钮，选择“顺丰”；单击“销售部门”栏的参照按钮，选择“销售部”；在“税率”栏输入“17.00”；在“备注”栏输入“销售工装车”。

（2）在“存货编码”栏输入“008”，或单击“存货名称”栏的参照按钮，选择“工装车”，在“数量”栏输入“50.00”，在“无税单价”栏输入“3 600.00”，如图4-42所示。

（3）单击“保存”按钮。

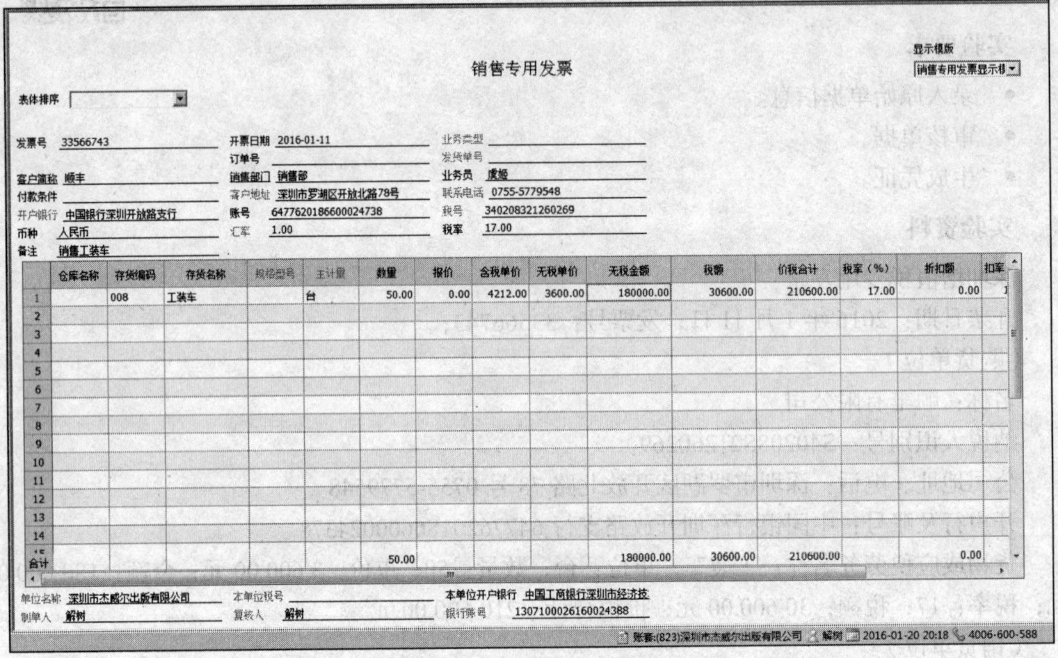

图4-42 输入销售专用发票

2．输入商业承兑汇票

（1）在应收款管理系统中，执行“票据管理”命令，打开“查询条件选择”窗口。

（2）单击“确定”按钮，打开“票据管理”窗口。

（3）单击“增加”按钮，打开“商业汇票”窗口。

（4）在“票据类型”栏选择“商业承兑汇票”；在“票据编号”栏输入“56345612”；单击“结算方式”栏选择“商业承兑汇票”；在“收到日期”栏选择“2016-01-11”；在“出票日期”栏选择“2016-01-11”，在“到期日”栏选择“2016-02-11”；在“出票人”栏的参照按钮，选择“顺丰有限公司”；在“金额”栏输入“210 600.00”；在“票据摘要”栏输入“销售工装车”，如图4-43所示。

（5）单击“保存”按钮。

3．审核应收单

（1）在应收款管理系统中，执行“应收单据处理”|“应收单据审核”命令，打开“结算单过滤条件”窗口。

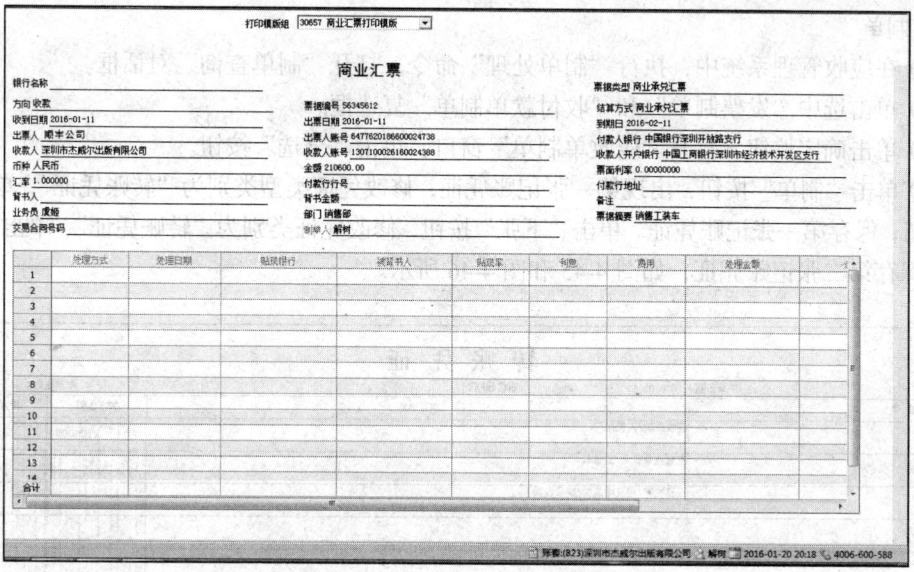

图 4-43　输入商业承兑汇票

（2）单击“确定”按钮，进入“应收单据列表”窗口。

（3）单击“全选”按钮，再单击“审核”按钮，系统弹出“应收单据审核成功”提示框。

（4）单击“确定”按钮比，在“审核人”栏出现了审核人的签字。

4．审核收款单

（1）在应收款管理系统中，执行“收款单据处理”|“收款单据审核”命令，打开“结算单过滤条件”窗口。

（2）单击“确定”按钮，进入“收付款单列表”窗口。

（3）单击“全选”按钮，再单击“审核”按钮，系统会弹出“收付款单审核成功”提示框。

（4）单击“确定”按钮，在“审核人”栏出现了审核人的签字，如图 4-44 所示。

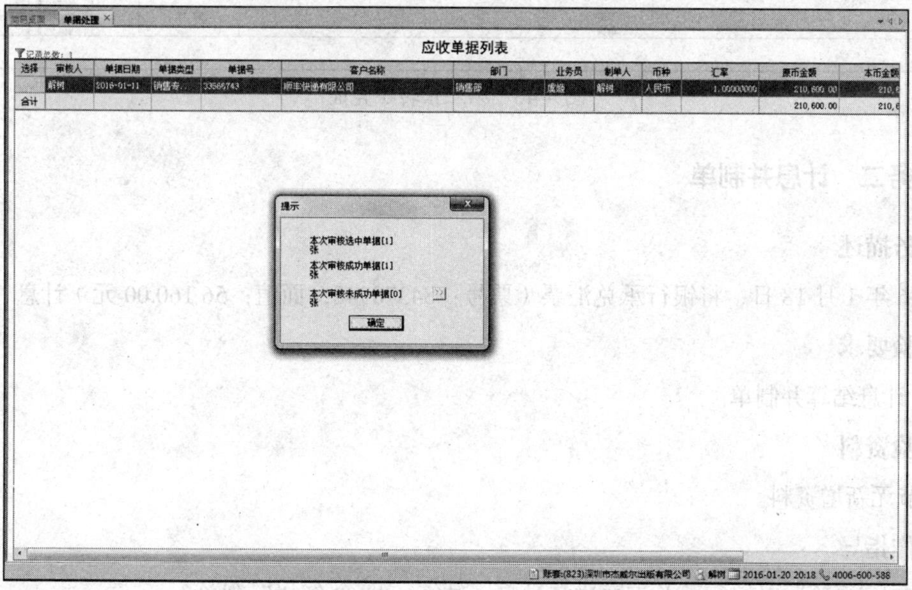

图 4-44　应收单据审核成功

5．制单

（1）在应收管理系统中，执行“制单处理”命令，打开“制单查询”对话框。

（2）单击选中“发票制单”和“收付款单制单”复选框。

（3）单击确定按钮，打开“应收单制单”窗口，单击“全选”按钮。

（4）单击“制单”按钮，出现第一张记账凭证，修改凭证类型类别为“转账凭证”，单击“保存”按钮，保存第一张记账凭证。单击“下张”按钮，修改凭证类别为“转账凭证”，单击“保存”按钮，保存第二张记账凭证，如图4-45和图4-46所示。

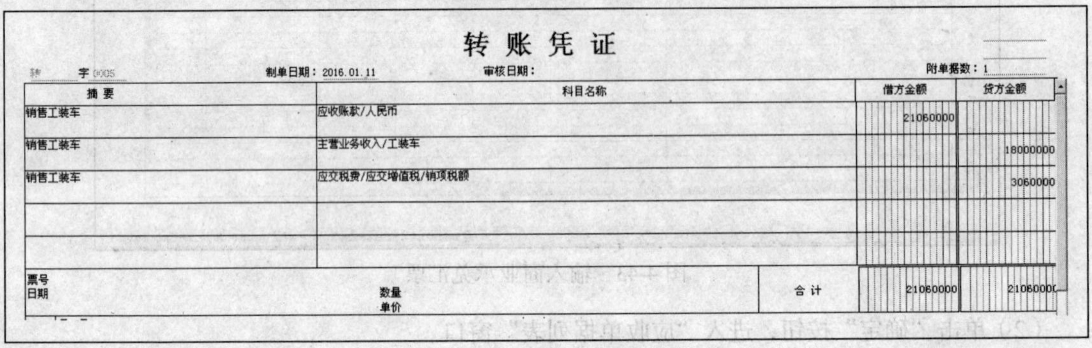

转账凭证

转 字 0005　　制单日期：2016.01.11　　审核日期：　　附单据数：1

摘要	科目名称	借方金额	贷方金额
销售工装车	应收账款/人民币	21060000	
销售工装车	主营业务收入/工装车		18000000
销售工装车	应交税费/应交增值税/销项税额		3060000
票号 日期	数量 单价	合计 21060000	21060000

图4-45　第一张转账凭证

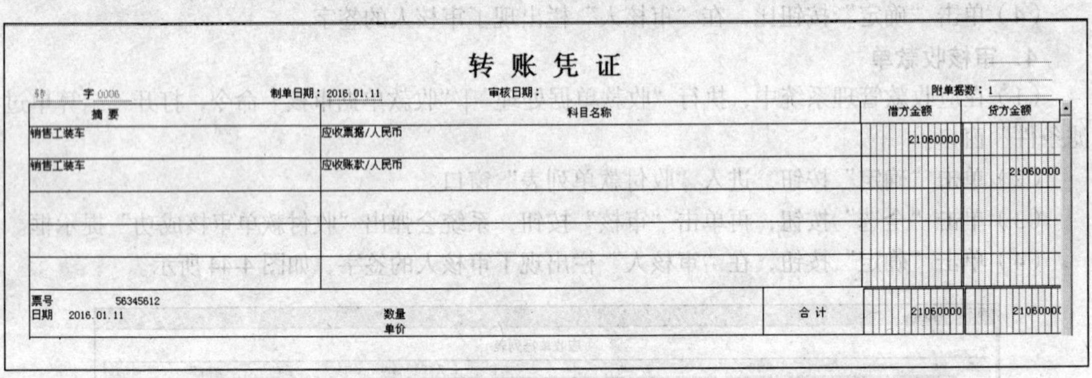

转账凭证

转 字 0006　　制单日期：2016.01.11　　审核日期：　　附单据数：1

摘要	科目名称	借方金额	贷方金额
销售工装车	应收票据/人民币	21060000	
销售工装车	应收账款/人民币		21060000
票号 56345612 日期 2016.01.11	数量 单价	合计 21060000	21060000

图4-46　第二张转账凭证

业务二　计息并制单

业务描述

2016年1月18日，将银行承兑汇票（票号：84378948，面值：56 160.00元）计息、结算。

实验要求

- 计息结算并制单。

实验资料

本节无新增资料。

操作指导

“w03 高夏珍”对银行承兑汇票进行计息、结算，“w02 解树”制单。

1. 银行承兑汇票计息

（1）在“票据管理”窗口中，单击选中 2015 年 12 月 18 日的银行承兑汇票（84378948）。

（2）单击“计息”按钮，打开“票据计息”对话框，如图 4-47 和图 4-48 所示。

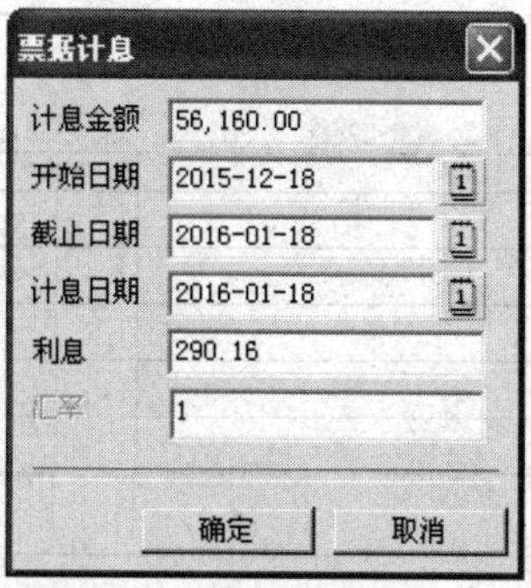

图 4-47 “票据计息”对话框

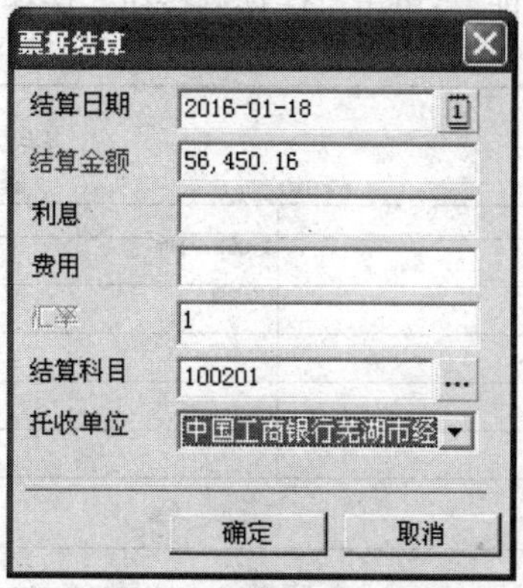

图 4-48 “票据结算”对话框

（3）单击“确定”按钮，出现“是否立即制单”提示框。

（4）单击“否”按钮。

2. 银行承兑汇票结算

（1）在“票据管理”窗口中，单击选中 2015 年 12 月 18 日的银行承兑汇票（84378948）。

（2）单击“结算”按钮，打开“票据结算”对话框。修改结算日期“2016-01-18”，输入结算金额“56450.16”；在“结算科目”栏输入“100201”，或单击“结算科目”栏的参照按钮，选择“100201”人民币。

（3）单击“确定”按钮，出现“是否立即制单”提示框。

（4）单击“否”按钮。

3. 制单

（1）在应收管理系统中，执行“制单处理”命令，打开“制单查询”对话框。

（2）单击选中“票据处理制单”复选框，如图 4-49 所示。

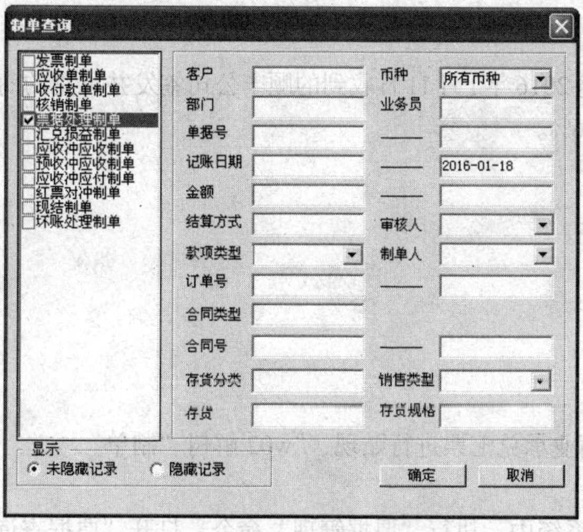

图 4-49 “制单查询”对话框

（3）单击“确定”按钮，打开“票据处理制单”窗口，单击“全选”按钮。

（4）单击“制单”按钮，出现第1张记账凭证，修改凭证类别为“转账凭证”调整“6603财务费用”科目的方向为“借方红字”，单击“保存”第1张记账凭证。单击“下张”按钮，修改凭证为“转账凭证”，单击“保存”按钮，保存第2张记账凭证，如图4-50和图4-51所示。

转 账 凭 证

转 字 0007　　制单日期：2016.01.18　　审核日期：　　附单据数：1

摘 要	科目名称	借方金额	贷方金额
收票据利息	应收票据/人民币	29016	
收票据利息	财务费用	29016	
票号 84378948 日期 2016.01.18	数量 单价　　合 计		

图4-50　转账凭证

收 款 凭 证

收 字 0003　　制单日期：2016.01.18　　审核日期：　　附单据数：1

摘 要	科目名称	借方金额	贷方金额
票据结算	银行存款/人民币	5645016	
票据结算	应收票据/人民币		5645016
票号 84378948 日期 2016.01.18	数量 单价　　合 计	5645016	5645016

图4-51　收款凭证

业务三　贴现制单

业务描述

2016年1月18日，将2016年1月11日收到的顺丰公司签发并承兑的商业承兑汇票（56345612）到银行贴现，贴现率为6%。

实验要求

- 贴现并生成凭证。

实验资料

本节无新增资料。

操作指导

“w03高夏珍”对商业承兑汇票进行贴现，“w02解树“制单。

1. 商业承兑汇票

（1）在应收款管理系统中，执行“票据管理”命令，打开“票据查询”窗口。

（2）单击“确定”按钮，打开“票据管理”窗口。

（3）在“票据管理”窗口中，选中 2016 年 1 月 11 日收到的商业承兑汇票，如图 4-52 所示。

票据管理

票据总数：2

记录总数：3

选择	序号	方向	票据类型	收到日期	票据编号	银行名称	票据摘要	币种	出票日期	结算方式	背书人	背书金额	金额	汇率	票面利率	票面余额
	1	收款	银行承...	2015-12-18	84378948			人民币	2015-12-18			0.00	56,160.00		6	0.00
	2	收款	银行承...	2015-12-18	84378948			人民币	2015-12-18			0.00	56,160.00		6	0.00
Y	3	收款	商业承...	2016-1-11	56345612		销售工装车	人民币	2016-1-11	商业承...			210,600.00	1.00000000	0	0.00
合计												0.00	266,760.00			0.00

图 4-52 “票据管理”窗口

（4）单击“贴现”按钮，打开“票据贴现”窗口。

（5）在“贴现率”栏输入“6”，在“结算科目”栏输入“100201”，或单击[结算科目]栏的参照按钮，选择“100201”人民币，如图 4-53 所示。

（6）单击“确定”按钮，系统弹出“是否立即制单”的提示框。

（7）单击“否”按钮。

2. 制单

（1）在应收管理系统中，执行“制单处理”命令，打开“制单查询”对话框。

（2）单击选中“票据处理制单”复选框。

（3）单击“确定”按钮，打开“票据处理制单”窗口，单击“全选”按钮。

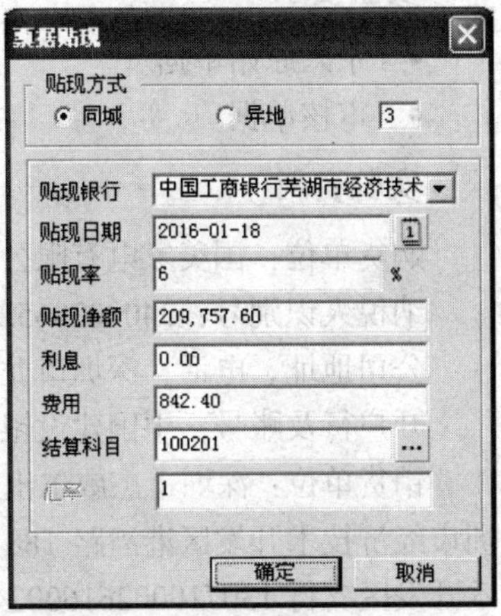

图 4-53 “票据贴现”对话框

（4）单击“制单”按钮，出现 1 张记账凭证，修改凭证类型为“收款凭证”，单击“保存”按钮，如图 4-54 所示。

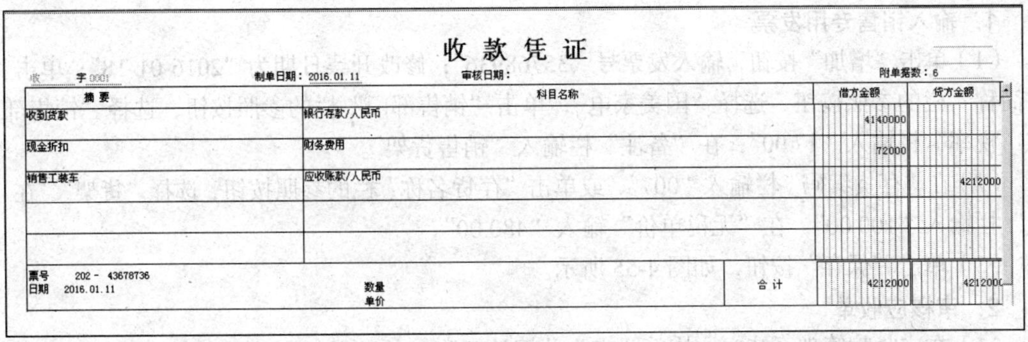

收 款 凭 证

收 字 0001　制单日期：2016.01.11　审核日期：　附单据数：6

摘 要	科目名称	借方金额	贷方金额
收到货款	银行存款/人民币	4140000	
现金折扣	财务费用	72000	
销售工装车	应收账款/人民币		4212000
票号 202 - 43678736 日期 2016.01.11	数量 单价　合 计	4212000	4212000

图 4-54 收款凭证

3. 账套输出

请将账套输出至“D:\823 账套备份\4-3”文件夹。

实训练习

11 日，公司出于资金管理需要，将一张尚未到期的不带息的商业汇票进行贴现（贴现凭证等原始单据略）。

实训四 转账处理

业务一 销售货架

扫一扫

业务描述

2016 年 1 月 18 日，向国美家电有限公司销售货架，取得与业务相关发原始单据。

实验要求

- 录入原始单据。
- 审核单据。

实验资料

购货单位：国美家电有限公司；

纳税人识别号：340207865230333；

公司地址、电话：深圳市龙华区梨园东路 58 号，0553-4795488；

开户行及账号：中国建设银行龙华区梨园东路支行 347862018560002464２。

销货单位：深圳市杰威尔出版有限公司；纳税人识别号：340207689778608；地址、电话：深圳市经济技术开发区港湾路 188 号，0553-4471388；开户行及账号：中国工商银行深圳市经济技术开发区支行 1307100026160024388。

销售货架 100 个，单价 480 元，金额 48 000 元，税率 17%，税额 8 160 元，价税合计是人民币 56 160 元。

操作指导

“w02 解树”输入销售专用发票并审核应收单。

1．输入销售专用发票

（1）单击“增加”按钮，输入发票号“35768936”；修改开票日期为“2016-01-18”；单击“客户简称”栏的参照按钮，选择“国美家电”；单击“销售部门”栏的参照按钮，选择“销售部”；在“税率”栏输入“17.00”；在“备注”栏输入“销售货架”。

（2）在“存货编码”栏输入“007”，或单击“存货名称”栏的参照按钮，选择“货架”，在“数量”栏输入“100.00”，在“无税单价”输入“480.00”。

（3）单击“保存”按钮，如图 4-55 所示。

2．审核应收单

（1）在应收款管理系统中，执行“应收单据处理”/“应收单据审核”命令，打开“结算单过滤条件”窗口。

（2）单击“确定”按钮，进入“应收单据列表”窗口。

（3）单击“全选”按钮，再单击“审核”按钮，系统弹出提示“本次审核成功单据[1]张”。

业务二 销售退回

业务描述

2016 年 1 月 20 日，销售给国美家电有限公司的部分货架有质量问题，双方经协商退货，已开具红字发票，取得与业务相关的原始单据如下：

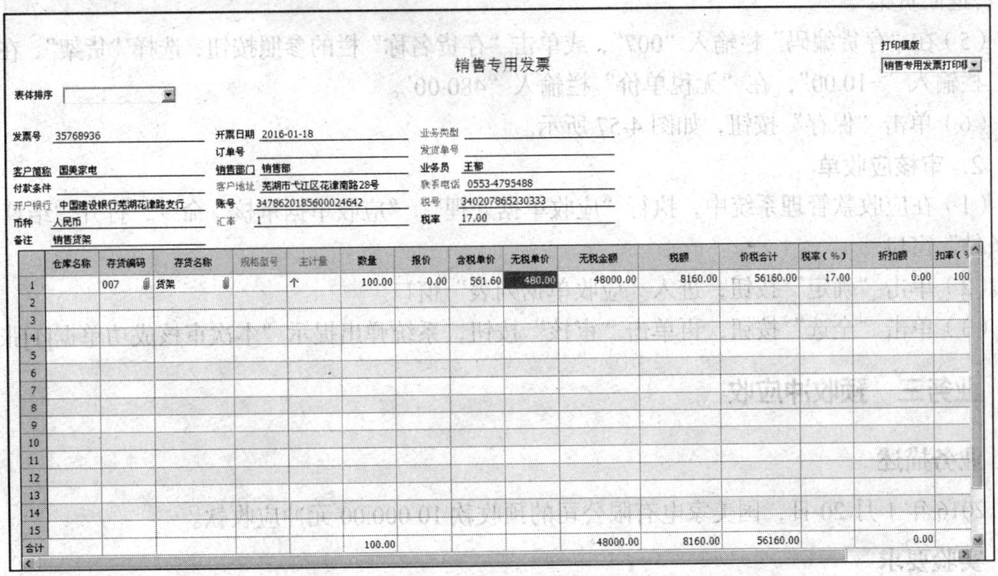

图 4-55　销售专用发票

实验要求

- 销售退回处理。

实验资料

购货单位：国美家电有限公司；

纳税人识别号：340207865230333；

地址、电话：深圳市龙华区梨园东路 58 号，0553-4795488；

开户行及账号：中国建设银行梨园路支行 347862018560024642。

销货单位：深圳市杰威尔出版有限公司；纳税人识别号：340207689778608；地址、电话：深圳市前海自贸区公举路 823 号，0553-4471388；开户行及账号：中国工商银行深圳市经济技术开发区支行 1307100026160024388。

退回货架 10 个，单价 480 元，金额 4 800 元，税率 17%，税额 816 元，退回价税合计为人民币 5 616 元。

操作指导

“w02 解树”输入红字销售专用发票并审核应收单。

1. 输入红字销售专用发票

（1）在应收款管理系统中，执行“应收单据处理”/“应收单据输入”命令，打开“单据类别”对话框。

（2）选择“单据名称”为“销售发票”，“单据类型”为“销售专用发票”，“方向”为“负向”，如图 4-56 所示。

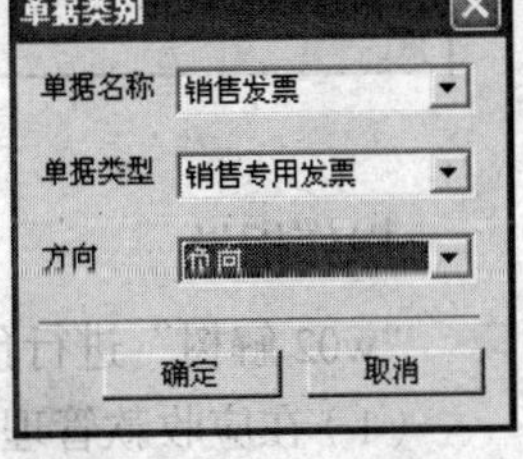

图 4-56　单据类别

（3）单击“确定”按钮，打开“销售专用发票”窗口。

（4）单击“增加”按钮，输入发票号“34689389”；修改开票日期为“2016-01-20”；单击“客户简称”栏的参照按钮，选择“国美家电”；单击“销售部门”栏的参照按钮，选择“销售部”；在“税率”栏输入“17.00”；在“备注”栏输入“销售退回货架”。

（5）在“存货编码”栏输入“007”，或单击“存货名称”栏的参照按钮，选择“货架”，在“数量”栏输入“-10.00”，在“无税单价”栏输入“480.00”。

（6）单击“保存”按钮，如图4-57所示。

2．审核应收单

（1）在应收款管理系统中，执行“应收单据处理”/“应收单据审核”命令，打开“结算单过滤条件”窗口。

（2）单击“确定”按钮，进入“应收单据列表”窗口。

（3）单击“全选”按钮，再单击“审核”按钮，系统弹出提示“本次审核成功单据[1]张”。

业务三　预收冲应收

业务描述

2016年1月20日，国美家电有限公司的预收款10 000.00元冲应收款。

实验要求

- 预收冲应收处理。

实验资料

本节无新增资料。

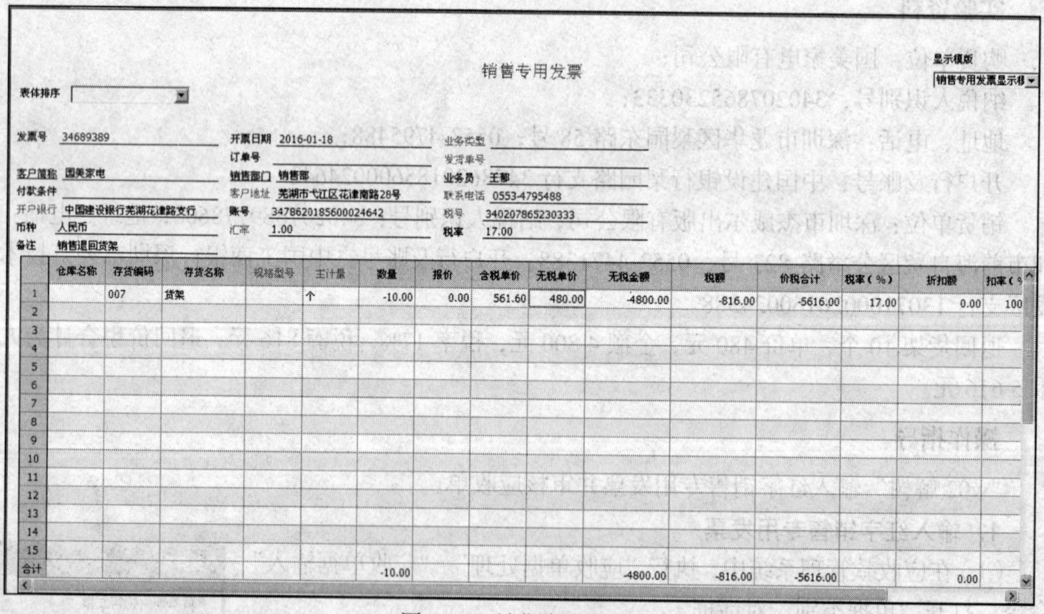
销售专用发票

显示模版：销售专用发票显示模

表体排序：

发票号 34689389　开票日期 2016-01-18　业务类型

订单号　发货单号

客户简称 国美家电　销售部门 销售部　业务员 王郁

付款条件　客户地址 芜湖市弋江区花津南路28号　联系电话 0553-4795488

开户银行 中国建设银行芜湖花津路支行　账号 3478620185600024642　税号 340207865230333

币种 人民币　汇率 1.00　税率 17.00

备注 销售退回货架

	仓库名称	存货编码	存货名称	规格型号	主计量	数量	报价	含税单价	无税单价	无税金额	税额	价税合计	税率（%）	折扣额	扣率（%
1		007	货架		个	-10.00	0.00	561.60	480.00	-4800.00	-816.00	-5616.00	17.00	0.00	100
2															
3															
4															
5															
6															
7															
8															
9															
10															
11															
12															
13															
14															
15															
合计						-10.00				-4800.00	-816.00	-5616.00		0.00	

图4-57　销售专用发票

操作指导

“w02解树”进行预收冲应收的转账操作。

（1）在应收款管理系统中，执行“转账”/“预收冲应收”命令，打开“预收冲应收”对话框，如图4-58所示。

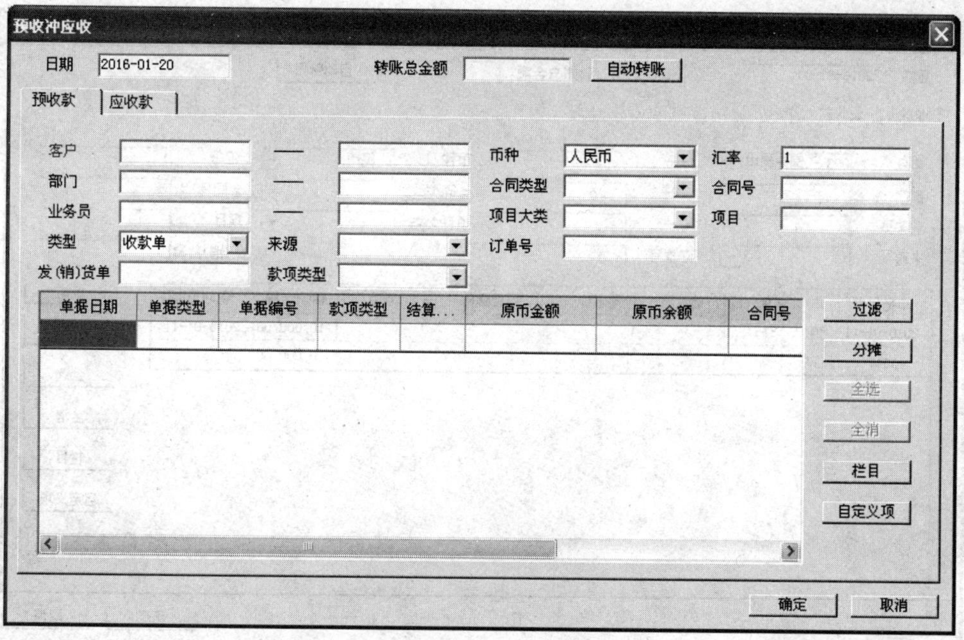

图 4-58 “预收冲应收”对话框（1）

（2）在“客户”栏输入“003”，或单击“客户”栏的参照按钮，选择“国美家电”。

（3）单击“过滤”按钮，在“原币金额”栏输入“10 000.00”，如图 4-59 所示。

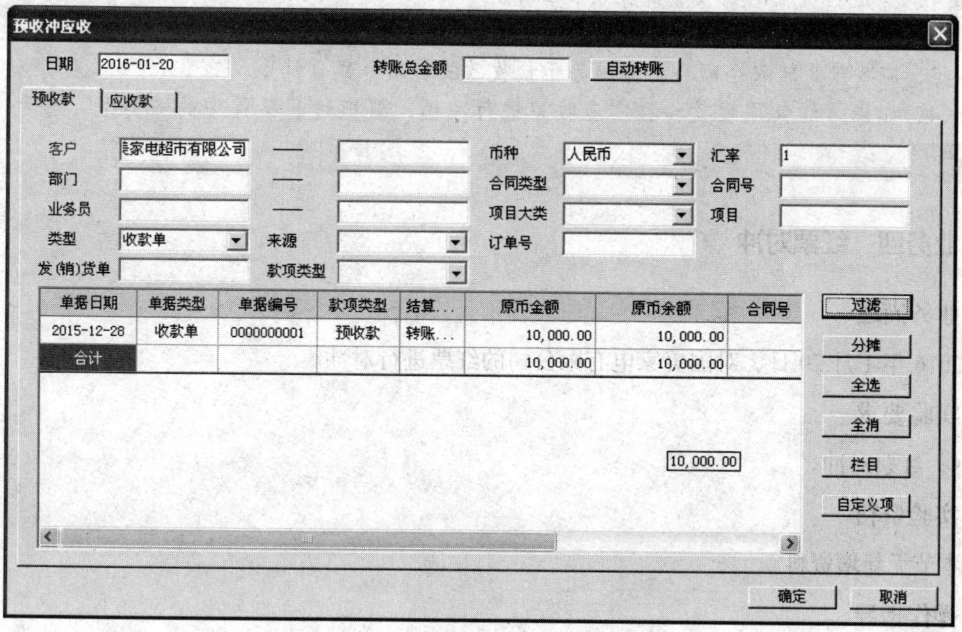

图 4-59 “预收冲应收”对话框（2）

（4）单击“应收款”选项卡，单击“过滤”按钮，在“转账金额”栏输入“10 000.00”，如图 4-60 所示。

（5）单击“确定”按钮，出现“是否立即制单”对话框，单击“否”按钮，再单击“取消”按钮。

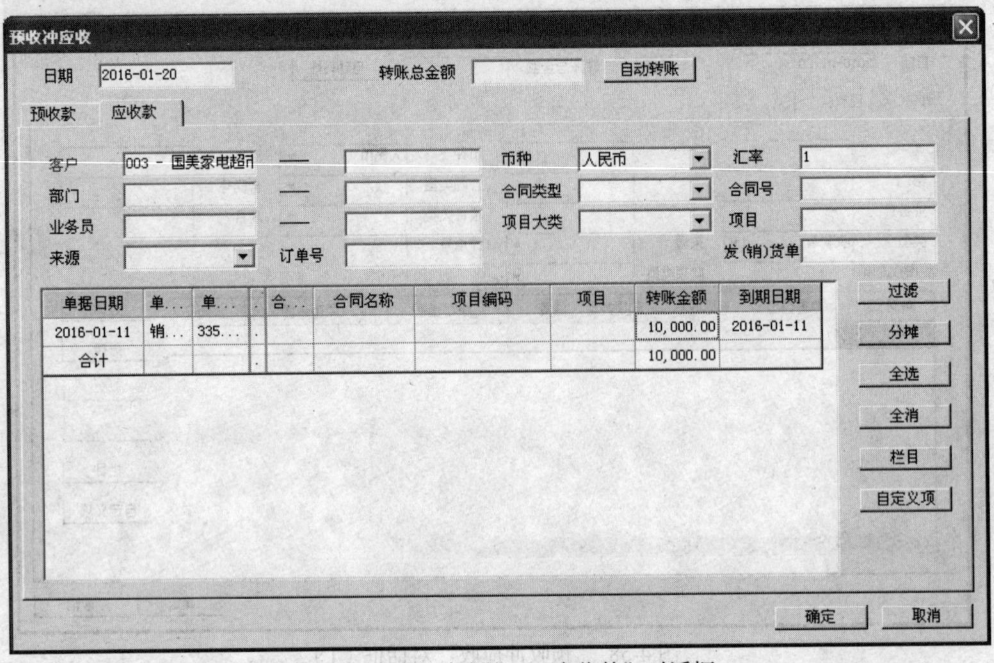

图 4-60 “预收冲应收——应收款”对话框

温馨提示

1．可以输入转账总金额后再单击“自动转账”按钮，系统自动根据过滤条件进行成批的预收冲抵应收款工作。

2．每一笔应收款的转账金额不能大于其金额。

3．应收款是转账金额合计应该等于预收款的转账金额合计。

4．如果是红色预收款和红字应收单进行冲销，要把过滤条件中的“类型”选为“付款单”。

业务四 红票对冲

业务描述

2016 年 1 月 20 日，对国美家电有限公司的红票进行对冲。

实验要求

- 红票对冲。

实验资料

本节无新增资料。

操作指导

“w02 解树”进行红票对冲的操作。

（1）在应收款管理系统中，执行“转账”/“红票对冲”/“手工对冲”命令，打开“红票对冲条件”对话框，如图 4-61 所示。

（2）在“客户”栏输入“003”，或单击“客户”栏的参照按钮，选择“国美家电”，如图 4-62 所示。

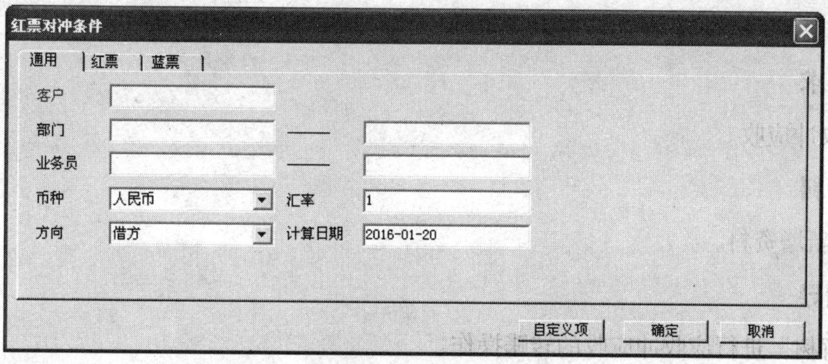

图 4-61　红票对冲条件

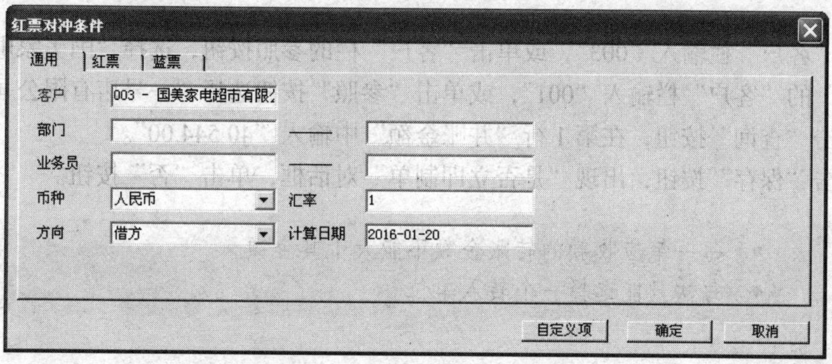

图 4-62 “红票对冲条件”对话框

（3）单击“确定”按钮，打开“红票对冲”窗口。

（4）在“2016-01-18”所填制的销售专用发票“对冲金额”栏输入“5 616.00”，如图 4-63 所示。

单据日期	单据类型	单据编号	客户	币种	原币金额	原币余额	对冲金额	部门	业务员	合同名称
2016-01-18	销售专...	34689389	国美家电	人民币	5,616.00	5,616.00	5,616.00	销售部	王郁	
合计					5,616.00	原币金额 ...00	5,616.00			

图 4-63　销售专用发票

（5）单击“保存”按钮，系统提示“是否立即制单”，单击“否”按钮，系统自动将选中的红字应收单和蓝字应收单对冲完毕，显示应收单原币金额为“40 544.00”。

温馨提示

- 红票对冲可以实现客户的红字应收单据与其蓝色应收单据、收款单与付款单之间进行冲抵的操作。可以进行自动对冲或手工对冲。
- 红票对冲可以同时对多个客户依据对冲原则进行红票对冲，提高红票对冲的效率。
- 手工对冲只能一次对一个客户进行红票对冲，操作人员可以自动选择红票对冲的单据，提高红票对冲的灵活性。

业务五　应收冲应收

业务描述

2016 年 1 月 20 日，将应收国美家电有限公司的应收款 40 544.00 元转入应收一号店有限公司

40 544.00 元。

实验要求

- 应收冲应收。

实验资料

本节无新增资料。

操作指导

“w02 解树”进行应收冲应收的转账操作。

（1）在应收款管理系统中，执行“转账”/“应收冲应收”命令，打开“应收冲应收”窗口。

（2）在“客户”栏输入“003”，或单击“客户”栏的参照按钮，选择“国美家电有限公司”；再在“转入”的“客户”栏输入“001”，或单击“参照”按钮选择“一号店有限公司”。

（3）单击“查询”按钮，在第 1 行“并账金额”中输入“40 544.00”。

（4）单击“保存”按钮，出现“是否立即制单”对话框，单击“否”按钮。

温馨提示

- 每一笔应收款的转账金额不能大于其金额。
- 每次只能选择一个转入单位。

业务六　转账制单

业务描述

2016 年 1 月 20 日，请对深圳市杰威尔出版有限公司的转账业务进行制单处理。

实验要求

- 制单。

实验资料

本节无新增资料。

操作指导

“w02 解树”进行转账业务制单。

1. 转账制单

（1）应收款管理系统中“执行”/“制单处理”命令，打开“制单查询”对话框。

（2）选择“发票制单”“应收冲应收制单”“预收冲应收制单”和“红票对冲制单”，如图 4-64 所示。

（3）单击“确定”按钮，打开“应收制单”窗口，单击“全选”按钮，再单击“凭证类别”栏下三角按钮，选中“转账凭证”。

（4）单击“制单”按钮，依次保存销售专用发票、红字销售专用发票、预收冲应收、红票对冲及应收冲应收业务对应的记账凭证，如图 4-65、图 4-66、图 4-67、图 4-68 和图 4-69 所示。

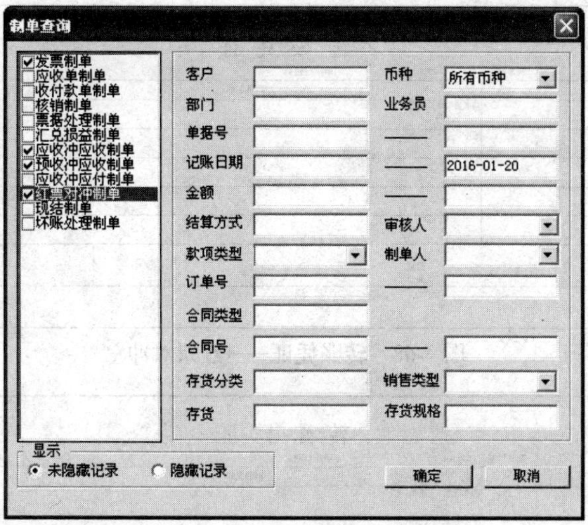

图 4-64 “制单查询”对话框

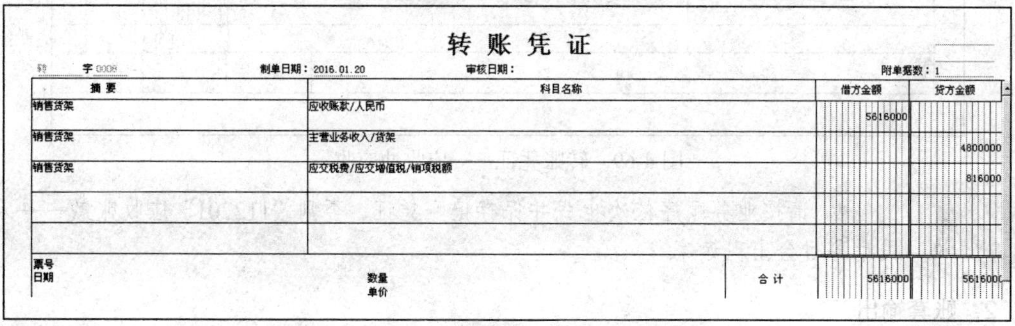

图 4-65 转账凭证——销售专用发票

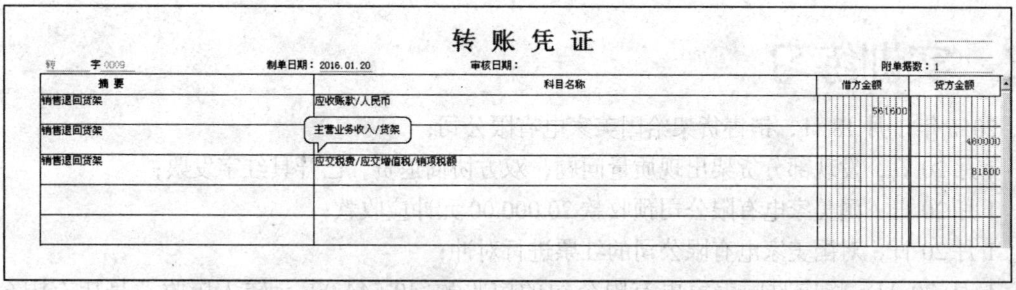

图 4-66 转账凭证——红字销售专用发票

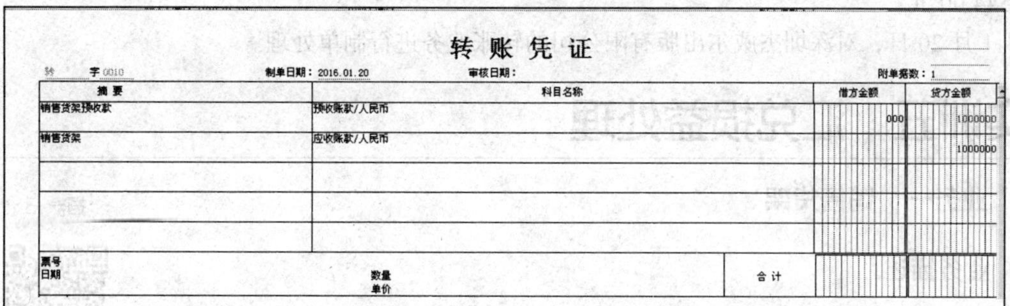

图 4-67 转账凭证——预收冲应收

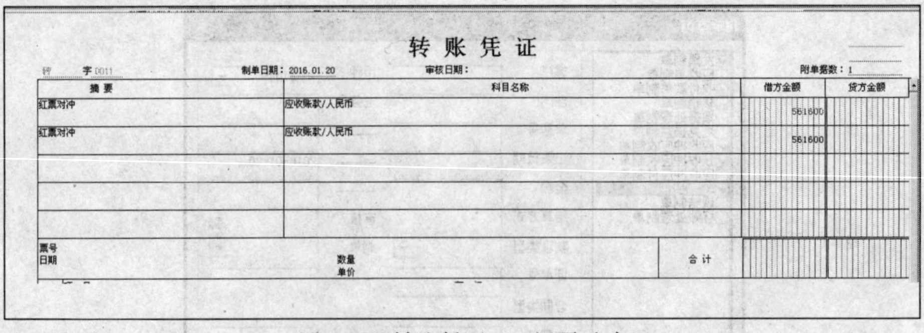

转 账 凭 证

转 字 0011　制单日期：2016.01.20　审核日期：　附单据数：1

摘要	科目名称	借方金额	贷方金额
红票对冲	应收账款/人民币	561600	
红票对冲	应收账款/人民币	561600	
票号 日期	数量 单价 合计		

图 4-68　转账凭证——红票对冲

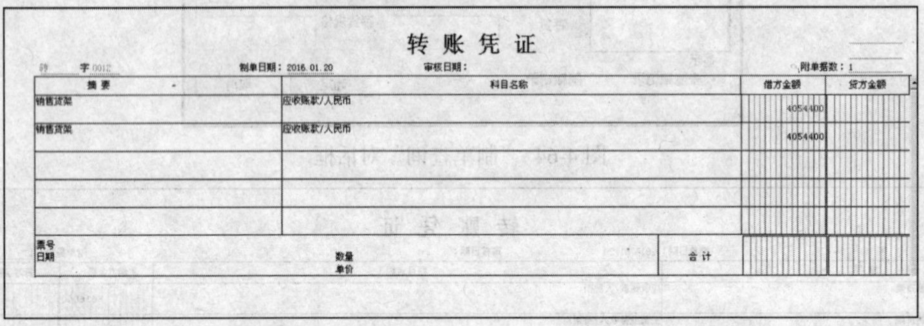

转 账 凭 证

转 字 0012　制单日期：2016.01.20　审核日期：　附单据数：1

摘要	科目名称	借方金额	贷方金额
销售货架	应收账款/人民币	4054400	
销售货架	应收账款/人民币	4054400	
票号 日期	数量 单价 合计		

图 4-69　转账凭证——应收冲应收

温馨提示

- 请按业务顺序依次生成并保存记账凭证，否则“112201”应收账款——人民币科目会出现赤字。

2. 账套输出

请将账套输出至“D:/823 账套备份/4-4”文件夹。

实训练习

2016 年 1 月 18 日，销售货架给国美家电有限公司；

1 月 20 日，发现部分货架出现质量问题，双方协商退货，已开具红字发票；

1 月 20 日，国美家电有限公司预收款 20 000.00 元冲应收款；

1 月 20 日，对国美家电有限公司的红票进行对冲；

1 月 20 日，将应收国美家电有限公司的应收款 40 544.00 元转入应收一号店有限公司 40 544.00 元；

1 月 20 日，对深圳杰威尔出版有限公司的转账业务进行制单处理。

实训五　汇兑损益处理

业务一　销售货架

扫一扫

业务描述

2016 年 1 月 10 日，销售给华为终端有限公司货架 500 个，单价 80 美元，汇率 6.21，发票号 46599526，取得与业务相关的原始单据。

实验要求

- 录入销售专用发票。
- 审核。

实验资料

购货单位：华为终端有限公司

纳税人识别号：340208321260386；

公司地址、电话：深圳市龙岗坂田东路 17 号，0553-4578276；

开户行及账号：中国工商银行坂田路支行 1307310182600024678。

销货单位：深圳市杰威尔出版有限公司；纳税人识别号：340207689778608；地址、电话：深圳市前海自贸区公举路 823 号，0553-7082123；开户行及账号：中国工商银行深圳市经济技术开发区支行 1307100026160024388。

销售货架 500 个，单价 80.00 美元，金额 40 000.00 美元，税率 17%，税额 6 800 美元，价税合计是 46 800.00 美元。

操作指导

“w02 解树”输入销售专用发票、审核应收单并制单。

1．输入销售专用发票

（1）在应收款管理系统中，执行“应收单据处理”/“应收单据输入”命令，打开“单据类别”对话框，如图 4-70 所示。

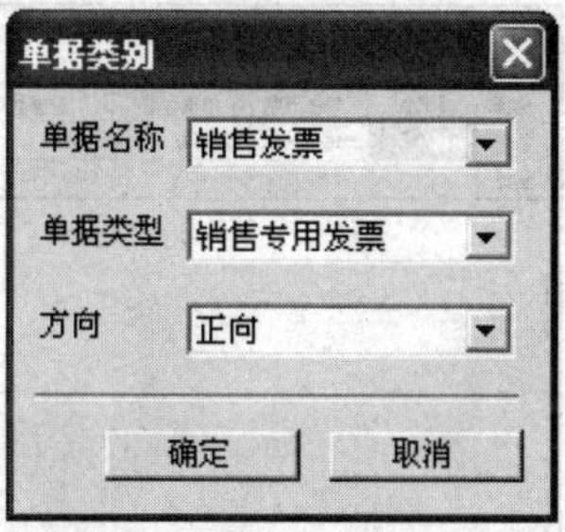

图 4-70　单据类别

（2）选择“单据名称”为“销售发票”，“单据类型”为“销售专用发票”，“方向”为“正向”。

（3）单击“确定”按钮，打开“销售专用发票”窗口。

（4）单击“增加”按钮，输入发票号“46599526”；修改开票日期为“2016-01-10”；单击“客户简称”栏的参照按钮，选择“华为终端”；单击“销售部门”栏的参照按钮，选择“销售部”；选择“币种”为“美元”；在“税率”栏输入“17.00”，在“备注”栏输入“销售货架”。

（5）在“存货编码”栏输入“007”，或单击“存货名称”栏的参照按钮，选择“货架”，在“数量”栏输入“500.00”，在“无税单价”栏输入“80.00”。

（6）单击“保存”按钮，如图 4-71 所示。

2．审核应收单

（1）在应收款管理系统中，执行“应收单据处理”/“应收单据审核”命令，打开“应收单查询条件”窗口。

（2）单击“确定”按钮，进入“应收单据列表”窗口。

（3）单击“全选”按钮，再单击“审核”按钮，系统弹出提示“本次审核成功单据[1]张”，如图 4-72 所示。

（4）单击“确定”按钮。

3．制单

（1）在应收管理系统中，执行“制单处理”命令，打开“制单查询”对话框。

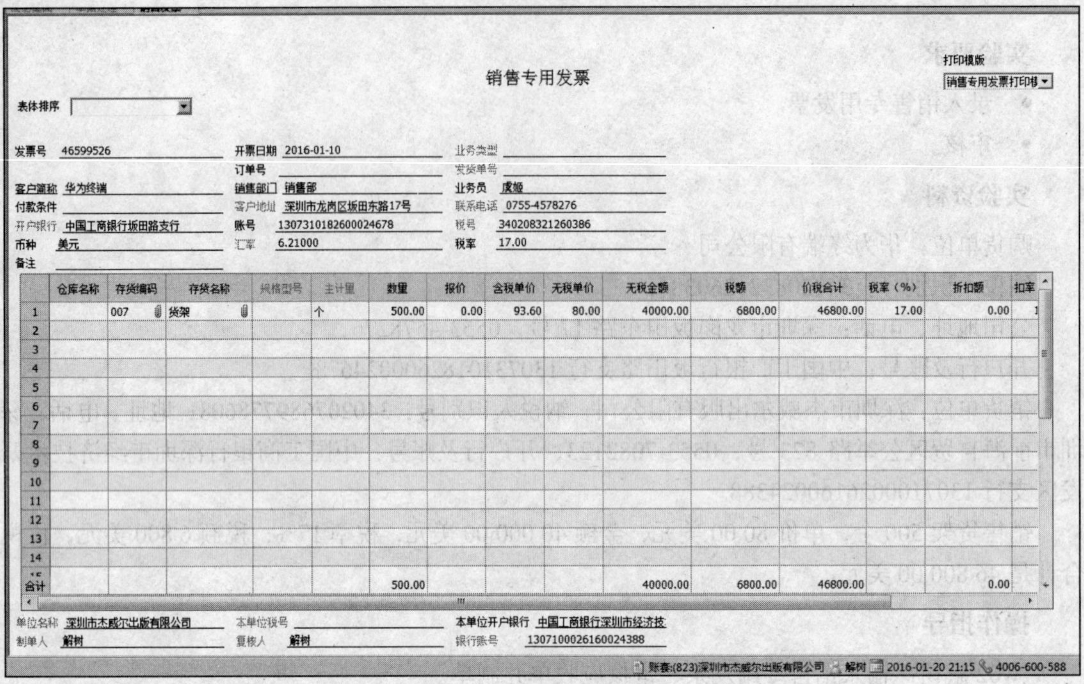

图 4-71　销售专用发票

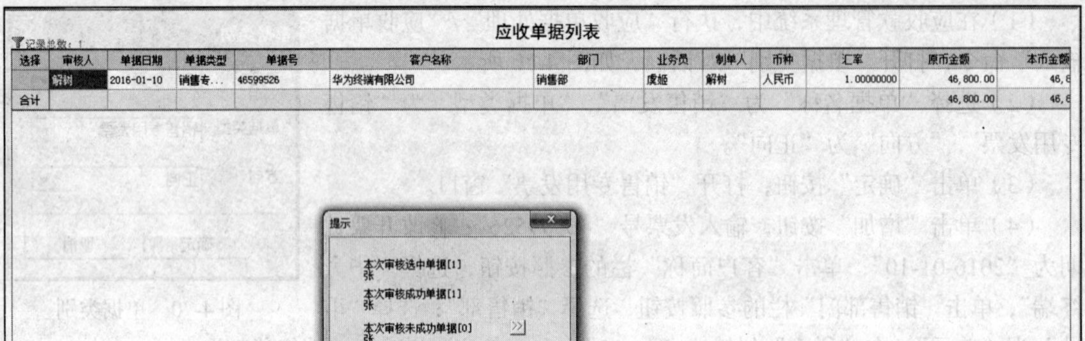

图 4-72　应收单据列表

（2）单击选中“发票制单”复选框。

（3）单击“确定”按钮，打开“应收单制单”窗口，单击“全选”按钮。

（4）单击“制单”按钮，出现 1 张记账凭证，修改凭证类别为“转账凭证”，单击“保存”按钮，保存记账凭证，如图 4-73 所示。

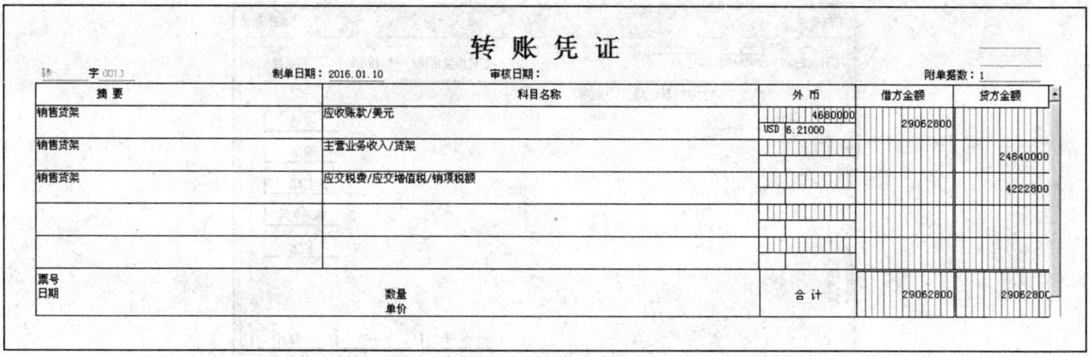

转 账 凭 证

转 字 0013　　制单日期：2016.01.10　　审核日期：　　附单据数：1

摘要	科目名称	外币	借方金额	贷方金额
销售货架	应收账款/美元	4680000 USD 6.21000	29062800	
销售货架	主营业务收入/货架			24840000
销售货架	应交税费/应交增值税/销项税额			4222800
票号 日期	数量 单价	合 计	29062800	29062800

图 4-73　转账凭证

业务二　汇兑损益处理

业务描述

2016 年 1 月 31 日，输入调整汇率“6.2”，进行期末汇兑损益的处理并生成凭证。

实验要求

- 汇兑损益处理。

实验资料

本节无新增资料。

操作指导

“w02 解树”输入调整汇率、汇兑损益处理并制单。

1．汇兑损益处理

（1）执行“基础设置”/“财务”/“外币设置”窗口，输入调整汇率“6.2”，如图 4-74 所示。

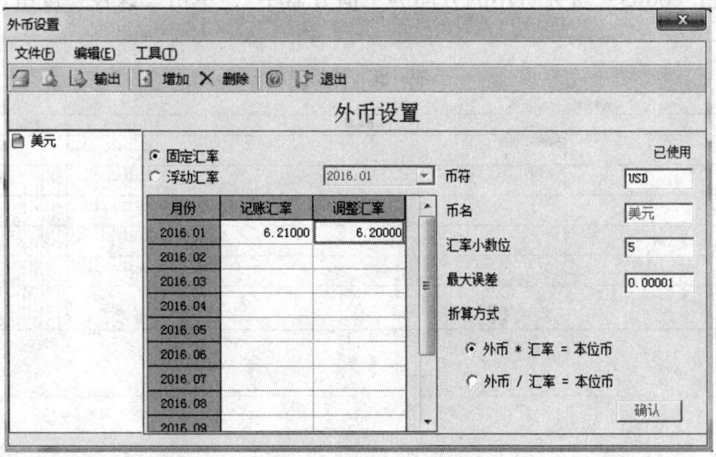

图 4-74　外币设置

（2）单击“退出”按钮。

（3）在应收款管理系统中，执行“汇兑损益”命令，打开“汇兑损益”窗口，单击“全选”按钮，如图 4-75 所示。

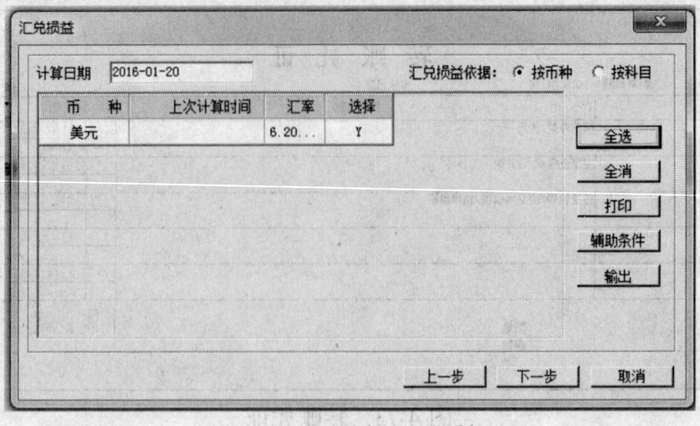

图 4-75　汇兑损益对话框

（4）单击“下一步”按钮，查看汇兑损益差额为“-468.00”，如图 4-76 所示。

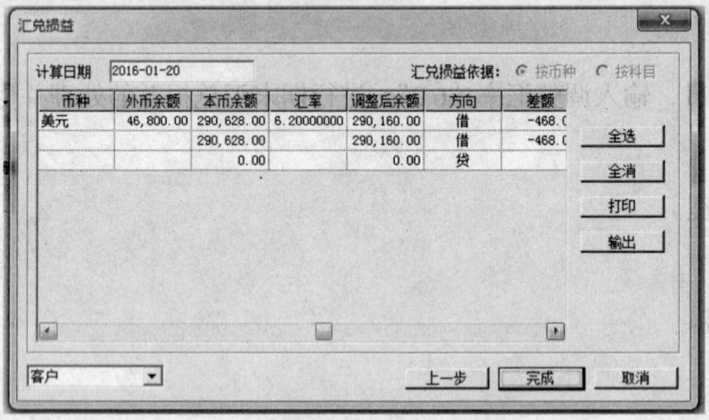

图 4-76　查看汇兑损益差额

（5）单击[完成]按钮，系统弹出“是否立即制单”对话框，单击“是”，修改凭证字为“转”字，调整贷方科目“6603”财务费用的方向为“借方蓝字”，单击“保存”按钮，如图 4-77 所示。

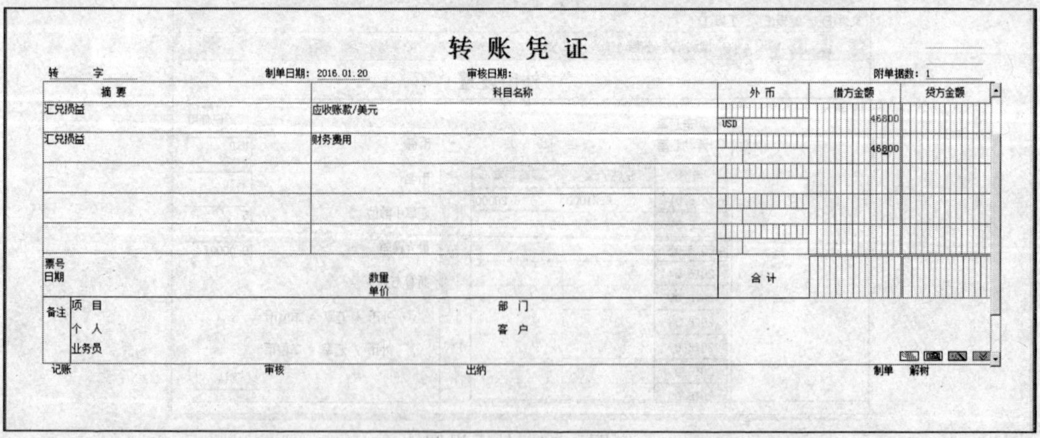

图 4-77　转账凭证

温馨提示

- 生成凭证时请注意损益类科目的方向，在此需将“6603”财务费用科目的方向调整为“借方”。

2. 账套输出

请将账套输出至“D:/823/账套备份/4-5”文件夹。

实训练习

1. 6日，销售部崔浩与澳大利亚艾瑞克电子科技股份有限公司签订销售合同，当日汇率6.17（购销合同等原始单据略）。

2. 12日，根据合同（XS0003），向澳大利亚艾瑞克电子科技股份有限公司发出电子产品一批，当日汇率6.20（增值税专用发票等原始单据略）。

3. 2016年1月30日，调整外币账户期末余额，并进行账务处理（期末汇率6.22）。

实训六 坏账处理

业务一 坏账发生

扫一扫

业务描述

2016年1月20日，将1月9日形成的应向一号店超市有限公司收取的应收账款1 440元（其中贷款1 000元，代垫运费440元）转为坏账。

实验要求

- 坏账处理。

实验资料

本节无新增资料。

操作指导

“w02解树”进行坏账处理并制单。

（1）在应收款管理系统中，执行“坏账处理”|“坏账发生”的命令，打开“坏账发生”对话框。

（2）将日期修改为“2016-01-20”，在“客户”栏输入“001”，或单击“客户”栏的参照按钮，选择“一号店超市有限公司”，如图4-78所示。

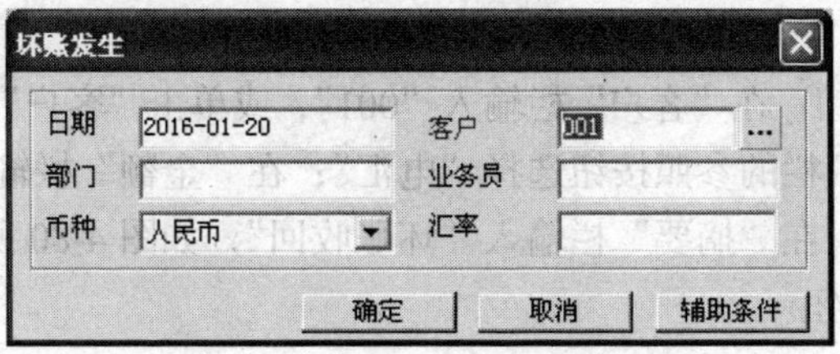

图4-78 “坏账发生”对话框

（3）单击“确定”按钮，打开“发生坏账损失”窗口。

（4）在“本次发生坏账金额”栏第1行输入“1 000”，再在第3行输入“440”。

（5）单击“OK确认”按钮，出现“是否立即制单”对话框，单击“是”按钮，生成发生坏账的记账凭证。修改凭证类别为“转账凭证”，单击“保存”按钮。

温馨提示

- 本次坏账发生额只能小于或等于单据金额。

业务二　坏账收回

业务描述

2016 年 1 月 31 日，收到银行通知，收回已作为坏账处理的应向一号店超市有限公司收取的应收账款，取得与业务相关的原始单据如图 4-79 所示。

实验要求

- 坏账收回。

实验资料

ICBC　中国工商银行进账单（收账通知）

2016 年 01 月 31 日

出票	全称	一号店超市有限公司	收款人	深圳市杰威尔出版有限公司
	账号	307310182600024932	款账号	1307100026160024388
人开户银行中国工商银行芜湖中山路支行人开户银行中国工商银行芜湖市经济技术开发区支行				
金人民币亿千百十万千百十元角分				
额（大写）壹仟肆佰肆拾元整 ¥ 1 4 4 0 0 0				
票据种类电汇票据张数　1				
票据号码 **56787333**				
复核记账收款人开户银行签章				

图 4-79　“业务二——进账单（收账通知）”

操作指导

“w03 高夏珍”输入收款单，“w02 解树”做坏账收回处理并制单。

1．输入收款单

（1）在应收款管理系统中，执行“收款单据处理”|“收款单据输入”命令，打开“收款单”窗口。

（2）单击“增加”按钮。在“客户”栏输入“001”，或单击“客户”栏的参照按钮，选择“一号店”；单击“结算方式”栏的参照按钮选择“电汇”；在“金额”栏输入“1 440.00”；在“票据号”栏输入“56787333”；在“摘要”栏输入“坏账收回”，如图 4-80 所示。

（3）单击“保存”按钮。

2．坏账收回

（1）在应收款管理系统中，执行“坏账处理”|“坏账收回”命令，打开“坏账收回”对话框，如图 4-81 所示。

（2）在“客户”栏输入“001”，或单击“客户”栏的参照按钮，选择“一号店超市有限公司”。

（3）单击“结算单号”栏的参照按钮，选择“0000000005”结算单，单击“确定”按钮，如图 4-82 所示。

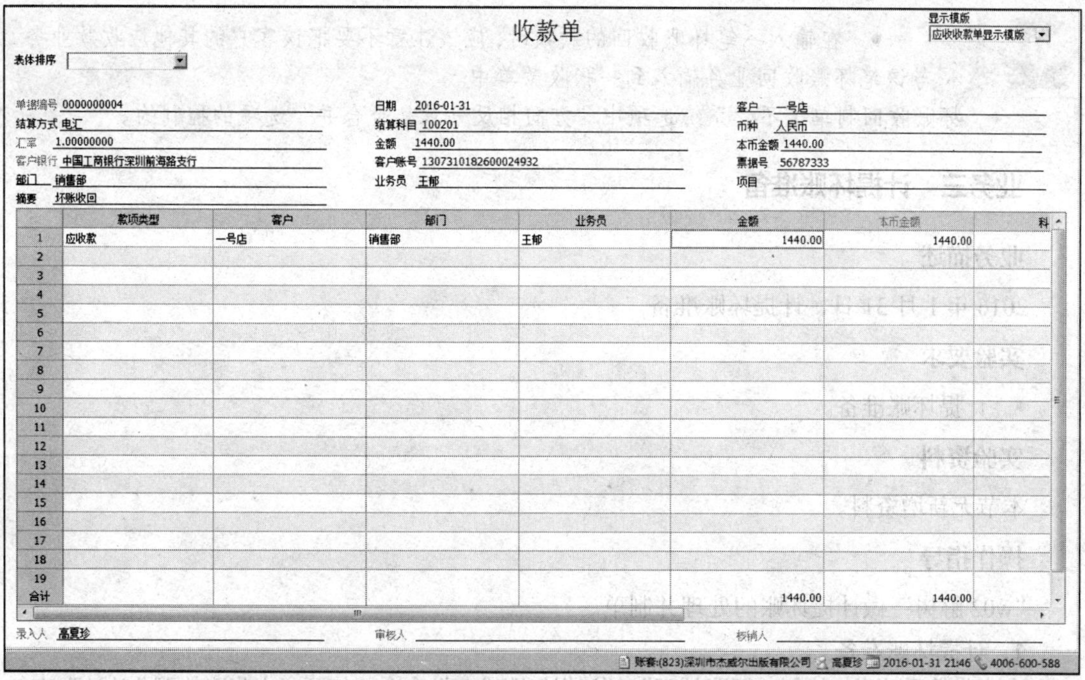

图 4-80　收款单

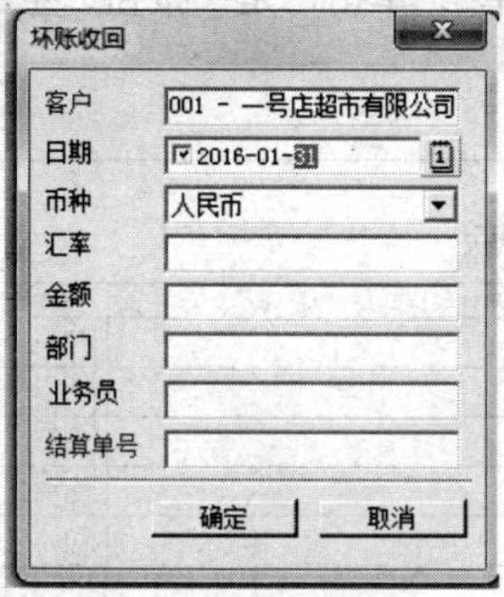

图 4-81　坏账收回

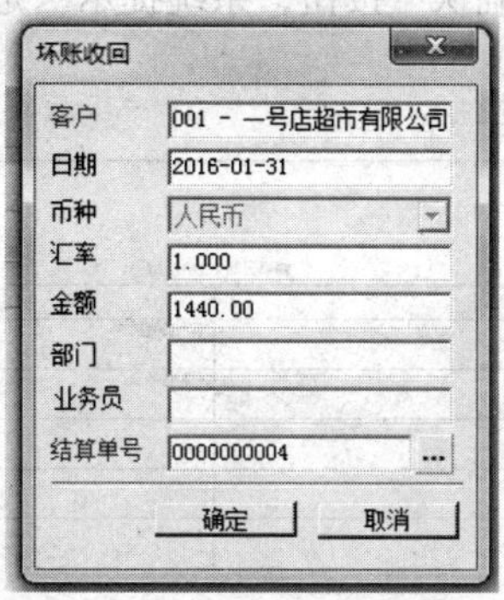

图 4-82　“坏账收回”窗口

（4）单击“确定”按钮，系统提示“是否立即制单”，单击“是”按钮，生成一张收款凭证，单击“保存”按钮，如图 4-83 所示。

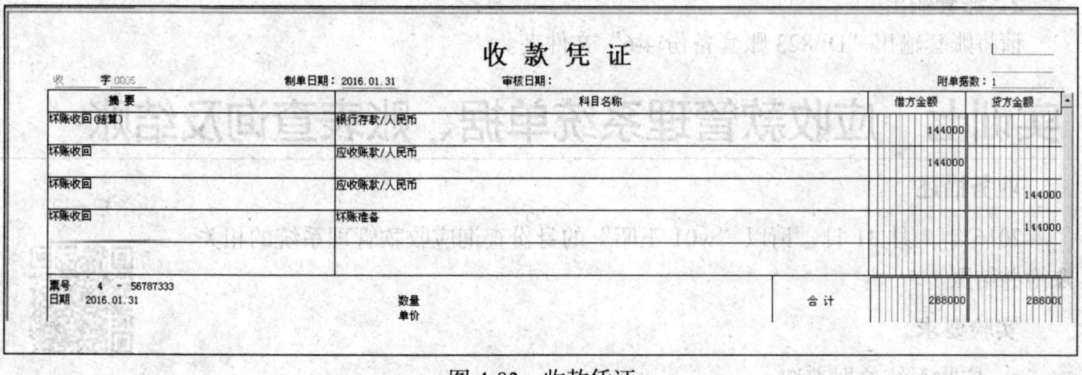

图 4-83　收款凭证

> 温馨提示
> - 在输入一笔坏账收回的款项时，应该注意不要把该客户的其他应收款业务与该笔坏账收回业务输入到一张收款单中。
> - 坏账收回制单是不受系统选项中“方向相反分录是否合并”选项的控制的。

业务三　计提坏账准备

业务描述

2016 年 1 月 31 日，计提坏账准备。

实验要求

- 计提坏账准备。

实验资料

本节无新增资料。

操作指导

“w02 解树”做计提坏账的处理并制单。

1. 计提坏账准备

在应收款系统中，执行“坏账处理”|“计提坏账准备”命令，打开“应收账款百分比法”窗口。

单击“OK 确认”按钮，系统提示“是否立即制单”，单击“是”按钮，生成坏账准备凭证，如图 4-84 所示。

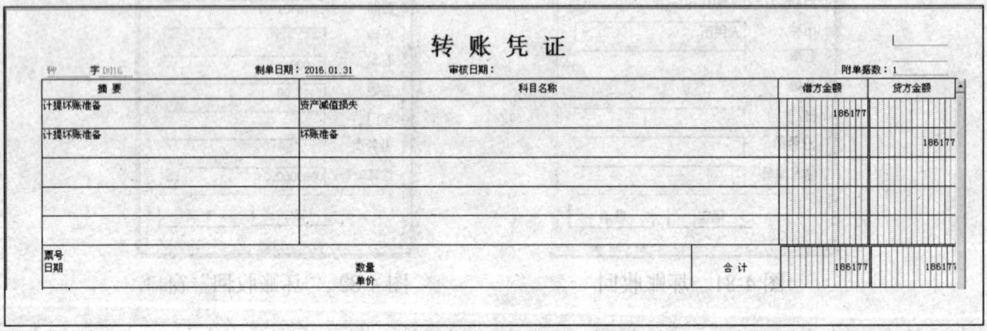
转 账 凭 证

转 字 0016　　制单日期：2016.01.31　　审核日期：　　附单据数：1

摘要	科目名称	借方金额	贷方金额
计提坏账准备	资产减值损失	186177	
计提坏账准备	坏账准备		186177
票号 日期	数量 单价	合计 186177	186177

图 4-84　转账凭证

2. 账套输出

请将账套输出“D:\823 账套备份\4-6”文件夹。

实训七　应收款管理系统单据、账表查询及结账

业务描述

2016 年 1 月 31 日，请以“w01 王昭”的身份查询应收款管理系统的相关账簿并结账。

扫一扫

实验要求

- 应收系统单据查询。

实验资料

本节无新增资料。

操作指导

“w01 王昭”查询相关账表并将应收款管理系统结账。

1. 查询 1 月填制的所有销售专用发票

（1）在应收款管理系统中，执行“单据查询”|“发票查询”命令，打开“发票查询”命令，打开“查询条件选择——发票查询”对话框，如图 4-85 所示。

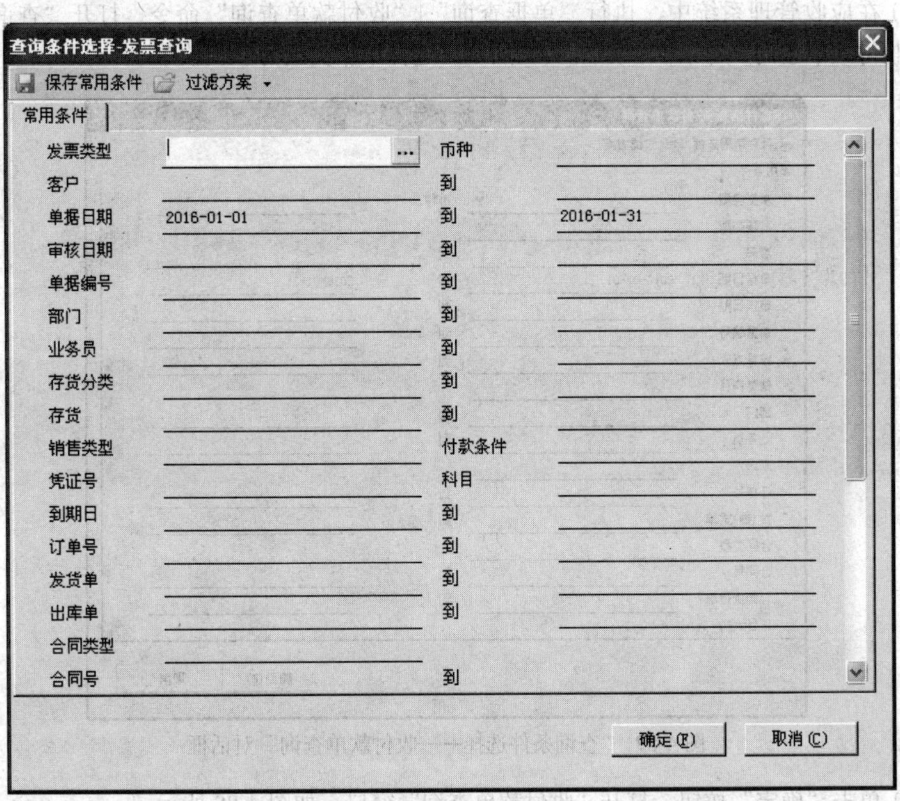

图 4-85 “查询条件选择——发票查询”对话框

（2）单击“发票类型”栏旁边的按钮，选择“销售专用发票”；修改单据日期从“2016-01-01”到“2016-01-31”。

（3）单击“确定”按钮，打开“发票查询”窗口，如图 4-86 所示。

发票查询

单据日期	单据类型	单据编号	客户	币种	汇率	原币金额	原币余额	本币金额	本币余额	打印次数
2016-01-09	销售专...	24567986	一号店超市有限公司	人民币	1.00000000	52,650.00	51,650.00	52,650.00	51,650.00	
2016-01-10	销售专...	46599526	华为终端有限公司	美元	6.21000000	46,800.00	46,800.00	290,628.00	290,160.00	
2016-01-11	销售专...	33566743	顺丰有限公司	人民币	1.00000000	210,600.00	210,600.00	210,600.00	210,600.00	
2016-01-18	销售专...	35768936	国美家电超市有限公	人民币	1.00000000	56,160.00	40,544.00	56,160.00	40,544.00	
合计						366,210.00	[illegible]	[illegible]	[illegible]	

图 4-86 “发票查询”窗口

（4）单击“退出”按钮。

温馨提示

• 在“发票查询”功能中可以分别查询“已审核”“未审核”“已核销”及“未核销”的发票，还可以按“发票号”“单据日期”“金额范围”或“余额范围”等条件进行查询。

• 在“发票查询”窗口中，单击“查询”按钮，可以查看当前单据的详细结算情况；单击“凭证”按钮，可以查询单据所对应的凭证；单击“栏目”按钮，可以设置当前查询列表的显示栏目、栏目顺序、栏目名称、排序方式，可以保存设置内容。

2．查询 1 月所有的收款单

（1）在应收管理系统中，执行“单据查询”|“收付款单查询”命令，打开“查询条件选择——收付款单查询”对话框，如图 4-87 所示，选择单据类型为“收款单”。

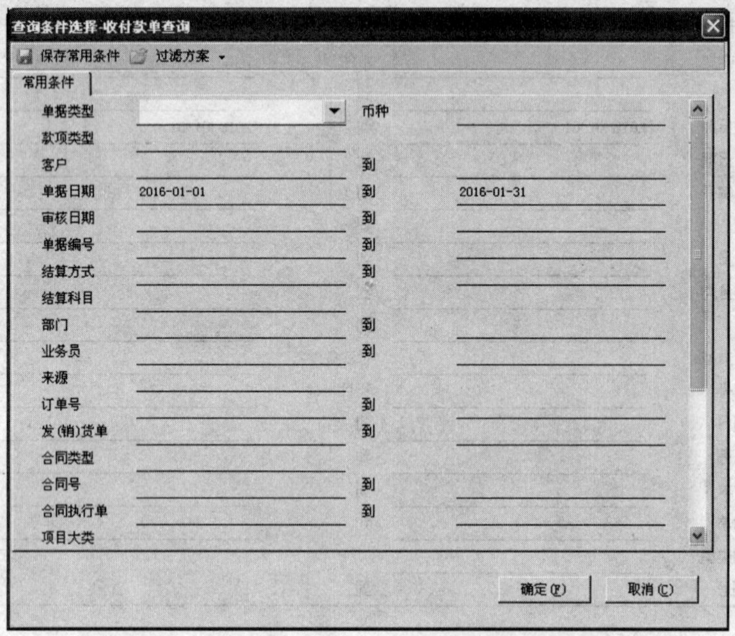

图 4-87 “查询条件选择——收付款单查询”对话框

（2）单击“确定”按钮，打开“收付款单查询”窗口，如图 4-88 所示。

收付款单查询

打印模版 AR48应收收款单打

记录总数：2

选择打印	单据日期	单据类型	单据编号	客户	币种	汇率	原币金额	原币余额	本币金额	本币余额	打印次数
	2016-01-10	收款单	0000000002	顺电电器有限公司	人民币	1.00000000	10,000.00	10,000.00	10,000.00	10,000.00	0
	2016-01-11	收款单	0000000004	顺丰有限公司	人民币	1.00000000	210,600.00	210,600.00	210,600.00	210,600.00	0
合计							220,600.00	220,600.00	220,600.00	220,600.00	

图 4-88 “收付款单查询”对话框

（3）单击“退出”按钮。

温馨提示

• 在“收付款单查询”功能中可以分别查询“已核销”“未核销”“应收款”“预收款”及“费用”的结算情况，还可以按“单据编号”“金额范围”和“单据日期”等条件进行查询。

• 在“收付款单查询”窗口中，也可以分别单击“查询”“详细”“单据”及“凭证”等按钮，查询到相应的内容。

3．欠款分析

（1）在应收款管理系统中，执行“账表管理”|“统计分析”|“欠款分析”命令，打开“欠款分析”对话框，如图 4-89 所示。

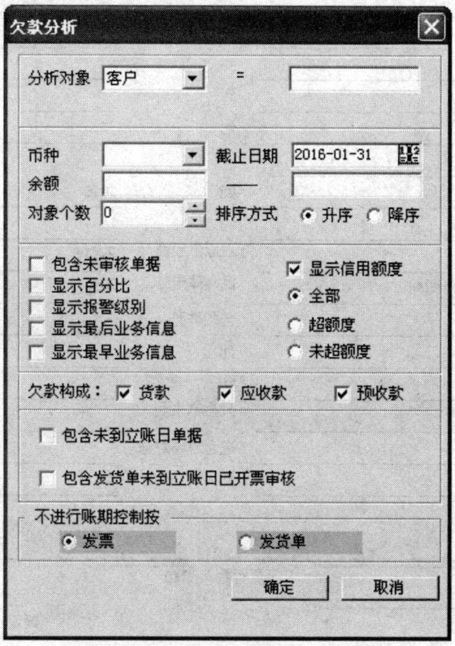

图 4-89 “欠款分析”对话框

（2）选中所有条件。

（3）单击“确定”按钮，打开“欠款分析”窗口，如图 4-90 所示。

欠款分析

客户 全部　　　　币种:

客户		欠款总计	信用额度	信用余额	货款	应收款	预收款
编号	名称				金额	金额	金额
007	华为终端有限公司	290,160.00		-290,160.00	290,160.00		
001	一号店超市有限公司	92,194.00		-92,194.00	92,194.00		
006	顺丰有限公司	84,240.00		-84,240.00	294,840.00		210,600.00
004	顺电电器有限公司	46,160.00		-46,160.00	56,160.00		10,000.00
总计		512,754.00			733,354.00		220,600.00

图 4-90 “欠款分析”窗口

温馨提示

- 在“统计分析”功能中，可以按定义的账龄区间，进行一定期间内应收账龄分析、收款账龄分析、往来账龄分析，了解各个客户应收周转天数、周转率，了解各个账龄区间内应收款、收款及往来情况，以便及时发现问题，加强对往来款项动态的监督管理。
- 欠款分析是分析截至一定日期客户、部门或业务员的欠款金额，以及欠款组成情况。

4．查询业务总账

（1）在应收款管理系统中，执行“账表管理”|“业务总账”命令，打开“查询条件选择——应收总账表”对话框，如图 4-91 所示。

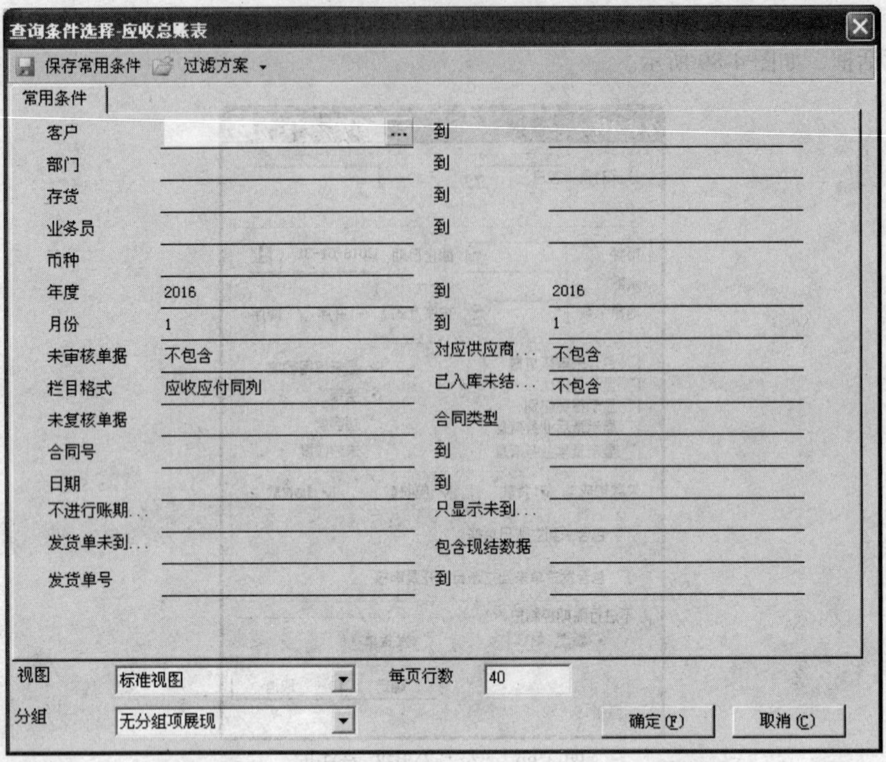

图 4-91 “查询条件选择——应收总账表”对话框

（2）单击“确定”按钮，打开“应收总账表”窗口，如图 4-92 所示。

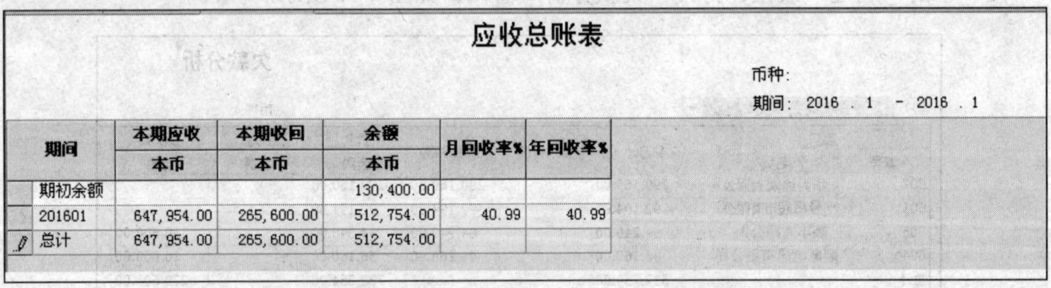

应收总账表

币种：
期间：2016 . 1 - 2016 . 1

期间	本期应收	本期收回	余额	月回收率%	年回收率%
	本币	本币	本币		
期初余额			130, 400. 00		
201601	647, 954. 00	265, 600. 00	512, 754. 00	40. 99	40. 99
总计	647, 954. 00	265, 600. 00	512, 754. 00		

图 4-92 “应收总账表”对话框

（3）单击“退出”按钮。

温馨提示

- 通过业务账表查询，可以及时地了解一定期间内期初应收款结存汇总情况，应收款发生、收款发生的汇总情况、累计情况，期末应收款结存汇总情况；还可以了解到各个客户期初应收款结存明细情况，应收款发生、收款发生的明细情况，以便及时发现问题，加强对往来款项的监督管理。
- 业务总账查询是对一定期间内应收款汇总情况的查询。在业务总账查询的应收总账表中不仅可以查询“本期应收”款、“本期收回”应收款及应收款的“余额”情况，还可以查询到应收款的月回收率及年回收率。

5．查询账目余额表

（1）在应收款管理系统中，执行“账表管理”|“业务账表”|“业务余额表”命令，打开“查询条件选择——应收余额表”对话框，如图 4-93 所示。

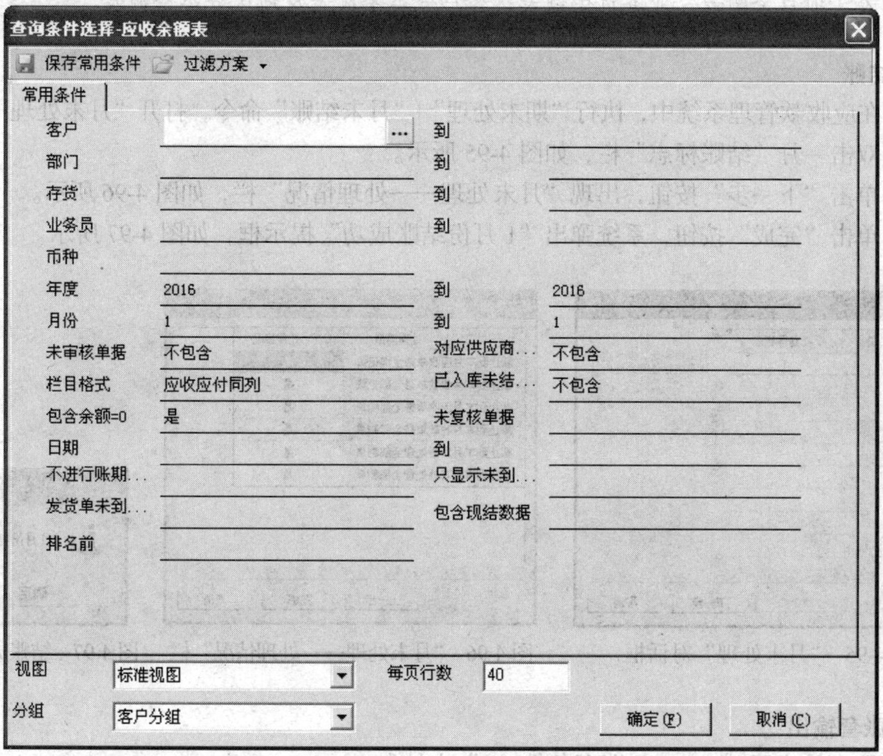

图 4-93 “查询条件选择——应收余额表”对话框

（2）单击“确定”按钮，打开“应收余额表”窗口，如图 4-94 所示。

应收余额表

币种:

期间: 2016 . 1 — 2016 . 1

客户编码	客户名称	期初	本期应收	本期收回	余额	周转率	周转天数
		本币	本币	本币	本币	本币	本币
001	一号店超市有限公司	0.00	95,074.00	2,880.00	92,194.00	2.06	14.56
(小计)…		0.00	95,074.00	2,880.00	92,194.00		
003	国美家电超市有限公司	-10,000.00	10,000.00	0.00	0.00	-2.00	-15.00
(小计)…		-10,000.00	10,000.00	0.00	0.00		
004	顺电电器有限公司	56,160.00	0.00	10,000.00	46,160.00	0.00	0.00
(小计)…		56,160.00	0.00	10,000.00	46,160.00		
005	天虹超市有限公司	0.00	42,120.00	42,120.00	0.00	0.00	0.00
(小计)…		0.00	42,120.00	42,120.00	0.00		
006	顺丰有限公司	84,240.00	210,600.00	210,600.00	84,240.00	2.50	12.00
(小计)…		84,240.00	210,600.00	210,600.00	84,240.00		
007	华为终端有限公司	0.00	290,160.00	0.00	290,160.00	2.00	15.00
(小计)…		0.00	290,160.00	0.00	290,160.00		
总计		130,400.00	647,954.00	265,600.00	512,754.00		

图 4-94 “应收余额表”窗口

（3）单击“退出”按钮。

温馨提示

- 科目账查询明细账和科目余额表。
- 科目余额表可以查询应收受控科目各个客户的期初余额、本期借方发生额合计、本期贷方发生额合计、期末余额。细分为科目余额表、客户余额表、三栏余额表、部门余额表、项目余额表、业务员余额表、客户分类余额表及地区分类余额表。

6. 结账

（1）在应收款管理系统中，执行“期末处理”|“月末结账”命令，打开“月末处理”对话框。

（2）双击一月“结账标志”栏，如图4-95所示。

（3）单击“下一步”按钮，出现“月末处理——处理情况”栏，如图4-96所示。

（4）单击“完成”按钮，系统弹出“1月份结账成功”提示框，如图4-97所示。

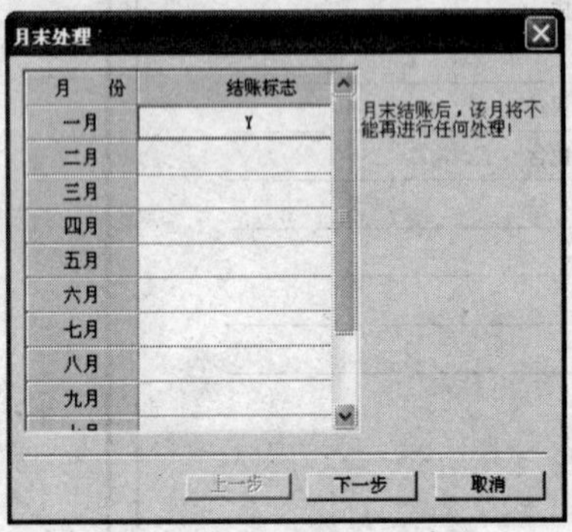

图4-95 “月末处理”对话框

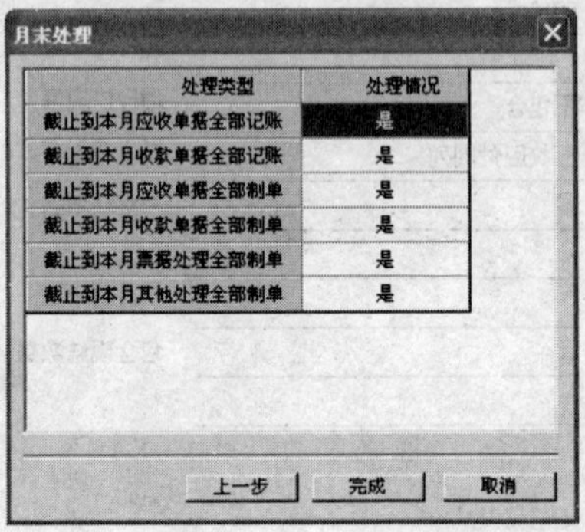

图4-96 “月末处理——处理情况”栏

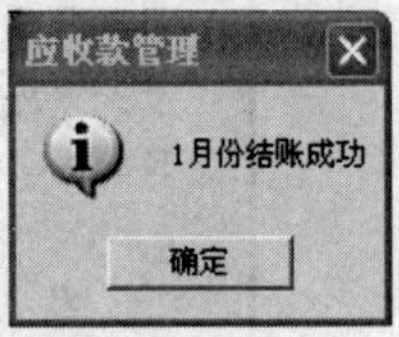

图4-97 结账成功提示框

7. 账套输出

请将账套输出至“D：\823账套备份\4-7”文件夹。

温馨提示

- 如果当月业务已经全部处理完毕，应进行月末结账。只有当月结账后，才能开始下月的工作。
- 进行月末处理时，一次只能选择一个月进行结账，前一个月末结账，则本月不能结账。
- 在执行了月末结账后，该月将不能再进行任何处理。

实训练习

查询账目余额表。

项目小结

本项目主要介绍了应收款管理系统初始化设置、单据处理、票据管理、转账处理、汇兑损益处理、坏账处理、应收款管理系统单据、账表查询及结账。本项目为应收款即企业的销售业务处理，是重要章节，应收处理不好可能会导致期末结账不平衡，每一个企业都可能产生坏账，正确的计提坏账准备可以避免因坏账发生可能导致的财务危机。

项目综合评价

评价记录表

姓　　名：　　　班　　级：　　　评价时间：

<table>
<tr><th colspan="2">评价指标</th><th>评价标准</th><th>所占比例</th><th>分值</th></tr>
<tr><td rowspan="8">学习
过程
Σ70</td><td rowspan="4">学习目标
Σ40</td><td>应收款管理系统初始化设置</td><td>10%</td><td></td></tr>
<tr><td>单据处理</td><td>5%</td><td></td></tr>
<tr><td>票据管理</td><td>15%</td><td></td></tr>
<tr><td>本章成绩</td><td>10%</td><td></td></tr>
<tr><td rowspan="4">综合能力
Σ30</td><td>转账处理</td><td>10%</td><td></td></tr>
<tr><td>汇兑损益处理</td><td>10%</td><td></td></tr>
<tr><td>坏账处理</td><td>5%</td><td></td></tr>
<tr><td>综合能力</td><td>5%</td><td></td></tr>
<tr><td rowspan="4">小组
合作
Σ30</td><td>初始实施</td><td>账套引入</td><td>5%</td><td></td></tr>
<tr><td>过程实施</td><td>配合及解决问题及灵动性</td><td>5%</td><td></td></tr>
<tr><td>合作交流</td><td>小组成员间的交流与合作</td><td>10%</td><td></td></tr>
<tr><td>资源利用</td><td>资源使用及组织</td><td>10%</td><td></td></tr>
<tr><td colspan="2">综合得分</td><td colspan="3"></td></tr>
<tr><td colspan="2">教师评语</td><td colspan="3">签名：
年　月　日</td></tr>
<tr><td colspan="2">学生意见</td><td colspan="3">签名：
年　月　日</td></tr>
</table>

项目五
应付款管理系统业务处理

功能概述

应付款管理系统主要实现企业与供应商之间业务往来账款的核算与管理，在应付款管理系统中，以采购发票、其他应付单等原始单据为依据，记录采购业务及其业务所形成的往来款项，处理应付款项的支付和转账等情况，提供票据处理的功能，实现对应付款的管理，根据对供应商往来款项的核算和管理程度的不同，系统提供了“详细核算”和“简单核算”两种应用方案。不同的应用方案，其系统功能、产品借口及操作流程均不同。

详细核算应用方案的功能主要包括记录应付款项的形成（包括由审批交易和非商品交易所形成的所有的应付项目）、处理应付项目的付款及转账情况、对应付票据进行记录和管理、随应付项目的处理过程自动生成凭证并传递给总账系统、对外币业务及汇兑损益进行处理一级提供针对不同条件的各种查询和分析。

简单核算应用方案的功能主要包括接受采购系统发票并对其进行审核，以及对采购发票进行制单处理并传递给总账系统。

实验目的与要求

- 系统学习应付账款初始化的一般方法，学习应付款系统日常业务处理的主要内容和操作方法。要求掌握应付款系统与总账系统组合时应付款系统的基本功能和操作方法，熟悉应付款系统账簿查询的作用和基本方法。

实训一　应付款管理系统初始化设置

业务一　应付款管理系统参数设置

扫一扫

业务描述

2016 年 1 月 1 日，请以“w01 王昭”身份修改应付款管理系统的以下参数：单据审核日期的依据为“单据日期”，自动计算现金折扣；受控科目制单依据为“明细到单据”。

实验要求

- 设置应收系统基本信息。

实验资料

本节无新增资料。

操作指导

“w01 王昭”设置应付款管理系统参数。

（1）在企业应用平台中，执行“财务会计”|“应付款管理”|“设置”|“选项”命令，打开“账套参数设置”对话框，如图 5-1 所示。

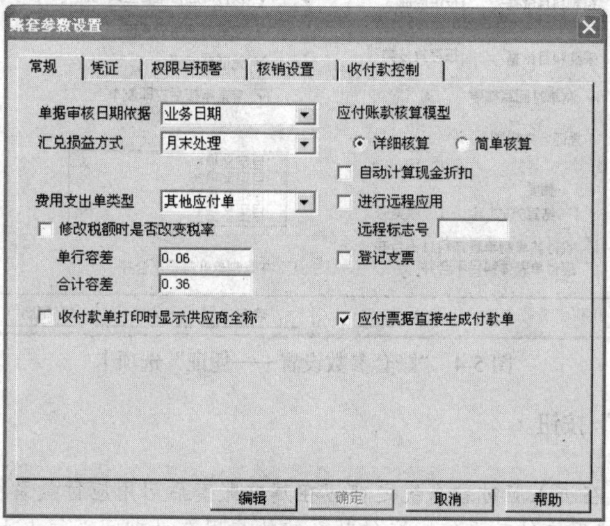

图 5-1 “账套参数设置”对话框

（2）单击“编辑”按钮，系统弹出“选项修改需要重新登陆才能生效”提示框，如图 5-2 所示。

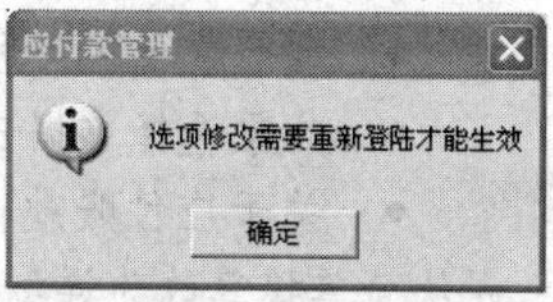

图 5-2 “应付款管理”提示框

（3）单击“确定”按钮。打开“常规”选项卡，修改“单据审核日期依据”为“单据日期”，勾选“自动计算现金折扣”复选框，如图 5-3 所示。

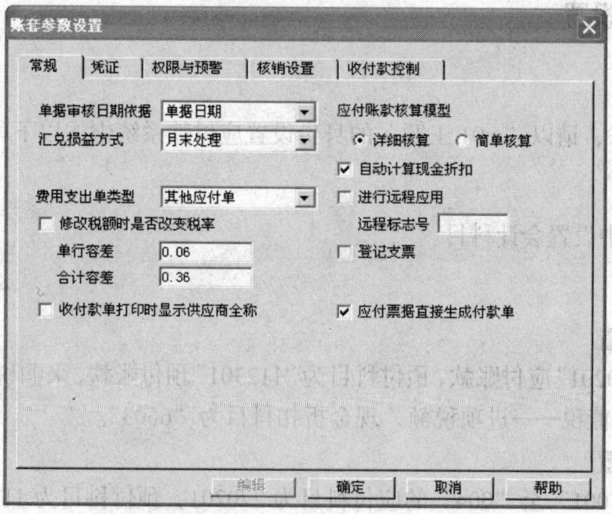

图 5-3 “账套参数设置——常规”选项卡

（4）打开“凭证”选项卡，修改受控科目制单依据为“明细到单据”，如图 5-4 所示。

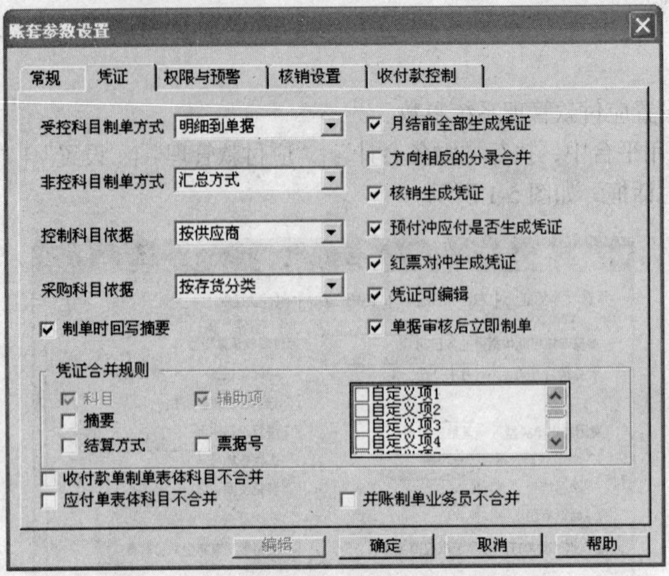

图 5-4 “账套参数设置——凭证”选项卡

（5）单击“确定”按钮。

> **温馨提示**
>
> • 在进入应付款系统之前应在建立账套后启用应付款系统，或者在企业应用平台中启用应付款系统，应付款系统的启用会计期间必须大于或等于账套的启用时间。
>
> • 在账套使用过程中可以随时修改账套参数。
>
> • 如果选择单据日期为审核日期，则月末结账时单据必须全部审核。
>
> • 关于应付账款核算模型，在系统启用时或者还没有进行任何业务处理的情况下才允许从简单核算改为详细核算。从详细核算改为简单核算可以随时进行修改。

业务二 初始设置

业务描述

2016 年 1 月 1 日，请以“w01 王昭”的身份设置应付款系统中的以下科目。

实验要求

- 在应付系统中设置会计科目。

实验资料

1．基本科目设置

应付科目为“220201”应付账款，预付科目为“112301”预付账款，采购税金科目为“22210101”应交税费——应交增值税——进项税额，现金折扣科目为“6603”。

2．控制科目设置

供应商编码为“001”至“004”的应付科目为 220201，预付科目为 112301。

3．结算方式科目设置

现金结算方式科目为“1001”库存现金；现金支票结算方式科目、转账支票结算方式科目、电汇结算方式科目、其他结算方式科目为“100201”工行存款。

操作指导

“w01 王昭”设置应付款管理系统初始科目。

1．设置基本科目

（1）在应付款管理系统中，执行“设置”|“初始设置”命令，进入“初始设置”窗口。

（2）选择“基本科目设置”，单击“增加”按钮，输入或选择应付科目“220201”及其他的基本科目，如图 5-5 所示。

图 5-5 基本科目设置

温馨提示

● 在“基本科目设置”中所设置的应付科目“220201”应付账款、预付科目“112301”预付账款及“220101”应付票据，应在总账系统中设置其辅助核算内容为“供应商往来”，并且其受控系统为“应付系统”，否则在此不能被选中。

● 只有在此设置了基本科目，在生成凭证时才能出现会计科目，否则凭证中将设有会计科目，相应的会计科目只能手工输入。

● 如果应付科目、预付科目按不同的供应商或供应商分类分别设置、则可在“控制科目设置”中进行设置。

● 如果针对不同的存货分别设置采购核算科目，则可以在“产品科目设置”中进行设置。

2．控制科目

选择“控制科目设置”，单击“增加”按钮，输入或选择供应商编码“001”、输入或选择应付科目“220201”、输入或选择预付科目“112301”，依此方式设置其他供应商的控制科目，如图 5-6 所示。

3．结算方式科目设置

选择“结算方式科目设置”，单击“结算方式”栏的下三角按钮，选择“现金”结算；单击“币种”栏，选择“人民币”；在“科目”栏输入或选择“1001”，按“回车”键。以此方法输入其他的结算方式科目，如图 5-7 所示。

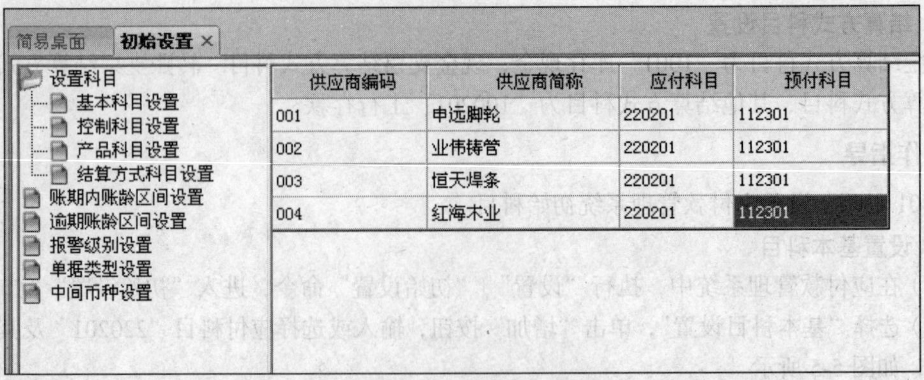

图 5-6　控制科目设置

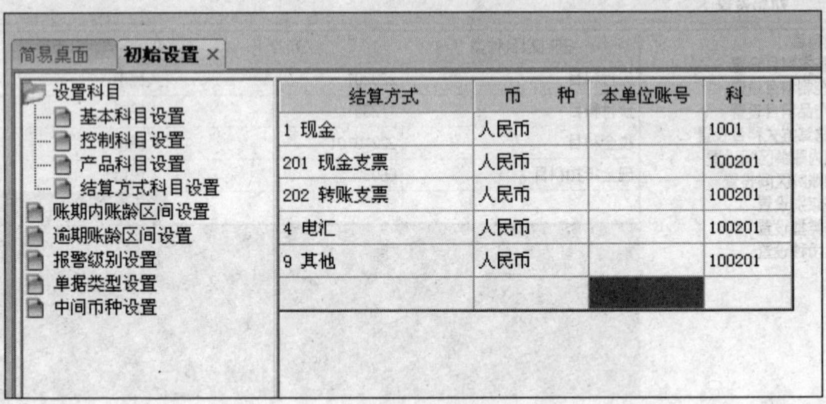

图 5-7　结算方式科目设置

温馨提示

- 结算方式科目设置是针对已经设置的结算方式设置相应的结算科目。即在付款或收款时只要输入结算时使用的结算方式，就可以由系统自动生成该结算方式所用的会计科目。
- 如果在此不设置结算方式科目，则在付款或收款时可以手工输入不同的结算方式所对应的会计科目。

业务三　期初余额

业务描述

请以“w01 王昭”的身份输入应付款系统如表 5-1、表 5-2 和表 5-3 所示的期初余额。

实验要求

- 输入应收系统期初余额。

实验资料

表 5-1　　应付账款——人民币（220201）期初余额

日期	供应商名称	摘要	方向	余额
2015-12-19	申远脚轮	采购脚轮，100 个，100 元/个。发票号 56738946	贷	11 700.00

表 5-2 应付票据——人民币（220201）期初余额

日期	供应商名称	摘要	方向	余额
2015-12-16	天津恒天焊条	采购焊条，100 盒，180 元/盒，银行承兑汇票票号 64374789，票面利率 6%，到期日 2016-01-06	贷	21 060.00

表 5-3 预付账款——人民币（220201）期初余额

日期	供应商名称	摘要	方向	余额
2015-12-16	业伟铸管	采购钢管，1000 米，50 元/米，转账支票票号 64334865	借	10 000.00

操作指导

“w01 王昭”输入应付款管理系统期初余额。

1．输入期初采购发票

（1）在应付款管理系统中，执行“设置”|“期初余额”命令，打开“期初余额——查询”对话框，如图 5-8 所示。

图 5-8 “期初余额——查询”对话框

（2）单击“确定”按钮，打开“期初余额明细表”窗口。

（3）单击“增加”按钮，打开“单据类别”对话框，选择“单据名称”为“采购发票”，“单据类型”为“采购专用发票”，“方向”为“正向”，如图 5-9 所示。

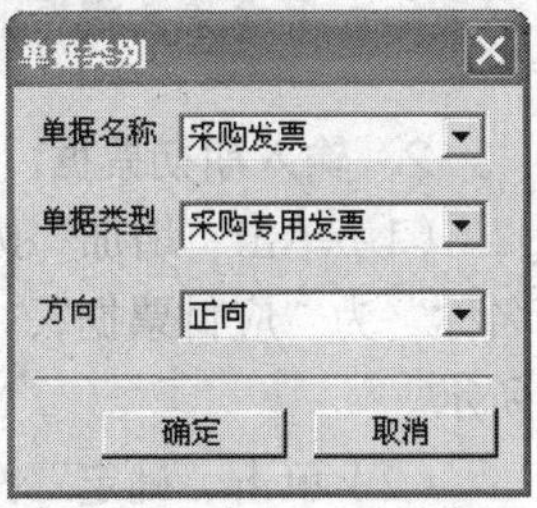

图 5-9 “单据类别”对话框

（4）单击“确定”按钮，打开“采购专用发票”窗口。

（5）单击“增加”按钮，修改开票日期为“2015-12-19”；输入发票号“56738946”；单击“供应商”栏的参照按钮，选择“申远脚轮”；在“部门”栏选择“采购部”；在“备注”栏输入“采购脚轮”，在“税率”栏输入“17.00”；在“存货编码”栏输入“001”，或单击“存货编码”栏的参照按钮，选择“001”；在“数量”栏输入“100.00”；在“原币单价”栏输入“100.00”，如图 5-10 所示。

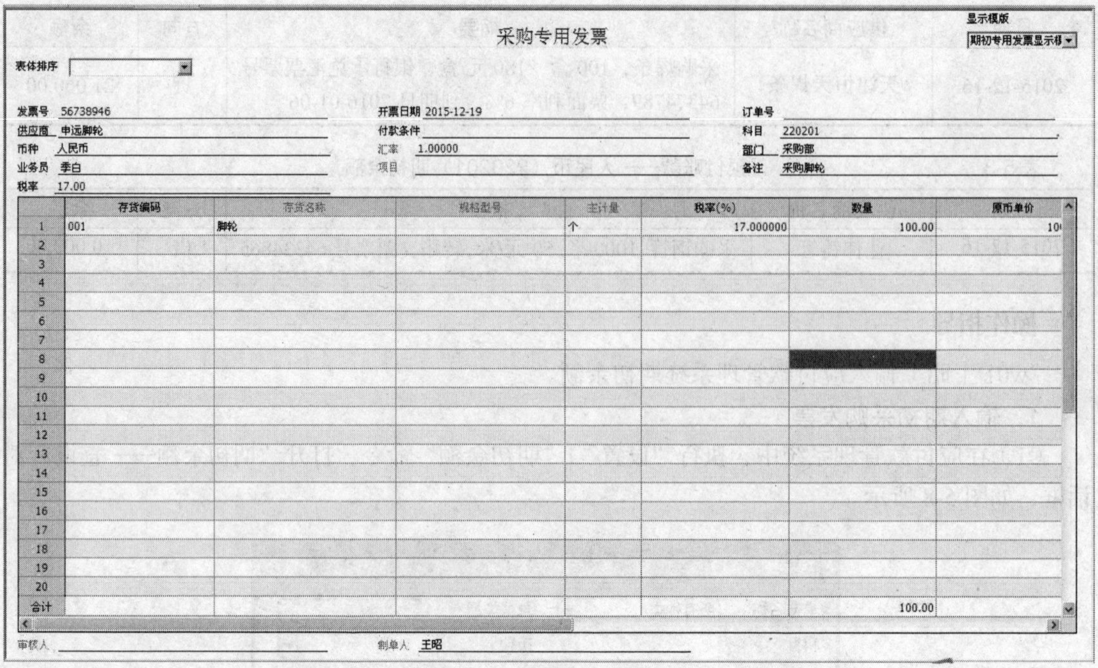

图 5-10　采购专用发票

（6）单击“保存”按钮。

温馨提示

- 在初次使用应付款系统时，应将启用应付款系统时未处理完的所有供应商的应付账款、应付票据等数据输入到本系统中。当进入第二年度时，系统会自动将上年度未处理完的单据转为下一年度的期初余额。在下一年度的第一会计期间里，可以进行期初余额的调整。
- 在日常业务中，可对期初发票、应付单、预付款、票据等进行后续的核销及转账处理。
- 如果退出输入期初余额的单据，在“期初余额明细表”窗口中并没有看到新输入的期初余额，应单击“刷新”按钮，就可以列示出所有期初余额的内容。
- 在输入期初余额时一定要注意期初余额的会计科目，应付款系统的期初余额应与总账进行对账，如果科目错误将会导致对账错误。
- 如果并未设置允许修改采购专用发票的编号，则在填制采购专用发票时不允许修改采购专用发票的编号。其他单据的编号也一样，系统默认的状态是不允许修改。

2．输入期初票据

（1）单击“增加”按钮，打开“单据类别”对话框，选择“单据名称”为“应付票据”，“单据类型”为“银行承兑汇票”，如图 5-11 所示。

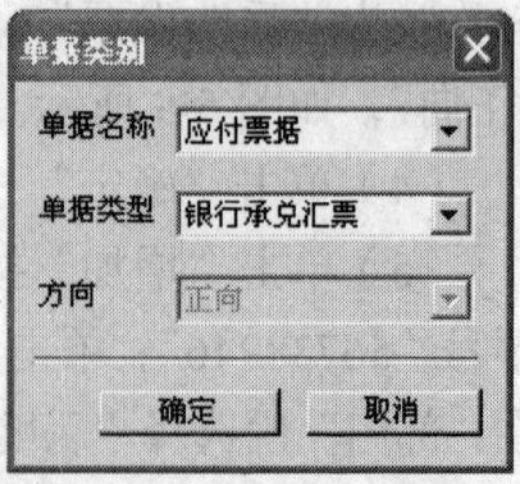

图 5-11　“单据类别”对话框

（2）单击“确定”按钮，打开“期初票据”窗口。

（3）单击“增加”按钮，输入票据编号为“64374789”；单击“收票单位”栏的参照按钮，选择“恒天焊条”；在“科目”栏选择“220101”；在“票据面值”栏输入“21 060.00”；在“票面利率”栏输入“6”；

在“签发日期”栏选择“2015-12-16”；在“到期日”栏选择“2016-01-16”；在“部门”栏选择“采购部”；在“摘要”栏输入“采购焊条”，如图 5-12 所示。

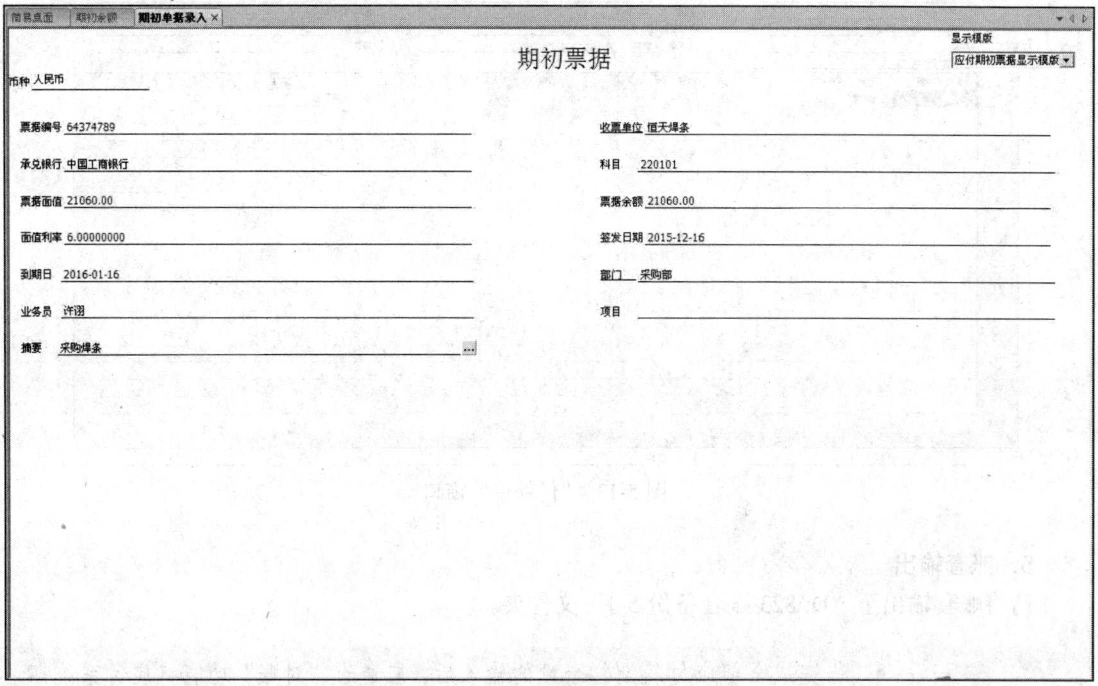

图 5-12 “期初票据”窗口

（4）单击“保存”按钮。

3. 输入预付单

（1）在应付款管理系统中，执行“设置”|“期初余额”命令，打开“期初余额——查询”窗口。

（2）单击“确定”按钮，进入“期初余额明细表”窗口。

（3）单击“增加”按钮，打开“单据类别”对话框。

（4）选择“单据名称”为“预付款”，“单据类型”为“付款单”。

（5）单击“确定”按钮，打开“ 付款单”窗口。

（6）单击“增加”按钮，修改日期为“2015-12-16”；单击“供应商”的参照按钮，选择“业伟铸管”，单击“结算方式”栏的参照按钮，选择“转账支票”；在“金额”栏输入“10 000.00”；在“摘要”栏输入“采购钢管预付款”。在付款单表体部分的“款型类型”栏选择“预付款”，如图 5-13 所示。

（7）单击“保存”按钮。

温馨提示

- 输入预付款的单据类型仍然是“付款单”，但是款项类型为“预付款”。

4. 应付款系统与总账系统对账

（1）在“期初余额明细表”窗口中，单击“对账”按钮，打开“期初对账”窗口。

（2）单击“退出”按钮。

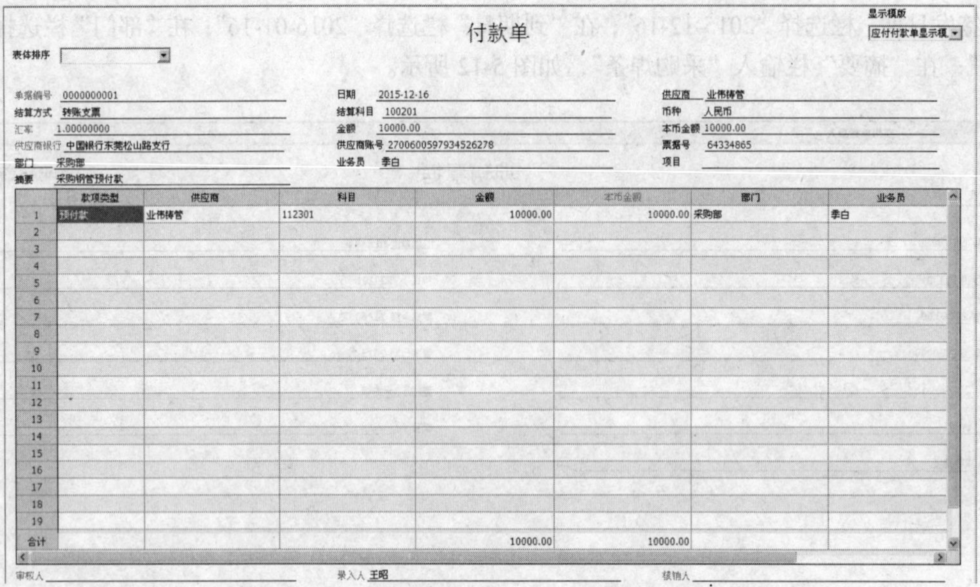

图 5-13 “付款单”窗口

5．账套输出

请将账套输出至“D:\823 账套备份\5-1”文件夹。

温馨提示

- 当完成全部应付款期初余额的输入后，应通过“对账”功能将应付系统期初余额与总账系统期初余额进行核对。
- 当保存了期初余额结果，或在第二年的使用中需要调整期初余额时可以进行修改。当第一个会计期已结账后，期初余额只能查询不能再修改。
- 期初余额所输入的票据保存后，系统会自行进行审核。
- 应付款系统与总账系统对账，必须要在总账系统与应付款系统同时启用后才可以进行。

实训练习

请以“w01 王昭”的身份输入表训 5-1 所示的应付款系统期初余额。

表训 5-1　　　　应付账款——人民币（220201）期初余额

日期	供应商名称	摘要	方向	余额
2015-12-20	天津脚轮	采购脚轮，100 个，100 元/个。发票号 57738944	贷	11700.00

实训二　单据处理

业务一　采购木托盘

扫一扫

业务描述

2016 年 1 月 8 日，从红海木业采购木托盘（付款条件 2/10，1/20，n/30），取得与业务相关的原始单据，如实验资料所示。

实验要求

- 填写采购发票。

实验资料

增值税专用发票
货物或应税劳务名称：木托盘
单位：个
数量：1 000
单价：60.00
金额：60 000.00
税率：17%
税额：10 200.00

操作指导

“w02 解树”填制采购专用发票。

填制采购专用发票

（1）在应付款管理系统中，执行“应付单据处理”|“应付单据输入”命令，打开“单据类别”对话框，如图 5-14 所示。

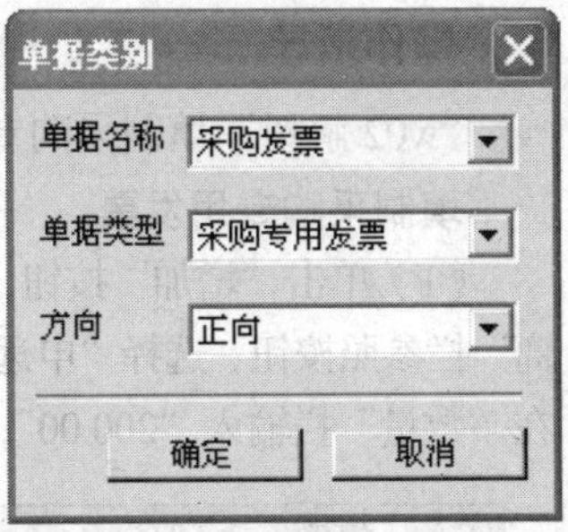

图 5-14 “单据类别”对话框

（2）单击“确定”按钮，打开“采购发票专用发票”窗口。

（3）单击“增加”按钮，修改开票日期为“2016-01-08”；输入发票号“34658783”；单击“供应商”栏参照按钮，选择“红海木业”；在“部门名称”栏选择“采购部”；在“付款条件”栏选择“01”，在“备注”栏输入“采购木托盘”；在“存货编码”栏输入“006”；在“数量”栏输入“1000.00”；在“原币单价”栏输入“60.00”。

（4）单击“保存”按钮。

- 在填制采购专用发票时，税率由系统自动生成，可以进行修改。
- 采购发票与应付单是应付款管理系统日常核算的单据。如果应付款系统与采购系统集成使用，采购发票在采购管理系统中输入，则在应付系统中可以对这些单据进行查询、核销及制单等操作，此时应付系统需要输入的只限于应付单。
- 如果没有使用采购系统，则所有发票和应付单均在应付系统中输入。
- 在不启用供应链的情况下，在应付款系统中只能对采购业务的资金流进行会计核算，即可以对应付款、已付款，以及采购情况进行核算；而其物流的核算，即存货入库成本的核算还需在总账系统中手工进行结转。
- 已审核的单据不能进行修改或删除，已生成凭证或进行过核销的单据在单据界面不再显示。
- 在输入采购发票后可以直接进行审核，在直接审核后系统会提示“是否立即制单”，此时可以直接制单。如果输入采购发票后不直接审核那么可以在审核功能中审核，再到制单功能中制单。
- 已审核的单据在未进行其他处理之前应取消审核后再进行修改。

业务二　采购脚轮

业务描述

2016 年 1 月 10 日，向申远公司采购脚轮，取得与业务相关的原始单据如实验资料所示。

实验要求

- 填写采购发票。

实验资料

增值税专用发票
货物或应税劳务名称：脚轮
单位：个
数量：200
单价：100.00 元
金额：20 000.00 元
税率：17%
税额：3 400.00 元

操作指导

“w02 解树”填制采购专用发票。

填制采购专用发票

（1）单击“增加”按钮，修改开票日期为“2016-01-10”；输入发票号“56632726”；单击“供应商”拦参照按钮，选择“申远脚轮”；在“备注”拦输入“采购脚轮”；在“存货编码”拦输入“001”；在“数量”拦输入“200.00”；在“原币单价”拦输入“100.00”。如图 5-15 和图 5-16 所示。

图 5-15 “采购专用发票”窗口（1）

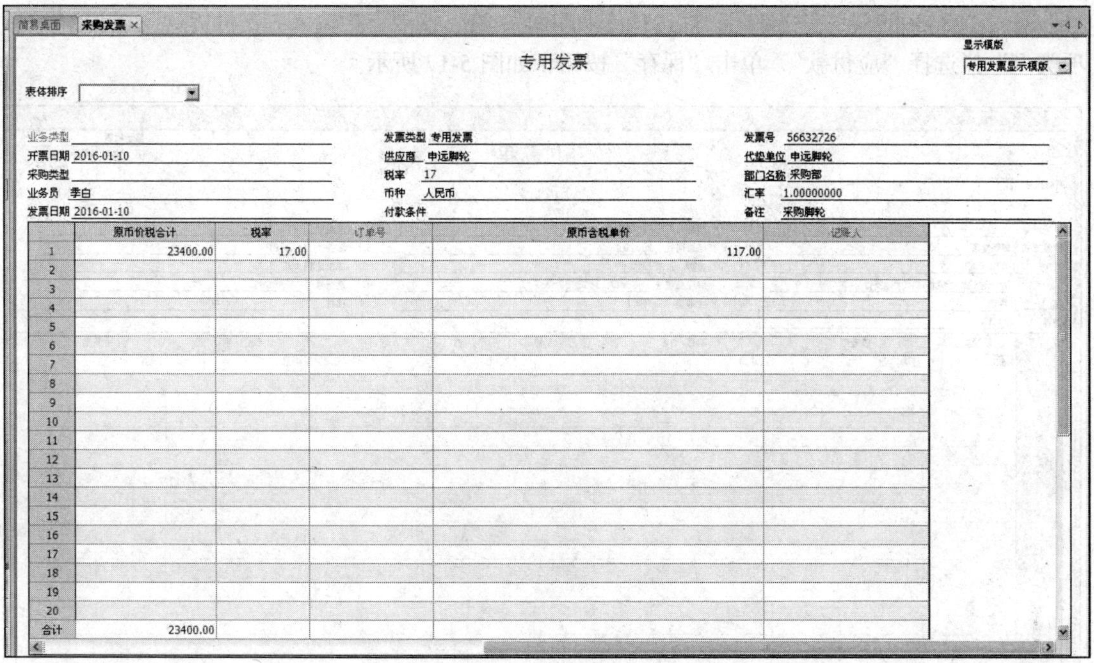

图 5-16 “采购专用发票”窗口（2）

（2）单击“保存”按钮。

业务三　以转账支票方式支付货款

业务描述

2016 年 1 月 17 日，支付向红海木业购买木托盘的价税款。

实验要求

- 输入付款单据。

实验资料

工商银行转账支票存根
票号：78439895
出票日期：2016 年 1 月 17 日
收款人：芜湖红海木业有限公司
金额：69 000.00 元
用途：支付货款

操作指导

“w03 高夏珍”输入付款单。

（1）在应付款管理系统中，执行“付款单据处理”|“付款单据输入”命令打开“付款单”窗口。

（2）单击“增加”按钮，修改日期为“2016-01-17”；单击“供应商”拦参照按钮，选择“红海木业”；单击“结算方式”拦选择“转账支票”；在“本币金额”拦输入“69 000.00”；在“票据号”输入“78439895”；在“部门”拦选择“采购部”；在“摘要”拦输入“支付货款”；在表体“款项类型”拦选择“应付款”，单击“保存”按钮，如图5-17所示。

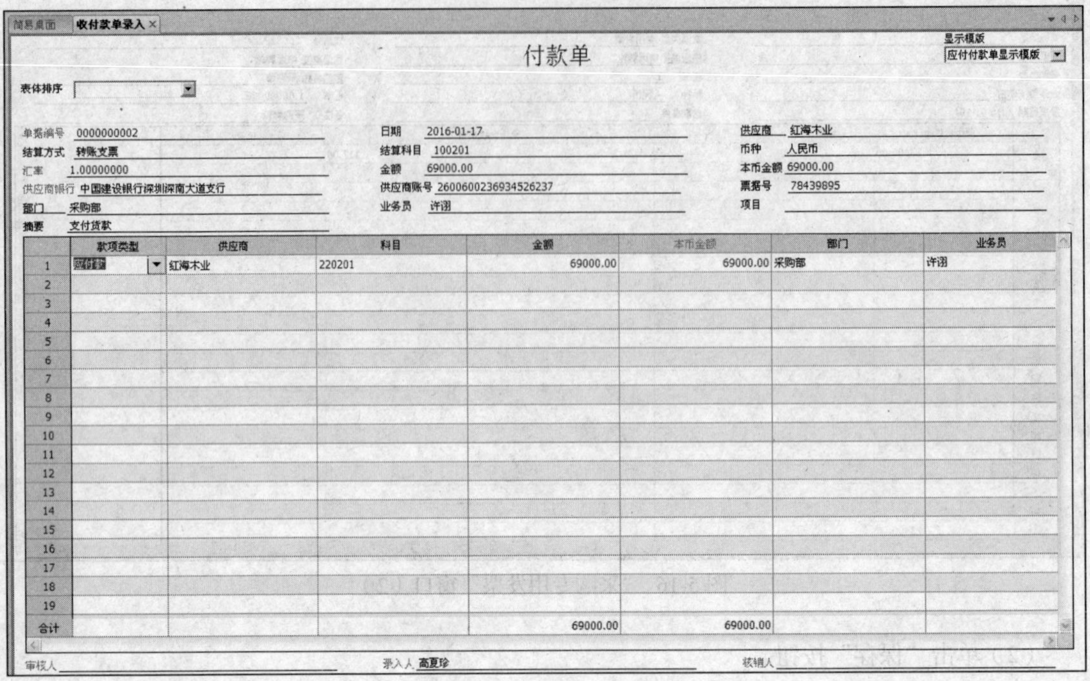

图5-17 “付款单”窗口

业务四 以电汇方式支付货款

业务描述

2014年1月20日，向嘉兴百盛公司支付购买脚轮的价税款24 000元，余款600元转为预付款，取得与业务相关的原始单据，如实验资料所示。

实验要求

- 填写付款单。

实验资料

中国工商银行电汇凭证

委托日期：2016年1月20日

汇款人：深圳市杰威尔出版有限公司

账号：13071000260024388

收款人：惠州申远脚轮制品有限公司

账号：0402022029249363661

金额：24 000.00元

附加信息及用途：支付货款，余款转预付

操作指导

“w03 高夏珍”输入付款单。

（1）在应付款管理系统中，执行“付款单据处理”|“付款单输入”命令，打开“付款单”窗口。

（2）单击“增加”按钮，修改日期为“2016-01-20”；单击“供应商”拦参照按钮，选择“申远脚轮”；单击“结算方式”拦选择“电汇”；在“金额”拦输入“24 000.00”；在“票据号”拦输入“56783326”；在“部门”拦选择“采购部”；在“摘要”拦输入“支付货款，余款转预付款”。在表体“款项类型”拦第 1 行选择“应付款”，第 1 行“金额”拦输入“23 400.00”；第 2 行选择“预付款”，第 2 行“金额”拦输入“600.00”，单击“保存”按钮，如图 5-18 所示。

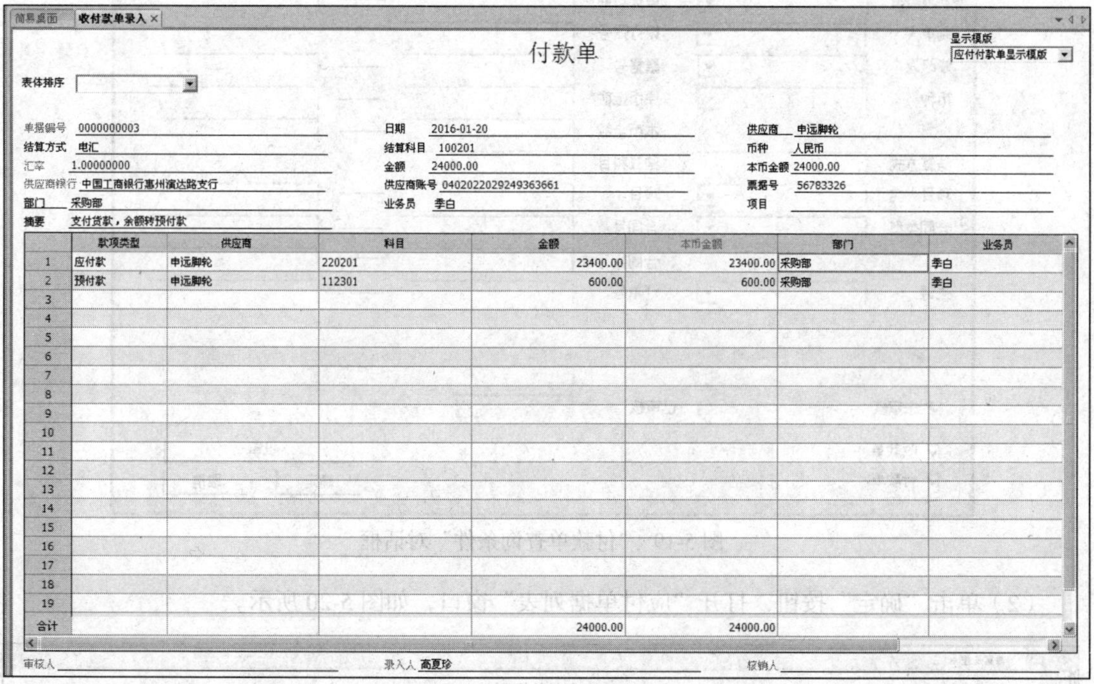

图 5-18 “付款单”窗口

业务五 单据审核

业务描述

2016 年 1 月 17 日，请以“w02 解树”的身份审核深圳市杰威尔出版有限公司 2016 年 1 月的应付单及 1 月 17 日的付款单。

实验要求

- 2016 年 1 月 20 日，请以“w02 解树”的身份审核深圳市杰威尔出版有限公司 2016 年 1 月 20 日的付款单。

实验资料

本节无新增资料。

操作指导

“w02 解树”审核应付单及付款单。

1．应付单据审核

（1）在应付管理系统中，执行“应付单据处理”|“应付单据审核”命令，打开“付款单查询条件”对话框，如图 5-19 所示。

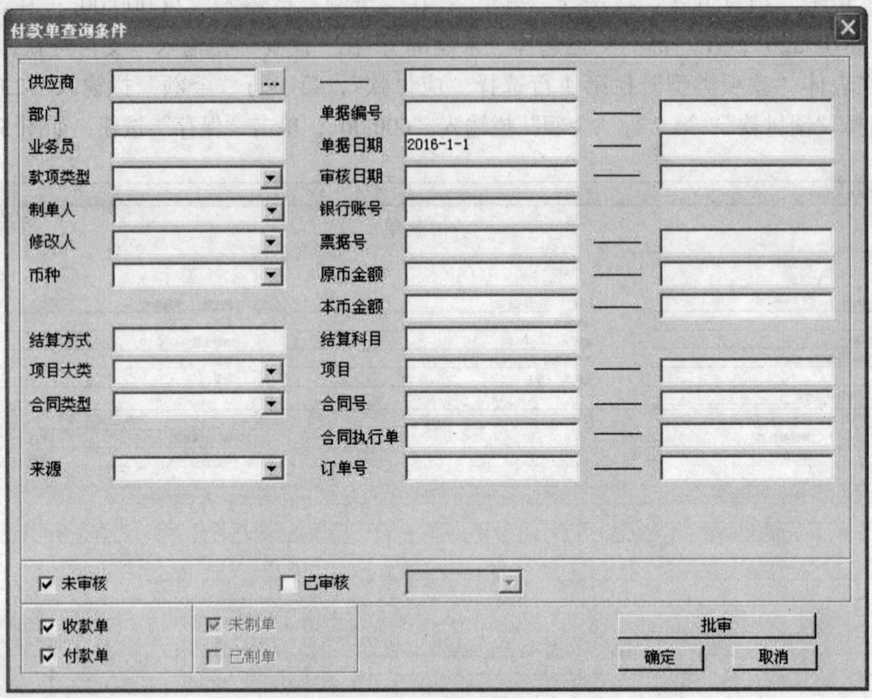

图 5-19 “付款单查询条件”对话框

（2）单击“确定”按钮，打开“应付单据列表”窗口，如图 5-20 所示。

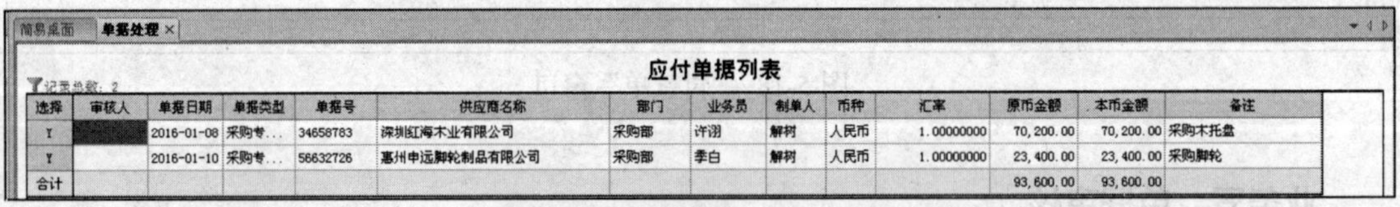

图 5-20 “应付单据列表”窗口

（3）单击“全选”按钮。

（4）单击“审核”按钮，系统提示“本次审核成功单据[2]张”，如图 5-21 所示。

（5）单击“确定”按钮，再单击“退出”按钮，已审核单据。

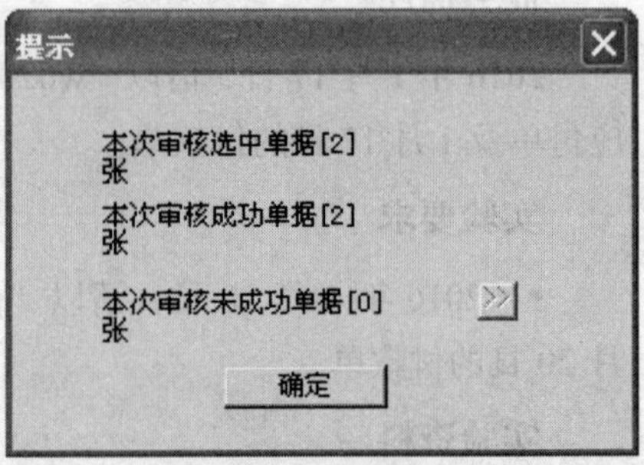

图 5-21 “应付单据审核成功”提示框

2．付款单据审核

（1）在应付管理系统中，执行“付款单据处理”|“付款单据审核”命令，打开“付款单查询条件”对话框，如图 5-22 所示。

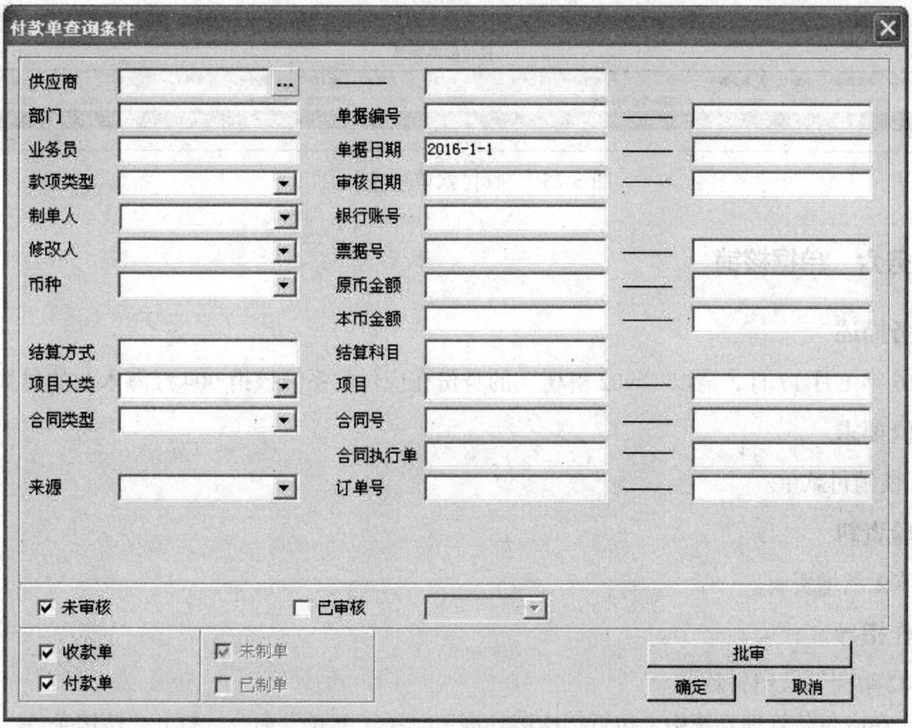

图 5-22 “付款单查询条件”对话框

（2）单击“确定”按钮，打开“收付款单列表”窗口，如图 5-23 所示。

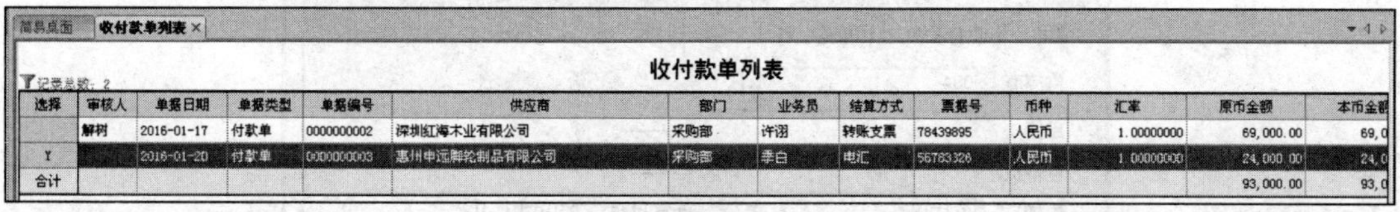

图 5-23 “收付款单列表”窗口

（3）单击“全选”按钮。

（4）单击“审核”按钮，系统提示“本次审核成功单据[1]张”，如图 5-24 所示。

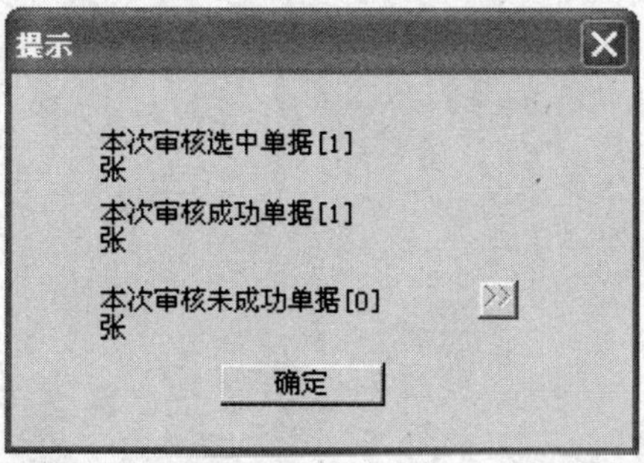

图 5 24 “收付款单审核成功”提示框

（5）以 2016 年 1 月 20 日的日期重新注册，审核 2016 年 1 月 20 日的收款单，如图 5-25 所示。

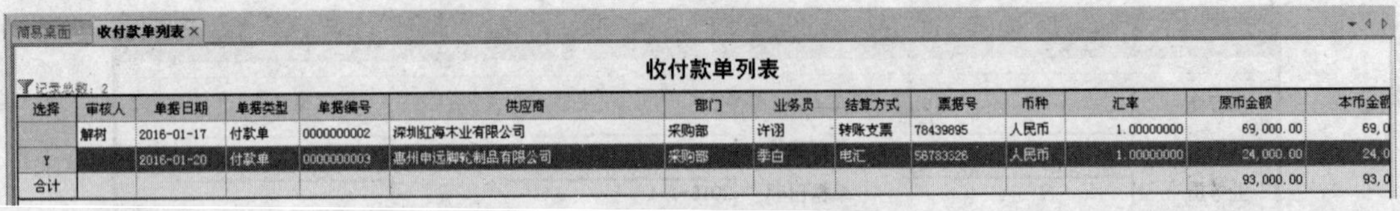

图 5-25 “收付款单列表”窗口

业务六 单据核销

业务描述

2016 年 1 月 17 日，请以“w02 解树”的身份在应付款系统核销 004 红海木业的付款单。

实验要求

- 核销付款单。

实验资料

本节无新增资料。

操作指导

“w02 解树”核销付款单。

（1）在应付款管理系统中，执行“核销处理”|“手工核销”命令，打开“核销条件”对话框。

（2）单击“供应商”拦的参照按钮，选择“004”，如图 5-26 所示。

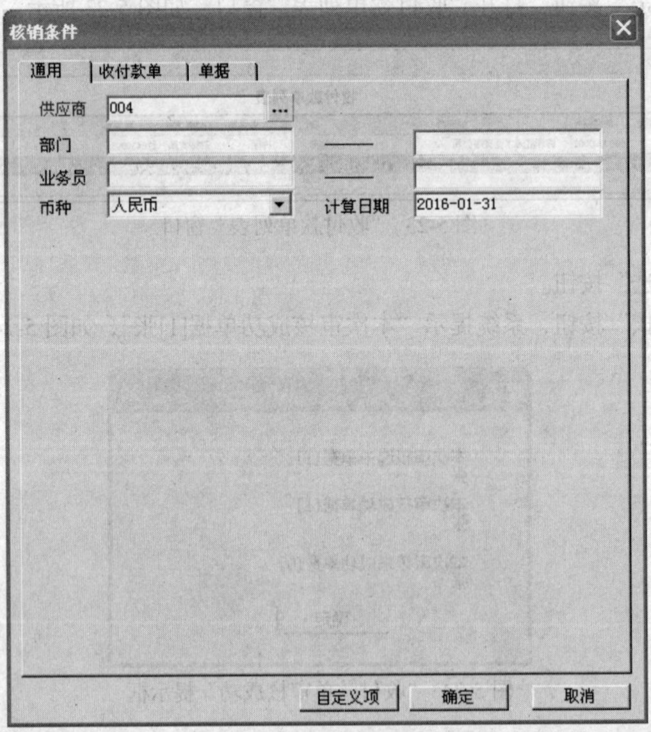

图 5-26 “核销条件”对话框

（3）单击“确定”按钮，打开“单据核销”选项卡。在“单据核销”选项卡中，将表头部分款项类型为“应付款”的付款单的“本次结算”拦的数据修改为“69 000.00”，在表体部分的“本次结算”拦输入“69 000.00”，“本次折扣”拦输入“1 200.00”，如图 5-27 所示。

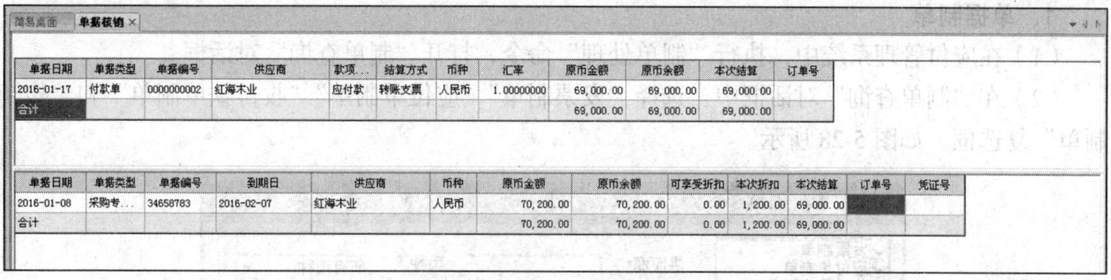

图 5-27 “单据核销”选项卡

（4）单击“保存”按钮。

温馨提示

- 在保存核销内容后，“单据核销”选项卡将不再显示已被核销的内容。
- 结算单列表显示的是款项类型为应付款和预付款的记录，而款项类型为其他费用的记录不允许在此作为核销记录。
- 核销时，结算单列表中款项类型为应付款的记录默认本次结算金额为该记录上的原币金额；款项类型为预付款的记录默认的本次结算金额为空。核销时可以修改本次结算金额，但是不能大于该记录的原币金额。
- 在结算单列表中，单击“分摊”按钮，系统将当前结算单列表中的本次结算金额合计自动分摊到被核销单据列表的“本次结算”栏中。核销顺序依据该核销单据的排序顺序。
- 手工核销时一次只能显示一个供应商的单据记录，且结算单列表根据表体记录明细显示。当结算单有代付款项处理时，只显示当前所选供应商的记录。若需要对代付款项进行处理，则需要在过滤条件中输入该代付单位，进行核销。
- 一次只能对一种结算单类型进行核销，即手工核销的情况下需要将收款单和付款单分开核销。
- 手工核销保存时，若结算单列表的本次结算金额大于或小于被核销单据列表的本次结算金额合计时，系统将提示结算金额不相等，不能进行保存。
- 若发票中同时存在红蓝记录，则核销时先进行单据内容对冲。
- 如果核销后未进行其他处理，可以在期末处理中的“取消操作”功能中取消核销操作。

业务七　单据制单

业务描述

2016 年 1 月 20 日，请以“w02 解树”的身份在应付款系统进行单据制单。

实验要求

- 进行单据制作。

实验资料

本节无新增资料。

操作指导

“w02 解树”制单生成凭证。

1．单据制单

（1）在应付管理系统中，执行“制单处理”命令，打开“制单查询”对话框。

（2）在“制单查询”对话框中，选择“发票制单”“应付单制单”“收付款单制单”和“核销制单”复选框，如图 5-28 所示。

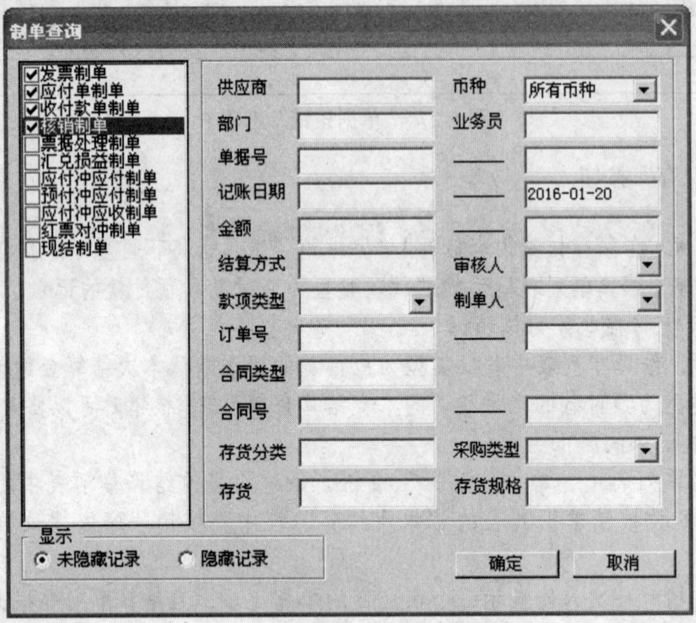

图 5-28 “制单查询”对话框

（3）单击“确定”按钮，打开“应付制单”窗口。

（4）单击“全选”按钮，单击“凭证类别”栏的下三角按钮，选择“转账凭证”，其中“付款单”号为“0000000002”和“核销”单号为“ZKAP0000000000001”的单据合并制单，如图 5-29 所示。

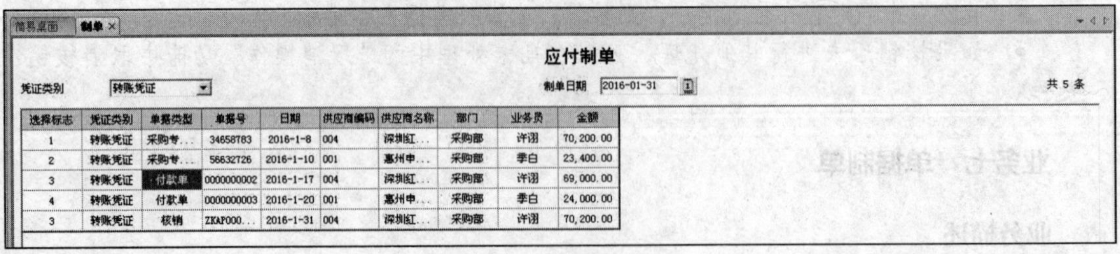

图 5-29 “应付制单”窗口

（5）单击“制单”按钮，输入“原材料/木托盘”的辅助项信息，单击“保存”按钮，在应付款系统中生成第 1 张转账凭证。

（6）单击“下张”按钮，以上述方式输入“辅助项”信息，再单击“保存”按钮，如图 5-30～图 5-33 所示。

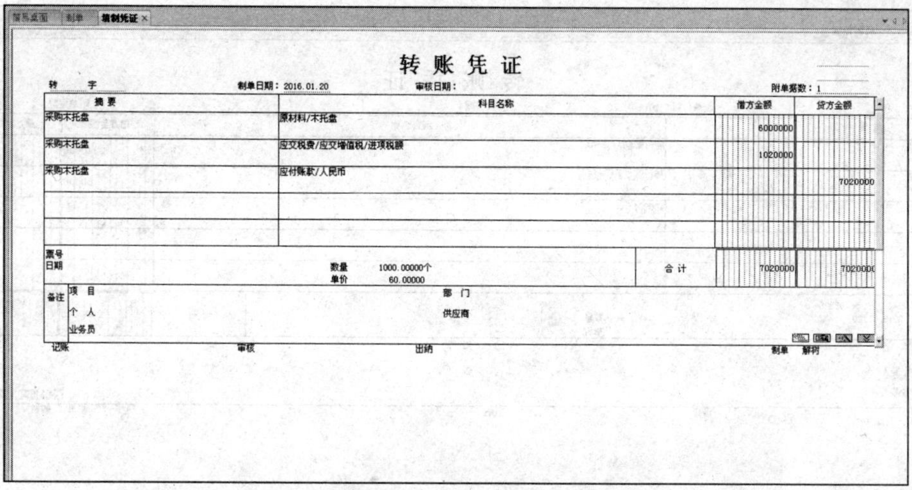

图 5-30 “转账凭证”（原材料，木托盘）

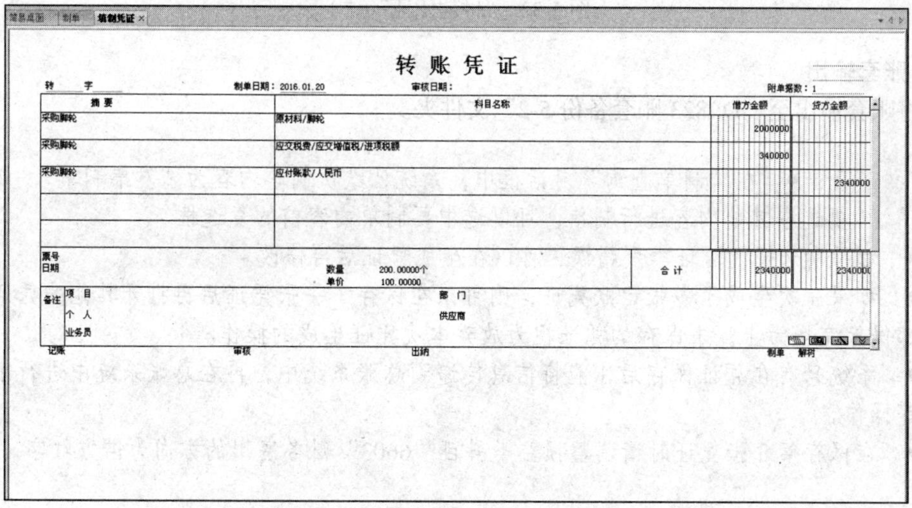

图 5-31 “转账凭证”（原材料，脚轮）

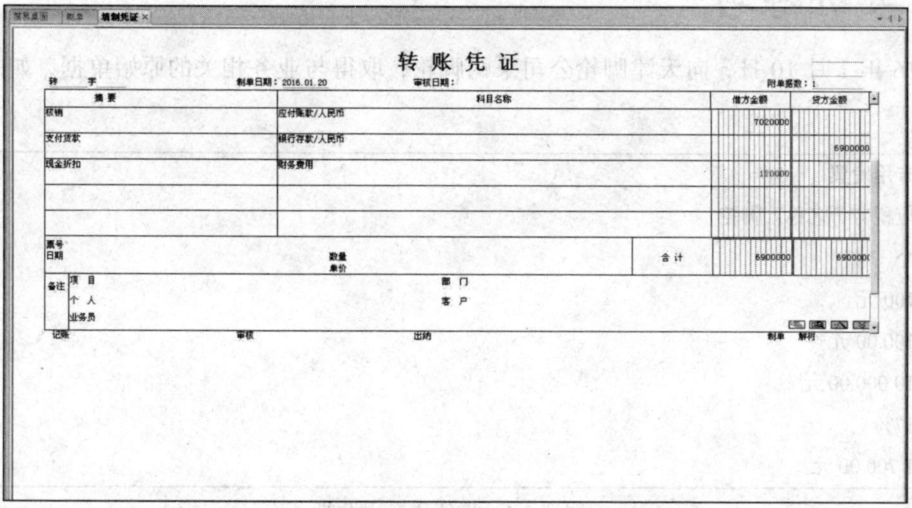

图 5-32 “付款凭证”（1）

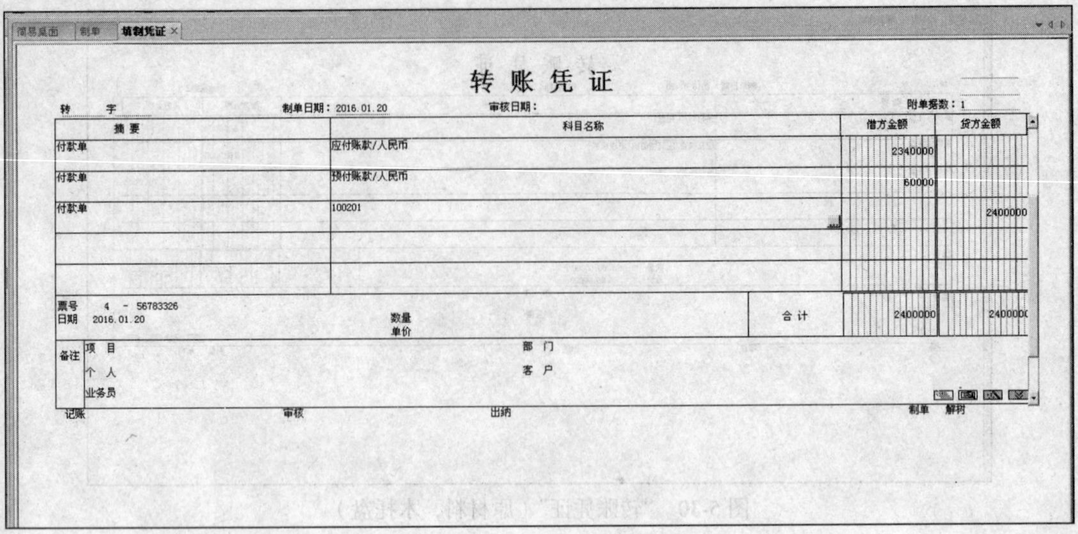

图 5-33 “付款凭证”（2）

2. 账套输出

请将账套输出至“D:\823 账套备份\5-2”文件夹。

温馨提示

- 在“制单查询”对话框中，系统已默认制单内容为“发票制单”，如果需要选中其他内容进行制单，可以选中要制单内容前的复选框。
- 如果所选择的凭证类别错误，可以在生成凭证后再修改。
- 如果一次生成了多张记账凭证，则可以在保存了一张凭证后再打开其他的凭证，直到全部保存完毕为止，未保存的凭证视为放弃本次凭证生成的操作。
- 系统只有在凭证保存后才能将信息传递到总账系统中，再在总账系统中进行审核和记账等操作。
- 在保存第 3 张凭证时请调整损益类科目“6603”财务费用的方向为借方红字。

实训练习

2016 年 1 月 10 日，向天津脚轮公司采购脚轮，取得与业务相关的原始单据，如图训 5-1 所示。

增值税专用发票

货物或应税劳务名称：脚轮

单位：个

数量：100 元

单价：100.00 元

金额：10 000.00 元

税率：17%

税额：1 700.00 元

图训 5-1 增值税专用发票

实训三 | 票据处理

业务一　采购角钢

扫一扫

业务描述

2016 年 1 月 12 日，向业伟铸管采购角钢，开出商业承兑汇票支付货款，取得与业务相关的原始单据，如图 5-34 和图 5-35 所示。

实验要求

- 录入发票。
- 审核。
- 制单。

实验资料

增值税专用发票

1100082148　　56262567

角钢 500 米 单价 100.00 元 金额 50 000.00 元 税额 8 500.00 元

总金额 58 500.00 元

图 5-34　增值税专用发票

商业承兑汇票

45242668

58 500.00 元

合同交易号码：CG0002

图 5-35　商业承兑汇票

操作指导

“w02 解树”输入采购专用发票；“w03 高夏珍”输入商业承兑汇票；“w02 解树”审核应付单和付款单，并制单。

1. 输入采购专用发票

（1）在应付款管理系统中，执行“应付单据处理”|“应付单据输入”命令，打开“单据类别”对话框。

（2）单击“确定”按钮，打开“采购专用发票”窗口，如图 5-36 所示。

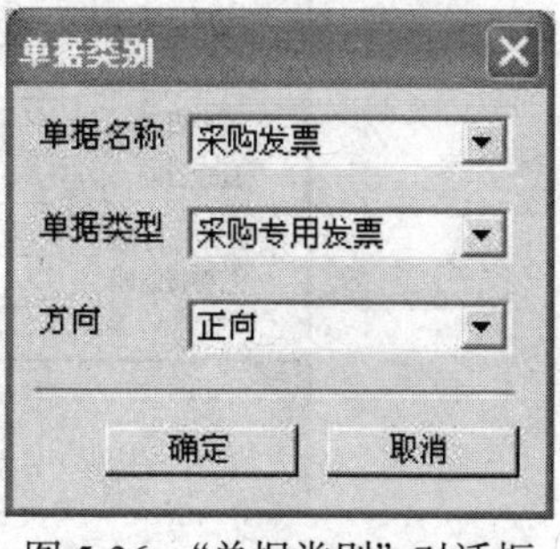

图 5-36 “单据类别”对话框

（3）单击“增加”按钮，在“发票号”栏输入“56262567”；修改“开票日期”为“2016-01-12”；单击“供应商”栏参照按钮，选择“业伟铸管”；在“部门名称”栏选择“采购部”；在“备注”栏输入“采购钢管”。在表体“存货编码”栏选择“004”，在“数量”栏输入“500.00”，在“原币单价”栏输入“100.00”，单击“保存”按钮，如图 5 37 所示。

2. 输入商业承兑汇票

（1）在应付款管理系统中，执行“票据管理”命令，打开“查询条件选择”对话框，如图 5-38 所示。

图 5-37 “采购专用发票”窗口

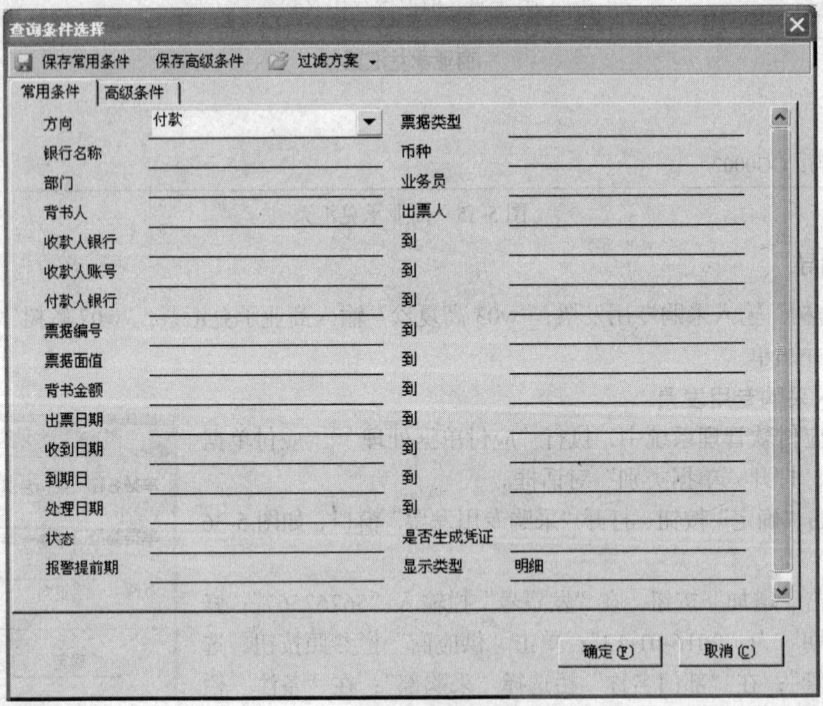

图 5-38 “查询条件选择”对话框

（2）单击“确定”按钮，打开“商业汇票”窗口，选择“票据类型”为“商业承兑汇票”；在“票据编号”栏输入“45252666”；在“结算方式”栏选择“商业承兑汇票”；在“收到日期”栏选择“2016-01-12”；在“到期日”选择“2016-02-12”；在“金额”栏输入“58 500.00”；在“票面利率”栏输入“8”，单击“保存”按钮，如图 5-39 所示。

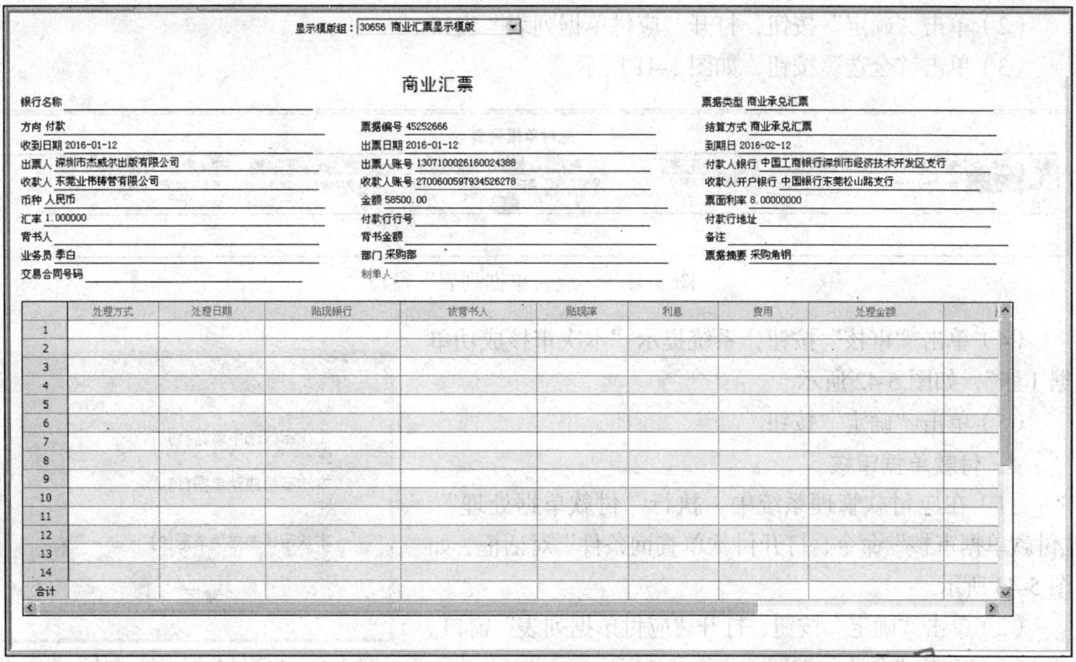

图 5-39 “商业汇票”窗口

3．审核应付单

（1）在应付款管理系统中，执行“应付单据处理”|“应付单据审核”命令，打开“应付单查询条件”对话框，如图 5-40 所示。

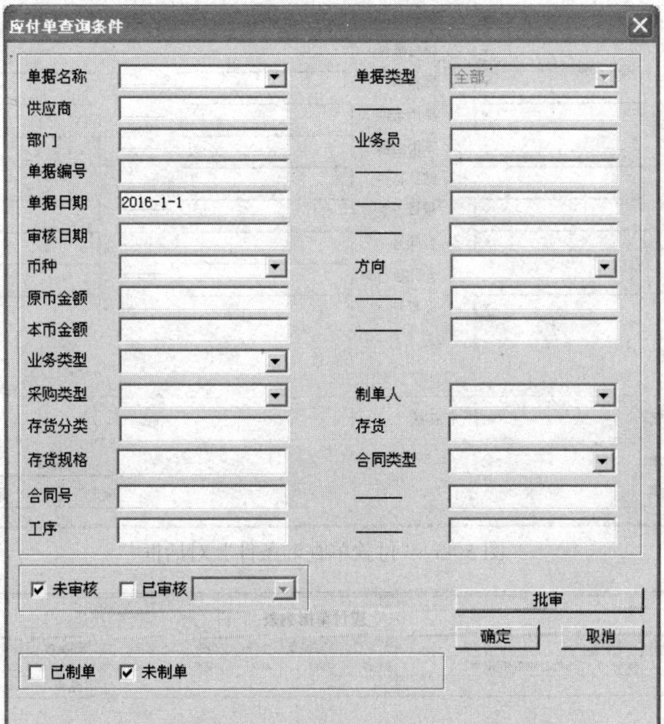

图 5-40 “应付单查询条件”对话框

（2）单击“确定”按钮，打开“应付单据列表”窗口。

（3）单击“全选”按钮，如图 5-41 所示。

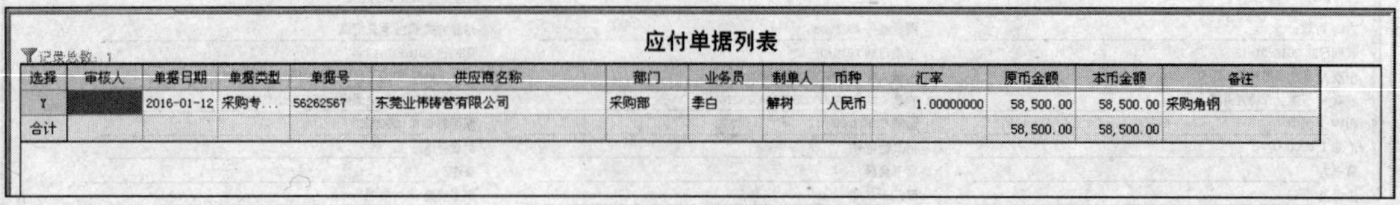

图 5-41　“应付单据列表”窗口

（4）单击“审核”按钮，系统提示“本次审核成功单据 1 张”，如图 5-42 所示。

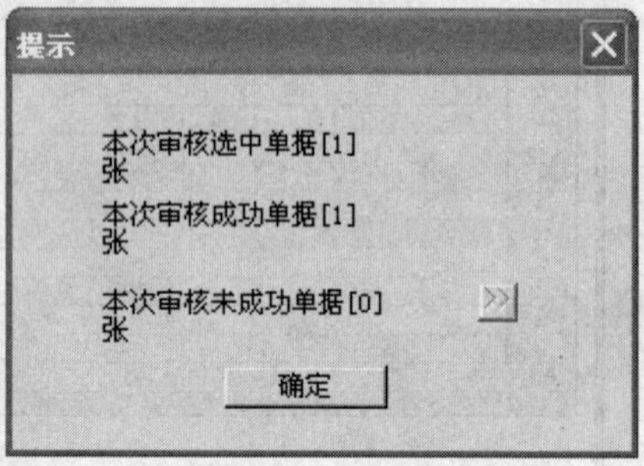

图 5-42　“应付单据审核成功”提示框

（5）单击“确定”按钮。

4．付款单据审核

（1）在应付款管理系统中，执行“付款单据处理”|“付款单据审核”命令，打开付款单查询条件”对话框，如图 5-43 所示。

（2）单击“确定”按钮，打开“应付单据列表”窗口。

（3）单击“全选”按钮，如图 5-44 所示。

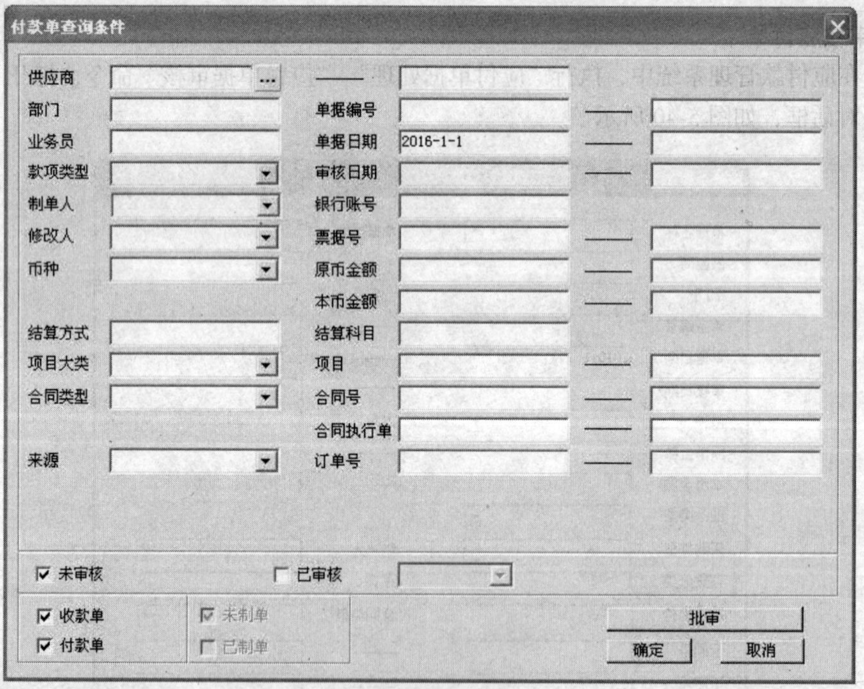

图 5-43　“付款单查询条件”对话框

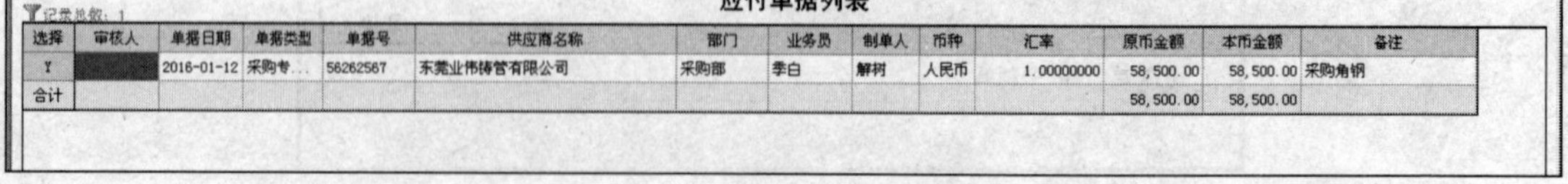

图 5-44　“应付单据列表”窗口

（4）单击“审核”按钮，系统提示“本次审核成功单据 1 张”。

（5）单击“确定”按钮。

5．制单

（1）在应付款管理系统中，执行“制单处理”命令，打开“制单查询”对话框。

（2）在“制单查询”对话框中，选择“发票制单”“收付款单制单”和“票据处理制单”复选框，如图 5-45 所示。

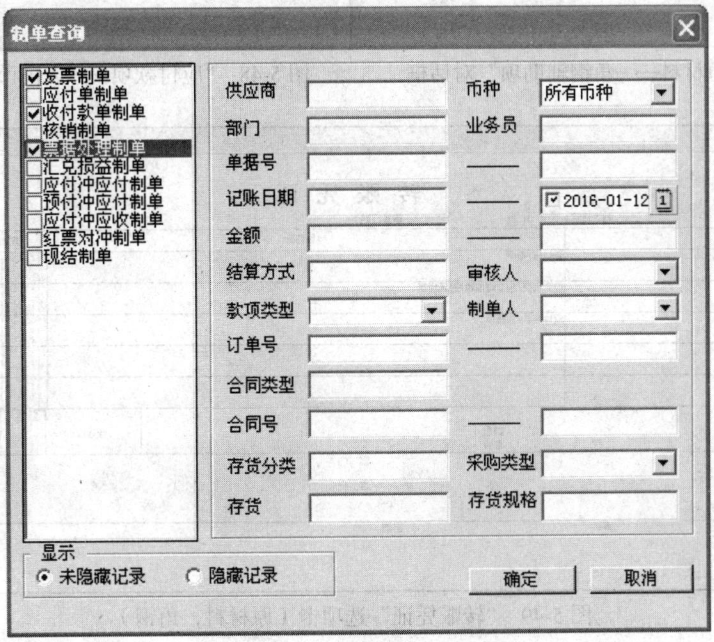

图 5-45 “制单查询”对话框

（3）单击“确定”按钮，打开“应付制单”窗口。

（4）单击“全选”按钮，单击“凭证类别”栏的下三角按钮，选择“转账凭证”，如图 5-46 所示。

图 5-46 “应付制单”窗口

（5）单击“制单”按钮，输入“原材料——角钢”“应付账款——人民币”的辅助项信息，如图 5-47 和图 5-48 所示，单击“保存”按钮，在应付款管理系统中生成 1 张转账凭证，如图 5-49 所示。

（6）单击“下账”按钮，以上述方式输入“辅助项”信息，再单击“保存”按钮，如图 5-50 所示。

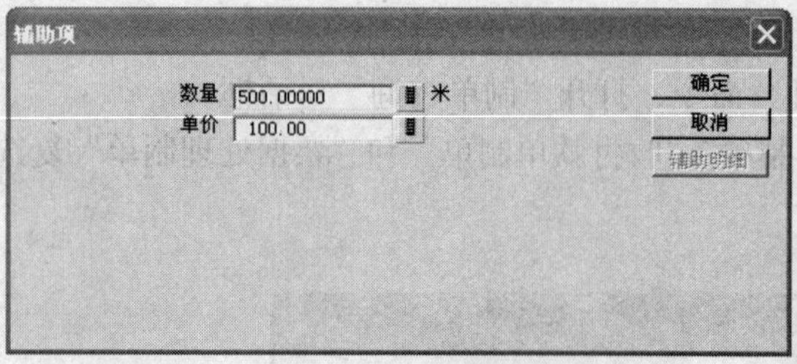

图 5-47 “原材料——角钢辅助项”对话框

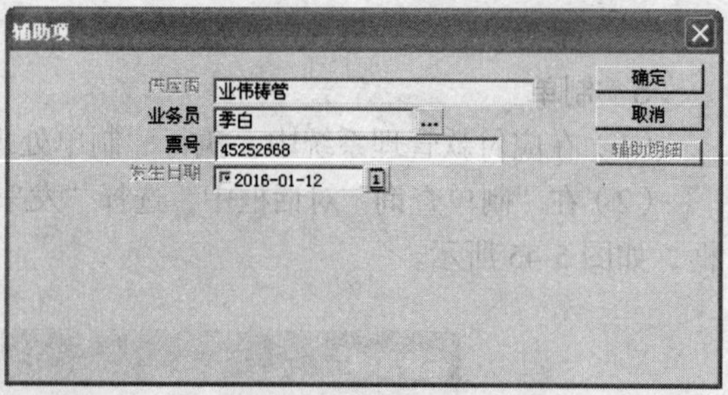

图 5-48 “应付款项——人民币辅助项”对话框

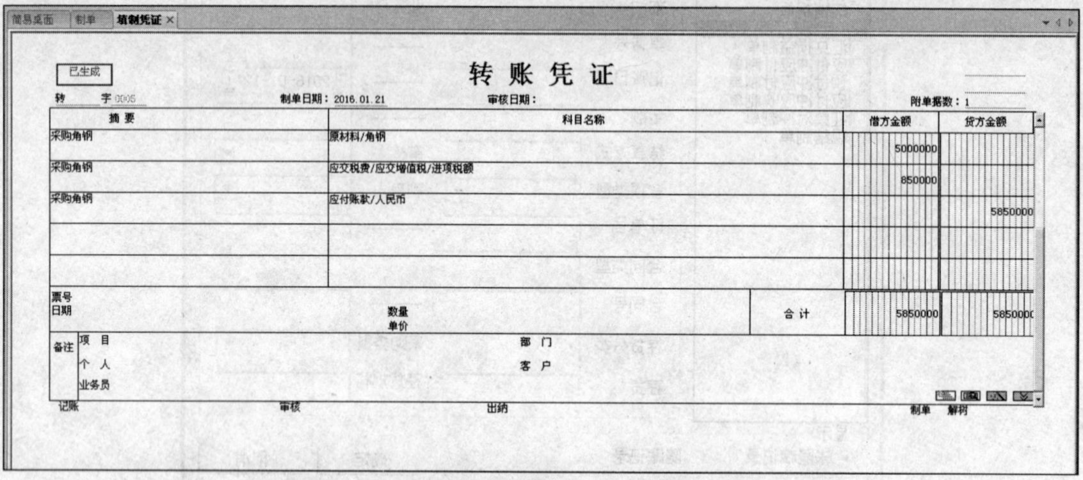

图 5-49 “转账凭证”选项卡（原材料，角钢）

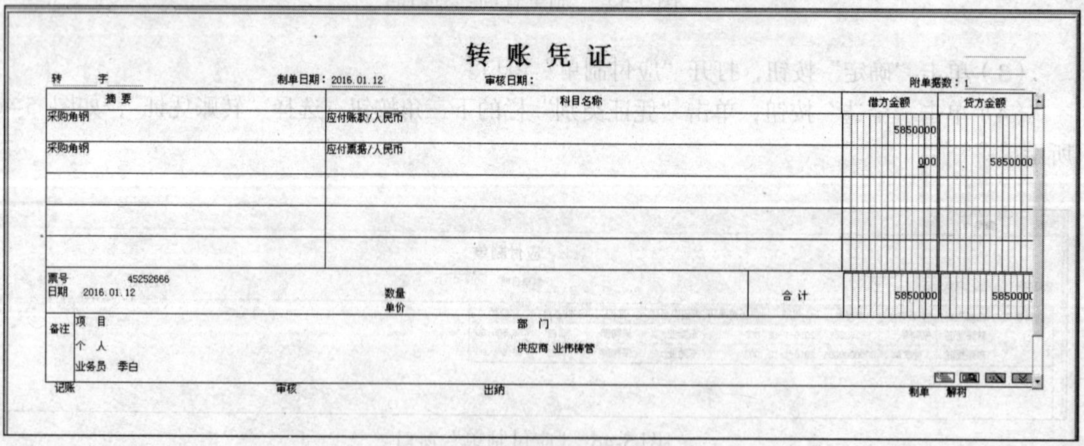

图 5-50 “转账凭证”窗口

业务二 票据计息及计算

业务描述

2016 年 1 月 16 日，对恒天焊条的银行承兑汇票计息及计算并制单。

实验要求

- 填制银行承兑汇票。
- 制单。

实验资料

本节无新增资料。

操作指导

"w03 高夏珍"对应付银行承兑汇票进行计息及结算，"w02 解树"制单。

1．银行承兑汇票计息

（1）在应付管理系统中，执行"票据管理"命令，打开"查询条件选择"对话框，如图 5-51 所示。

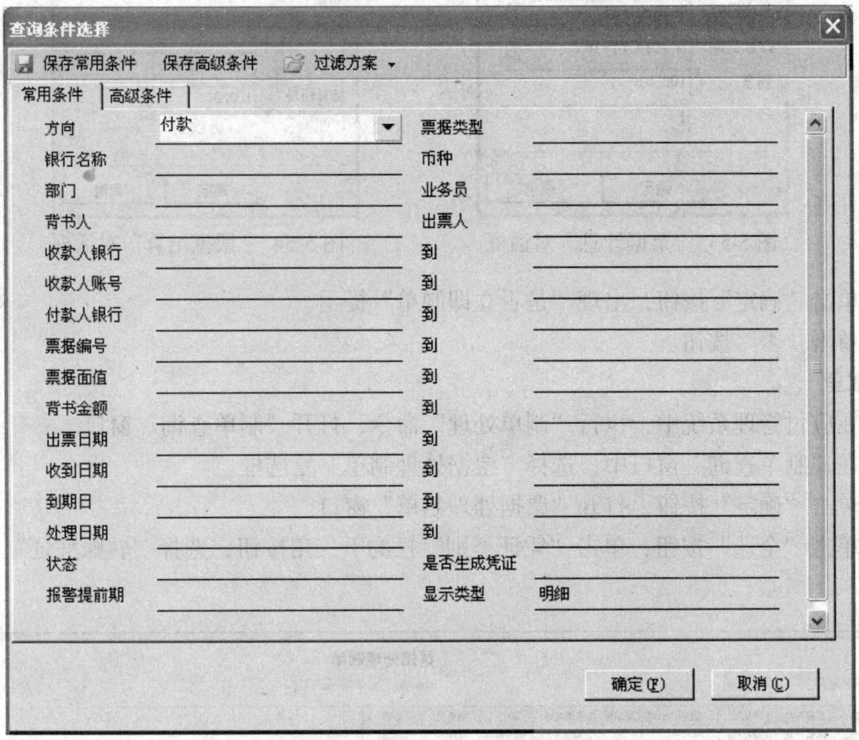

图 5-51 "查询条件选择"对话框

（2）单击"确定"按钮，打开"票据管理"窗口。在"票据管理"窗口中，单击选中 2015 年 12 月 16 日银行承兑汇票（64374789），如图 5-52 所示。

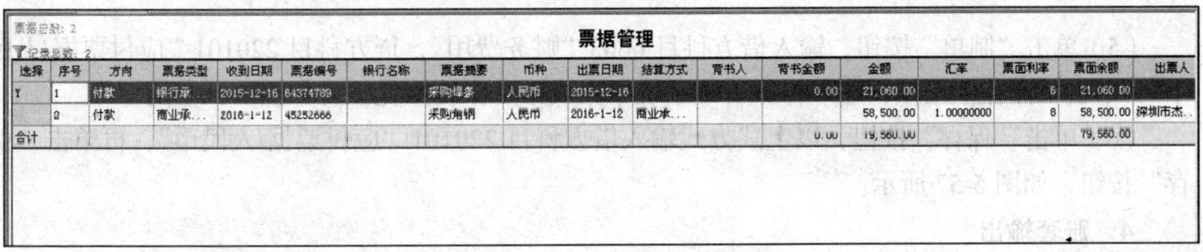

图 5-52 "票据管理"窗口

（3）单击“计息”按钮，打开“票据计息”对话框，如图5-53所示。

（4）单击“确定”按钮，系统弹出“是否立即制单”提示框。

（5）单击“否”按钮。

2．银行承兑汇票结算

（1）在“票据管理”窗口中，单击选中2015年12月16日的银行承兑汇票（64374789）。

（2）单击“结算”按钮，打开“票据结算”窗口。修改结算日期“2016-01-16”；输入结算金额“21 168.81”；在“结算科目”栏输入“100201”或单击“结算科目”栏的参照按钮，选中“100201”人民币，如图5-54所示。

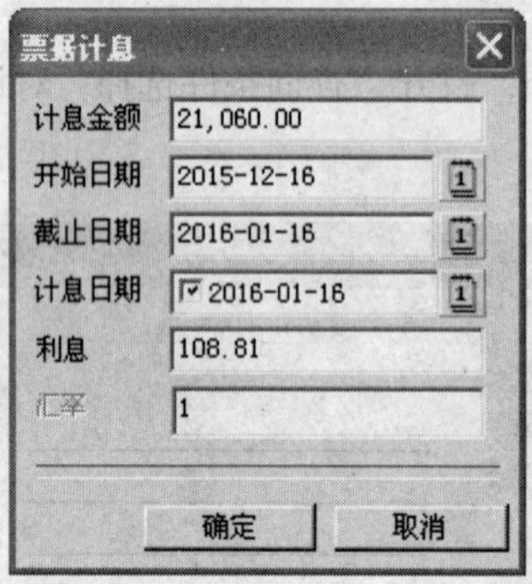

图5-53 “票据计息”对话框

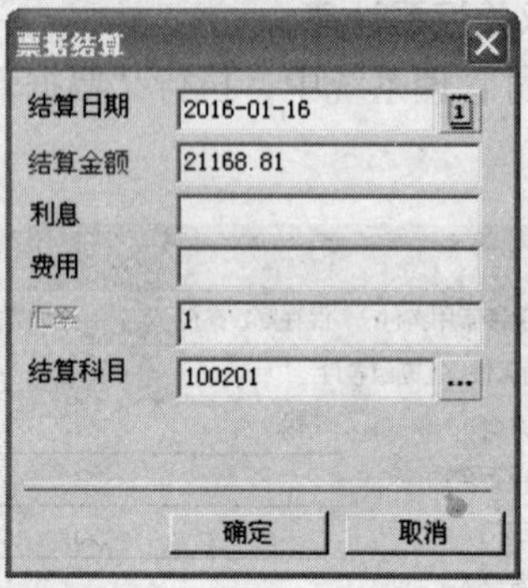

图5-54 “票据结算”对话框

（3）单击“确定”按钮，出现“是否立即制单”提示。

（4）单击“否”按钮。

3．制单

（1）在应付管理系统中，执行“制单处理”命令，打开“制单查询”窗口。

（2）在“制单查询”窗口中，选择“票据处理制单”复选框。

（3）单击“确定”按钮，打开“票据处理制单”窗口。

（4）单击“全选”按钮，单击“凭证类别”栏的下三角按钮，选择“转账凭证”，如图5-55所示。

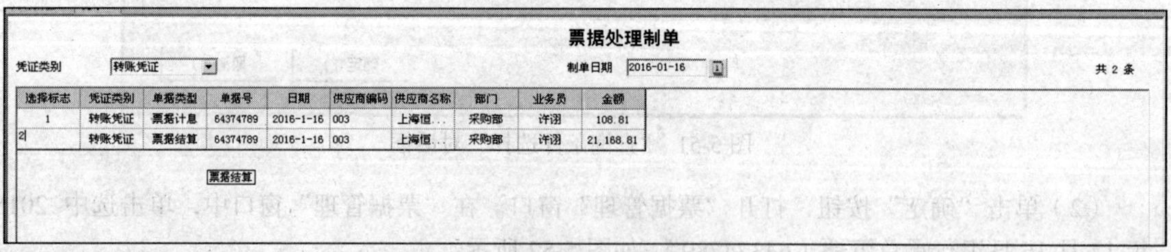

图5-55 “票据处理制单”窗口

（5）单击“制单”按钮，输入借方科目6603“财务费用”，贷方科目220101“应付票据/人民币”，单击“保存”按钮，在应付款管理系统中生成第1张转账凭证，如图5-56所示。

（6）单击“保存”按钮，以上述方式输入借方科目220101“应付票据/人民币”，再单击“保存”按钮，如图5-57所示。

4．账套输出

请将账套输出至“D:\823账套备份\5-3”文件夹。

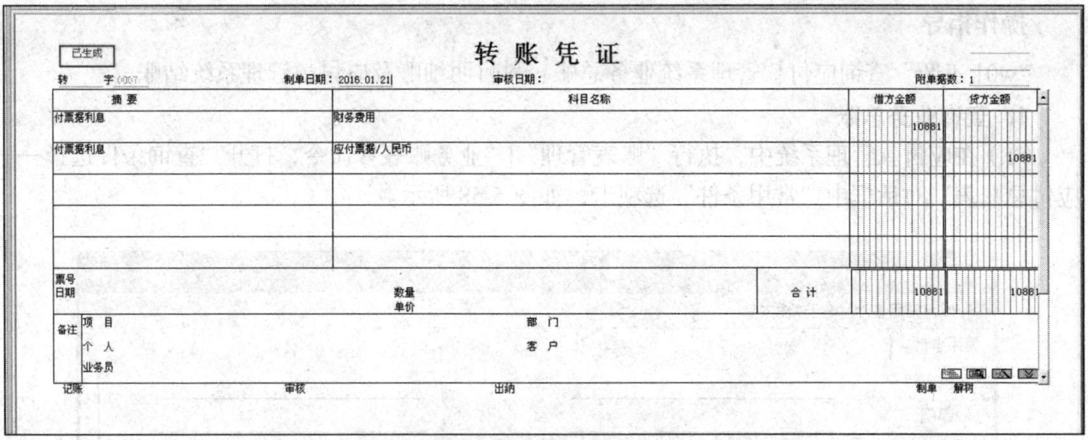

图 5-56 票据利息转账凭证

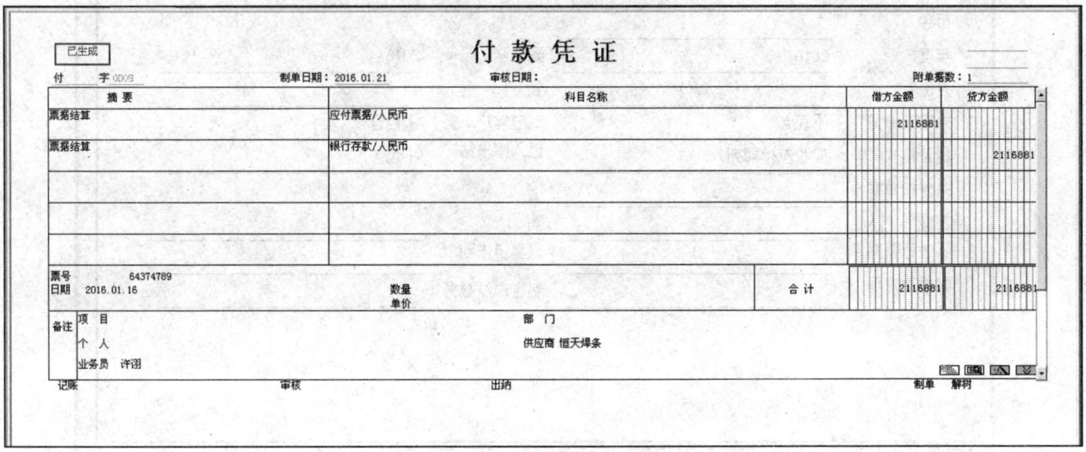

图 5-57 票据结算付款凭证

实训练习

同学们可以反复多次练习商业汇票的输入。

实训四 应付款管理系统账表查询及结账

扫一扫

业务描述

请以“w01 王昭”的身份查询应付管理系统相关账簿并进行结账。

实验要求

- 查询应付系统信息。
- 结账。

实验资料

本节无新增资料。

操作指导

“w01 王昭”查询应付款管理系统业务总账、科目明细账及应付款管理系统结账。

1．查询业务总账

（1）在应付款管理系统中，执行“账表管理”|“业务账表”命令，打开“查询条件选择——应付总账表”对话框中“常用条件”选项卡，如图 5-58 所示。

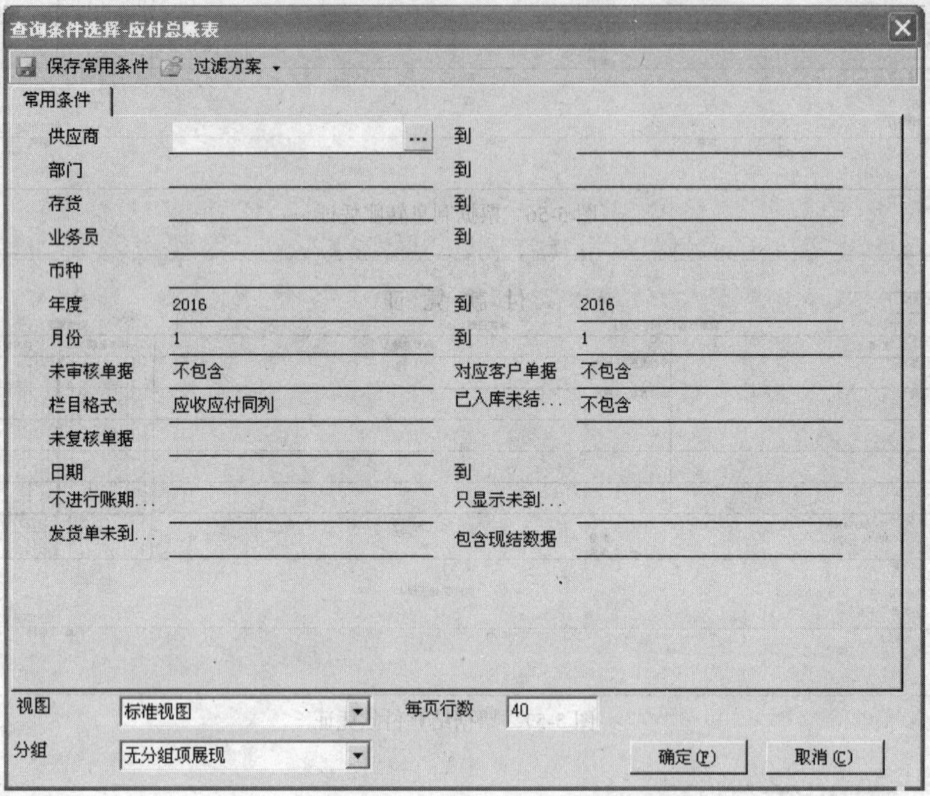

图 5-58 “查询条件选择——应付总账表”对话框

（2）单击“确定”按钮，打开“应付总账表”窗口，如图 5-59 所示。

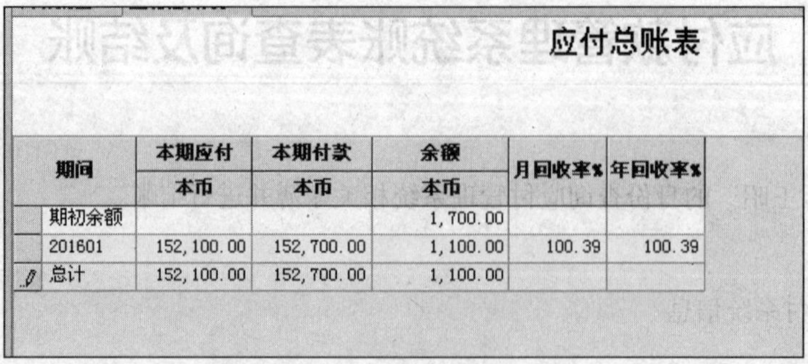

图 5-59 “应付总账表”窗口

（3）单击“退出”按钮。

> 温馨提示
>
> • 通过业务账表查询，可以及时地了解一定期间内期初应付款的结存汇总情况，应付款发生和应付款发生的汇总情况，累计情况及期末应付款结存汇总情况；还可以了解各个供应商期初应付款结存明细情况，及时发现问题，加强对往来款项的监督管理。
>
> • 业务总账查询是对一定期间内应付款汇总情况的查询。在业务总账查询的应付总账表中不仅可以查询“本期应付”，还可以查询“本期付款”及应付款的“余额”情况。

2．查询科目明细账

（1）在应付款管理系统中，执行“账表管理”|“科目账查询”|“科目明细账”命令，打开“供应商往来科目明细账”窗口。

（2）单击“确定”按钮，打开“科目明细账”窗口，如图 5-60 所示。

科目明细账

科目 全部　　　　金额式　　期间：2016.01-2016.01

年	月	日	凭证号	科目 编号	科目 名称	供应商 编号	供应商 名称	摘要	借方 本币	贷方 本币	方向	余额 本币
2016	01	20	付-0007	112301	人民币	001	申远脚轮	付款单	600.00		借	600.00
2016	01			112301	人民币	001	申远脚轮	本月合计	600.00		借	600.00
2016	01			112301	人民币	001	申远脚轮	本年累计	600.00		借	600.00
				112301	人民币	002	业伟铸管	期初余额			借	10,000.00
				112301	人民币			合　计	600.00		借	10,600.00
				112301	人民币			累　计	600.00		借	10,600.00
2016	01	21	转-0006	220101	人民币	002	业伟铸管	采购角钢		58,500.00	贷	58,500.00
2016	01			220101	人民币	002	业伟铸管	本月合计		58,500.00	贷	58,500.00
2016	01			220101	人民币	002	业伟铸管	本年累计		58,500.00	贷	58,500.00
				220101	人民币	003	恒天焊条	期初余额			贷	21,060.00
2016	01	21	付-0009	220101	人民币	003	恒天焊条	票据结算	21,168.81		借	108.81
2016	01	21	转-0007	220101	人民币	003	恒天焊条	付票据利息		108.81	平	
2016	01			220101	人民币	003	恒天焊条	本月合计	21,168.81	108.81	平	
2016	01			220101	人民币	003	恒天焊条	本年累计	21,168.81	108.81	平	
				220101	人民币			合　计	21,168.81	58,608.81	贷	58,500.00
				220101	人民币			累　计	21,168.81	58,608.81	贷	58,500.00
2016	01	20	付-0007	220201	人民币	001	申远脚轮	付款单	23,400.00		借	23,400.00
2016	01	20	转-0004	220201	人民币	001	申远脚轮	采购脚轮		23,400.00	平	
2016	01			220201	人民币	001	申远脚轮	本月合计	23,400.00	23,400.00	平	
2016	01			220201	人民币	001	申远脚轮	本年累计	23,400.00	23,400.00	平	
2016	01	21	转-0005	220201	人民币	002	业伟铸管	采购角钢		58,500.00	贷	58,500.00
2016	01	21	转-0006	220201	人民币	002	业伟铸管	采购角钢	58,500.00		平	
2016	01			220201	人民币	002	业伟铸管	本月合计	58,500.00	58,500.00	平	
2016	01			220201	人民币	002	业伟铸管	本年累计	58,500.00	58,500.00	平	
2016	01	20	付-0008	220201	人民币	004	红海木业	核销	70,200.00		借	70,200.00
2016	01	20	转-0003	220201	人民币	004	红海木业	采购木托盘		70,200.00	平	
2016	01			220201	人民币	004	红海木业	本月合计	70,200.00	70,200.00	平	
2016	01			220201	人民币	004	红海木业	本年累计	70,200.00	70,200.00	平	
				220201	人民币			合　计	152,100.00	152,100.00	平	

图 5-60 “科目明细账”窗口

（3）单击“退出”按钮。

> 温馨提示
>
> • 科目查询包括科目明细账查询和科目余额表查询。
>
> • 科目明细账查询可以查询供应商往来科目下往来供应商的往来明细账。细分为科目明细账、供应商明细账、三栏明细账、部门明细账、项目明细账和业务员明细账等。
>
> • 科目余额表查询可以查询应付受控科目各个供应商的期初余额、本期借方发生额合计、本期贷方发生额合计及期末余额。细分为科目余额表、供应商余额表、三栏余额表、部门余额表、业务员余额表和供应商分类余额表及地区分类余额表。

3．结账

（1）在应付款管理系统中，执行“期末处理”|“月末处理”命令，打开“月末处理”对话框。

（2）双击一月“结账标志”栏，出现选中标记“Y”，如图 5-61 所示。

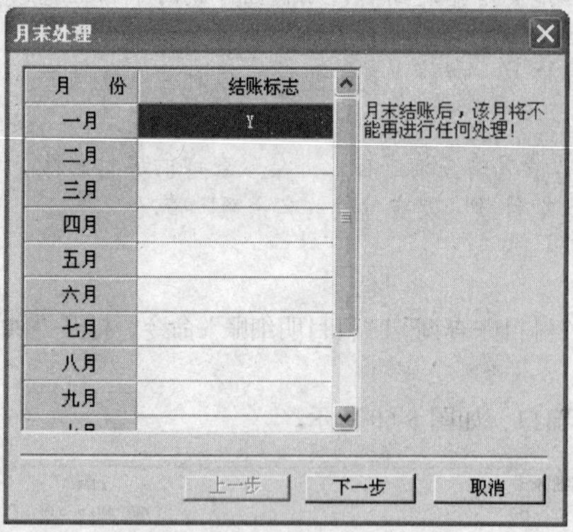

图 5-61 “月末处理”对话框

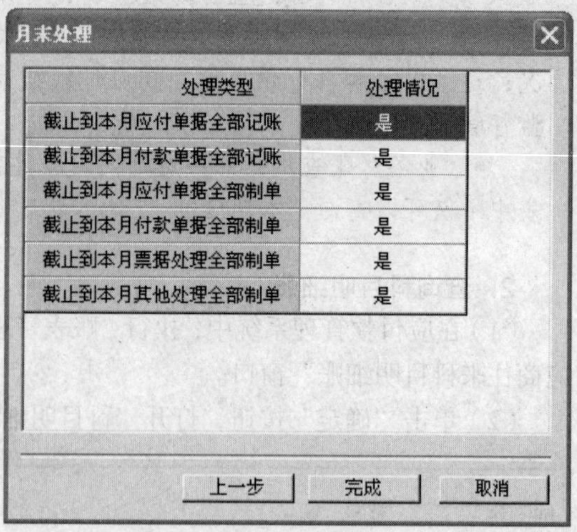

图 5-62 “月末处理——处理情况表”对话框

（3）单击“下一步”按钮，弹出“月末处理——处理情况表”对话框，如图 5-62 所示。

（4）单击“完成”按钮，系统弹出“1 月份结账成功”提示框，如图 5-63 所示。

（5）单击“确定”按钮。

图 5-63 “结账成功”提示框

4．账套输出

请将账套输出至“D：\823 账套备份\5-4”文件夹。

温馨提示

- 当月业务如果已经全部处理完毕，应进行月末结账。只有当月结账后，才能开始下个月的工作。
- 进行月末处理时，一次只能选择一个月进行结账；若前一个月未结账，则本月不能结账。
- 在执行了月末结账后，该月将不能再进行任何处理。

实训练习

查询科目明细账。

项目小结

本项目主要介绍了应付款管理系统初始化设置、单据处理、票据处理，包括应付款管理系统参数设置、初始设置、期初余额、采购木托盘、采购脚轮、支付货款、单据审核、单据核销、单据制单、采购角钢、票据计息及计算，应付款业务即采购业务是企业核算的重点，读者应掌握业务处理的一系列操作。初始化设置是本项目的基础，它影响整个系统的操作，分清用户权限，w01 与 w02 都可以进行制单审核，一个人制单之后必须另一个人进行审核，严谨地完成每一个步骤，才可以保证期末做账处理的正确性。

项目综合评价

评价记录表

姓　　名:　　　班　　级:　　　评价时间:

评价指标		评价标准	所占比例	分值
学习过程 Σ70	学习目标 Σ40	应付款管理系统初始化设置	10%	
		单据处理	5%	
		票据管理	15%	
		本章成绩	10%	
	综合能力 Σ30	应付款管理系统参数设置	10%	
		应付款管理系统账表查询	10%	
		结账	5%	
		综合能力	5%	
小组合作 Σ30	初始实施	账套引入	5%	
	过程实施	配合及解决问题及灵动性	5%	
	合作交流	小组成员间的交流与合作	10%	
	资源利用	资源使用及组织	10%	
综合得分				
教师评语		签名: 年　月　日		
学生意见		签名: 年　月　日		

项目六 固定资产管理系统业务处理

功能概述

固定资产管理系统主要提供资产管理、折旧计算、统计分析等功能。其中资产管理主要包括原始设备的管理、新增资产的管理、资产减少的处理、资产变动的管理等，并提供资产评估及计提固定资产减值准备的功能，支持折旧方法的变更，可以按月自动计算折旧，生成折旧分配凭证，同时输出有关的报表和账簿。固定资产核算系统可以用于固定资产总值，累计折旧数据的动态管理，协助设备管理部门做好固定资产实体的各项指标的管理，分析工作，具体包括以下内容。

- 初始设置：根据用户的具体情况，建立一个合适的固定资产子账套的过程。初始设置包括系统初始化、部门设置、类别设置、使用状况定义、增减方式定义、折旧方法定义、卡片项目定义、卡片样式定义等。
- 卡片管理：固定资产管理在企业中分为两部分，一是固定资产卡片台账管理，二是固定资产的会计处理。系统提供了卡片管理的功能，从卡片、变动单及资产评估三方面来实现卡片管理，主要包括卡片录入、卡片修改、卡片删除、资产增加及资产减少等功能，不仅实现了固定资产文字资料的管理，而且还实现了固定资产的图片管理。
- 折旧管理：自动计提折旧形式清单和折旧分配表，按分配表自动制作记账凭证，并传递到总账系统。在对折旧进行分配时可以在单位和部门之间进行分配。
- 月末对账结账：月末按照系统初始设置的账务系统进行月末结账，自动与账务系统进行对账，并根据对账结果和初始设置决定是否对账。
- 账表查询：通过“我的账表”对系统所能提供的全部账表进行管理，资产管理部门可随时查询分析表、统计表、账簿和折旧表，提高资产管理效率。另外，还提供固定资产的多种自定义功能。

实验目的与要求

- 系统地学习固定资产系统初始化、日常业务处理的主要内容和操作方法。要求掌握输入固定资产卡片的方法；掌握固定资产增加、减少、变动的操作方法和要求；掌握固定资产折旧的处理过程及操作方法；了解固定资产账套内容及作用，熟悉固定资产月末转账、对账及月末结账的操作方法。

实训一　固定资产管理系统初始化设置

业务一　固定资产管理系统参数设置

扫一扫

业务描述

请以“w01 王昭”的身份设置固定资产管理系统的参数，如表 6-1 所示。

实验要求

- 设置固定资产系统参数。

实验资料

表 6-1　固定资产管理系统参数

约定与说明	我同意
启用月份	2016 年 1 月
折旧信息	本账套计提折旧 折旧方法：平均年限法（一） 折旧汇总分配周期：1 个月 当（月初已计提月份=可使用月份-1）时将剩余折旧全部提足
编码方式	资产类别编码方式：2-1-1-2 固定资产编码方式：按“类别编号+序号”自动编码；卡片序号度为 3
财务接口	固定资产对账科目：1601 累计折旧对账科目：1602 选中“在对账不平情况下允许固定资产月末结账”
与财务系统接口	固定资产缺省入账科目：1601 累计折旧缺省入账科目：1602 减值准备缺省入账科目：1603 增值税进行税额缺省入账科目：22210101 固定资产清理缺省入账科目：1606 选中“业务发生后立即制单”

操作指导

“w01 王昭”设置固定资产管理系统参数。

（1）在企业应用平台，执行“业务工作”|“财务会计”|“固定资产”的操作，系统弹出“这是第一次打开此账套，还未进行过初始化，是否进行初始化？”的对话框，如图 6-1 所示。

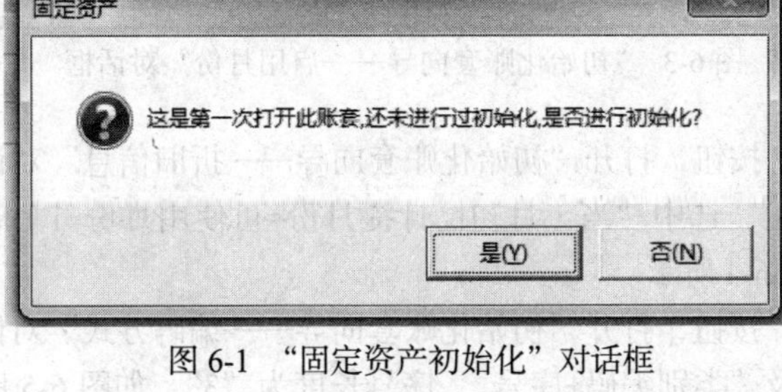

图 6-1　“固定资产初始化”对话框

（2）单击“是”按钮，打开固定资产“初始化账套向导——约定及说明”对话框，如图6-2所示。

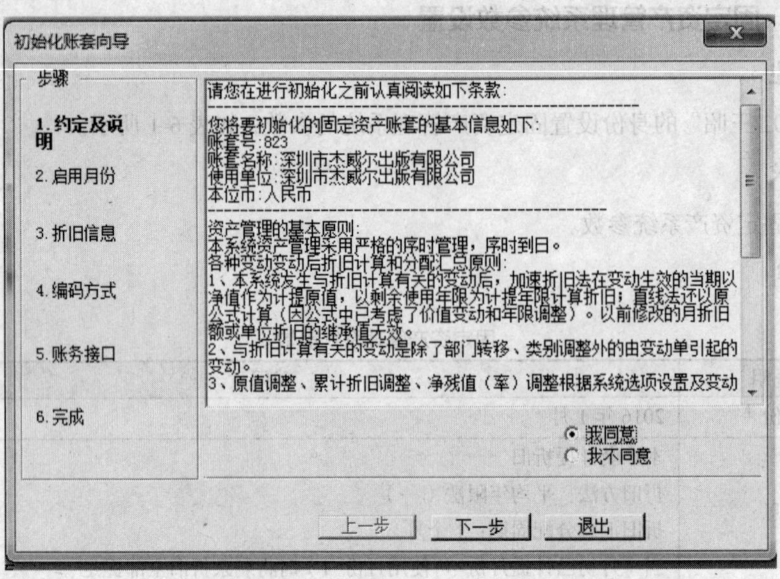

图6-2 “初始化账套向导——约定及说明”对话框

（3）选中“我同意”单选按钮，单击“下一步”按钮，打开“固定资产初始化账套向导——启用月份”对话框。系统默认的账套启用月份为“2016.01”，如图6-3所示。

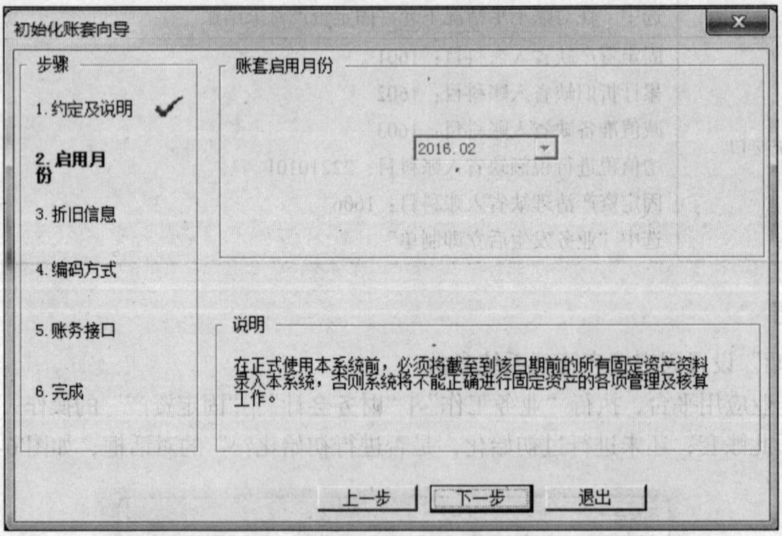

图6-3 “初始化账套向导——启用月份”对话框

（4）单击“下一步”按钮，打开“初始化账套向导——折旧信息”对话框，选择主要折旧方法为“平均年限法（一）”，选中“当（月初已计提月份=可使用月份-1）时将剩余折旧全部提足（工作量法除外）”，如图6-4所示。

（5）单击“下一步”按钮，打开“初始化账套向导——编码方式”对话框。选择固定资产编码方式为“自动编码”及“类别编码+序号”，序号长度为“3”，如图6-5所示。

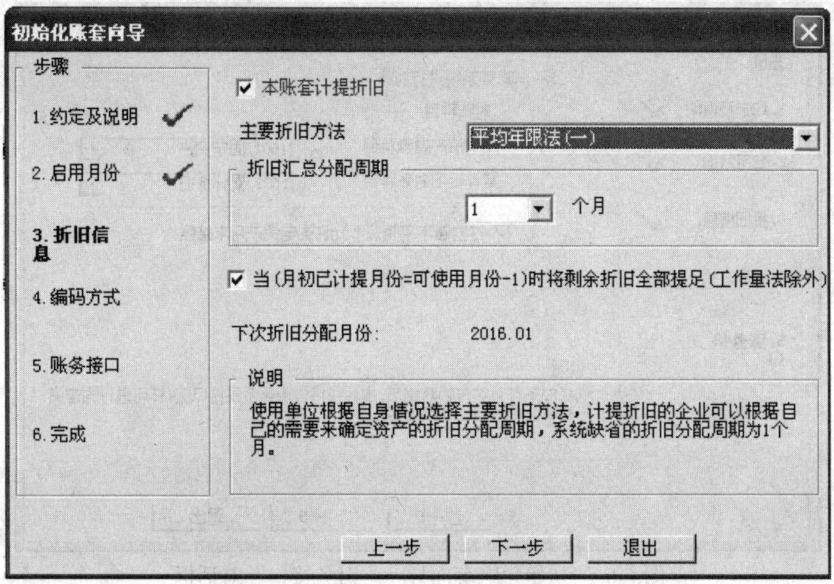

图 6-4 “初始化账套向导——折旧信息”对话框

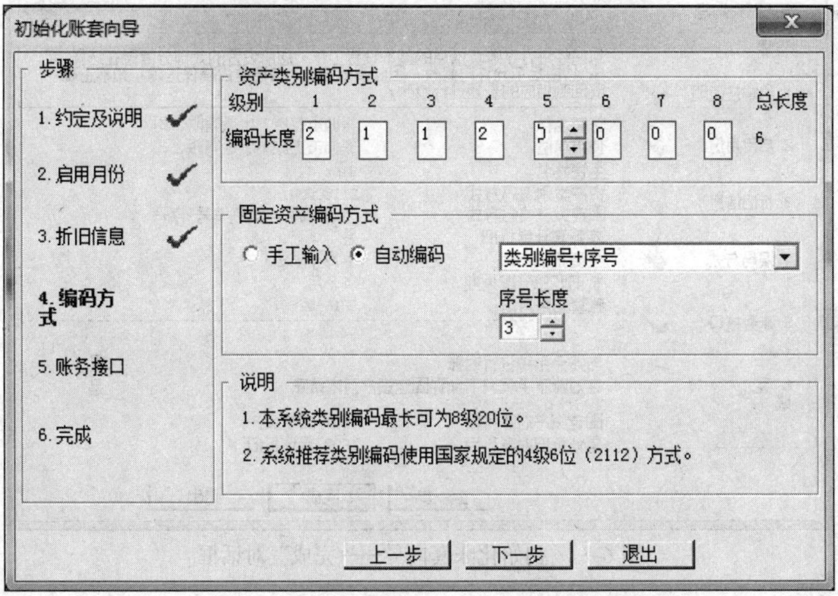

图 6-5 “初始化账套向导——编码方式”对话框

（6）单击“下一步”按钮，打开“初始化账套向导——财务接口”对话框。在“固定资产对账科目”栏输入“1601，固定资产”，在“累计折旧对账科目”栏输入“1602，累计折旧”，选中“在对账不平情况下允许固定资产月末结账”复选框，如图 6-6 所示。

（7）单击“下一步”按钮，打开“初始化账套向导——完成”对话框，如图 6-7 所示。

（8）单击“完成”按钮，系统弹出“已经完成了新账套的所有设置工作，是否确定所设置的信息完全正确并保存对新账套的所有设置？”对话框，如图 6-8 所示。

（9）单击“是”按钮，系统提示“已成功初始化本固定资产账套!”，如图 6-9 所示。

（10）单击“确定”按钮，固定资产建账完毕。

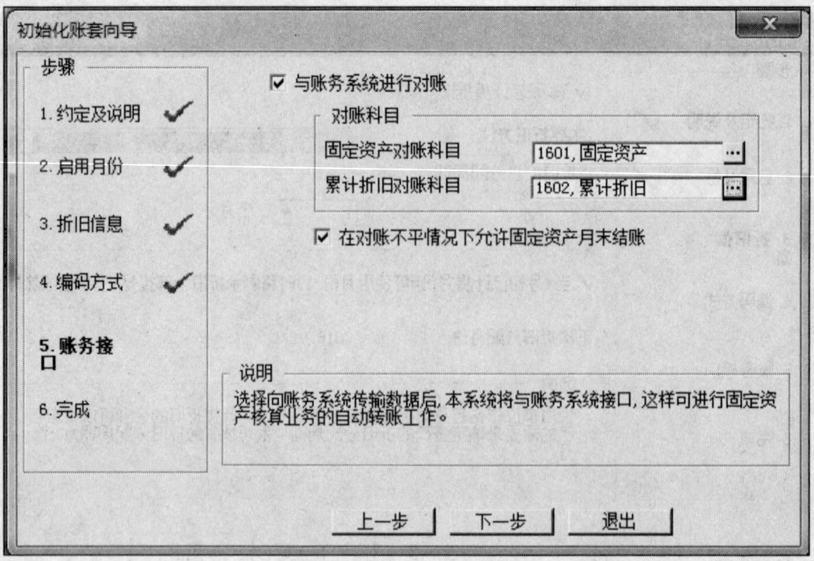

图 6-6 “初始化账套向导——财务接口”对话框

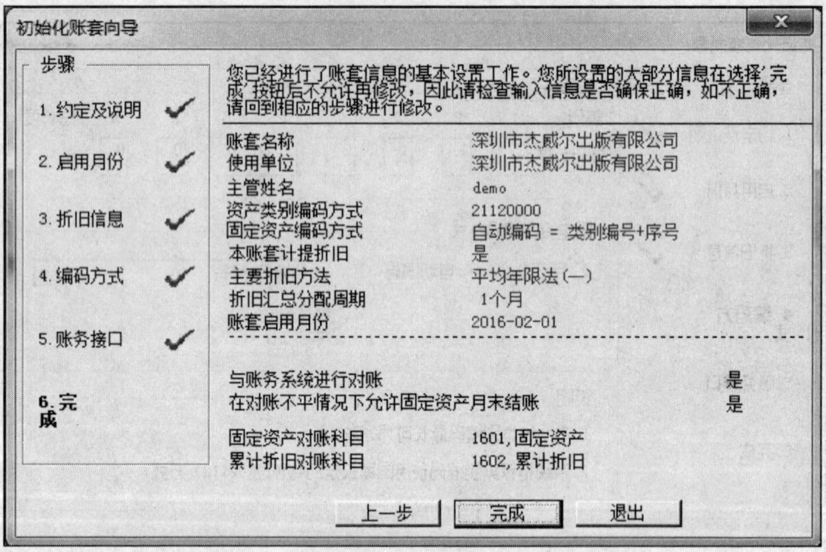

图 6-7 “初始化账套向导——完成”对话框

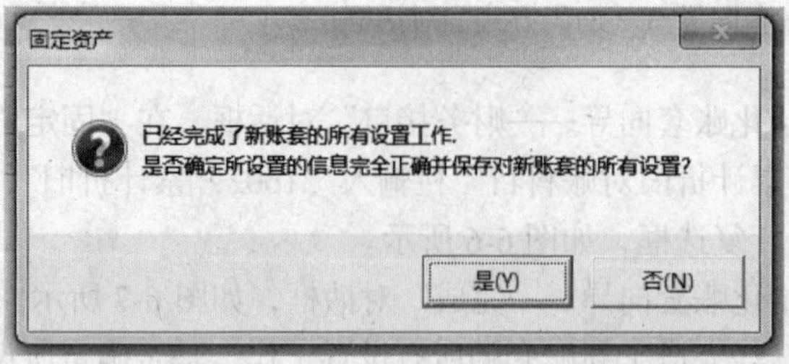

图 6-8 “固定资产初始化——提示”对话框

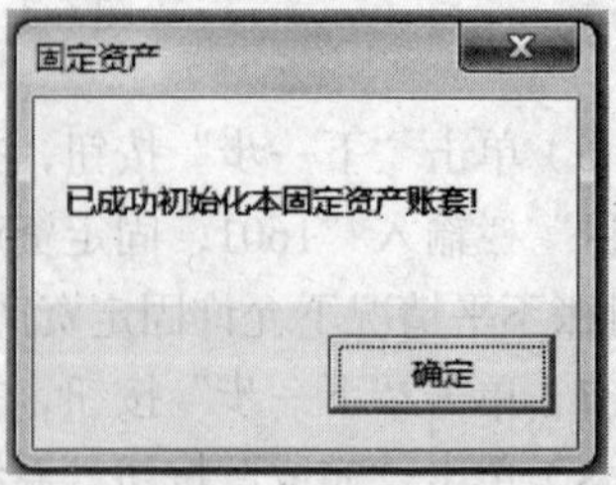

图 6-9 “固定资产账套初始化成功”提示框

（11）执行“固定资产”|“设置”|“选项”|“与财务系统接口”选项卡，单击“编辑”按钮，激活“选项”对话框，在“[固定资产]缺省入账科目”栏输入“1601，固定资产”，在“[累计折旧]

缺省入账科目”栏输入“1602，累计折旧”，在“[减值准备]缺省入账科目”栏输入“1603，固定资产减值准备”，在“[增值税进项税额]缺省入账科目”栏输入“22210101，进项税额”，在“[固定资产清理]缺省入账科目”栏输入“1606，固定资产清理”；勾选“业务发生后立即制单”复选框，如图 6-10 所示。

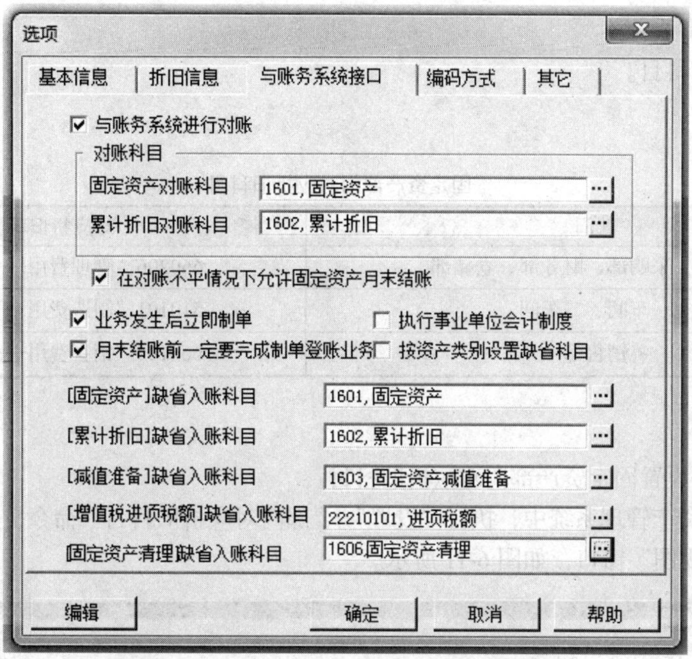

图 6-10 “选项——与财务系统接口”选项卡

温馨提示

- 在固定资产“初始化账套向导——启用月份”对话框中所示的启用月份只能查看不能修改。启用日期确定后，在该日期前的所有固定资产都作为期初数据，在启用月份开始计提折旧。
- 在固定资产“初始化账套向导——折旧信息”中，当（月初已计提月份=可使用月份-1）时，将剩余折旧全部提足（工作量法除外）是指除工作量法外，只要上述条件满足，则该月折旧净额=净值-净残值，并且不能手工进行修改；如果不选该选项，则该月不提足折旧，并且可进行手工修改，但如以后各月按照公式计算的月折旧率或折旧额是负数时，认定公式无效，令折旧率=0，月折旧额=净值-净残值。
- 固定资产编码方式包括“手工输入”和“自动编码”两种方式。自动编码方式包括“类别编码+序号”“部门编码+序号”“类别编码+部门编码+序号”和“部门编码+类别编码+序号”，类别编码中的序号长度可自由设定为 1～15 位。
- 资产类别编码方式设定以后，一旦设定某一级类别，则该级的长度不能修改；未使用过的各级长度可以进行修改。每个账套的自动编码方式只能选择一种，一经设定，该自动编码不得进行修改。
- 固定资产对账科目和累计折旧对账科目应于账务系统内的对账科目一致。
- 对账不平，不允许结账是指在存在对应的账务账套的情况下，本系统在月末结账前将自动执行一次对账，给出对账结果。如果不平，说明两系统出现偏差，应予以调整。

业务二　设置固定资产部门对应折旧科目

业务描述

请以“w01 王昭”的身份设置固定资产部门对应折旧科目，如表 6-2 所示。

实验要求

- 设置折旧科目。

实验资料

表 6-2　　固定资产部门对应折旧科目

部门	对应折旧科目
经理室、采购部、财务部、仓储部	660206“管理费用——折旧费”
一车间、二车间	510101“制造费用——折旧费”
销售部	660106“销售费用——折旧费”

操作指导

“w01 王昭”设置固定资产部门对应折旧科目。

（1）在固定资产管理系统中，执行“设置”|“部门对应折旧科目”命令，进入“部门对应折旧科目——列表视图”窗口，如图 6-11 所示。

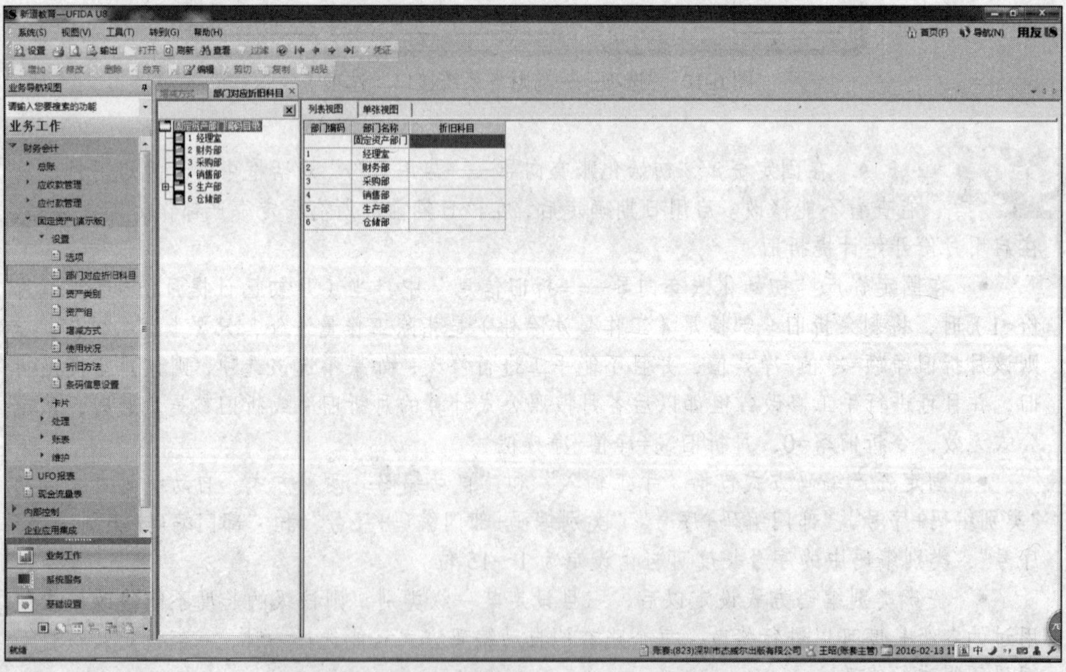

图 6-11　“部门对应折旧科目——列表试图”窗口

（2）选择“经理室”所在行，单击“修改”按钮，打开“单张视图”窗口。也可直接选中部门编码目录中的“经理室”，单击打开“单张视图”选项卡，再单击“修改”按钮。在“折旧科目”栏输入或选择“660206，折旧费”，如图 6-12 所示。

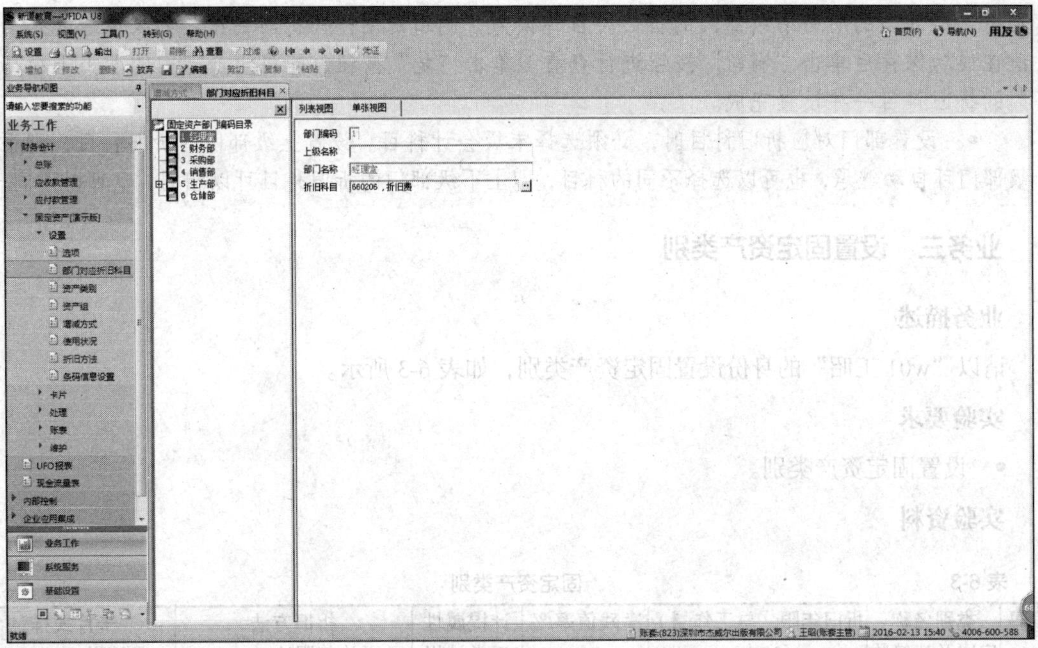

图 6-12 “部门对应折旧科目——单张视图”窗口

（3）单击“保存”按钮，以此方法继续输入其他部门对应的折旧科目，其结果如图 6-13 所示。

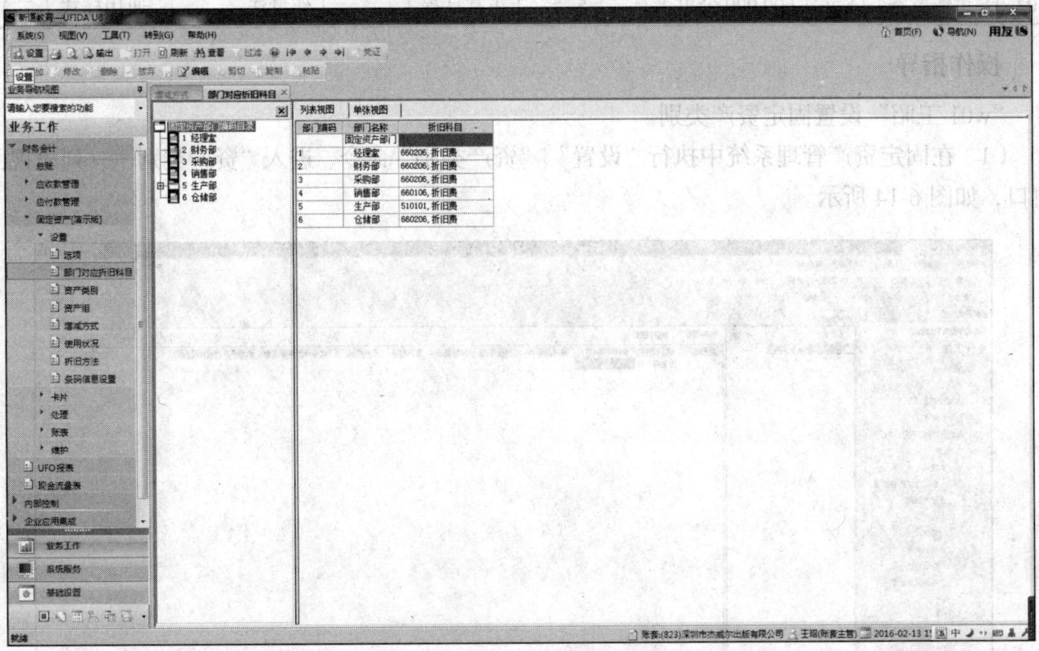

图 6-13 “部门对应折旧科目——列表视图”窗口

温馨提示

• 本系统输入卡片时，只能选择明细部门，所以设置折旧科目也只有设置明细部门才有意义。如果某一上级部门设置了对应的折旧科目，则下级部门继承上级部门的设置。

• 设置生产部门对应折旧科目为“510101”制造费用——折旧费时，系统会提示“是否将生产部门的所有下级部门的折旧科目替换为“制造费用——折旧费？”如果选择“是”，请在成功保存后单击“刷新”按钮进行查看。单击“是”按钮，即将生产部门的两个下级部门的折旧科目一并设置完成。

- 设置部门对应折旧科目时，必须选择末级会计科目。设置上级部门的折旧科目，则下级部门可自动继承，也可以选择不同的科目，即上下级部门的折旧科目可以相同，也可以不同。

业务三 设置固定资产类别

业务描述

请以“w01 王昭”的身份设置固定资产类别，如表6-3所示。

实验要求

- 设置固定资产类别。

实验资料

表6-3 固定资产类别

编码	类别名称	折旧年限（总工作量）	净残值率/%	计提属性	折旧方法	卡片式样
01	房屋及建筑物	30年	5	正常计提	平均年限法（一）	通用样式（二）
02	生产设备	5年	5	正常计提	平均年限法（一）	含税卡片样式
03	办公设备	3年	1	正常计提	平均年限法（一）	含税卡片样式
04	运输设备	8年（600 000公里）	5	正常计提	工作量法	通用样式（二）

操作指导

“w01 王昭”设置固定资产类别。

（1）在固定资产管理系统中执行“设置”|“资产类别”命令，进入“资产类别——列表视图”窗口，如图6-14所示。

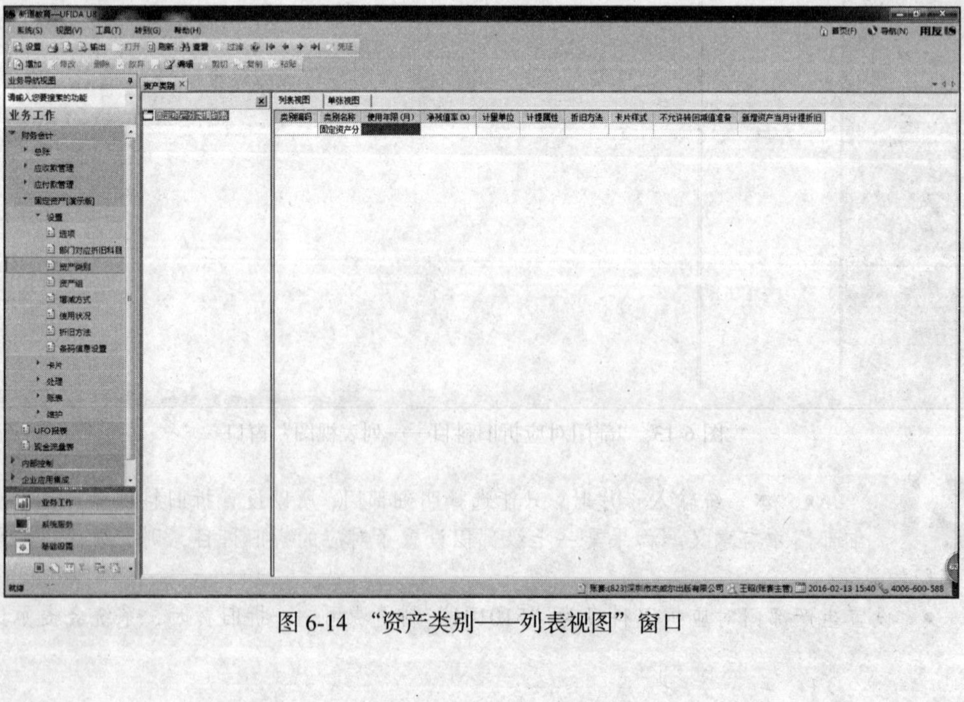

图6-14 “资产类别——列表视图”窗口

（2）单击“增加”按钮，打开“资产类别——单张视图”窗口，如图 6-15 所示。

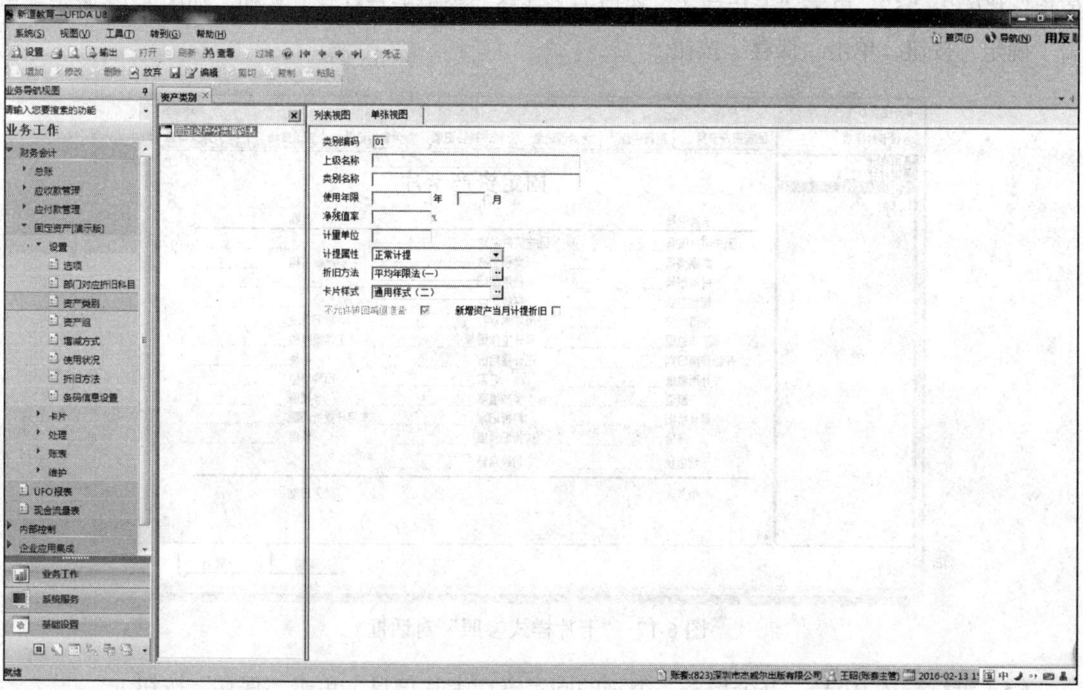

图 6-15 “资产类别——单张视图”窗口

（3）在“类别名称”栏输入“房屋及建筑物”，在“使用年限”栏输入“30”，在“净残值率”栏输入“5”，如图 6-16 所示，单击“保存”按钮。

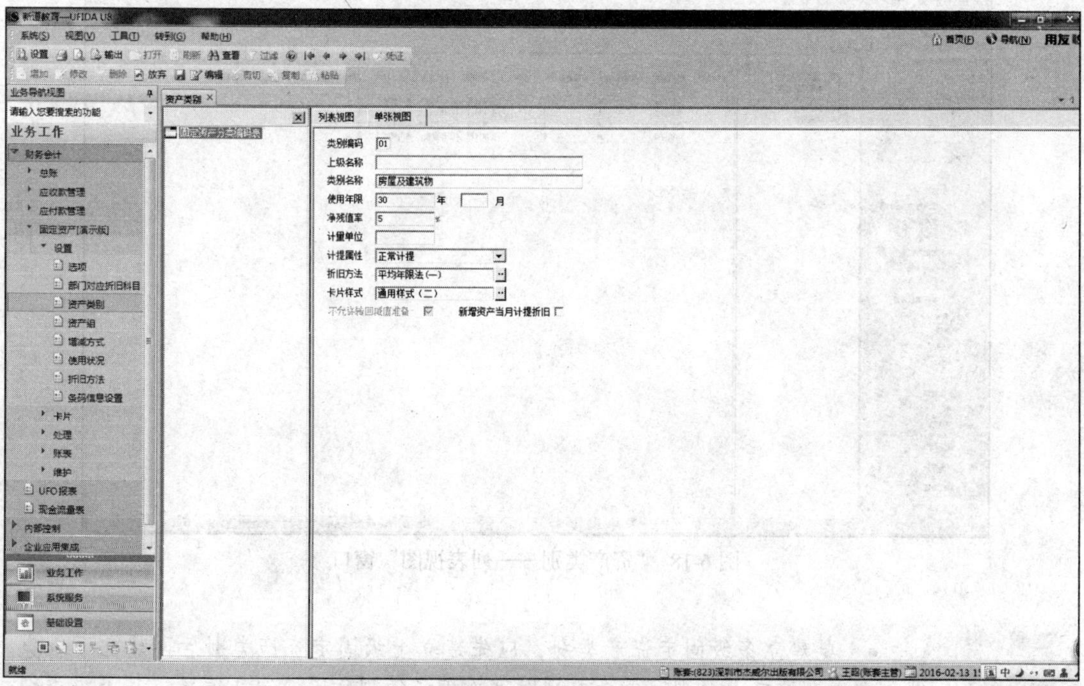

图 6-16 “资产类别——单张视图”窗口

（4）继续输入02号资产的类别名称为“生产设备”，在“使用年限”栏输入“5”，在“净残值率”栏输入“5”，单击“卡片样式”选项卡，选择“含税卡片样式”按钮，如图6-17所示。单击“确定”按钮，单击“保存”按钮。

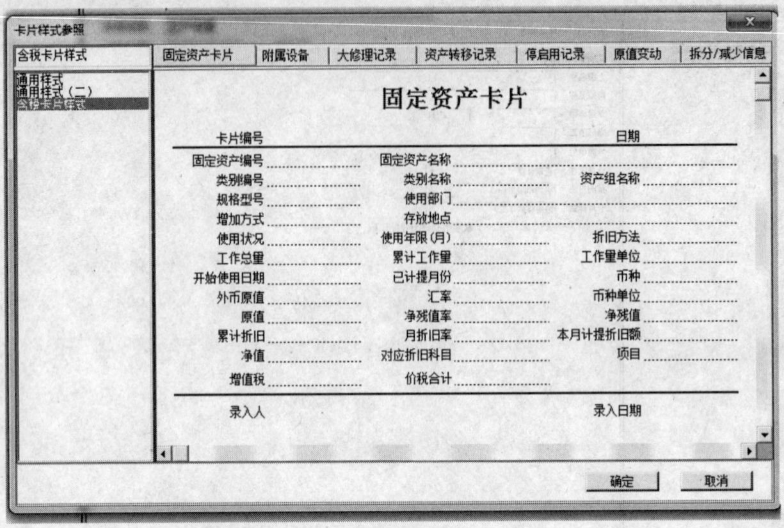

图6-17 “卡片样式参照”对话框

（5）继续输入03号“办公设备”类别的固定资产卡片信息，单击“保存”按钮。

（6）单击“放弃”按钮，系统提示“是否取消本次操作”，单击“是”按钮，返回“资产类别——列表视图”窗口，如图6-18所示。

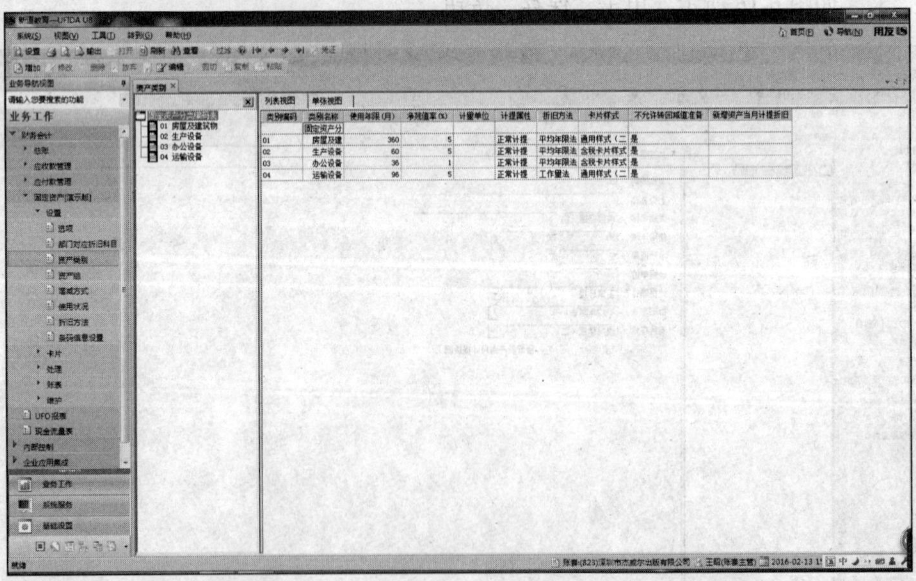

图6-18 “资产类别——列表视图”窗口

• 要建立多级固定资产类别，应先建立上级固定资产类别后再建立下级类别。由于在建立上级固定资产类别时就设置了使用年限、净残值率，其下级类别如果与上级类别设置相同，则可自动继承不用修改；如果下级类别与上级类别设置不同，则可以修改。

- 类别编码、名称、计提属性及卡片样式不能为空。
- 非明细级别类别编码不能修改和删除，明细级别类别编码修改时只能修改本级编码。
- 使用过类别的计提属性不能修改。
- 系统已使用的类别不允许增加下级和删除。

业务四　设置固定资产增减方式对应入账科目

业务描述

请以“w01 王昭”的身份设置固定资产增减方式对应入账科目，如表 6-4 所示。

实验要求

- 设置入账科目实验资料。

表 6-4　　固定资产增减方式对应入账科目

项目	增减方式	对应入账科目
增减方式	直接购入	100201“银行存款——人民币”
	在建工程转入	1604“在建工程”
减少方式	出售	1606“固定资产清理”
	报废	1606“固定资产清理”
	盘亏	1901“待处理财产损益”

操作指导

“w01 王昭”设置固定资产增减方式对应入账科目。

（1）在固定资产管理系统，执行“设置”|“增减方式”命令，打开“增减方式”窗口，如图 6-19 所示。

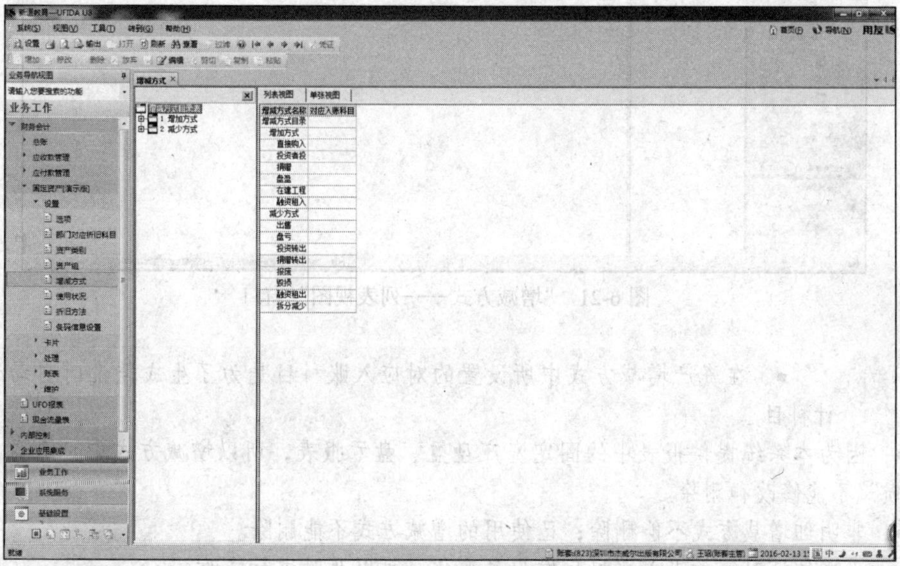

图 6-19　“增减方式——列表视图”窗口

（2）选中“直接购入”所在行，单击“修改”按钮，打开“增减方式——单张视图”窗口，在“对应入账科目”栏输入“100201，人民币”，如图6-20所示。单击“保存”按钮。

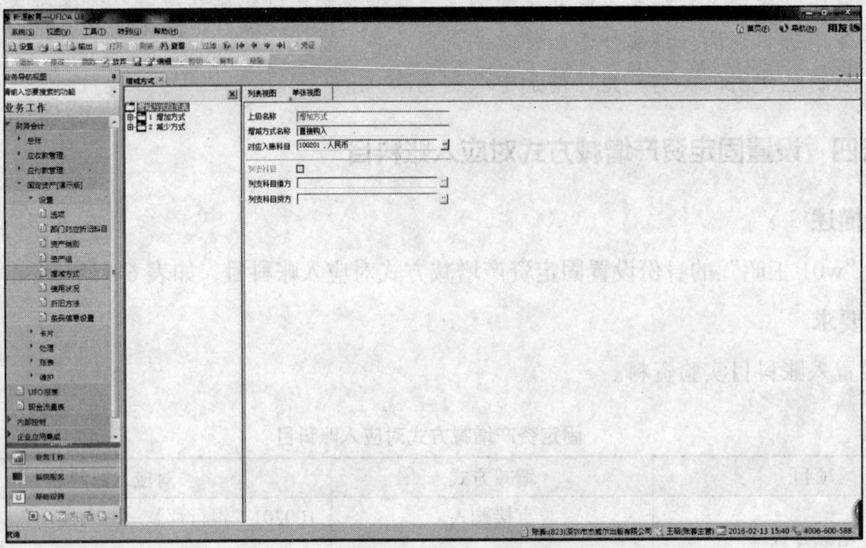

图6-20 “增减方式——单张视图”窗口

（3）以此方法继续设置其他增减方式对应入账科目。输入的结果如图6-21所示。

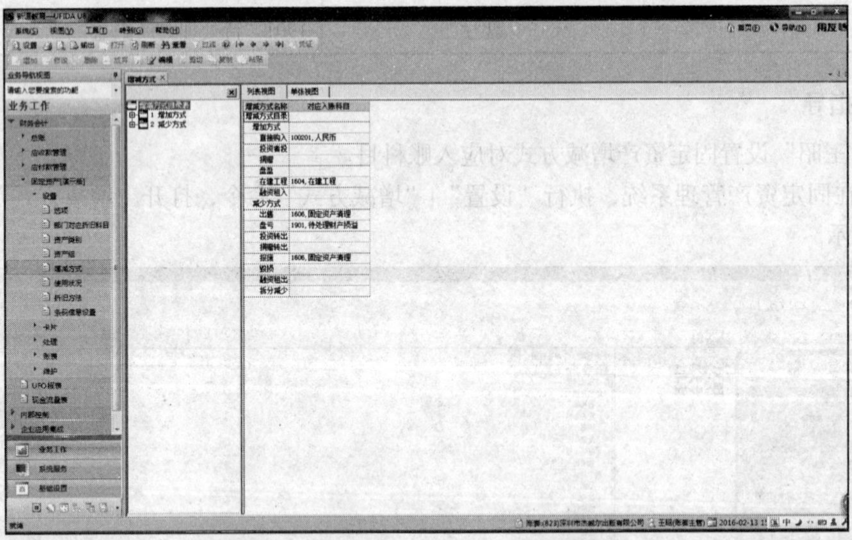

图6-21 “增减方式——列表视图”窗口

温馨提示

- 在资产增减方式中所设置的对应入账科目是为了生成凭证时自动带出会计科目。
- 因为本系统提供报表中的固定资产盘盈、盘亏报表，所以增减方式中“盘盈、盘亏和毁损”不能修改和删除。
- 非明细增减方式不能删除；已使用的增减方式不能删除。
- 生成凭证时，如果入账科目发生了变化，可以及时进行修改。

业务五　原始卡片输入

业务描述

请以"w01 王昭"的身份输入固定资产原始卡片，如表 6-5 所示。

实验要求

- 输入原始数据。

实验资料

表 6-5　　固定资产原始卡片

固定资产编号	固定资产名称	类别编号	所在部门	增加方式	可使用年限	开始使用日期	单位	数量	原值	累计折旧	使用状况	净残值率
01001	厂房	01	一车间、二车间（各占50%）	在建工程转入	30	2014-6-18	幢	1	100 000	4 750	在用	5%
01002	仓库	01	仓储部	在建工程转入	30	2014-6-18	幢	1	100 000	4 750	在用	5%
02001	3T 柴油叉车	02	一车间、二车间（各占50%）	直接购入	5	2015-2-16	辆	1	28 000	4 433.33	在用	5%
02002	S生产线	02	一车间	直接购入	5	2015-2-16	条	1	20 000	3 166.67	在用	5%
02003	剪板机	02	一车间	直接购入	5	2014-9-28	台	1	20 000	4 750	在用	5%
02004	液压扳料折弯机	02	一车间	直接购入	5	2015-2-22	辆	1	30 000	4 750	在用	5%
02005	切割机	02	二车间	直接购入	5	2013-6-18	台	1	20 000	9 500	在用	5%
02006	电焊机	02	二车间	直接购入	5	2014-9-28	台	1	5 000	1 187.5	在用	5%
02007	气泵	02	二车间	直接购入	5	2011-1-16	台	1	5 000	4 670.83	在用	5%
03001	联想电脑	03	经理室	直接购入	3	2015-2-14	台	1	4 000	1 100	在用	1%
03002	联想电脑	03	采购部	直接购入	3	2015-2-14	台	1	4 000	1 100	在用	1%
03003	联想电脑	03	销售部	直接购入	3	2015-2-14	台	1	4 000	1 100	在用	1%
03004	联想电脑	03	财务部	直接购入	3	2015-2-14	台	1	4 000	1 100	在用	1%
03005	惠普打印机	03	财务部	直接购入	3	2015-2-14	台	1	3 000	825	在用	1%
合计									347 000	47 183.33		

操作指导

“w01 王昭”输入固定资产原始卡片。

（1）在固定资产管理系统中，执行“固定资产”|“卡片”|“输入原始卡片”命令，打开“固定资产类别档案”对话框，如图6-22所示。

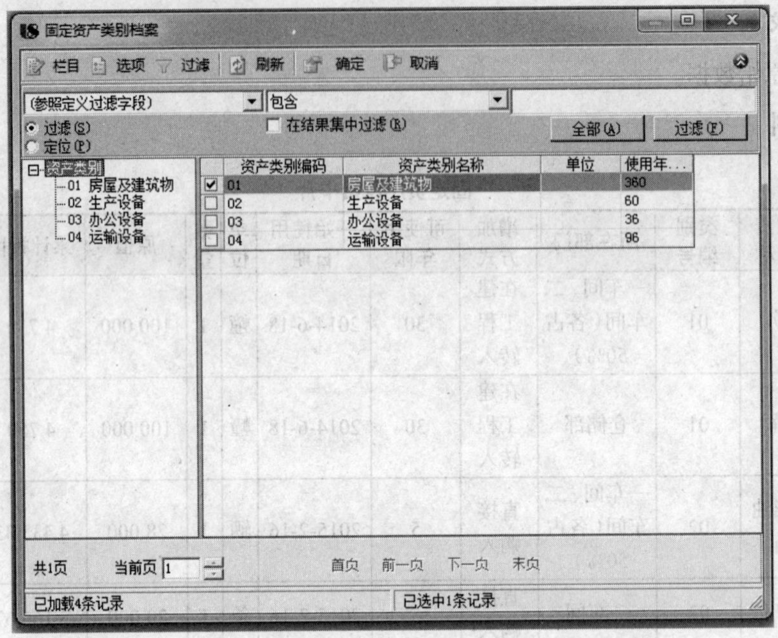

图6-22 “固定资产类别档案”对话框

（2）选择“01 房屋及建筑物”前的复选框，单击“确定”按钮后进入“固定资产卡片“输入原始卡片：00001号卡片”窗口。

（3）在“固定资产名称”栏输入“厂房”，单击“使用部门”，打开“固定资产”对话框，选择“多部门使用”单选框，单击“确定”按钮，打开“使用部门”对话框。

（4）单击“增加”按钮，在第一行“使用部门”栏选择“一车间”，在“使用比例%”栏输入“50”；继续单击“增加”按钮，输入“二车间”信息，如图6-23所示。单击“确定”按钮，退出“使用部门”对话框。

（5）单击“增加方式”栏，打开“固定资产增加方式”对话框，选择“106 在建工程转入”，单击“确认”按钮。

（6）单击“使用状况”栏，打开“使用状况参数”对话框，选择“在用”。单击“确认”按钮。

（7）在“开始使用日期”栏输入“2014-6-18”，在“原值”栏输入“100 000.00”，在“累计折旧”栏输入“750.00”，其他选项选择默认，如图6-24所示。

（8）单击“保存”按钮，系统提示“数据成功保存!”。

（9）单击“确认”按钮。以此方法继续输入其他的固定资产卡片。

（10）执行“固定资产”|“卡片”|“卡片管理”命令，打开“查询条件选择——卡片管理”选项卡，在“开始使用日期”栏中选择“2011.01.16”，单击“确定”按钮，即可查询所有原始卡片信息，如图6-25所示。

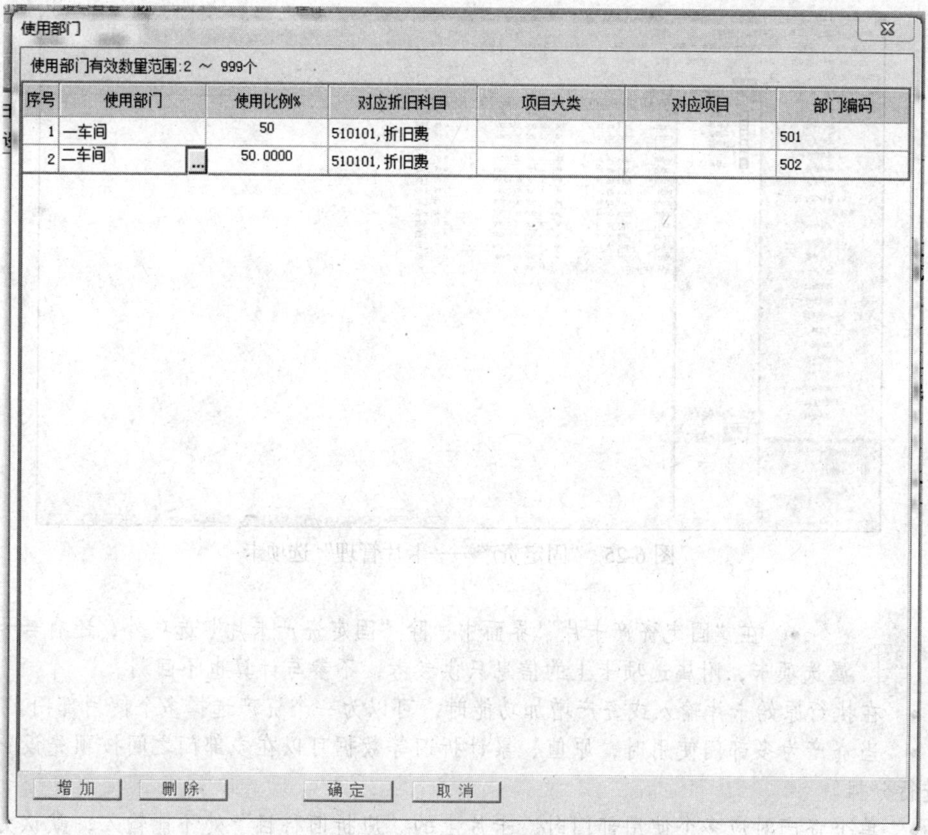

图 6-23 “固定资产——使用部门”对话框

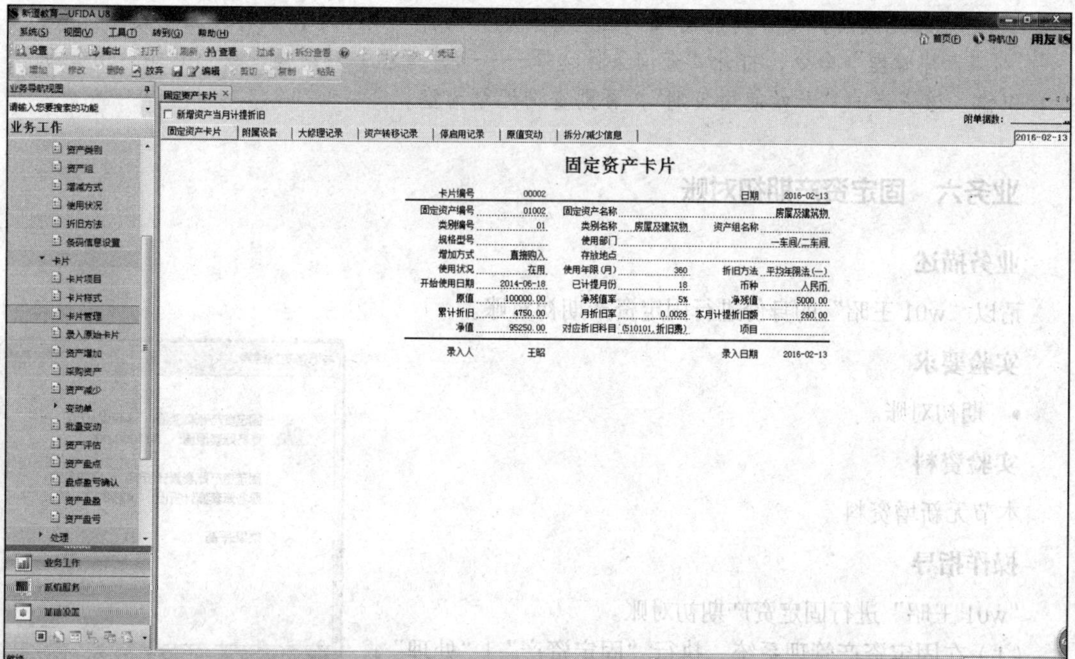

图 6-24 “固定资产卡片”窗口

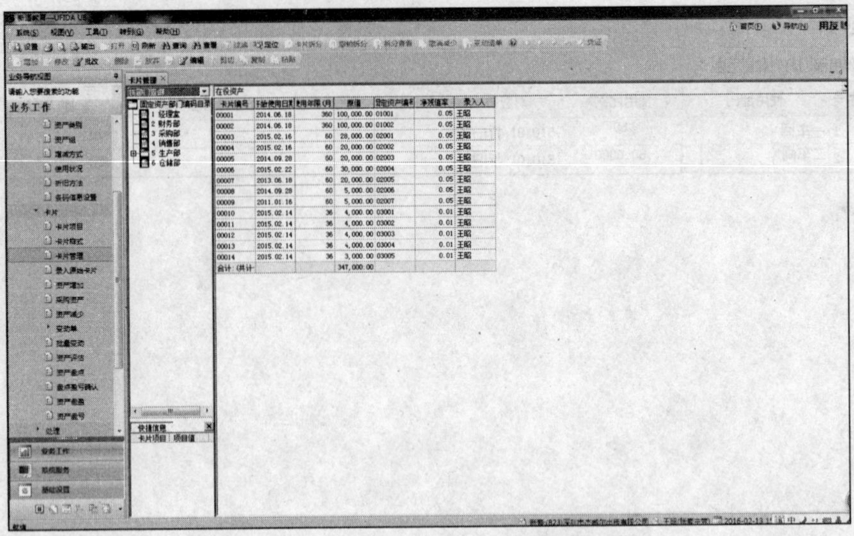

图 6-25 “固定资产——卡片管理”选项卡

温馨提示

- 在“固定资产卡片”界面中，除“固定资产卡片”选项外，还有若干的附属选项卡，附属选项卡上的信息只供参考，不参与计算也不回溯。
- 在执行原始卡片输入或资产增加功能时，可以为一个资产选择多个使用部门。
- 当资产为多部门使用时，原值、累计折旧等数据可以在多部门之间按预先设置的比例进行分摊。
- 单个资产对应多个使用部门时，卡片上的“应折旧科目”处不能输入，默认为选择使用部门时设置的折旧科目。
- 输入完成后，要查询已输入“固定资产原始卡片”的信息，执行“固定资产”|“卡片”|“卡片管理”命令，打开“查询条件选择——卡片管理”对话框，在“开始使用日期”栏中输入该资产的“开始使用日期”，否则查询记录为空。

业务六　固定资产期初对账

业务描述

请以“w01 王昭”的身份进行固定资产期初对账。

实验要求

- 期初对账。

实验资料

本节无新增资料。

操作指导

“w01 王昭”进行固定资产期初对账。

（1）在固定资产管理系统，执行“固定资产”|“处理”|“对账”命令，打开“与账务对账结果”提示框，提示“结果平衡”，如图 6-26 所示。

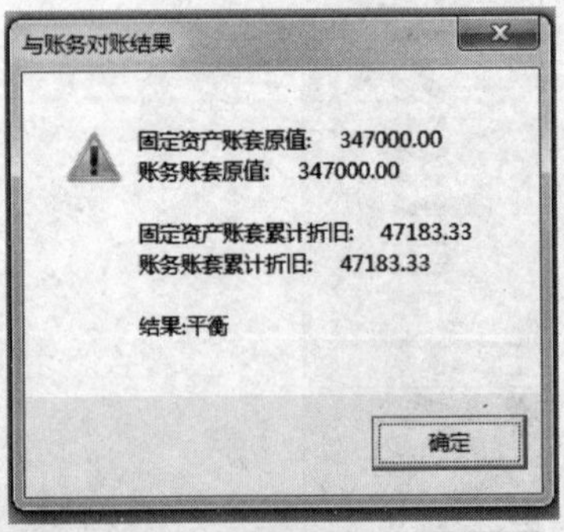

图 6-26 “账务对账结果”提示框

（2）单击“确定”按钮，退出“与账务对账结果”对话框。

温馨提示

• 输入完成后，执行“固定资产”|“处理”|“对账”命令，验证固定资产系统中输入的固定资产明细资料是否与总账中的固定资产数据一致；如果不一致，需要检查总账期初余额中固定资产原值和累计折旧的期初余额输入是否错误，确定总账期初余额准确无误；再检查输入原始卡片的原值和累计折旧是否错误，最终要保证固定资产系统“固定资产原值”和“累计折旧原值”与总账中的“固定资产”和“累计折旧”的期初余额相平衡。

业务七　查询固定资产使用状况设置

业务描述

请以“w01 王昭”的身份查询固定资产使用状况设置。

实验要求

- 查询固定资产信息。

实验资料

本节无新增资料。

操作指导

“w01 王昭”查询固定资产使用状况设置。

在固定资产管理系统中，执行“固定资产”|“设置”|“使用状况”命令，打开“使用状况”窗口，如图 6-27 所示。

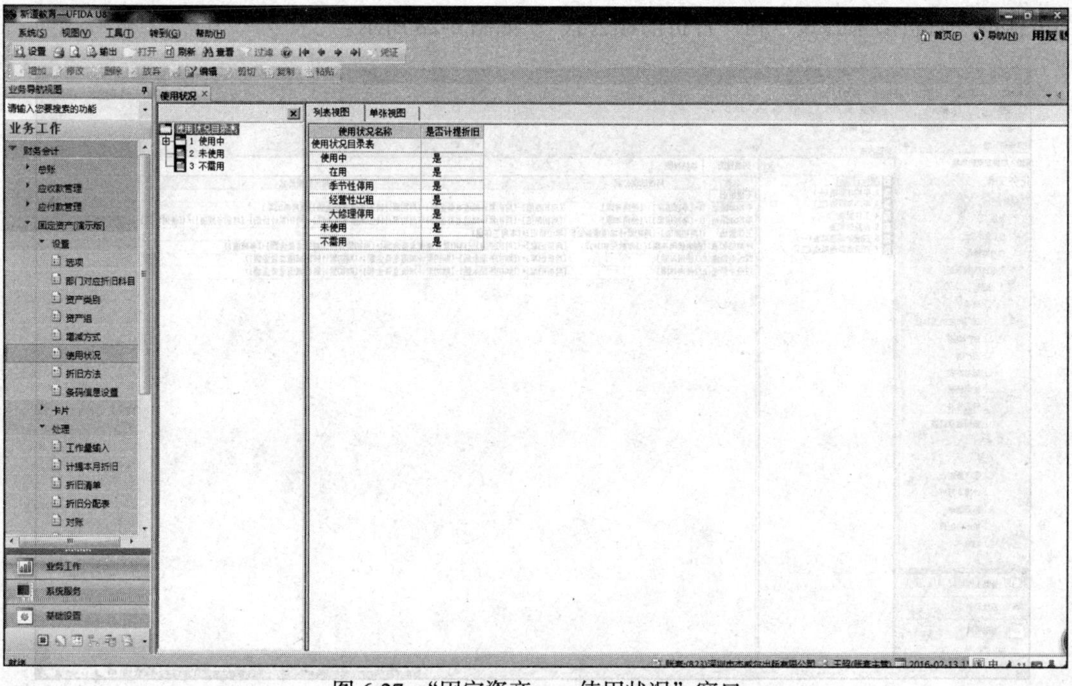

图 6-27　“固定资产——使用状况”窗口

从固定资产核算管理的角度来讲，需要明确资产的使用状况，一方面可以正确地计算和计提折旧，另一方面便于统计固定资产的使用状况，提高资产的利用效率。

系统预置的使用状况有以下三种：使用中（在用、季节性停用、经营性出租和大修理停用）、未使用和不需用。

温馨提示

- 系统预置的使用状况不能删除。
- 只能有3种一级使用状况，不能进行增加和删除；“使用中”不能修改，“未使用”和“不需用”这两种状况可以修改。
- 可以在一级使用状况下增加二级使用状况。

业务八 查询固定资产折旧方法设置

业务描述

请以“w01 王昭”的身份查询固定资产折旧方法设置。

实验要求

- 查询固定资产折旧方法。

实验资料

本节无新增资料。

操作指导

“w01 王昭”查询固定资产折旧方法设置。

1. 固定资产折旧设置

在固定资产管理系统，执行“固定资产”|“设置”命令，双击“折旧方法”命令查看各种折旧方法的“月折旧率公式”和“月折旧额公式”，如图6-28所示。

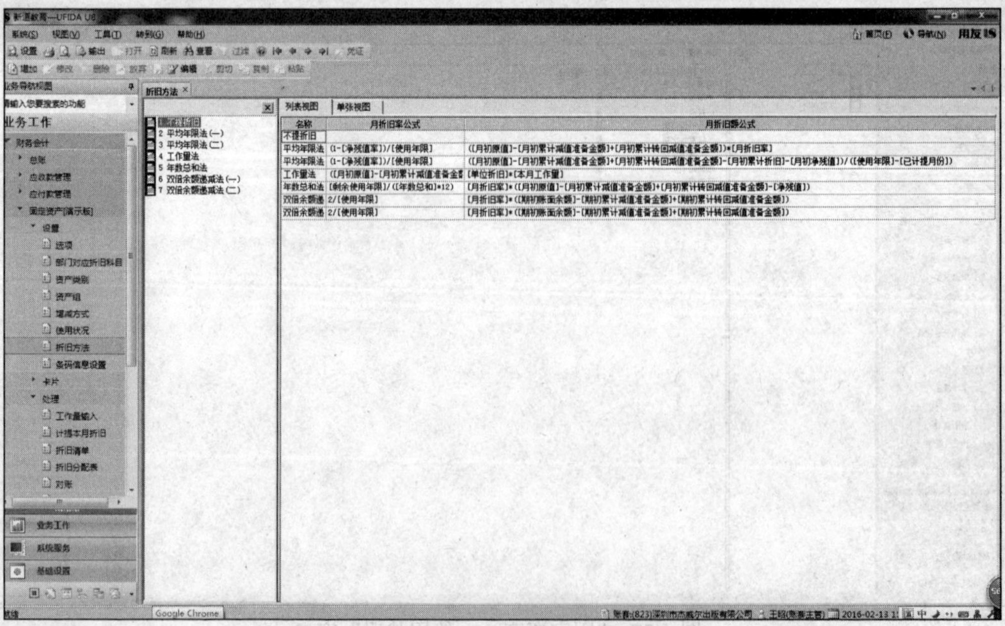

图6-28 “固定资产——折旧方法”窗口

2. 账套输出

请将账套输出至："\823 账套备份\6-1"文件夹。

温馨提示

- 折旧方法的设置是系统计算折旧的基础。系统给出了常用的 7 种方法：不提折旧、平均年限法（一）、平均年限法（二）、工作量法、年数总和法、双倍余额递减法（一）和双倍余额递减法（二）。这 7 种方法是系统设置的折旧方法，供用户选用，不能删除和修改。另外，如果这 7 种方法不能满足企业的使用需要，系统还提供了折旧方法的自定义功能，用户可以自定义适合自己的折旧方法的名称和计算公式。
- 关于系统内置的各种折旧方法，可以参看帮助文档。

实训练习

根据表训 6-1，设置固定资产增减方式对应入账科目。

表训 6-1　　固定资产增减方式对应入账科目

项目	增减方式	对应科目
增加方式	直接购入	100201"银行存款——人民币"
减少方式	报废	1606"固定资产清理"

实训二　固定资产增加处理

业务一　采购消费性固定资产

业务描述

2016 年 1 月 6 日，经经理室批准，向奇瑞汽车股份有限公司购入一辆名叫艾瑞泽 7 的小汽车，售价为 80 000.00 元，税额为 13 600.00 元，价税合计 93 600.00 元，以转账支票支付全部货款。固定资产卡片信息如图 6-29 所示。

扫一扫

实验要求

- 输入新增固定资产。

实验资料

固定资产卡片

使用单位：经理室　　填表日期：2016 年 1 月 06 日

类别	运输设备	出厂或交接验收日期	2015.12.10	预计使用年限	600 000 千米
编号	04001	购入或使用日期	2016.01.06	预计残值	4 680.00 元
名称	艾瑞泽 7	放置或使用地址	经理室	预计清理费用	无
型号规格	1.5T	负责人	王昭	月折旧率	
建造单位	汽车股份有限公司	总造价	93600.00	月大修理费用提率	
设备主要技术参数或建筑物占地面积，建筑面积及结构	设备主要配件名称数量或建筑物附设设备	大修理记录		固定资产改变记录	
		时间	项目		

图 6-29　固定资产卡片

操作指导

“w02 解树”输入固定资产增加的卡片，在固定资产系统生成固定资产增加的会计凭证。

（1）在固定资产管理系统中，执行“固定资产”|“资产卡片”|“资产增加”命令，打开“固定资产类别参照档案”对话框。

（2）双击“04 运输设备”，进入“固定资产卡片”窗口。

（3）在“固定资产名称”栏输入“艾瑞泽 7”；选择使用部门为“经理室”；增加方式为“直接购入”；使用情况为“在用”；选择“折旧方法”为“工作量法”；在“工作总量”输入“600 000”；在“原值”栏输入“93 600.00”，如图 6-30 所示。

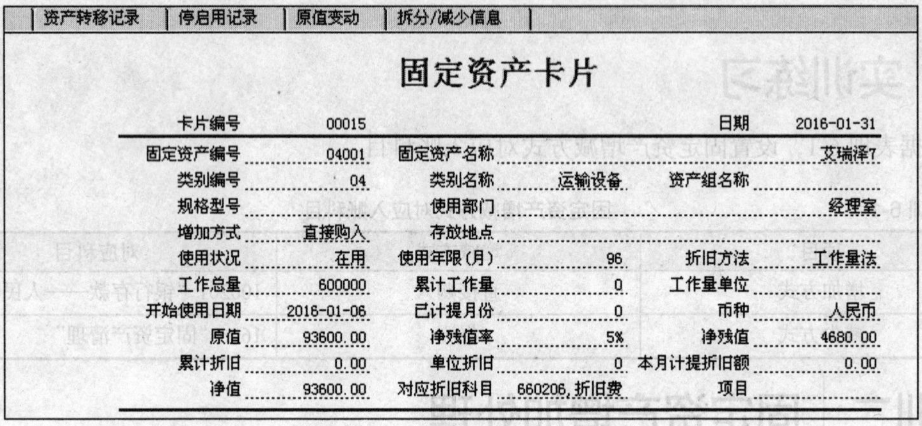

图 6-30 “固定资产卡片”窗口

（4）单击“保存”按钮，系统提示“数据成功保存!”。

（5）单击“确定”按钮，系统弹出一张会计凭证，修改凭证字为“付款凭证”，根据支票存根修改会计科目“100201”的辅助项。

（6）单击“保存”按钮，凭证保存成功，如图 6-31 所示。

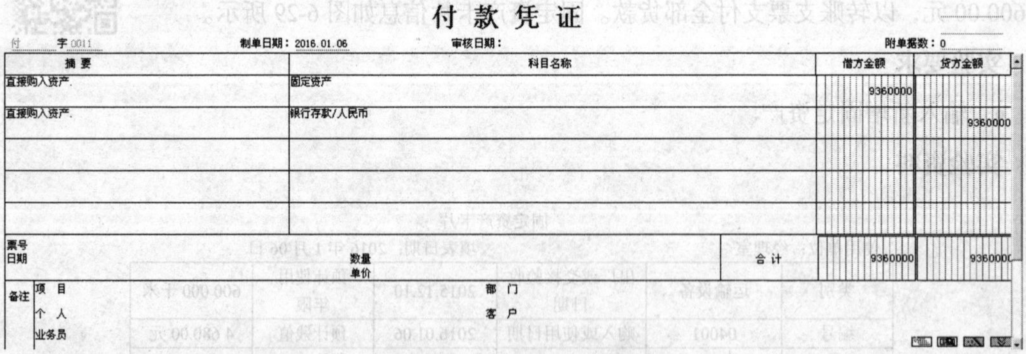

图 6-31 “付款凭证”窗口

温馨提示

- 新卡片输入的第一个月不计提折旧，折旧额为空或零。
- 原值输入的必须是卡片输入月初的价值，否则将会出现计算错误。
- 如果输入的累计折旧，累计工作量大于零，说明是旧资产，该累计折旧或累计工作量是进入本单位前的值。

业务二　采购需要安装的生产设备

业务描述

2016 年 1 月 13 日，因大幅提高生产需要，二车间向徐州博利恒机械设备有限公司购入一台需要安装的高性能气泵，单价为 60 000.00 元，税额为 10 200.00 元，价税合计 70 200.00 元，以电汇方式支付全部货款。

实验要求

- 填制付款凭证。

实验资料

本节无新增资料。

操作指导

“w02 解树”在总账系统输入增加在建工程的会计凭证。

（1）在总账管理系统中，执行“财务会计”|“总账”|“凭证”|“填制凭证”命令，打开“凭证”对话框。

（2）单击“增加”按钮。

（3）修改凭证字为“付款凭证”，修改“制单日期为 2016.01.13”，输入购入需要安装固定资产的会计凭证。

（4）单击“保存”按钮，凭证保存成功，如图 6-32 所示。

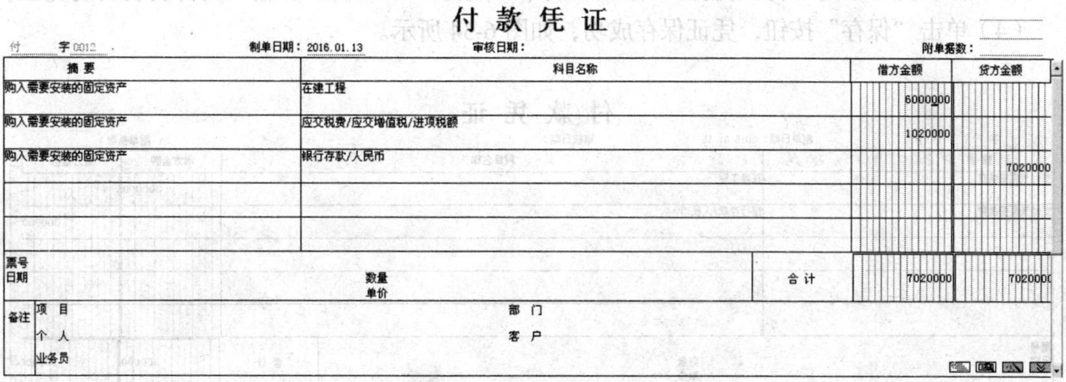
付 款 凭 证

付　字 0012　　制单日期：2016.01.13　　审核日期：　　附单据数：

摘要	科目名称	借方金额	贷方金额
购入需要安装的固定资产	在建工程	6000000	
购入需要安装的固定资产	应交税费/应交增值税/进项税额	1020000	
购入需要安装的固定资产	银行存款/人民币		7020000
票号 日期	数量 单价	合计 7020000	7020000

备注　项　目　　部　门
　　　个　人　　客　户
　　　业务员

图 6-32　“付款凭证”窗口

业务三　资产交付使用

业务描述

2016 年 1 月 15 日，以电汇方式向合肥润东机械设备安装有限公司支付气泵的安装费，取得通用机打发票，注明金额为 3 000.00 元。气泵交付使用，如图 6-33 所示。

实验要求

- 填写安装费用等单据。

实验资料

固定资产卡片

使用单位：二车间　　　　　　　　　　　　　　填表日期：2016 年 1 月 15 日

<table>
<tr><td>类别</td><td>生产设备</td><td>出厂或交接验收日期</td><td colspan="2">2015.06.20</td><td colspan="2">预计使用年限</td><td>5 年</td></tr>
<tr><td>编号</td><td>02008</td><td>购入或使用日期</td><td colspan="2">2016.01.15</td><td colspan="2">预计残值</td><td>3 150 元</td></tr>
<tr><td>名称</td><td>气泵</td><td>放置或使用地址</td><td colspan="2">二车间</td><td colspan="2">预计清理费用</td><td>500.00 元</td></tr>
<tr><td>型号规格</td><td></td><td>负责人</td><td colspan="2">吴虞雯</td><td colspan="2">月折旧率</td><td></td></tr>
<tr><td>建造单位</td><td>汽车股份有限公司</td><td>总造价</td><td colspan="2">63 000.00 元</td><td colspan="2">月大修理费用计提率</td><td></td></tr>
<tr><td colspan="2" rowspan="2">设备主要技术参数或建筑物占地面积，建筑面积及结构</td><td colspan="2" rowspan="2">设备主要配件名称数量或建筑物附设设备</td><td colspan="3">大修理记录</td><td rowspan="2">固定资产改变记录</td></tr>
<tr><td colspan="2">时间</td><td>项目</td></tr>
<tr><td colspan="2"></td><td colspan="2"></td><td colspan="2"></td><td></td><td></td></tr>
</table>

图 6-33　固定资产卡片

操作指导

“w02 解树”在总账系统输入支付固定资产安装费的会计凭证；在固定资产系统输入固定资产增加的卡片，并生成固定资产增加的会计凭证。

（1）在总账管理系统中，执行“财务会计”|“总账”|“凭证”|“填制凭证”命令，打开“凭证”对话框。

（2）单击“增加”按钮。

（3）修改凭证字为“付款凭证”，修改“制单日期为 2016.01.15”，输入支付安装费的凭证。

（4）单击“保存”按钮，凭证保存成功，如图 6-34 所示。

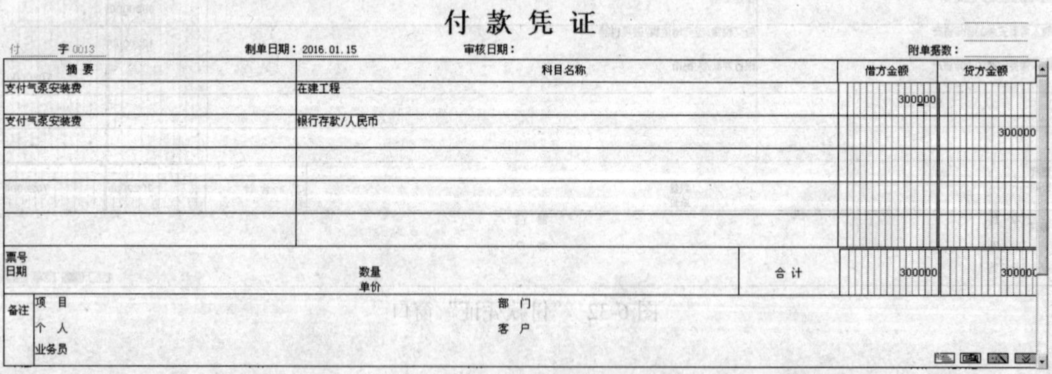

图 6-34　“付款凭证”窗口

（5）在固定资产管理系统中，执行“固定资产”|“卡片”|“资产增加”命令，打开“固定资产类别参照档案”对话框。

（6）双击“02 生产设备”，进入“固定资产卡片”窗口。

（7）在“固定资产名称”栏输入“气泵”；选择使用部门为“二车间”；增加方式为“在建工程转入”；使用情况为“在用”；在“原值”栏输入“63000.00”，其他信息默认。

（8）单击“保存”按钮，系统提示“数据成功保存！”。

（9）单击“确定”按钮，系统弹出一张会计凭证，修改凭证字为“转账凭证”，单击“保存”按钮，凭证保存成功，如图 6-35 所示。

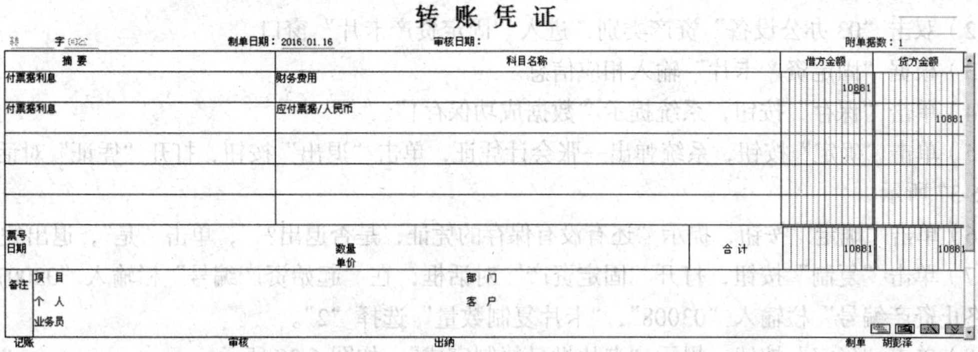

图 6-35 “转账凭证”窗口

业务四 批量购入固定资产

业务描述

2016 年 1 月 20 日，因企业信息化平台发展需要，财务处向苏宁云商集团股份有限公司芜湖分公司购入三台联想电脑，取得增值税专用发票，注明单价为 5 000.00 元，税额为 2 550.00 元，价税合计 17 550.00 元，以转账支票支付全部货款。固定资产卡片信息如图 6-44 所示。（另外两张固定资产卡片，其信息与图 6-36 相同，卡片编号分别为 03007 和 03008。）

实验要求

- 填写固定资产增加卡片。

实验资料

固定资产卡片

使用单位：财务部　　　　　　　　填表日期：2016 年 1 月 20 日

<table>
<tr><td>类别</td><td>办公设备</td><td>出厂或交接验收日期</td><td>2015.6.12</td><td>预计使用年限</td><td>3 年</td></tr>
<tr><td>编号</td><td>03006</td><td>购入或使用日期</td><td>2016.01.20</td><td>预计残值</td><td>50 元</td></tr>
<tr><td>名称</td><td>联想电脑</td><td>放置或使用地址</td><td>财务部</td><td>预计清理费用</td><td>0 元</td></tr>
<tr><td>型号规格</td><td></td><td>负责人</td><td>解树</td><td>月折旧率</td><td></td></tr>
<tr><td>建造单位</td><td>联想集团有限公司</td><td>总造价</td><td>5 000.00 元</td><td>月大修理费用提率</td><td></td></tr>
<tr><td colspan="2" rowspan="2">设备主要技术参数或建筑物占地面积，建筑面积及结构</td><td rowspan="2">设备主要配件名称数量或建筑物附设设备</td><td colspan="2">大修理记录</td><td rowspan="2">固定资产改变记录</td></tr>
<tr><td>时间</td><td>项目</td></tr>
</table>

图 6-36 “业务四——固定资产卡片”

操作指导

“w02 解树”在固定资产系统中输入固定资产增加的卡片，复制固定资产卡片；生成固定资产增加的会计凭证。

（1）在固定资产管理系统，执行“固定资产“卡片”“资产增加”命令，打开“固定资产类别参照档案”对话框。

（2）双击“03 办公设备”资产类别，进入“固定资产卡片”窗口。

（3）根据“固定资产卡片”输入相应信息。

（4）单击“保存”按钮，系统提示“数据成功保存!”。

（5）单击“确定”按钮，系统弹出一张会计凭证，单击“退出”按钮，打开“凭证”对话框，如图 6-37 所示。

（6）单击“确定”按钮，提示“还有没有保存的凭证，是否退出？”，单击“是”，退出凭证。

（7）单击“复制”按钮，打开“固定资产”对话框，在“起始资产编号”栏输入“03007”，在“终止资产编号”栏输入“03008”，“卡片复制数量”选择“2”。

（8）单击“确定”按钮，提示“卡片批量复制完成”，如图 6-38 所示。

（9）单击“确定”按钮，关闭“固定资产卡片”窗口。

（10）执行“处理”“批量制单”命令，打开“查询条件选择——批量制单”窗口，“常用条件”全部默认，单击“确定”按钮，打开“批量制单”对话框，双击需要进行凭证制单业务相应“选择”栏，打上“Y”标记，并输入合并号“1”，如图 6-39 所示。

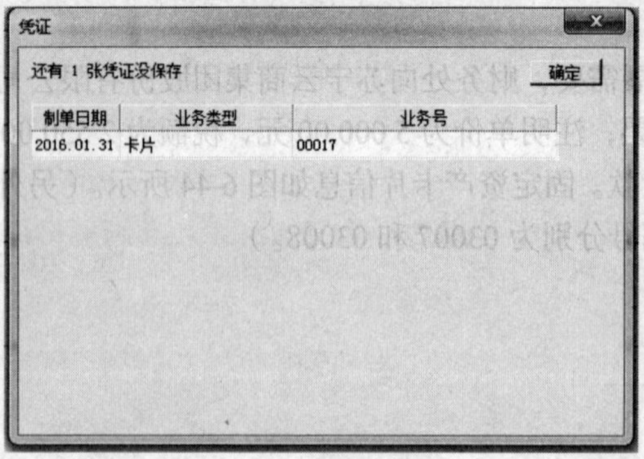

图 6-37 “凭证”对话框

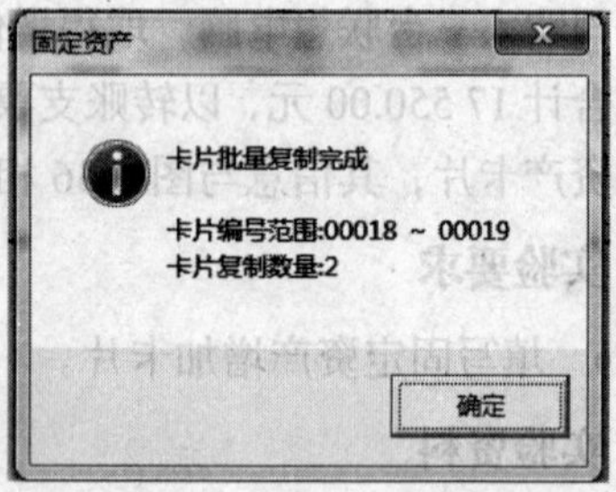

图 6-38 “卡片批量复制完成”提示框

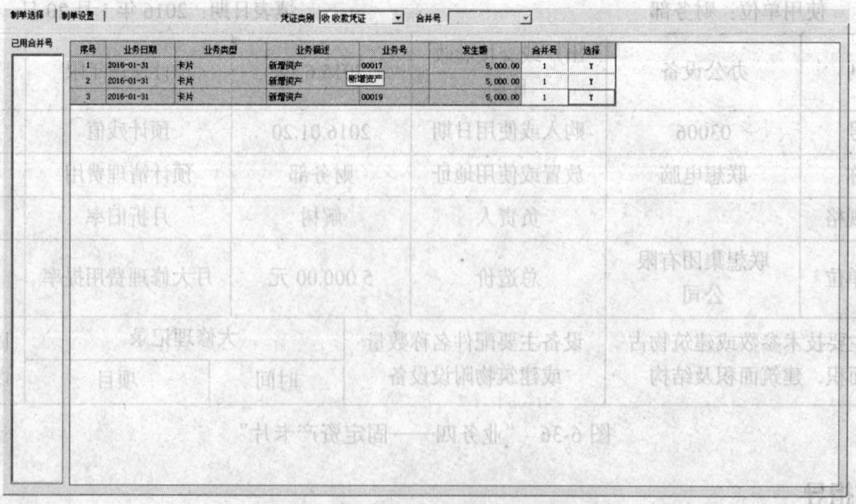

图 6-39 “固定资产——批量制单”窗口

（11）单击“制单设置”选项卡，单击“凭证”按钮，系统弹出一张会计凭证，将“凭证类别”修改为“付款凭证”，如图 6-40 所示。

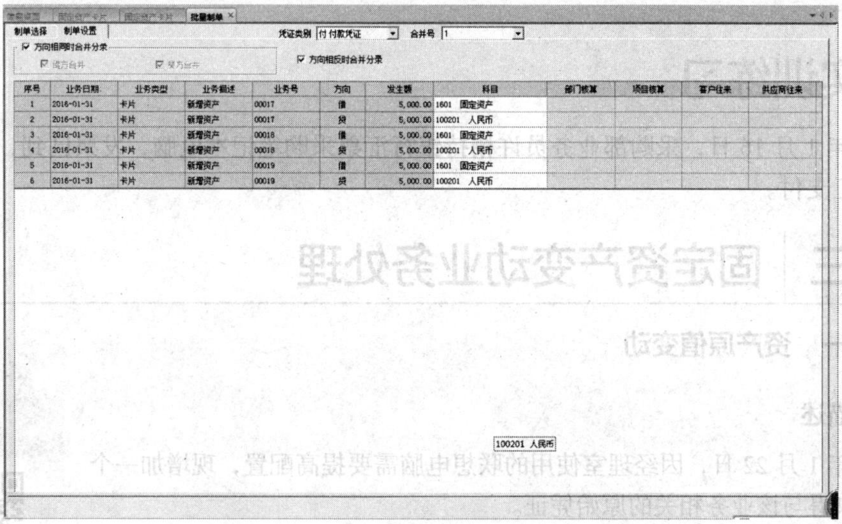

图 6-40 “固定资产——批量制单”窗口

（12）单击“凭证”按钮，系统弹出一张会计凭证，根据支票存根，修改“100201”的辅助项。

（13）单击“保存”按钮，凭证保存成功，如图 6-41 所示。

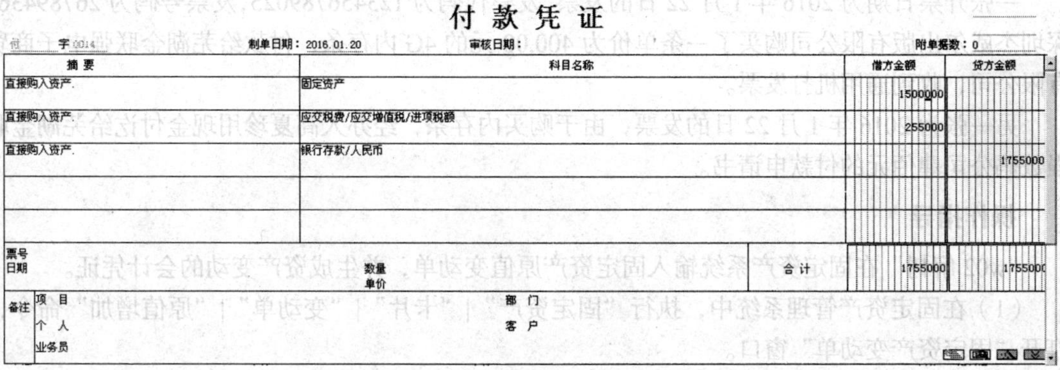

图 6-41 “付款凭证”窗口

（14）请将账套输出至“D:\823 账套备份\6-2”文件夹。

温馨提示

• “资产增加”操作与“原始卡片输入”操作相对应。资产通过哪种方式输入，取决于固定资产的开始使用日期，只有当开始使用日期的期间等于输入的期间时，才能通过“资产增加”输入。

• 只有在固定资产系统的“选项”中设置了“业务发生后立即制单”复选框，系统才能在新增固定资产卡片后，自动弹出“填制凭证”窗口，否则必须在“批量制单”窗口进行凭证处理。

• 如果发现凭证有错误，可以在固定资产系统凭证查询窗口找到错误凭证，单击“编辑”按钮，进行修改。

• 如果是因为卡片的错误而导致凭证错误，则需要删除凭证，修改卡片后，再次生成正确的凭证。

实训练习

2016年1月16日，采购部业务员许栩持银行汇票采购笔记本电脑，发票已到，货已验收，尾款已电汇支付。

实训三 固定资产变动业务处理

业务一 资产原值变动

业务描述

扫一扫

2016年1月22日，因经理室使用的联想电脑需要提高配置，现增加一个内存条。取得与该业务相关的原始凭证。

实验要求

- 固定资产变动处理。

实验资料

一张开票日期为2016年1月22日的发票，发票代码为123456789025，发票号码为26789436，深圳杰威尔出版有限公司购买了一条单价为400.00元的4G内存条，付款给芜湖金联强电子商贸有限公司，收到通用机打发票。

另一张为2016年1月22日的发票，由于购买内存条，经办人高夏珍用现金付讫给芜湖金联强数码公司肆佰元的付款申请书。

操作指导

"w02解树"在固定资产系统输入固定资产原值变动单，并生成资产变动的会计凭证。

（1）在固定资产管理系统中，执行"固定资产"|"卡片"|"变动单"|"原值增加"命令，打开"固定资产变动单"窗口。

（2）在"卡片编号"栏选择"00010"，在增加金额"栏输入"400.00"，在"变动原因"栏输入"提高电脑配置"，如图6-42所示。

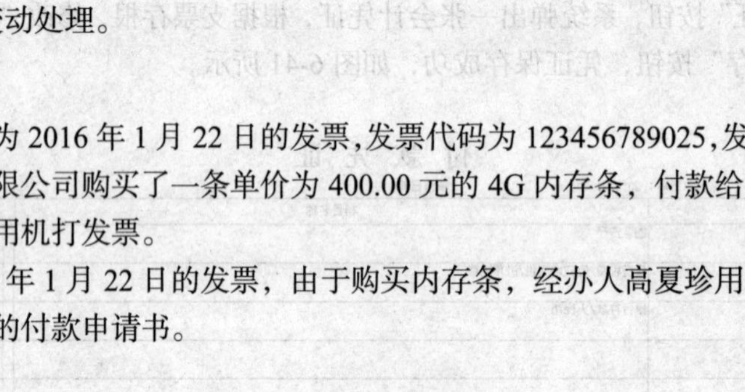

图6-42 "固定资产变动单"窗口

（3）单击“保存”按钮。系统提示“数据保存成功!”。

（4）单击“确定”按钮，系统弹出一张会计凭证，修改凭证字为“付款凭证”，贷方科目输入选择或输入“1001”。

（5）单击“保存”按钮，凭证保存成功，如图 6-43 所示。

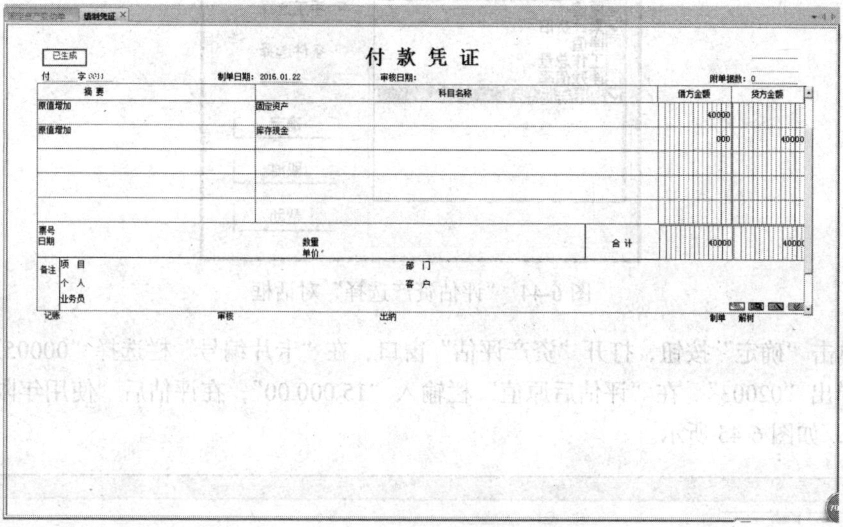

图 6-43 “付款凭证”窗口

业务二 资产评估

业务描述

2016 年 1 月 25 日，对一车间使用的剪板机进行评估，评估结果为 15 000 元，累计折旧为 4 750 元，使用年限为 3 年。取得与该业务相关的原始凭证资产评估报告如下所示。

实验要求

- 资产评估。

实验资料

资产评估报告

芜湖市中天资产评估事务所接受深圳杰威尔出版有限公司对剪板机资产评估的委托，为所提供的资产进行了评估，为委托方提供价值参考依据。

本次评估根据国家有关资产评估的法律和国家其他相关部门的法规与规定，本着独立、公正、科学和客观的原则，采取必要的评估程序，按照公认的资产评估方法对资产进行评估。根据以上评估工作，得出如下评估结论：委托方 2016 年 1 月 25 日剪板机的资产评估原值为 15 000 元，累计折旧为 4 750 元，使用年限为 3 年。

本次评估所揭示的评估结论仅对评估目的有效。

操作指导

“w02 解树”在固定资产系统输入资产评估单，并生成资产变动的会计凭证。

（1）在固定资产管理系统中，执行“固定资产”|“卡片”|“资产评估”命令，打开“资产评估”对话框。

（2）单击“增加”按钮，打开“评估资产选择”对话框，选中“原值”“累计折旧”和“使用年限（月）”，如图6-44所示。

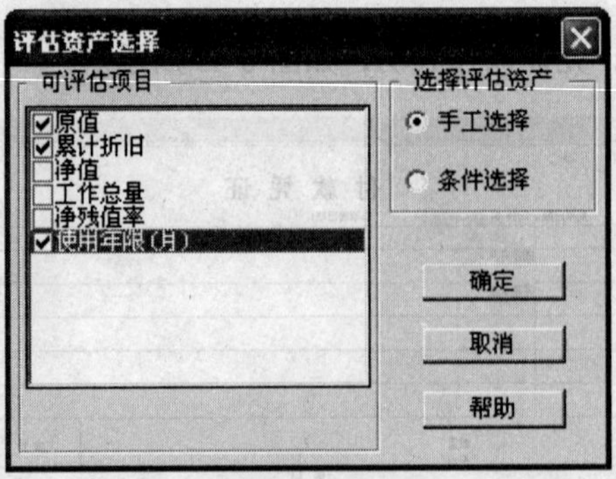

图6-44 “评估资产选择”对话框

（3）单击“确定”按钮，打开“资产评估”窗口，在“卡片编号”栏选择“00005”，“资产编号”自动弹出“02003”。在“评估后原值”栏输入“15 000.00”，在评估后“使用年限（月）”栏输入“36”，如图6-45所示。

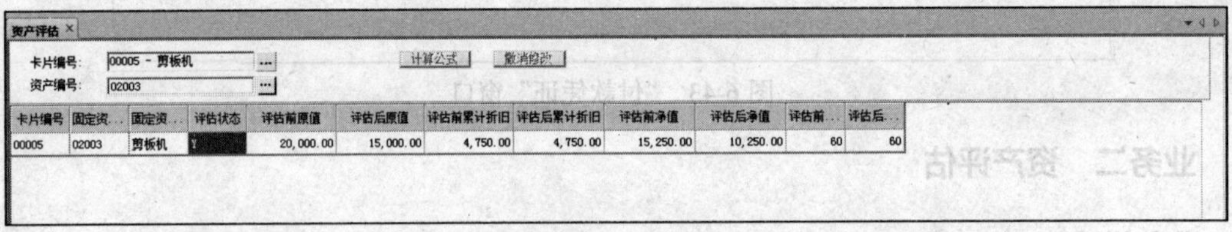

卡片编号	固定资...	固定资...	评估状态	评估前原值	评估后原值	评估前累计折旧	评估后累计折旧	评估前净值	评估后净值	评估前...	评估后...
00005	02003	剪板机	Y	20,000.00	15,000.00	4,750.00	4,750.00	15,250.00	10,250.00	60	60

图6-45 “资产评估”窗口

（4）单击“保存”按钮，系统提示“是否确认要进行资产评估？”

（5）单击“是”按钮，系统提示“数据保存成功！”

（6）单击“确定”按钮，系统弹出一张会计凭证，修改凭证字为“转账凭证”，输入或选择贷方科目“4002”。

（7）单击“保存”按钮，凭证保存成功，如图6-46所示。

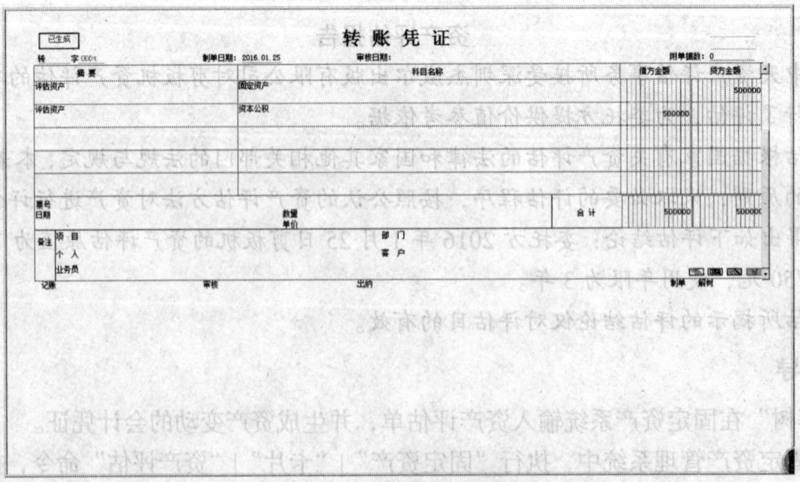

图6-46 “转账凭证”窗口

> 温馨提示
>
> • 只有当月制作的评估单才可以删除。
>
> • 原值、累计折旧和净值三个值中只能且必须选择两个，另一个通过公式“原值-累计折旧=净值”推算得到。
>
> • 评估后的数据必须满足以下公式：
>
> 原值-净值=累计折旧≥0
>
> 净值≥净残值率×原值
>
> 工作总量≥累计工作量

业务三　计提减值准备

业务描述

2016 年 1 月 30 日，对一车间使用的 S 生产线进行测试，测试其可收回金额为 14 833.33 元。取得与该业务相关原始凭证如下：2016 年 1 月 31 日，深圳杰威尔出版有限公司进行了固定资产减值批准报告，有一条 2015 年 2 月 16 日购进的，原值为 20 000.00 元的 S 生产线，折旧年限为 60 个月，净残值率为 5%，已经累计折旧 3 166.67 元，净值为 16 833.33 元，可收回金额为 14 833.33 元，减值准备为 2 000.00 元。

实验要求

• 计题减值准备。

实验资料

月末，对本企业固定资产进行测试，测试结果表明生产一车间使用的 S 生产线其可收回金额低于账面价值，经公司董事会研究决定对其计提 2 000 元的减值准备。

操作指导

“w02 解树”在固定资产系统中输入计提减值准备变动单，并生成计提减值准备的会计凭证。

（1）在固定资产管理系统，执行“固定资产”|“卡片”|“变动单”|“计提减值准备”命令，打开“固定资产变动单”对话框。

（2）在“卡片编号”栏选择“00004”，在“减值准备金额”栏输入“2 000.00”，在“变动原因”栏输入“资产减值”。

（3）单击“保存”按钮，系统提示“数据保存成功”。

（4）单击“确定”按钮，系统弹出一张会计凭证，修改凭证字为“转账凭证”，输入或选择借方科目“6701”。

（5）单击“保存”按钮，凭证保存成功，如图 6-47 所示。

（6）请将账套输出至“D:\823 账套备份\6-3”文件夹。

> 温馨提示
>
> • 固定资产在使用过程中，可能会因为原值变动、部门转移、使用情况变动、使用年限调整、折旧方法调整、净残值（率）调整、工作总量调整、累计折旧调整、资产类别调整等需要对固定资产卡片中的一些项目进行调整。这些变动在固定资产系统中通过固定资产变动单进行操作。此类操作必须留下原始凭证，制作的原始凭证称为变动单。
>
> • 变动单不能修改，只有当月可以删除重做。

• 当月输入的原始卡片或新增卡片在执行变动单操作时部分功能受限，如不能进行原值增加、原值减少和部门转移等操作。

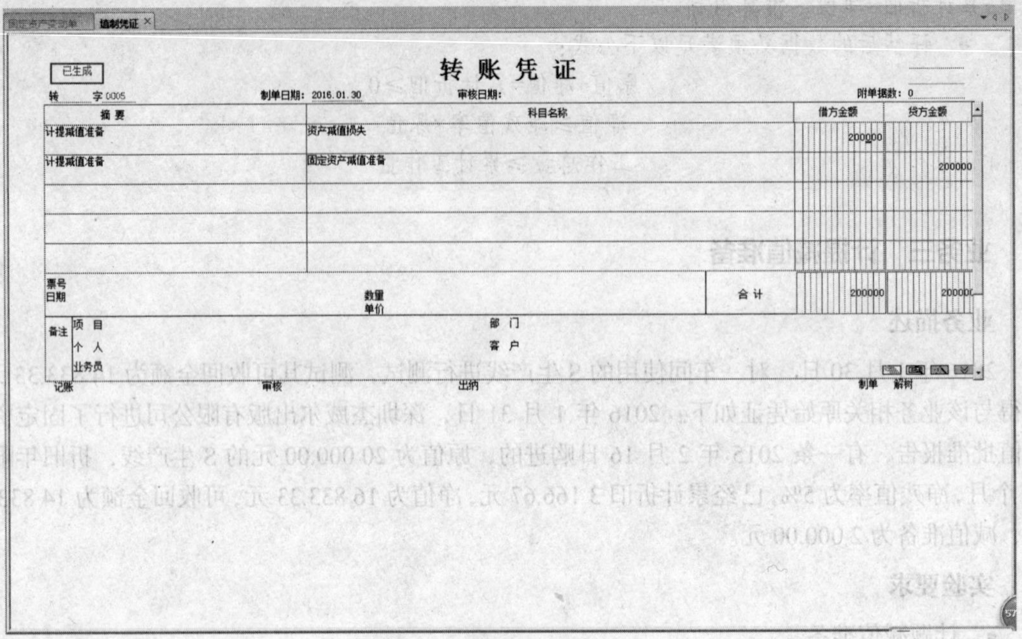

图 6-47 “转账凭证”窗口

实训练习

2016 年 1 月 30 日，对销售部已经发生减值迹象的捷达轿车计提减值准备。该轿车预计可收回金额为 96 000 元，计提减值准备后，预计剩余使用年限为 6 年，预计净残值为 2 000 元。

实训四 固定资产期末处理

业务一 计提折旧

业务描述

2016 年 1 月 31 日，对所有固定资产计提折旧。

实验要求

• 期末业务处理。

实验资料

本节无新增资料。

操作指导

扫一扫

“w02 解树”在固定资产系统中计提固定资产折旧，并生成固定资产折旧的会计凭证。

（1）在固定资产管理系统中，执行“固定资产”|“处理”|“计提本月折旧”命令，打开“固

定资产——是否已正确输入工作量”对话框，如图 6-48 所示。

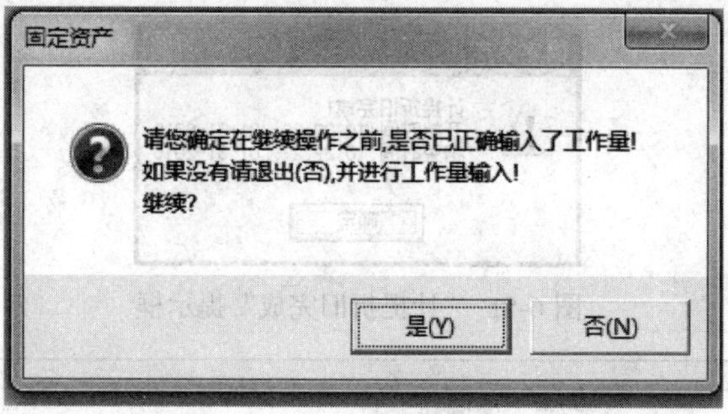

图 6-48 “固定资产——是否已正确输入工作量”对话框

（2）单击“是”按钮，打开“是否要查看折旧清单”的对话框。

（3）单击“是”按钮，系统提示“本操作将计提本月折旧，并花费一定时间，是否要继续？”如图 6-49 所示。

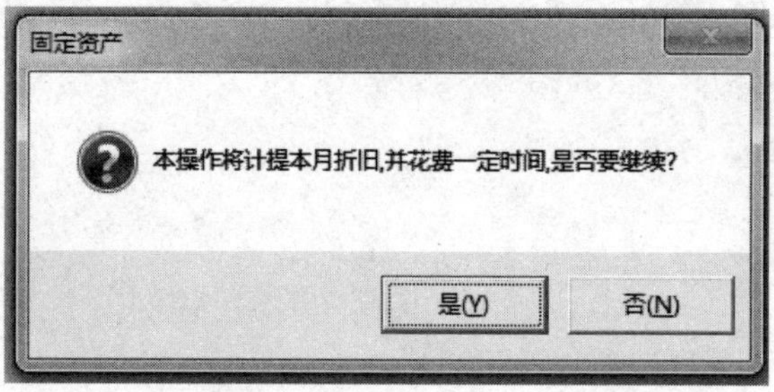

图 6-49 “固定资产——是否计提本月折旧”对话框

（4）单击“是”按钮，打开“折旧清单”窗口，如图 6-50 所示。

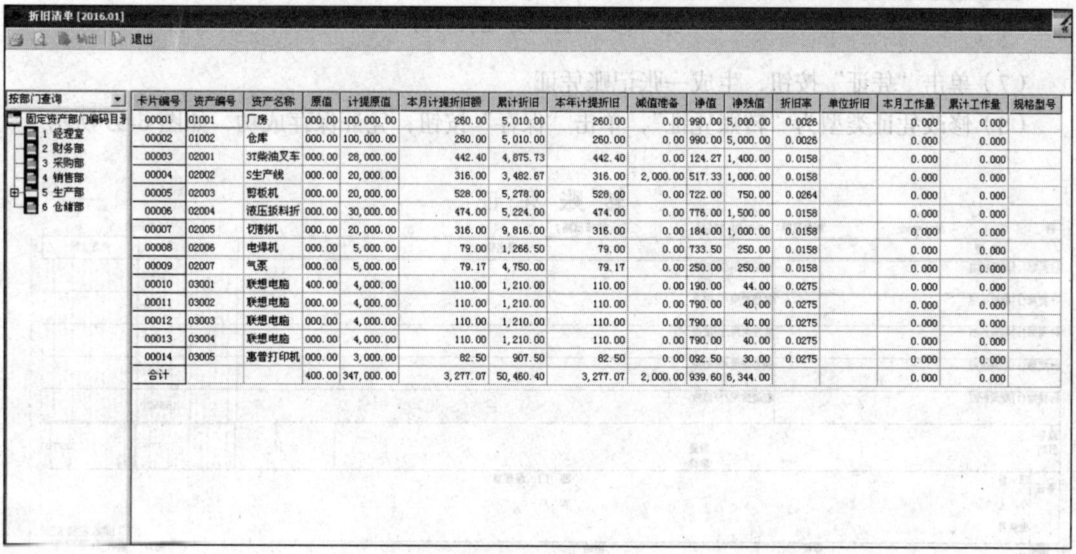

卡片编号	资产编号	资产名称	原值	计提原值	本月计提折旧额	累计折旧	本年计提折旧	减值准备	净值	净残值	折旧率	单位折旧	本月工作量	累计工作量	规格型号
00001	01001	厂房	000.00	100,000.00	260.00	5,010.00	260.00	0.00	990.00	5,000.00	0.0026		0.000	0.000	
00002	01002	仓库	000.00	100,000.00	260.00	5,010.00	260.00	0.00	990.00	5,000.00	0.0026		0.000	0.000	
00003	02001	3T柴油叉车	000.00	28,000.00	442.40	4,875.73	442.40	0.00	124.27	1,400.00	0.0158		0.000	0.000	
00004	02002	S生产线	000.00	20,000.00	316.00	3,482.67	316.00	2,000.00	517.33	1,000.00	0.0158		0.000	0.000	
00005	02003	剪板机	000.00	20,000.00	528.00	5,278.00	528.00	0.00	722.00	750.00	0.0264		0.000	0.000	
00006	02004	液压扳料折	000.00	30,000.00	474.00	5,224.00	474.00	0.00	776.00	1,500.00	0.0158		0.000	0.000	
00007	02005	切割机	000.00	20,000.00	316.00	9,816.00	316.00	0.00	184.00	1,000.00	0.0158		0.000	0.000	
00008	02006	电焊机	000.00	5,000.00	79.00	1,266.50	79.00	0.00	733.50	250.00	0.0158		0.000	0.000	
00009	02007	气泵	000.00	5,000.00	79.17	4,750.00	79.17	0.00	250.00	250.00	0.0158		0.000	0.000	
00010	03001	联想电脑	400.00	4,000.00	110.00	1,210.00	110.00	0.00	190.00	44.00	0.0275		0.000	0.000	
00011	03002	联想电脑	000.00	4,000.00	110.00	1,210.00	110.00	0.00	790.00	40.00	0.0275		0.000	0.000	
00012	03003	联想电脑	000.00	4,000.00	110.00	1,210.00	110.00	0.00	790.00	40.00	0.0275		0.000	0.000	
00013	03004	联想电脑	000.00	4,000.00	110.00	1,210.00	110.00	0.00	790.00	40.00	0.0275		0.000	0.000	
00014	03005	惠普打印机	000.00	3,000.00	82.50	907.50	82.50	0.00	092.50	30.00	0.0275		0.000	0.000	
合计			400.00	347,000.00	3,277.07	50,460.40	3,277.07	2,000.00	939.60	6,344.00			0.000	0.000	

图 6-50 “折旧清单”窗口

（5）单击“退出”按钮，系统提示“计提折旧完成!”，如图 6-51 所示。

（6）单击“确定”按钮，打开“折旧分配表”窗口，如图 6-52 所示。

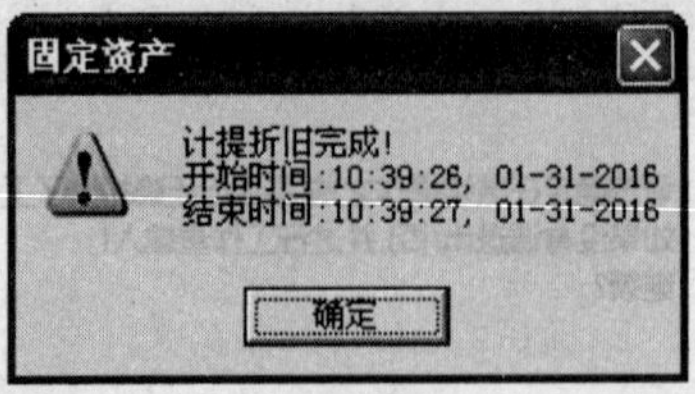

图 6-51 “计提折旧完成”提示框

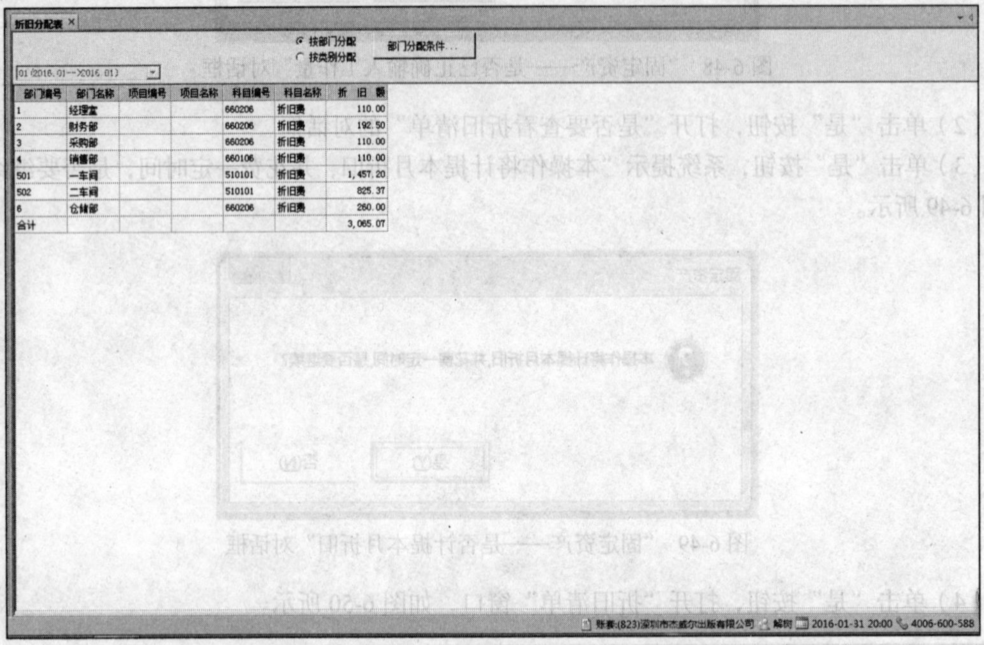

部门编号	部门名称	项目编号	项目名称	科目编号	科目名称	折旧额
1	经理室			660206	折旧费	110.00
2	财务部			660206	折旧费	192.50
3	采购部			660206	折旧费	110.00
4	销售部			660106	折旧费	110.00
501	一车间			510101	折旧费	1,457.20
502	二车间			510101	折旧费	825.37
6	仓储部			660206	折旧费	260.00
合计						3,065.07

图 6-52 “折旧分配表”窗口

（7）单击“凭证”按钮，生成一张记账凭证。

（8）修改凭证类型为“转账凭证”，单击“保存”按钮，凭证保存成功，如图 6-53 所示。

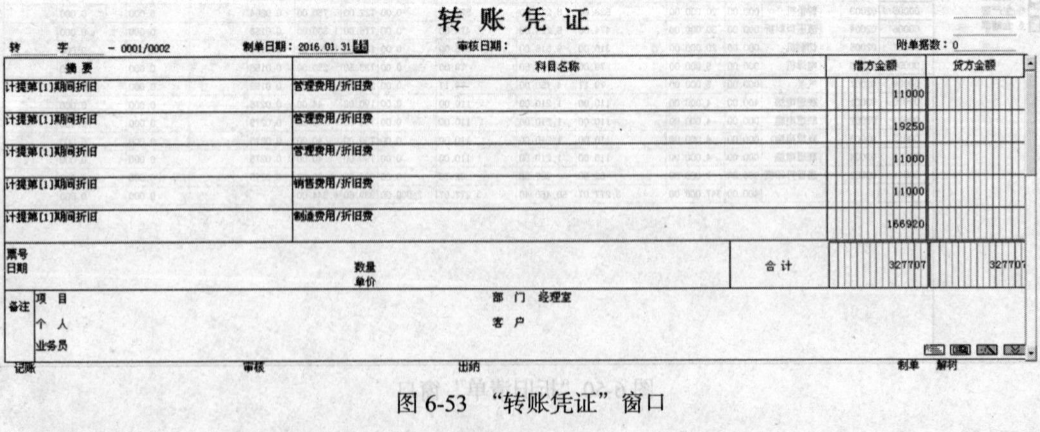

转账凭证

转 字 - 0001/0002　制单日期：2016.01.31　审核日期：　附单据数：0

摘要	科目名称	借方金额	贷方金额
计提第[1]期间折旧	管理费用/折旧费	11000	
计提第[1]期间折旧	管理费用/折旧费	19250	
计提第[1]期间折旧	管理费用/折旧费	11000	
计提第[1]期间折旧	销售费用/折旧费	11000	
计提第[1]期间折旧	制造费用/折旧费	166920	
票号 日期	数量 单价　合计	327707	327707

备注　项目　部门 经理室
个人　客户
业务员

记账　审核　出纳　制单 解约

图 6-53 “转账凭证”窗口

（图 6-53 2016.01.31 摘要：计提第 1 期间折旧合计金额 3 277.07 元）

温馨提示

- 如果计提固定资产的折旧方法为工作量法，在计提折旧之前，要输入固定资产本月的工作量，这样才能正确计提本月的折旧。本例中，用工作量法计提的固定资产系本月新增的艾瑞泽7小轿车，本月不计提折旧，因此本月计提折旧之前不需要输入该资产的工作量。
- 计提折旧功能对各项资产每期计提一次折旧，并自动生成折旧分配表，然后生成会计凭证，将本期的折旧费用自动登账；计提折旧的会计凭证可以不立即生成并保存，而在“批量制单”中生成，在“批量制单”中勾选“方向相反时合并分录”，生成的凭证会合并会计科目相同的会计分录。
- 部门转移和类别调整的资产当月计提的折旧会自动分配到变动后的部门和类别。
- 在一个会计期间内可以多次计提折旧，每次计提折旧后，只是将计提的折旧累加到月初的累计折旧上，不会重复累计。
- 若上次计提的折旧已制单并已传递到总账系统，则必须删除该凭证才能重新计提折旧。
- 如果计提折旧后又对账套进行了影响折旧的计算或分配的操作，必须重新计提折旧，否则系统不允许结账。
- 资产的使用部门和资产折旧要汇总的部门可能不同，为了加强资产管理，使用部门必须是明细部门，而折旧分配部门不一定分配到明细部门，不同的单位处理可能不同，因此计提折旧后，在分配折旧费用时做出选择。

业务二　资产报废

业务描述

2016年1月31日，二车间使用的一辆气泵因为性能不满足生产需要，需要将其报废。气泵的购买日期为2011年1月16日，原值5 000.00元，已计提月数59个月，已计提折旧4 750.00元，收到张军山交来收购气泵货款现金200.00元，各部门同意将其报废。

实验要求

- 资产报废处理。

实验资料

本节无新增资料。

操作指导

“w02解树”在固定资产系统中减少固定资产，生成固定资产减少的会计凭证；在总账系统填制结转固定资产清理的会计凭证。

（1）在固定资产管理系统中，执行“固定资产”|“卡片”|“资产减少”命令，打开“资产减少”对话框。

（2）在“卡片编号”栏选择“00009”，“资产编号”栏自动弹出“02007”，单击“增加”按钮，在“减少方式”栏选择“报废”，在“清理原因”栏输入“资产报废”，如图6-54所示。

（3）单击“确定”按钮，系统提示“所选卡片已经减少成功!”。

（4）单击“确定”按钮，系统弹出一张会计凭证，修改凭证类别为“收款凭证”，在“科目名称”空白处输入或选择“1001”，单击“保存”按钮，凭证保存成功，如图6-55所示。

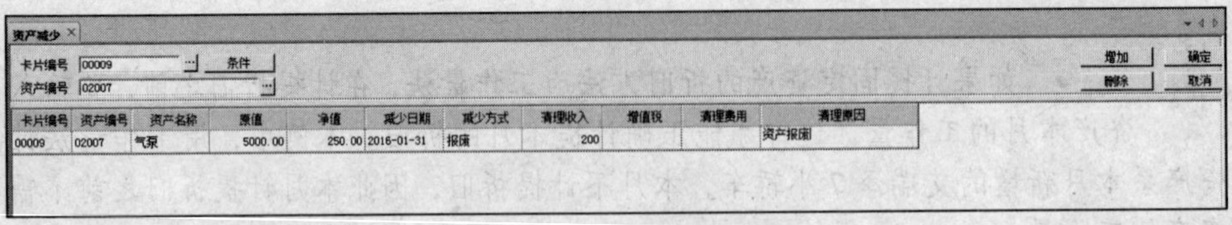

图 6-54　“资产减少”窗口

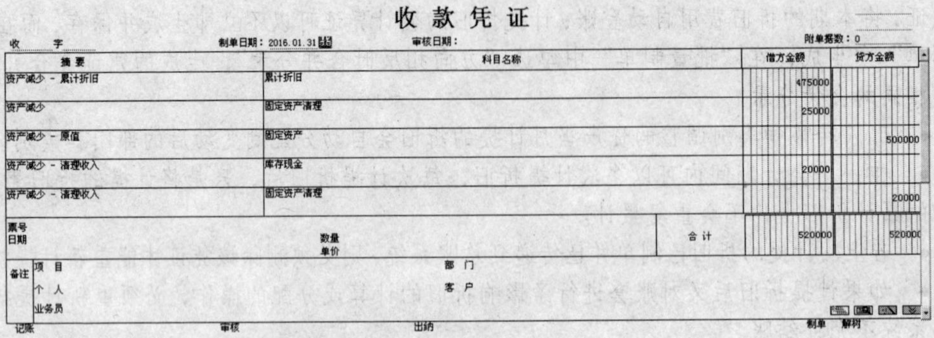

图 6-55　收款凭证

（5）在总账管理系统中，执行“总账”|“凭证”|“填制凭证”命令，打开“凭证”对话框。

（6）单击“增加”按钮。

（7）修改凭证类别为“转账凭证”，输入结转固定资产清理的会计凭证。

（8）单击“保存”按钮，凭证保存成功，如图 6-56 所示。

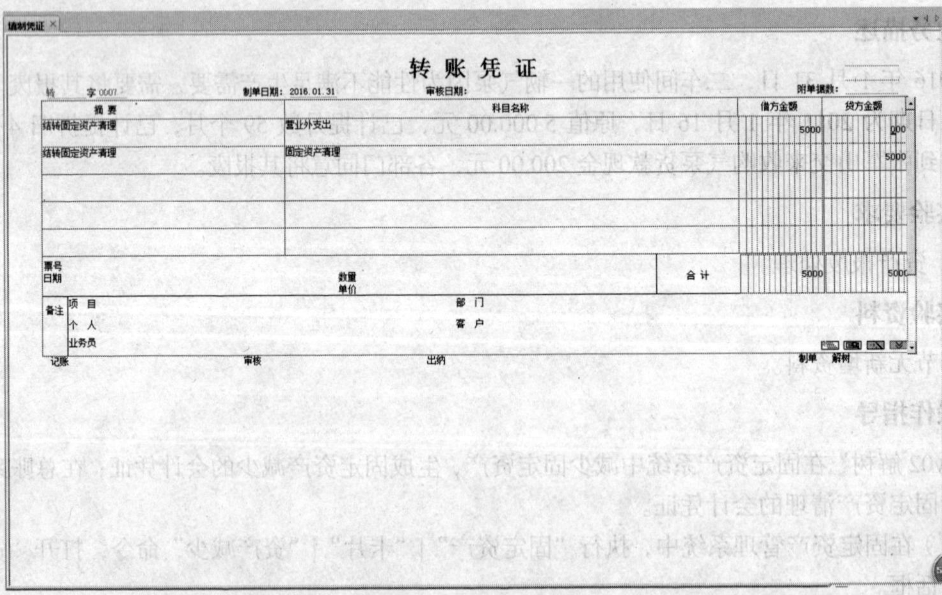

图 6-56　转账凭证

（图 6-55 2016.01.31 借方摘要：资产减少-累计折旧，科目名称：累计折旧，金额：4 750；借方摘要：资产减少，科目名称：固定资产清理，金额：250；借方摘要：资产减少-清理收入科目名称：库存现金，金额：200。贷方摘要：资产减少-原值，科目名称：固定资产，金额：5 000；贷方摘要：资产减少-清理收入，科目名称：固定资产清理，金额：200。

图 6-56　2016.01.31 摘要：结转固定资产清理，借方科目：营业外支出，金额：50；贷方科目：固定资产清理，金额：50。）

温馨提示

- 资产只有在当月计提折旧以后才可以使用资产减少功能，否则，减少资产只有通过删除卡片来完成。
- 固定资产在发生减少时，首先要从固定资产卡片中将该资产卡片删除，然后再进行凭证处理。
- 由于固定资产当月减少且当月仍需计提折旧，因此固定资产减少的核算必须在计提了当月的固定资产折旧后才能进行。
- 与资产减少相关的支付清理费用等业务凭证，需要在总账系统中填制。

业务三　资产盘点

业务描述

2016 年 1 月 31 日，对办公设备进行盘点，发现销售部的原价 4 000.00 元联想计算机丢失，该计算机已计提折旧 1 210.00 元，净值 2 790.00 元。经查，损失由该部门负责人王函赔偿，但尚未收到赔偿款。

实验要求

- 固定资产盘点。

实验资料

本节无新增资料。

操作指导

“w02 解树”在固定资产系统中盘点固定资产，处理盈亏的固定资产，生成固定资产盘亏的会计凭证；在总账系统输入结转固定资产清理的会计凭证。

（1）在固定资产管理系统中，执行“固定资产”|“卡片”|“资产盘点”命令，打开“资产盘点”对话框。

（2）单击“增加”按钮，打开“新增盘点单——数据输入”对话框，单击“范围”，打开“盘点范围设置”对话框，勾选“按资产类别盘点”，在“资产类别”栏选择“办公设备[03]”，如图 6-57 所示。

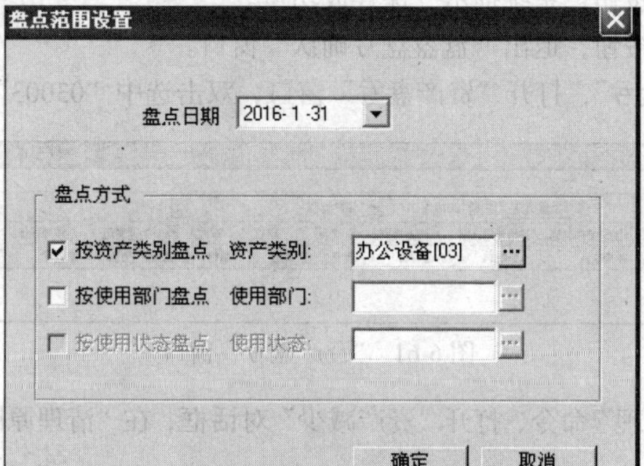

图 6-57 “盘点范围设置”对话框

（3）单击“确定”按钮，系统列式全部办公设备类固定资产。双击选中“03003”行固定资产，单击“删行”按钮，删除“03003”资产，如图 6-58 所示。

新增盘点单 - 数据录入
资产盘点
类别:[03]办公设备　[盘点日期:2016-1-31

选择	固定资产编号	固定资产名称	部门编号	类别编号	币种	规格型号	存放地点	使用年限（月）	开始使…	录入日期	外币原值	汇率	录入人	原值	净残值	净残值率	工作总量	单位折旧	工作量
	03001	联想电脑	1	03	人民币			36	2015-2-14	2016-1-31	0	1	王昭	4400	44	.01	0		
	03002	联想电脑	3	03	人民币			36	2015-2-14	2016-1-31	0	1	王昭	4000	40	.01	0		
Y	03003	联想电脑	4	03	人民币			36	2015-2-14	2016-1-31	0	1	王昭	4000	40	.01	0		
	03004	联想电脑	2	03	人民币			36	2015-2-14	2016-1-31	0	1	王昭	4000	40	.01	0		
	03005	惠普打印机	2	03	人民币			36	2015-2-14	2016-1-31	0	1	王昭	3000	30	.01	0		
	03006	联想电脑	2	03	人民币			36	2016-1-20	2016-1-31	0	1	解树	5000	50	.01	0		
	03007	联想电脑	2	03	人民币			36	2016-1-20	2016-1-31	0	1	解树	5000	50	.01	0		
	03008	联想电脑	2	03	人民币			36	2016-1-20	2016-1-31	0	1	解树	5000	50	.01	0		

图 6-58 “资产盘点”窗口

（4）单击“退出”按钮，系统提示“本盘点单数据已变更，是否保存”。

（5）单击“是”按钮，系统提示“盘点单保存成功！”

（6）单击“确定”按钮，资产盘点完成，如图 6-59 所示。

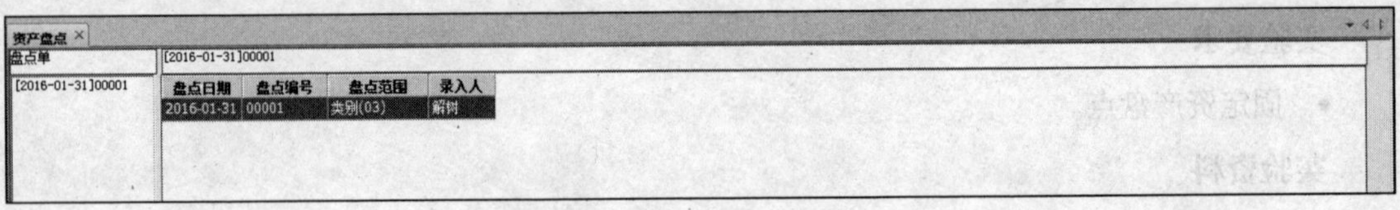

盘点日期	盘点编号	盘点范围	录入人
2016-01-31	00001	类别(03)	解树

图 6-59 “资产盘点”窗口

（7）关闭“资产盘点”对话框，执行“盘盈盘亏确认”命令，双击选中“03003”资产，在“审核”栏选中“同”，在“处理意见”栏输入“由部门负责人照价赔偿”，如图 6-60 所示。

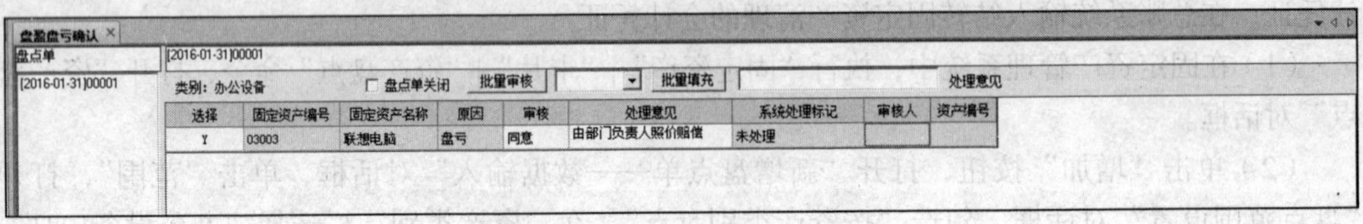

选择	固定资产编号	固定资产名称	原因	审核	处理意见	系统处理标记	审核人	资产编号
Y	03003	联想电脑	盘亏	同意	由部门负责人照价赔偿	未处理		

图 6-60 “盘盈盘亏确认”窗口

（8）单击“保存”按钮，系统提示“保存成功！”。

（9）单击“确定”按钮，退出“盘盈盘亏确认”窗口。

（10）单击“资产盘亏”，打开“资产盘亏”窗口，双击选中“03003”资产，如图 6-61 所示。

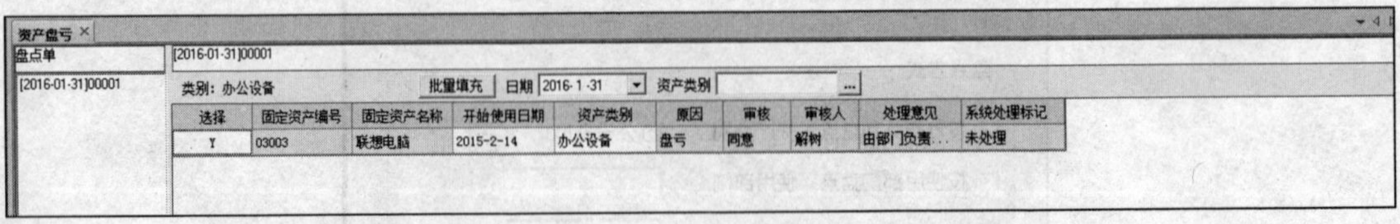

选择	固定资产编号	固定资产名称	开始使用日期	资产类别	原因	审核	审核人	处理意见	系统处理标记
Y	03003	联想电脑	2015-2-14	办公设备	盘亏	同意	解树	由部门负责…	未处理

图 6-61 “资产盘亏”窗口

（11）单击“盘亏处理”命令，打开“资产减少”对话框，在“清理原因”栏输入“资产盘亏”，如图 6-62 所示。

（12）单击“确定”按钮，系统提示“所选卡片已经减少成功！”。

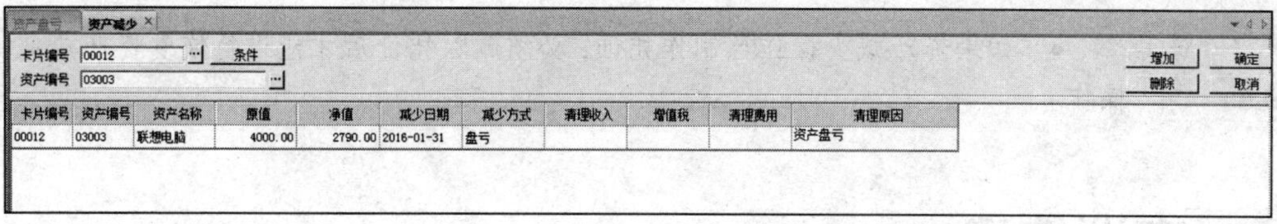

图 6-62 “资产减少”窗口

（13）单击“确定”按钮，弹出一张会计凭证，修改凭证类别“转账凭证”，将“1606 固定资产清理”科目修改为“1901 待处理财产损益”。

（14）单击“保存”按钮，凭证保存成功，如图 6-63 所示。

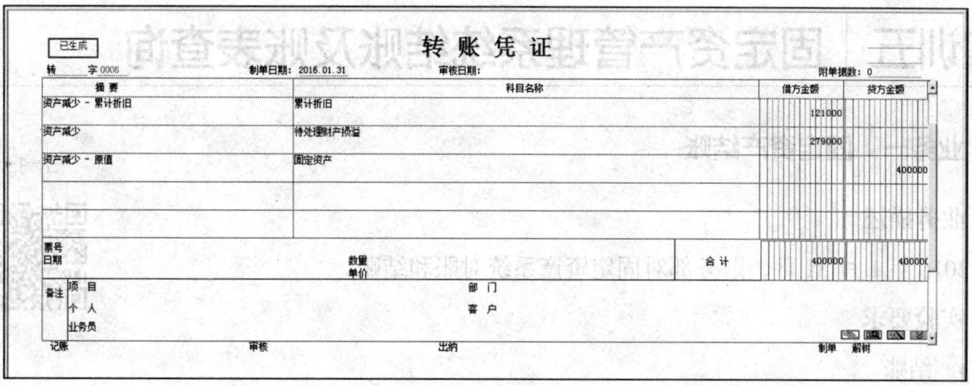

图 6-63 转账凭证（1）

（图 6-79 2016.01.31 转账凭证摘要：资产减少-累计折旧，借方科目名称：累计折旧，金额：1 210；借方科目名称：待处理财产损益，金额：2 790；贷方摘要：资产减少-原值贷方科目名称：固定资产，金额：4 000。）

（15）在总账管理系统，执行“总账”|“凭证”|“填制凭证”命令，打开“凭证”对话框，单击“增加”按钮。

（16）修改凭证类型“转账凭证”，输入处理盘亏固定资产的会计凭证。

（17）单击“保存”按钮，凭证保存成功，如图 6-64 所示。

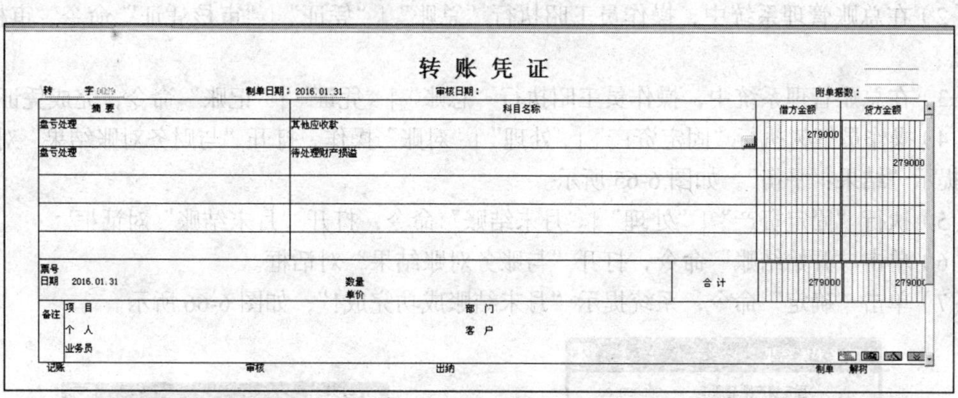

图 6-64 转账凭证（2）

（图 6-64 2016.01.31 转账凭证摘要：盘亏处理，借方科目名称：其他应收款，金额：2 790 贷方科目名称：待处理财产损益，金额：2 790。）

（18）请将账套输出至“D:\823 账套备份\6-4”文件夹。

温馨提示

• 如果资产减少操作已制作凭证，必须删除凭证后才能进行恢复资产减少的操作。

实训练习

1. 2016年1月30日，计提本月固定资产折旧（使用批量制单处理）。

2. 2016年1月30日，对管理部门的10台计算机计提本月折旧。一台计算机的计提原值为4 000元，净残值为40元，折旧率为0.027 5，使用年限3年。

实训五 固定资产管理系统结账及账表查询

业务一 固定资产结账

扫一扫

业务描述

2016年1月31日，财务部对固定资产系统对账和结账。

实验要求

• 结账。

实验资料

本节无新增资料。

操作指导

“w02解树”对固定资产系统对账、结账。

（1）在总账管理系统中，操作员刘睿执行“总账”|“凭证”|“出纳签字”命令，对所有凭证进行出纳签字。

（2）在总账管理系统中，操作员王昭执行“总账”|“凭证”|“审核凭证”命令，审核所有凭证。

（3）在总账管理系统中，操作员王昭执行“总账”|“凭证”|“记账”命令，完成凭证记账。

（4）操作员解树执行“固定资产”|“处理”|“对账”操作，打开“与财务对账结果”对话框。系统提示“结果：平衡”，如图6-65所示。

（5）执行“固定资产”|“处理”|“月末结账”命令，打开“月末结账”对话框。

（6）单击“开始结账”命令，打开“与账务对账结果”对话框。

（7）单击“确定”命令，系统提示“月末结账成功完成!”，如图6-66所示。

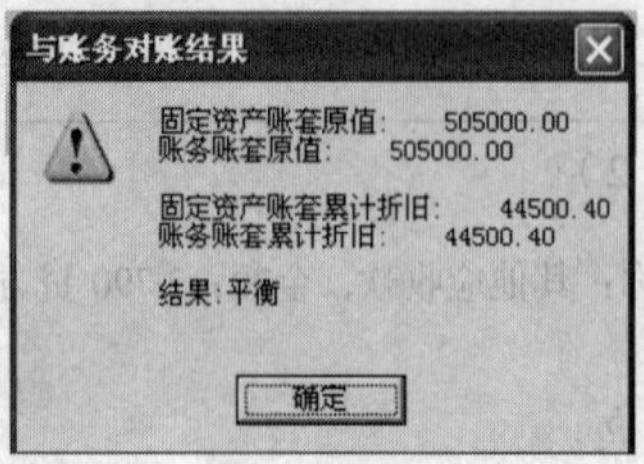

图6-65 “与账务对账结果”提示框

图6-66 “月末结账成功完成”提示框

温馨提示

- 固定资产系统与总账系统对账之前，要保证固定资产系统传递到总账系统中的凭证已经审核和记账；否则对账不成功。
- 如果对账不平，需要根据初始化是否选中“在对账不平情况下允许固定资产月末结账”来判断是否可以进行结账处理。
- 月末结账工作每月进行一次，如果结账后发现结账前的操作有误，则可以使用系统提供的一个纠错功能，即“恢复月末结账前状态”进行“反结账”。
- 如果总账系统已经结账，则固定资产系统不可以执行取消结账功能。

业务二　查询固定资产原值表

业务描述

2016 年 1 月 31 日，查询固定资产原值一览表。

实验要求

- 查询固定资产原值。

实验资料

本节无新增资料。

操作指导

“w02 解树”在固定资产管理系统中查询固定资产原值一览表。

（1）在固定资产管理系统，执行“固定资产”|“账表”|“我的账表”命令，打开“报表”窗口。

（2）单击“统计表”命令，双击“（固定资产原值）一览表”窗口，打开“（固定资产原值）一览表”窗口，条件默认。

（3）单击“确定”按钮，打开“（固定资产原值）一览表”窗口，如图 6-67 所示。

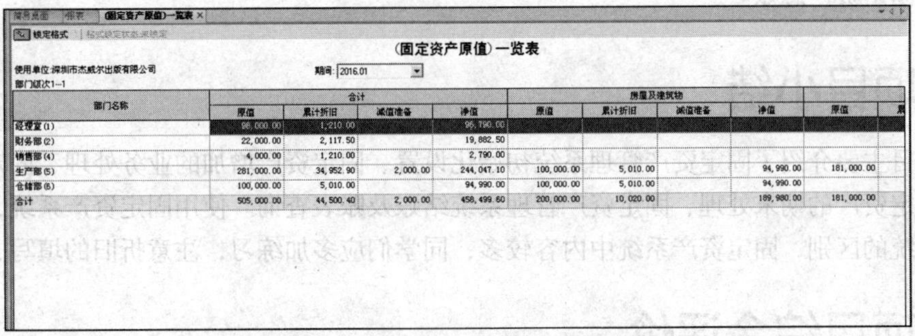

图 6-67　“（固定资产原值）一览表”窗口

业务三　查询固定资产明细账

业务描述

2016 年 1 月 31 日，查询办公设备类固定资产明细账。

实验要求

- 查询固定资产明细账。

实验资料

本节无新增资料。

操作指导

“w02 解树”在固定资产管理系统中查询办公设备类固定资产明细账。

（1）在固定资产管理系统中，执行“固定资产”|“账表”|“我的账表”命令，打开“报表”对话框。

（2）单击“账簿”命令，双击“(部门、类别）明细账”选项卡，打开“条件——（部门、类别）明细账”对话框，在“类别名称”栏选择“03 办公设备”，选中“显示使用状况和部门”复选框。

（3）单击“确定”按钮，打开“(部门、类别）明细账”窗口，如图 6-68 所示。

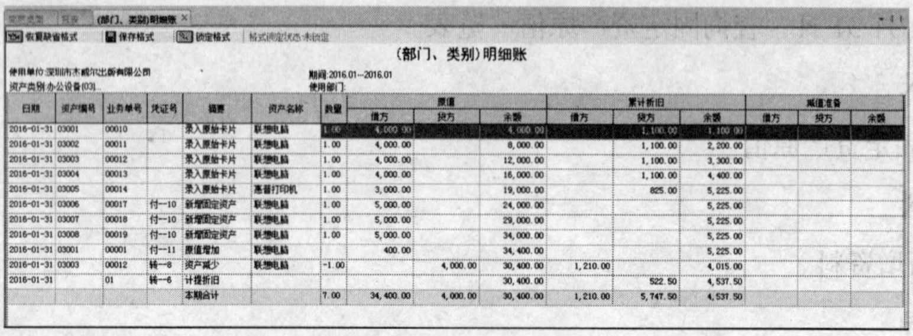

(部门、类别)明细账

使用单位:深圳市杰威尔出版有限公司　　期间:2016.01--2016.01

资产类别:办公设备(03)...　　使用部门:

日期	资产编号	业务单号	凭证号	摘要	资产名称	数量	原值 借方	原值 贷方	原值 余额	累计折旧 借方	累计折旧 贷方	累计折旧 余额	减值准备 借方	减值准备 贷方	减值准备 余额
2016-01-31	03001	00010		录入原始卡片	联想电脑	1.00	4,000.00		4,000.00		1,100.00	1,100.00			
2016-01-31	03002	00011		录入原始卡片	联想电脑	1.00	4,000.00		8,000.00		1,100.00	2,200.00			
2016-01-31	03003	00012		录入原始卡片	联想电脑	1.00	4,000.00		12,000.00		1,100.00	3,300.00			
2016-01-31	03004	00013		录入原始卡片	联想电脑	1.00	4,000.00		16,000.00		1,100.00	4,400.00			
2016-01-31	03005	00014		录入原始卡片	惠普打印机	1.00	3,000.00		19,000.00		825.00	5,225.00			
2016-01-31	03006	00017	付--10	新增固定资产	联想电脑	1.00	5,000.00		24,000.00			5,225.00			
2016-01-31	03007	00018	付--10	新增固定资产	联想电脑	1.00	5,000.00		29,000.00			5,225.00			
2016-01-31	03008	00019	付--10	新增固定资产	联想电脑	1.00	5,000.00		34,000.00			5,225.00			
2016-01-31	03001	00001	付--11	原值增加	联想电脑		400.00		34,400.00			5,225.00			
2016-01-31	03003	00012	转--8	资产减少	联想电脑	-1.00		4,000.00	30,400.00	1,210.00		4,015.00			
2016-01-31		01	转--6	计提折旧					30,400.00		522.50	4,537.50			
				本期合计		7.00	34,400.00	4,000.00	30,400.00	1,210.00	5,747.50	4,537.50			

图 6-68 “(部门、类别）明细账”窗口

（4）请将账套输出至“D:\823 账套备份\6-5”文件夹。

实训练习

查询固定资产总账。

项目小结

本项目主要介绍了固定资产管理系统初始化设置、固定资产增加的业务处理、固定资产变动处理、固定资产的期末处理、固定资产管理系统结账及账表查询。使用固定资产系统，应注意它与其他系统的区别，固定资产系统中内容较多，同学们应多加练习，注意折旧的填写方法。

项目综合评价

评价记录表

姓　名：　　班　级：　　评价时间：

评价指标		评价标准	所占比例	分值
学习过程 Σ70	学习目标 Σ40	固定资产管理系统初始化设置	10%	
		固定资产增加处理	5%	
		固定资产变动业务处理	15%	
		本章成绩	10%	

续表

评价指标		评价标准	所占比例	分值
学习过程 Σ70	综合能力 Σ30	固定资产期末处理	10%	
		固定资产管理系统账表查询	10%	
		结账	5%	
		综合能力	5%	
小组合作 Σ30	初始实施	账套引入	5%	
	过程实施	配合及解决问题及灵动性	5%	
	合作交流	小组成员间的交流与合作	10%	
	资源利用	资源使用及组织	10%	
综合得分				
教师评语		签名： 年 月 日		
学生意见		签名： 年 月 日		

项目七
薪资管理系统业务处理

功能概述

薪资管理系统的任务是以职工个人的薪资原始数据为基础，计算应发工资、扣款小计和实发工资等，编制工资结算单；按部门和人员类别进行汇总，进行个人所得税计算；提供多种方式的查询、打印薪资发放表、各种汇总表及个人工资条；进行工资费用分配与计提，并实现自动转账处理。薪资管理系统具体包括以下内容。

- 工资类别管理：薪资系统提供处理多个工资类别的功能，如果单位按周或按月多次发放薪资，或者是单位中有多种不同类别（部门）的人员，薪资发放项目不同，计算公式也不同，但须进行统一的薪资核算管理，选择多个工资类别。
- 人员档案管理：可以设置人员的基础信息并对人员变动进行调整，系统同时还提供了设置人员附加信息的功能。
- 薪资数据管理：根据不同企业的需要设计工资项目和计算公式；管理所有人员的工资数据，并对平时发生的工资变动进行调整；自动计算个人所得税，结合工资发放形式进行扣零处理或向代发的银行传输工资数据；自动计算、汇总工资数据；自动完成工资分摊、计提、转账业务。
- 账簿管理：提供按多种条件查询总账、日记账及明细账等，具有总账、明细账和凭证联查功能。
- 薪资报表管理：提供多层次、多角度的工资数据查询。

实验目的与要求

- 系统学习薪资系统初始化、日常业务处理的主要内容和操作方法；掌握建立工资账套、工资类别、人员类型、设置工资项目和计算方式的方法，了解工资账套与企业账套的区别；掌握工资数据计算、个人所得税计算的方法；掌握工资分摊和生成转账凭证的方法，熟悉查询有关账表资料并进行统计分析的方法。

实训一　薪资管理系统初始化设置

业务一　薪资管理系统参数设置

扫一扫

业务描述

请以“w01 王昭”的身份设置薪资管理系统的参数。

实验要求

- 薪资系统参数设置。

实验资料

相关实验资料如表 7-1 所示。

表 7-1　　　　　　　　　　　　薪资管理系统参数

控制参数	参数设置
参数设置	单个工资类别；不核算计件工资
扣税设置	从工资代扣个人所得税
扣零设置	不扣零
人员编码	与公共平台的人员编码一致

操作指导

“w01 王昭”设置薪资管理系统参数。

（1）在企业应用平台上，执行“业务工作”|“人力资源”|“薪资管理”命令，打开“建立工资套——参数设置”对话框。

（2）选择本账套所需处理的工资类别个数为“单个”，“货币”为默认“人民币 RMB”，如图 7-1 所示。

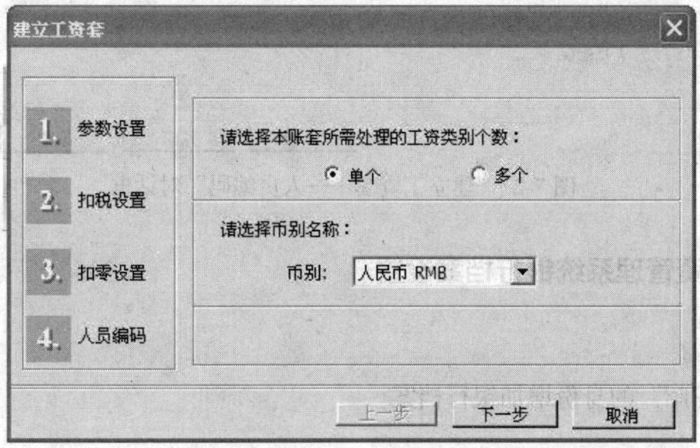

图 7-1　“建立工资套——参数设置”对话框

（3）单击“下一步”按钮，打开“建立工资套——扣税设置”对话框，选中“是否从工资中代扣个人所得税”复选框，单击“下一步”按钮，打开“建立工资账套——扣零设置”对话框。

（4）取消“扣零”复选框。单击“下一步”按钮，打开“建立工资账套——人员编码”，系统默认“本系统要求您对员工进行统一编号，人员编码同公共平台的人员编码保持一致。”，如图 7-2 所示。

（5）单击“完成”按钮，完成建立工资套的过程。

温馨提示

- 工资账套与企业核算账套是不同概念，企业核算账套在系统管理中建立，是针对整个用友 ERP 系统而言，而工资账套只针对用友 ERP 系统中的薪资管理子系统。可以说工资账套是企业核算账套的一个组成部分。

- 如果单位按周或月多次发放薪资，或者是单位有多种不同类型（部门）的人员，工资发放项目不尽相同，计算公式也不相同，但需要进行统一核算管理，应选择“多个”工资类别。
- 反之，如图单位中所有人员工资按统一标准进行管理，而且人员的工资项目和工资计算公式全部相同，则选择“单个”工资类别。
- 选择代扣个人所得税后，系统将自动生成工资项目“代扣税”，并自动进行代扣税金的计算。
- 扣零处理是指每次发放工资时将零头扣下，积累取整，在下次发放工资时补上，系统在计算工资时将依据扣零类型（扣零至元、扣零至角和扣零至分）进行扣零计算。一旦选择了“扣零处理”，系统会自动计算在固定工资项目中增长“本月扣零”和“上月扣零”两个项目，扣零的计算公式将有系统自动定义，不用设置。建账完成后，部分建账参数可以在“设置”|“选项”中进行修改。

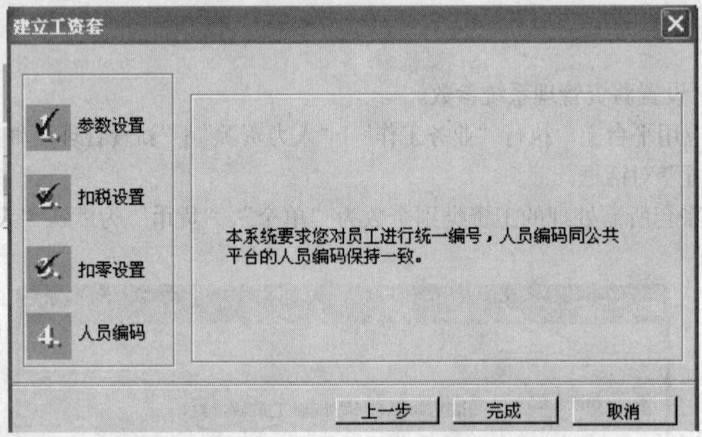

图 7-2 “建立工资套——人员编码”对话框

业务二　薪资管理系统银行档案设置

业务描述

请以“w01 王昭”的身份增加银行档案。

实验要求

- 设置薪资系统银行档案。

实验资料

银行编码：01；银行名称：中国工商银行；账号长度：19 位；输入时自动带出的账号长度 15。

操作指导

“w01 王昭”增加银行档案。

（1）在企业应用平台，执行“基础设置”|“基础档案”|“收付结算”|“银行档案”命令，选择“01 中国工商银行”信息，双击打开“修改银行档案”窗口。

（2）在“个人账户规则”处选中“定长”复选框，在“账号长度”栏，输入“19”，在“自动带出账号长度”栏输入“15”，如图 7-3 所示。

（3）单击“保存”按钮并退出。

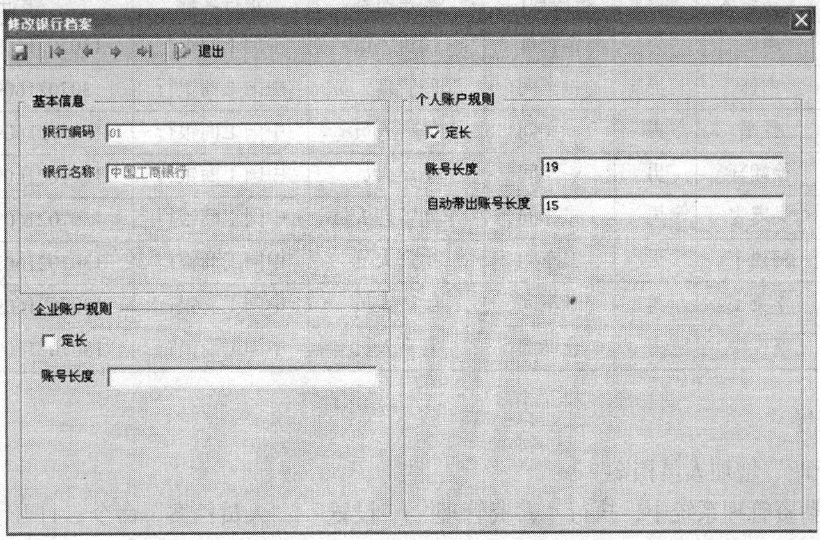

图 7-3 “修改银行档案”窗口

温馨提示

- 系统预置了 16 个银行名称，如果不能满足需要可以在此基础上删除或增加新的银行名称。
- 如果修改账号长度，则必须按键盘上的回车键确认。

业务三 薪资管理系统人员档案设置

业务描述

请以“w01 王昭”的身份设置人员档案。

实验要求

- 设置人员档案。

实验资料

相关实验资料如表 7-2 所示。

表 7-2 人员档案

人员编码	人员姓名	性别	行政部门	人员类别	银行名称	银行账号
101	崔知梦	男	经理室	管理人员	中国工商银行	1307021609007089801
201	王昭	男	财务部	管理人员	中国工商银行	1307021609007089802
202	解树	男	财务部	管理人员	中国工商银行	1307021609007089803
203	高夏珍	男	财务部	管理人员	中国工商银行	1307021609007089804
301	季白	男	采购部	采购人员	中国工商银行	1307021609007089805
302	许诩	男	采购部	采购人员	中国工商银行	1307021609007089806
401	王郁	男	销售部	销售人员	中国工商银行	1307021609007089807

续表

人员编码	人员姓名	性别	行政部门	人员类别	银行名称	银行账号
402	虞姬	男	销售部	销售人员	中国工商银行	1307021609007089808
501	白钰	男	一车间	车间管理人员	中国工商银行	1307021609007089809
502	甄平	男	一车间	生产人员	中国工商银行	1307021609007089810
503	徐翊轩	男	一车间	生产人员	中国工商银行	1307021609007089811
504	吴虞雯	男	二车间	车间管理人员	中国工商银行	1307021609007089812
505	柯建宇	男	二车间	生产人员	中国工商银行	1307021609007089813
506	李英宇	男	二车间	生产人员	中国工商银行	1307021609007089814
601	洛夜樱	男	仓储部	管理人员	中国工商银行	1307021609007089815

操作指导

“w01 王昭”增加人员档案。

（1）在薪资管理系统中，执行“薪资管理”|“设置”|“人员档案”命令，打开“人员档案”对话框。

（2）单击“批增”按钮，打开“人员批量增加”对话框。

（3）在窗口左侧分别单击选中所有部门，单击“查询”按钮，弹出“人员档案”列表，如图 7-4 所示。

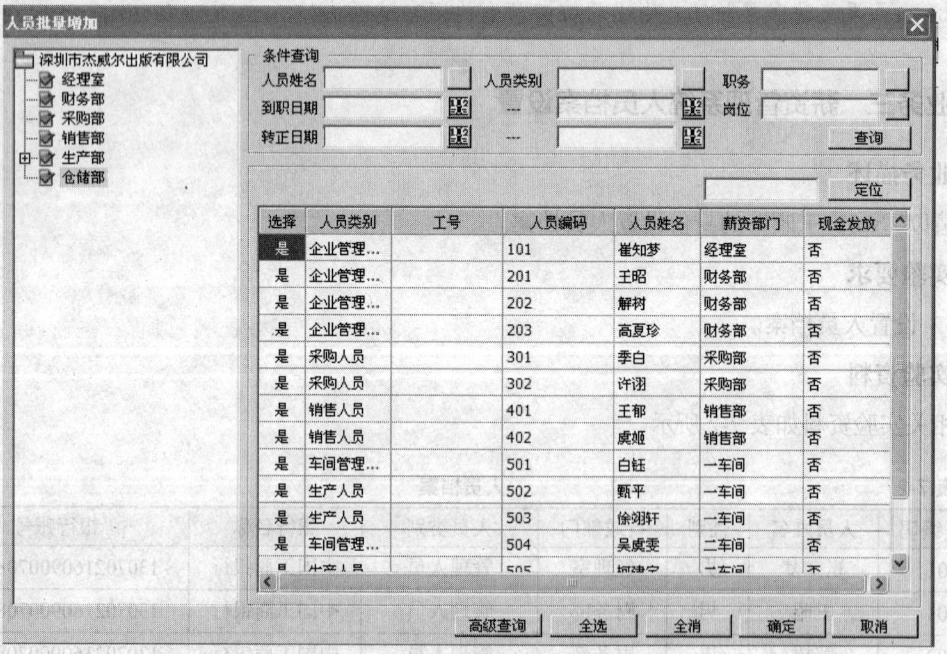

图 7-4 “人员批量增加”对话框

（4）单击“确定”按钮，返回“人员档案”窗口。

（5）双击人员档案记录打开“人员档案明细”对话框。在“基本信息”选项卡中，补充输入“银行名称”和“银行账号”信息，如图 7-5 所示。

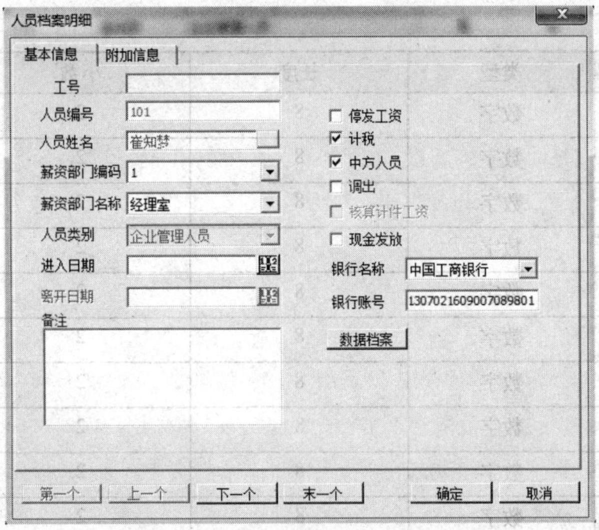

图 7-5 “人员档案明细”窗口

温馨提示

• 如果在银行名称设置中设置了“银行账号定长”，则在输入人员档案的银行账号时，当输入了一个人员档案的银行账号后，在输入第二个人员的银行账号时，系统会自动带出已设置的银行账号定长的账号，输入人员只需要输入剩余的账号即可。

• 如果账号长度不符合要求则不能保存。在增加人员档案时，“停发”“调出”和“数据档案”不可选，只有在修改状态下才能编辑。

• 在人员档案对话框中，可以单击“数据档案”按钮，输入薪资数据。如果个别人员档案需要修改，在人员档案对话框中可以直接修改。如果一批人员的某个薪资项目同时需要修改，可以利用数据替换功能，将符号条件人员的某个薪资项目的内容统一替换为某个数据。若进行替换的薪资项目已设置了计算公式，则在重新计算时以计算公式为准。

业务四　薪资管理系统工资项目设置

业务描述

请以“w01 王昭”的身份设置工资项目。

实验要求

- 设置工资项目。

实验资料

相关实验资料如表 7-3 所示。

表 7-3　　　　　　　　　　　　　　工资项目

工资项目名称	类型	长度	小数	增减项
基本工资	数字	8	2	增项
奖金	数字	8	2	增项
交通补贴	数字	8	2	增项
岗位工资	数字	8	2	增项

续表

工资项目名称	类型	长度	小数	增减项
福利补贴	数字	8	2	增项
医疗保险	数字	8	2	减项
养老保险	数字	8	2	减项
工伤保险	数字	8	2	减项
失业保险	数字	8	2	减项
生育保险	数字	8	2	减项
住房公积金	数字	8	2	减项
缺勤扣款	数字	8	2	减项
缺勤天数	数字	8	2	其他
计税工资	数字	8	2	其他
五险一金计提基数	数字	8	2	其他

操作指导

“w01 王昭”设置工资项目。

（1）在薪资管理系统中，执行“薪资管理”|“设置”|“工资项目设置”命令，打开“工资项目设置”对话框。

（2）单击“增加”按钮，从“名称参照”下拉列表中选择“基本工资”，默认类型为“数字”，小数位为“2”，增减项为“增项”。以此方法继续增加其他的工资项目，如图 7-6 所示。

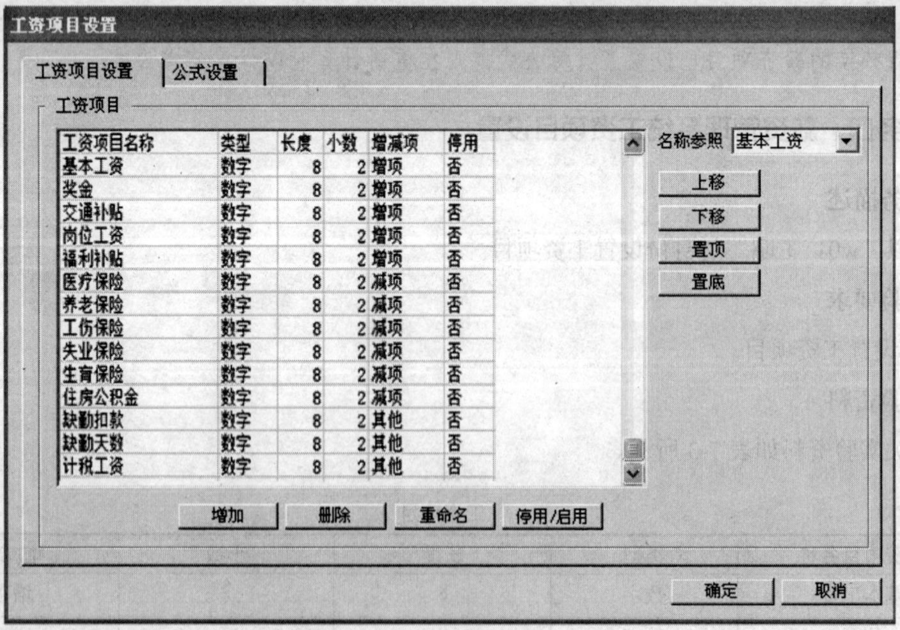

图 7-6 “工资项目设置”对话框

（3）单击“保存”按钮并退出。

温馨提示

- 此处公式中的项目可以手工直接输入，也可以在“工资项目”“公式输入参照”处直接进行选择。
- 薪资管理系统提供了一些固定项目，包括“应发合计”“扣款合计”和“实发合计”工资项目。在建立工资套时，如果选择了扣零处理，则会增加“本月扣零”和“上月扣零”两个工资项目；如果选择了扣税处理，则会增加“代扣税”工资项目；如果选择核算计件工资，则增加“计件工资”工资项目，这些也都是属于固定项目，不能修改或删除。
- 对于“名称参照”下拉列表中没有的项目可以直接输入；或者从“名称参照”中选择一个类似的项目后再进行修改。其他项目可以根据需要进行修改。
- 此处所设置的工资项目是针对所有工资类别所需要实用的全部工资项目。
- 系统提供的固定工资项目不能进行修改和删除。

业务五　薪资管理系统公式设置

业务描述

请以“w01 王昭”的身份设置薪资公式。

实验要求

- 设置薪资公式。

实验资料

相关实验资料如表 7-4 所示。

表 7-4　　薪资计算公式

薪资项目	计算公式
交通补贴	企业管理人员 800 元每月，采购人员 1 000 元每月，销售人员 1 000 元每月，车间管理人员和生产人员 600 元每月
缺勤扣款	如果缺勤天数≤2 天，缺勤扣款=（基本工资/22）*缺勤天数*50% 如果缺勤天数>2 天，缺勤扣款=（基本工资/22）*缺勤天数
五险一金计提基数	基本工资+岗位工资
计税工资	基本工资＋奖金+交通补贴+岗位工资-医疗保险-养老保险-失业保险
养老保险（个人）	五险一金计提基数*8%
医疗保险（个人）	五险一金计提基数*2%
失业保险（个人）	五险一金计提基数*2%
住房公积金	五险一金计提基数*12%

操作指导

“w01 王昭”设置薪资计算公式。

1.“交通补贴”公式设置

（1）在薪资管理系统中，执行“薪资管理”|“设置”|“工资项目设置”命令，打开“工资项目设置”对话框。

选择“公式设置”选项卡。单击“增加”按钮，从下拉列表框中选择“交通补贴”。

（2）单击“函数公式向导输入...”按钮，打开“函数向导——步骤之1”对话框。

（3）单击选中“函数名”列表中的“iff”函数，如图7-7所示。

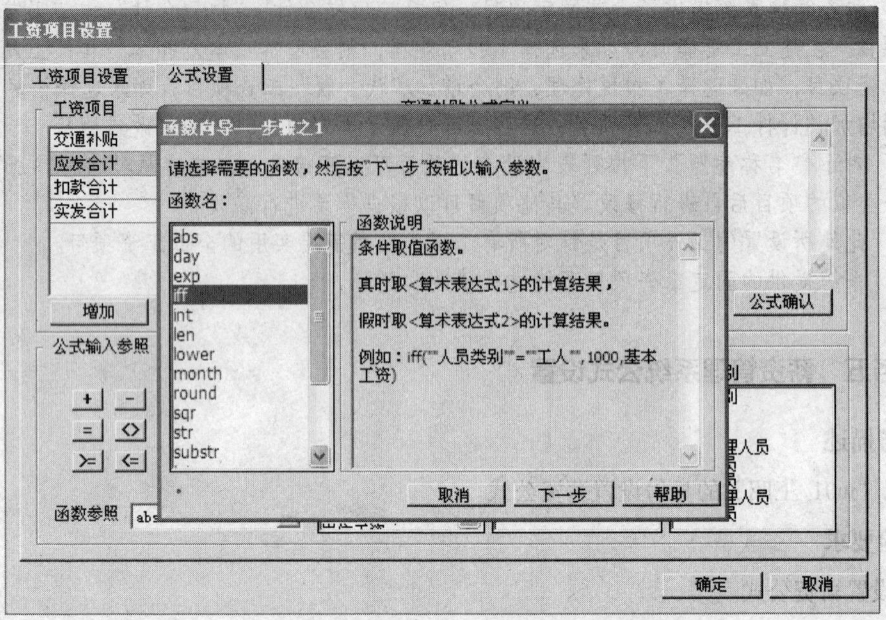

图7-7 “函数向导——步骤之1”对话框

（4）单击“下一步”按钮，打开“函数向导——步骤之2”对话框。

（5）单击“逻辑表达式”栏右侧的“参照”按钮，打开“参照”对话框。

（6）单击“参照列表”栏的下三角按钮，选择“人员类别”，再单击选中“企业管理人员”，如图7-8所示。

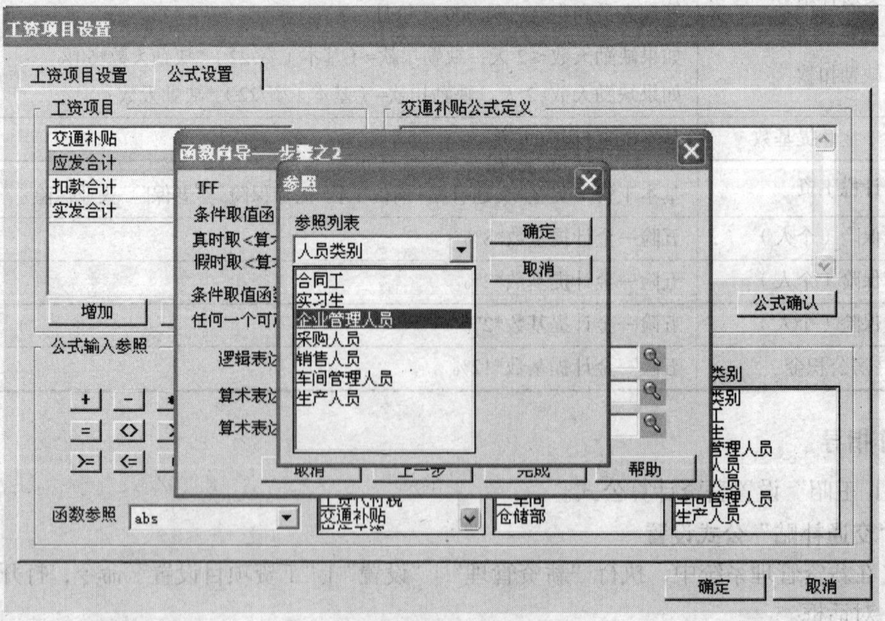

图7-8 “参照”对话框

（7）单击“确定”按钮，返回“函数向导——步骤之 2”对话框。在“算术表达式 1”文本框中输入“800”。

（8）单击“完成”按钮，返回“工资项目设置——公式设置”对话框。将光标移至“iff”函数的第三个参数位置，继续单击“函数公式向导输入...”。

（9）单击选中“函数名”列表中的“iff”，单击“下一步”按钮，打开“函数向导——步骤之 2”对话框。单击“逻辑表达式”栏右侧的参数按钮，打开“参照”对话框。

（10）单击“参数列表”栏的下三角按钮，选择“人员类别”，再单击选中“采购人员”，在生成的逻辑表达式后面输入“or”，注意前后必须留有空格。

（11）继续单击“参照”按钮，选择“人员类别”为“销售人员”。在“算术表达式 1”文本框中输入“1 000.00”，在“算术表达式 2”栏输入“600.00”，如图 7-9 所示。

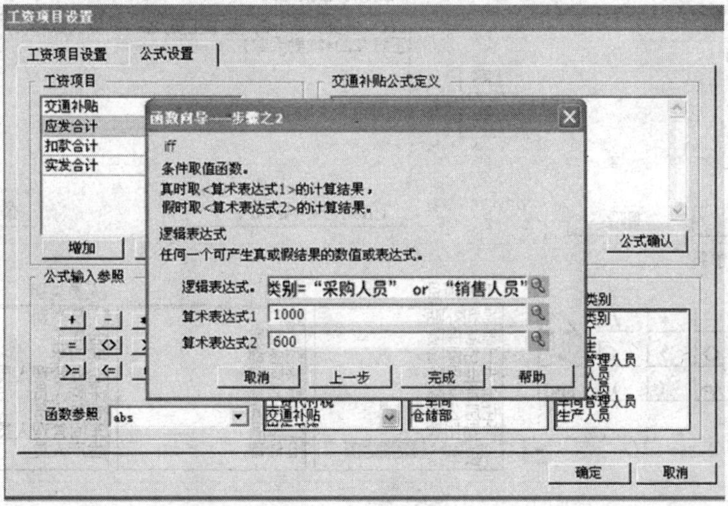

图 7-9 “函数向导—步骤之 2”对话框

（12）单击“完成”按钮返回公式设置界面，如图 7-10 所示。

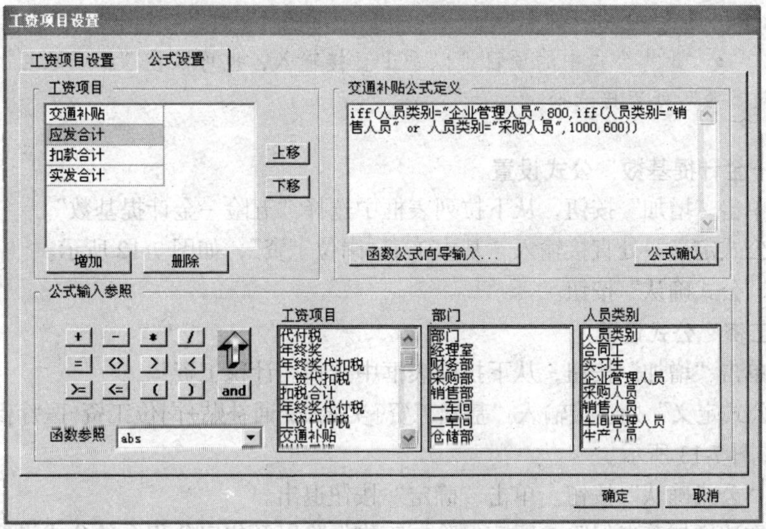

图 7-10 “工资项目设置——交通补贴”对话框

（13）单击“公式确认”按钮。

2.“缺勤扣款”公式设置

（1）继续单击“增加”按钮，从下拉列表中选择“缺勤扣款”。

（2）在右下方“函数参照”栏选中“iff”函数，将“iff”函数的第一个参数定义为“缺勤天数<=2”，第二个参数设置为“（基本工资/22）-缺勤天数*0.5”，第三个参数设置为“（基本工资/22）*缺勤天数”，如图 7-11 所示。

（3）单击“公式确认”按钮。

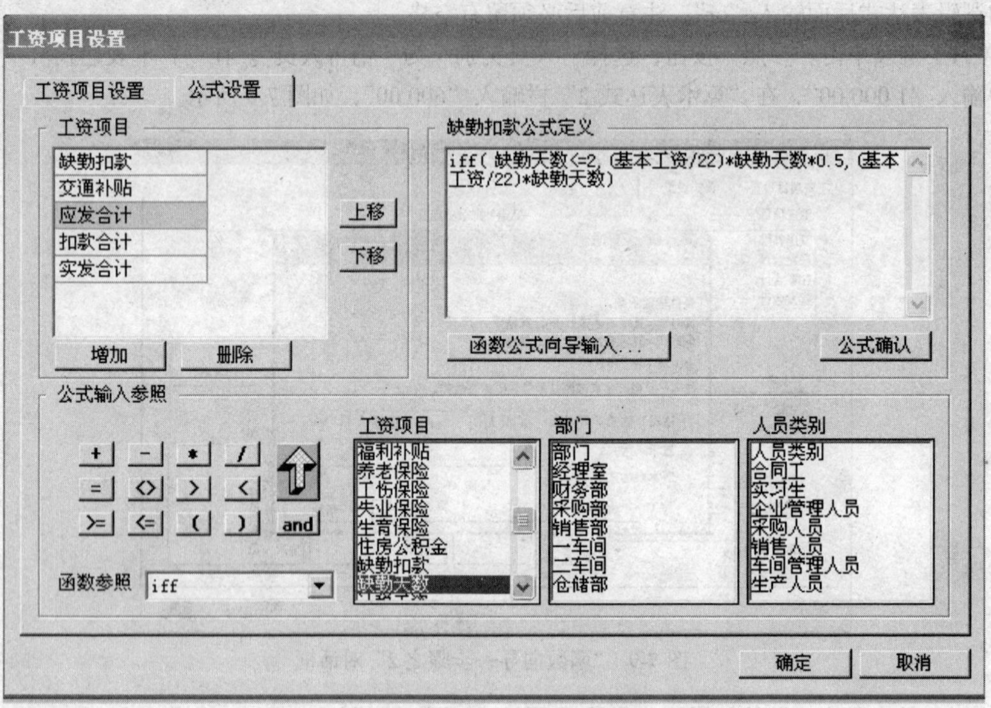

图 7-11 “工资项目设置——缺勤扣款”对话框

温馨提示

• 此处公式中的项目可以手工直接输入，也可以在“工资项目”和“公式输入参照”处直接选择。

3.“五险一金计提基数”公式设置

（1）继续单击“增加”按钮，从下拉列表框中选择“五险一金计提基数”。

（2）在“公式定义”处直接输入“基本工资+岗位工资”，如图 7-12 所示。

（3）单击“公式确认”按钮。

4.“计税工资”公式设置

（1）继续单击“增加”按钮，从下拉列表框中选择“计税工资”。

（2）在“公式定义”处直接输入“基础工资+奖金+交通补贴+岗位工资-医疗保险-养老保险-失业保险”，如图 7-13 所示。

（3）单击“公式确认”按钮。单击“确定”按钮退出。

（4）以此方法增加养老保险，医疗保险，工伤保险以及住房公积金的公式设置。

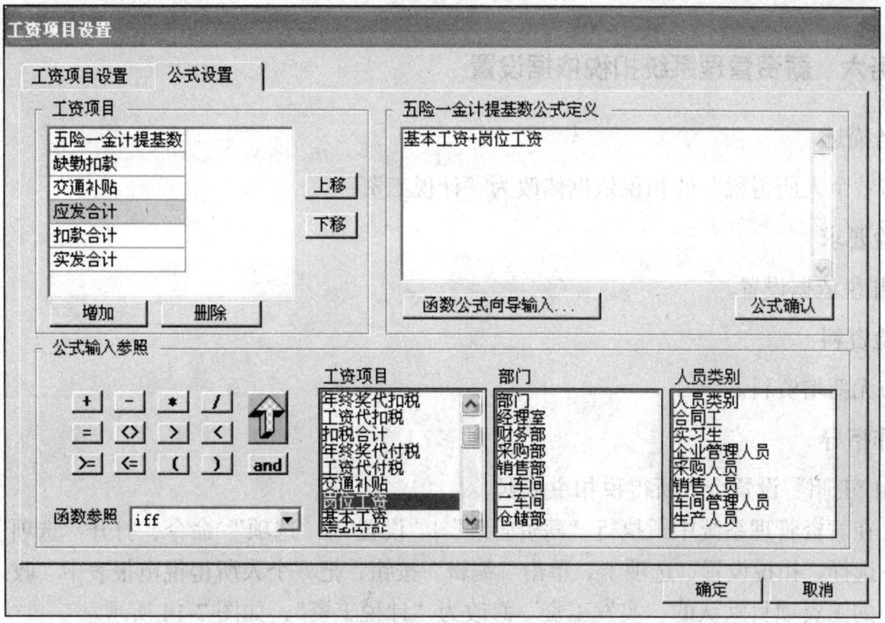

图 7-12 “工资项目设置——五险一金计提”对话框

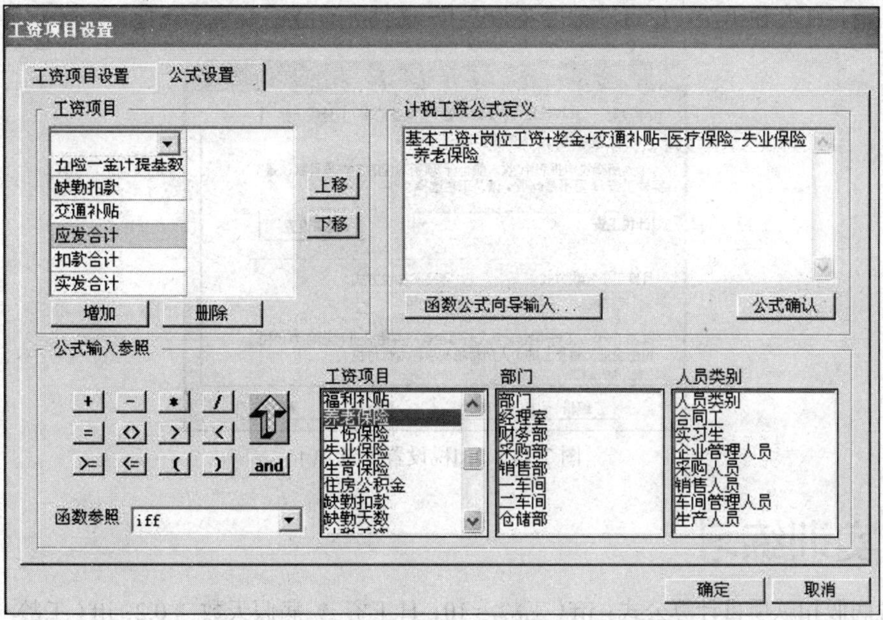

图 7-13 “工资项目设置——计税工资”对话框

温馨提示

- 在定义公式时，可以使用函数公式向导输入、函数参事输入、工资项目参照、部门参照和人员类别参照编辑输入工资项目的计算公式。其中函数公式向导只支持系统提高的函数。工资中没有的项目不允许在公式中出现。
- 公式中可以引用已设置公式的项目，相同的工资项目可以重复定义公式并多次进行计算，以最后的运行结果为准。
- 定义公式时要注意先后顺序。

业务六 薪资管理系统扣税依据设置

业务描述

请将“个人所得税”的扣税依据修改为“计税工资”。

实验要求

- 扣税依据设置。

实验资料

本节无新增资料。

操作指导

“w01 王昭”设置个人所得税扣税依据。

（1）在薪资管理系统中，执行“薪资管理”|“设置”|“选项”|命令，打开“选项”对话框。

（2）选择“扣税设置”选项卡，单击“编辑”按钮，把“个人所得税申报表中“收入额合计”项所对应的工资项目默认的“实发工资”修改为“计税工资”，如图 7-14 所示。

（3）单击“确定”按钮，退出“选项”对话框。

（4）请将账套输出至“D:\823 账套备份\7-1”文件夹。

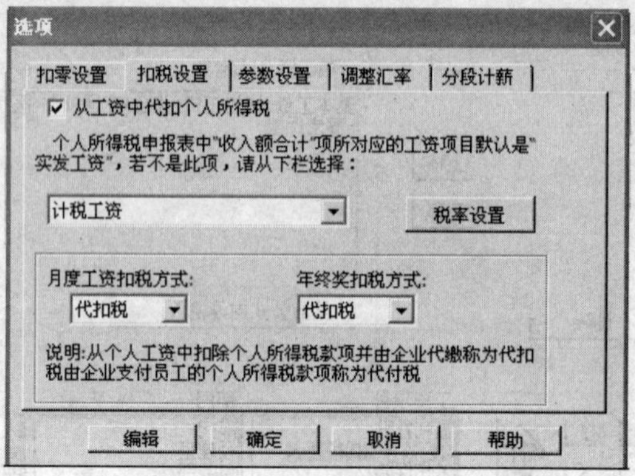

图 7-14 “扣税设置”选项卡

实训练习

设置病假扣款项目计算公式：iff（工龄>=10，日工资 * 病假天数 * 0.2，iff（工龄>=5 and 工龄<10，日工资 * 病假天数 * 0.3，日工资 * 病假天数 * 0.4））。

实训二 薪资变动及分摊设置

业务一 工资数据变动

业务描述

请以“w02 解树”的身份输入所有人员的工资数据，并执行计算与汇总。

实验要求

扫一扫

- 输入工资数据并汇总。

实验资料

相关实验资料如表 7-5 所示。

表 7-5　　深圳杰威尔出版有限公司 2016 年 1 月工资人员工资数据表

人员编码	人员姓名	性别	行政部门	人员类别	基本工资	奖金	岗位工资	福利补贴	缺勤天数
101	李建明	男	经理室	管理人员	3 000	1 000	600	200	
201	王昭	男	财务部	管理人员	2 500	800	400	200	
202	解树	男	财务部	管理人员	2 000	600	300	200	1
203	高夏珍	男	财务部	管理人员	2 000	200	200	200	
301	季白	男	采购部	采购人员	2 000	400	400	200	3
302	许诩	男	采购部	采购人员	2 000	400	300	200	
401	王郁	男	销售部	销售人员	2 400	800	600	200	
402	虞姬	男	销售部	销售人员	2 000	600	400	200	
501	白钰	男	一车间	车间管理人员	2 000	600	600	200	2
502	甄平	男	一车间	生产人员	2 000	600	600	200	
503	徐翊轩	男	一车间	生产人员	2 000	600	400	200	
504	吴虞雯	男	二车间	车间管理人员	2 000	600	400	200	
505	柯建宇	男	二车间	生产人员	2 000	600	400	200	
506	李英宇	男	二车间	生产人员	2 000	600	400	200	1
601	洛夜樱	男	仓储部	管理人员	2 000	200	200	200	
合计					32 100	8 600	6 200	3 000	7

操作指导

“w01 王昭”输入所有人员工资，并计算汇总。

（1）在薪资管理系统中，执行“薪资管理”|“业务处理”|“工资变动”命令，打开“工资变动”窗口。

（2）根据表 7-5 分别输入基本工资、奖金、岗位工资和缺勤扣款等工资项目内容。

（3）单击“全选”按钮，在人员记录的选择栏出现选中标记“Y”。

（4）单击“替换”按钮，打开“工资项数据替换”对话框，选择“将工资项目”为“福利补贴”，“替换成”为“200”，如图 7-15 所示。

（5）单击“确定”按钮返回，系统弹出“数据替换后将不可恢复，是否继续？”，单击“是”按钮，系统继续提示“15 条记录被替换，是否重新计算？”，单击“是”按钮返回。

（6）单击“计算”按钮，再单击“汇总”按钮，计算全部工资项目内容。

（7）单击“退出”按钮。

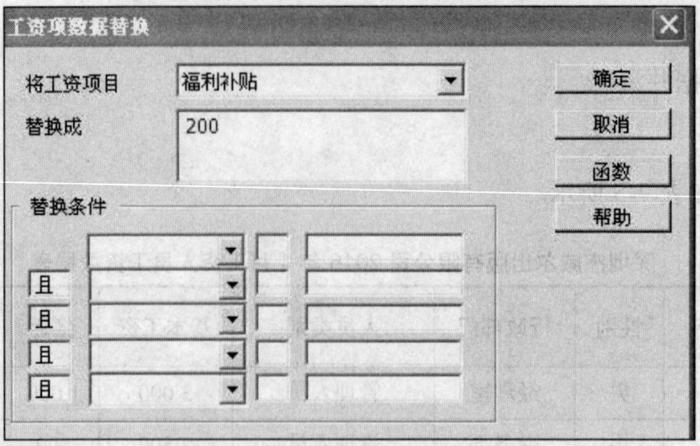

图 7-15 “工资项数据替换”对话框

温馨提示

• 第一次使用工资系统时必须将所有人员的基本工资数据输入系统中。工资数据可以在输入人员档案时直接输入，需要计算的内容在此功能中进行计算；也可以在工资变动功能中输入，当工资数据发生变动时应在此输入。

• 如果工资数据的变化具有规律性，可以使用“替换”功能进行成批数据的替换。

• 在修改了某些数据、重新设置了计算公式、进行了数据替换或在个人所得税中执行了自动扣税等操作后，必须调用“计算”和“汇总”功能对个人工资数据进行重新计算，以保证数据的正确性。

• 如果对工资数据只进行了“计算”的操作，则退出时系统会提示“数据发生变动后尚未进行汇总，是否进行汇总?”，如果需要汇总则单击“是”按钮，否则单击“否”按钮。

业务二　工资分摊设置

业务描述

2016 年 1 月 1 日，根据表 7-6～表 7-16 进行工资分摊设置。深圳杰威尔出版有限公司五险一金、工会经费和职工教育经费都按“五险一金计提基数”计提，公司承担的养老保险、医疗保险、失业保险、工伤保险、生育保险、住房公积金、工会经费和职工教育经费的计提比例分别为 20%、10%、1%、1%、0.8%、12%、2%和 2.5%；职工福利费按实际发生数列支。

实验要求

• 工资分摊设置。

实验资料

表 7-6　　计提工资转账分录一览表

部门名称	人员类别	项目	借方科目	贷方科目
经理室，财务部，仓储部	企业管理人员	应发合计	660201	221101
采购部	采购人员	应发合计	660201	221101
销售部	销售人员	应发合计	660101	221101
一车间，二车间	车间管理人员	应发合计	510109	221101

续表

部门名称	人员类别	项目	借方科目	贷方科目
一车间	生产人员	应发合计	500102（货架）	221101
二车间	生产人员	应发合计	500102（工装车）	221101

分摊构成设置（计提比例 100%）

表 7-7　　计提工会经费转账分录一览表

部门名称	人员类别	项目	借方科目	贷方科目
经理室，财务部，仓储部	企业管理人员	五险一金计提基数	660201	221109
采购部	采购人员	五险一金计提基数	660201	221109
销售部	销售人员	五险一金计提基数	660101	221109
一车间，二车间	车间管理人员	五险一金计提基数	510109	221109
一车间	生产人员	五险一金计提基数	500102（货架）	221109
二车间	生产人员	五险一金计提基数	500102（工装车）	221109

分摊构成设置（计提比例 2%）

表 7-8　　计提职工教育经费转账分录一览表

部门名称	人员类别	项目	借方科目	贷方科目
经理室，财务部，仓储部	企业管理人员	五险一金计提基数	660201	221110
采购部	采购人员	五险一金计提基数	660201	221110
销售部	销售人员	五险一金计提基数	660101	221110
一车间，二车间	车间管理人员	五险一金计提基数	510109	221110
一车间	生产人员	五险一金计提基数	500102（货架）	221110
二车间	生产人员	五险一金计提基数	500102（工装车）	221110

分摊构成设置（计提比例 2.5%）

表 7-9　　计提公司——养老保险转账分录一览表

部门名称	人员类别	项目	借方科目	贷方科目
经理室，财务部，仓储部	企业管理人员	五险一金计提基数	660201	221103
采购部	采购人员	五险一金计提基数	660201	221103
销售部	销售人员	五险一金计提基数	660101	221103
一车间，二车间	车间管理人员	五险一金计提基数	510109	221103
一车间	生产人员	五险一金计提基数	500102（货架）	221103
二车间	生产人员	五险一金计提基数	500102（工装车）	221103

分摊构成设置（计提比例 20%）

表 7-10　　计提公司——医疗保险转账分录一览表

部门名称	人员类别	项目	借方科目	贷方科目
经理室，财务部，仓储部	企业管理人员	五险一金计提基数	660201	221104
采购部	采购人员	五险一金计提基数	660201	221104

续表

部门名称	人员类别	项目	借方科目	贷方科目
销售部	销售人员	五险一金计提基数	660101	221104
一车间，二车间	车间管理人员	五险一金计提基数	510109	221104
一车间	生产人员	五险一金计提基数	500102（货架）	221104
二车间	生产人员	五险一金计提基数	500102（工装车）	221104

分摊构成设置（计提比例 10%）

表 7-11　　计提公司——失业保险转账分录一览表

部门名称	人员类别	项目	借方科目	贷方科目
经理室，财务部，仓储部	企业管理人员	五险一金计提基数	660201	221105
采购部	采购人员	五险一金计提基数	660201	221105
销售部	销售人员	五险一金计提基数	660101	221105
一车间，二车间	车间管理人员	五险一金计提基数	510109	221105
一车间	生产人员	五险一金计提基数	500102（货架）	221105
二车间	生产人员	五险一金计提基数	500102（工装车）	221105

分摊构成设置（计提比例 1%）

表 7-12　　计提公司——工伤保险转账分录一览表

部门名称	人员类别	项目	借方科目	贷方科目
经理室，财务部，仓储部	企业管理人员	五险一金计提基数	660201	221106
采购部	采购人员	五险一金计提基数	660201	221106
销售部	销售人员	五险一金计提基数	660101	221106
一车间，二车间	车间管理人员	五险一金计提基数	510109	221106
一车间	生产人员	五险一金计提基数	500102（货架）	221106
二车间	生产人员	五险一金计提基数	500102（工装车）	221106

分摊构成设置（计提比例 1%）

表 7-13　　计提公司——生育保险转账分录一览表

部门名称	人员类别	项目	借方科目	贷方科目
经理室，财务部，仓储部	企业管理人员	五险一金计提基数	660201	221107
采购部	采购人员	五险一金计提基数	660201	221107
销售部	销售人员	五险一金计提基数	660101	221107
一车间，二车间	车间管理人员	五险一金计提基数	510109	221107
一车间	生产人员	五险一金计提基数	500102（货架）	221107
二车间	生产人员	五险一金计提基数	500102（工装车）	221107

分摊构成设置（计提比例 0.8%）

表 7-14　　计提公司——住房公积金保险转账分录一览表

部门名称	人员类别	项目	借方科目	贷方科目
经理室，财务部，仓储部	企业管理人员	五险一金计提基数	660201	221108
采购部	采购人员	五险一金计提基数	660201	221108
销售部	销售人员	五险一金计提基数	660101	221108
一车间，二车间	车间管理人员	五险一金计提基数	510109	221108
一车间	生产人员	五险一金计提基数	500102（货架）	221108
二车间	生产人员	五险一金计提基数	500102（工装车）	221108

分摊构成设置（计提比例 12%）

表 7-15　　计提代扣所得税转账分录一览表

部门名称	人员类别	项目	借方科目	贷方科目
经理室，财务部，仓储部	企业管理人员	扣税合计	221101	221109
采购部	采购人员	扣税合计	221101	221109
销售部	销售人员	扣税合计	221101	221109
一车间，二车间	车间管理人员	扣税合计	221101	221109
一车间	生产人员	扣税合计	221101	221109
二车间	生产人员	扣税合计	221101	221109

分摊构成设置（计提比例 100%）

表 7-16　　计提发放工资转账分录一览表

部门名称	人员类别	项目	借方科目	贷方科目
经理室，财务部，仓储部	企业管理人员	实发工资	221101	100201
采购部	采购人员	实发工资	221101	100201
销售部	销售人员	实发工资	221101	100201
一车间，二车间	车间管理人员	实发工资	221101	100201
一车间	生产人员	实发工资	221101	100201
二车间	生产人员	实发工资	221101	100201

分摊构成设置（计提比例 100%）

操作指导

“w02 解树”设置工资分摊。

（1）在薪资管理系统，执行“薪资管理”|“业务处理”|“工资分摊”命令，打开“工资分摊”对话框。

（2）单击“工资分摊设置…”按钮，打开“分摊类型设置”对话框。

（3）单击“增加”按钮，打开“分摊计提比例设置”对话框，如图 7-16 所示。

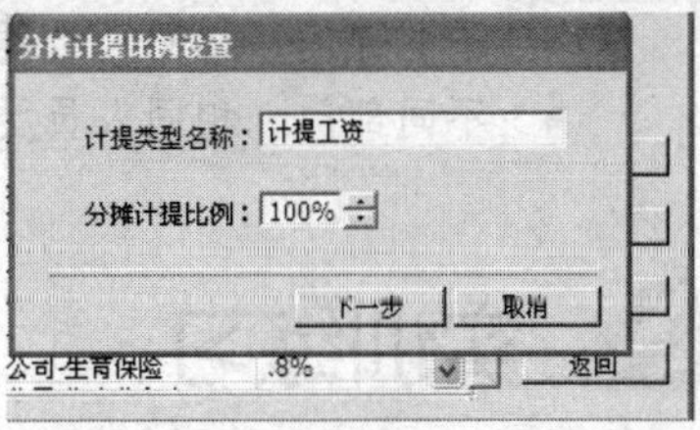

图 7-16　“分摊计提比例设置”对话框

（4）在“计提类型名称”栏输入“计提工资”，“分摊计提比例”默认为“100%”，如图 7-16 所示。

（5）单击“下一步”按钮，打开“分摊构成设置”对话框。分别选择“人员类别”，所属“部门名称”，输入或选择不同人员类别的“工资项目”“借方科目”代码、“贷方科目”代码以及“借方项目大类”及“借方项目”，如图 7-17 所示。

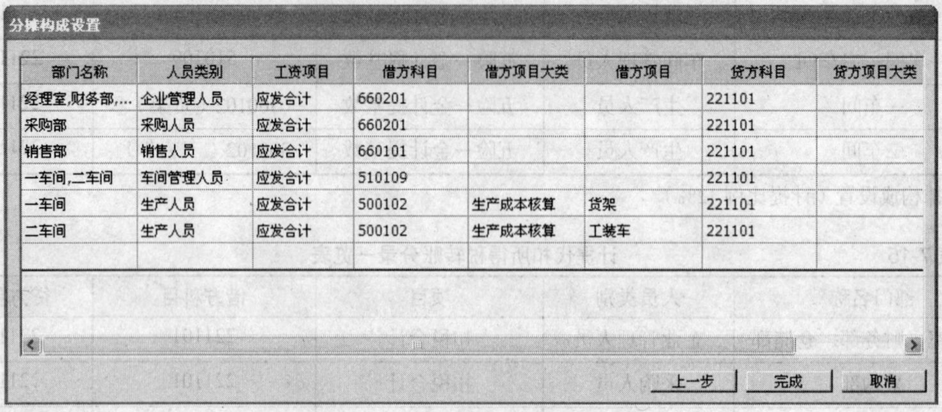

图 7-17 “分摊构成设置”对话框

（6）单击“完成”按钮，返回“分摊类型设置”对话框。

（7）继续增加工会经费、职工教育经费、公司承担的养老保险、医疗保险、失业保险、工伤保险、生育保险、住房公积金以及代扣个人所得税及发放工资的转账分录。增加结果如图 7-18 所示。

（8）单击“完成”按钮，返回到“工资分摊”对话框，如图 7-19 所示。

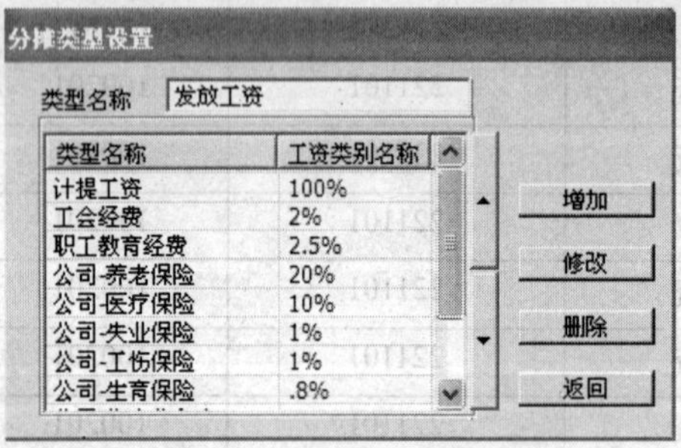

图 7-18 “分摊类型设置”对话框

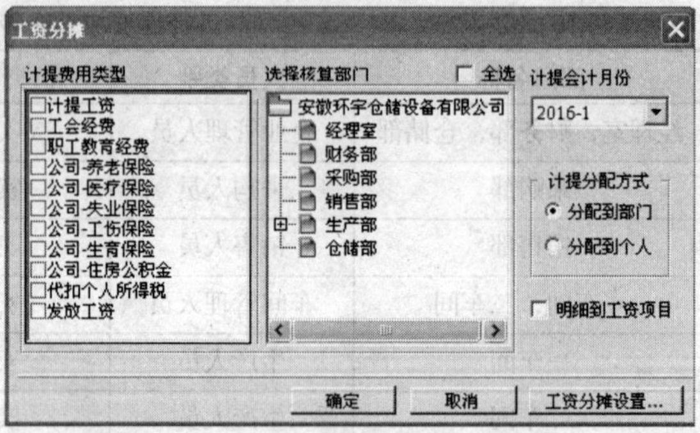

图 7-19 “工资分摊”对话框

温馨提示

- 所有与工资相关的费用及基金均需要建立相应的分摊类型名称及分类比例。
- 不同部门、相同人员类别可以设置不用的分摊科目。
- 不同部门、相同人员类别在设置时，可以一次选择多个部门。

实训练习

1. 2016 年 1 月 30 日，计算并处理本月应付工资。
2. 在工资分摊中添加公司——养老保险分摊设置。

实训三 薪资分摊账务处理

业务一 计提工资费用

扫一扫

业务描述

2016 年 1 月 20 日，完成工资变动，根据工资分摊设置完成计提工资、公司—养老保险、公司—医疗保险、公司—失业保险、公司—工伤保险、公司—生育保险和公司—住房公积金的转账分录，其中一车间生产人员工资在货架和仓储笼按 1∶1 进行分配。（勾选：合并科目相同、辅助项相同的分录）。

实验要求

- 工资分摊处理。

实验资料

本节无新增资料。

操作指导

“w02 解树”根据工资分摊设置生成工资转账凭证。

（1）在薪资管理系统中，执行“薪资管理”|“业务处理”|“工资变动”命令，打开“工资变动”对话框，单击“计算”按钮，完成计算。单击“汇总”按钮，关闭“工资变动”对话框。

（2）执行“薪资管理”|“业务处理”|“工资分摊”命令，打开“工资分摊”对话框。选中“计提工资”“公司—养老保险”“公司—医疗保险”“公司—失业保险”“公司—工伤保险”“公司—生育保险”“公司—住房公积金”复选框。

（3）勾选“经理室”“财务部”“采购部”“销售部”“生产部——车间”“生产部—二车间”和“仓储部”；勾选“明细到工资项目”和“按项目核算”复选框，如图 7-20 所示。

（4）单击“确定”按钮，打开“工资分摊明细”对话框。在“类型”栏中选中“计提工资”，选中“合并科目相同、辅助项相同的分录”复选框。

（5）单击“制单”按钮、生成工资费用分摊凭证，修改凭证字为“转账凭证”，选中“500102（货架）”行分录，单击“插分”按钮，在“科目名称”栏输入“500102”，辅助项设置为“3 仓储笼”，在“借方金额”栏输入“3 900.00”；修改“500102（货架）”借方金额为“3900.00”。

（6）单击“保存”按钮，凭证保存成功，如图 7-21 所示。

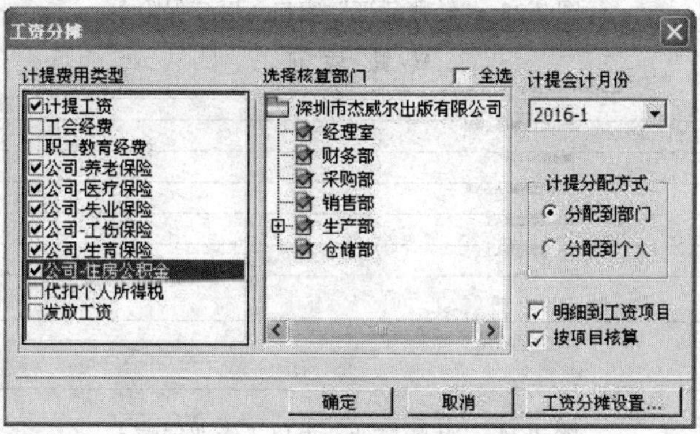

图 7-20 “工资分摊”对话框

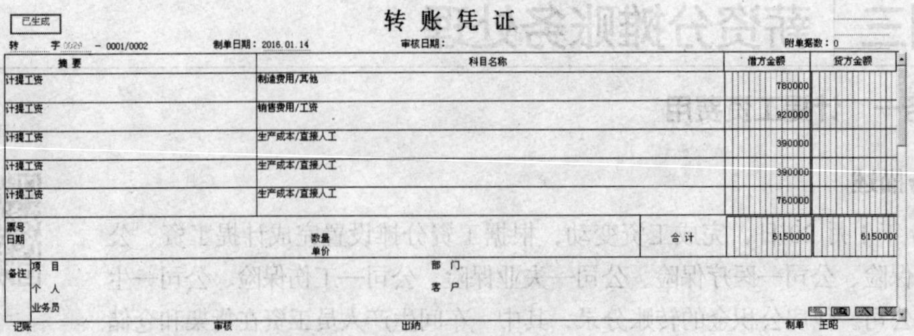

图 7-21 “转账凭证”窗口（计提工资）

（7）以此方法，生成“公司—养老保险”“公司—医疗保险”“公司—失业保险”“公司—工伤保险”“公司—生育保险”和“公司—住房公积金”的会计凭证，如图 7-22～图 7-27 所示。

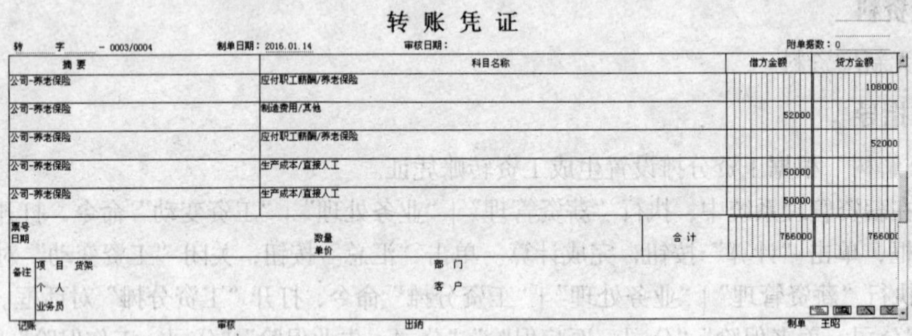

图 7-22 “转账凭证”窗口（养老保险）

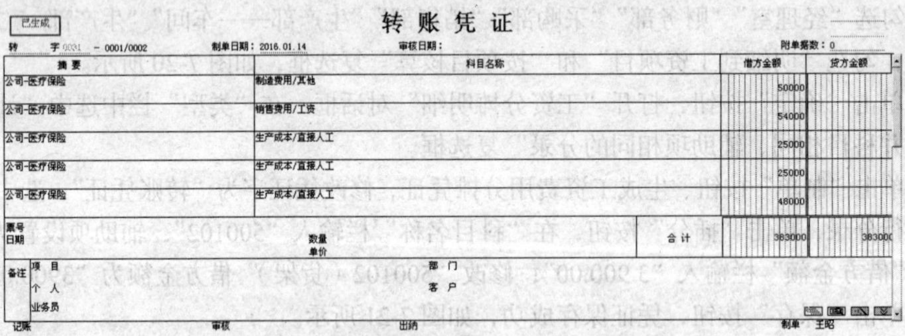

图 7-23 “转账凭证”窗口（医疗保险）

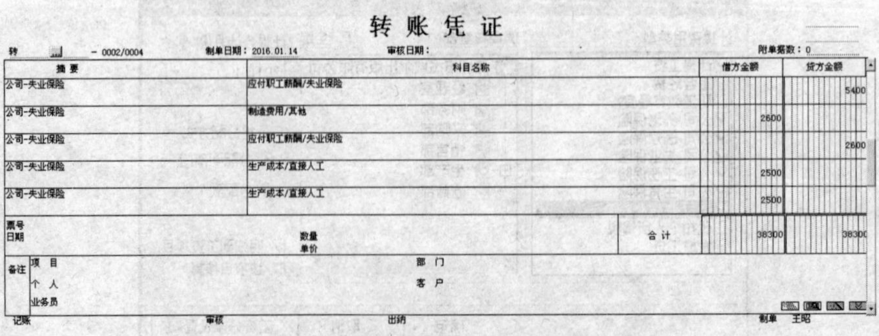

图 7-24 “转账凭证”窗口（失业保险）

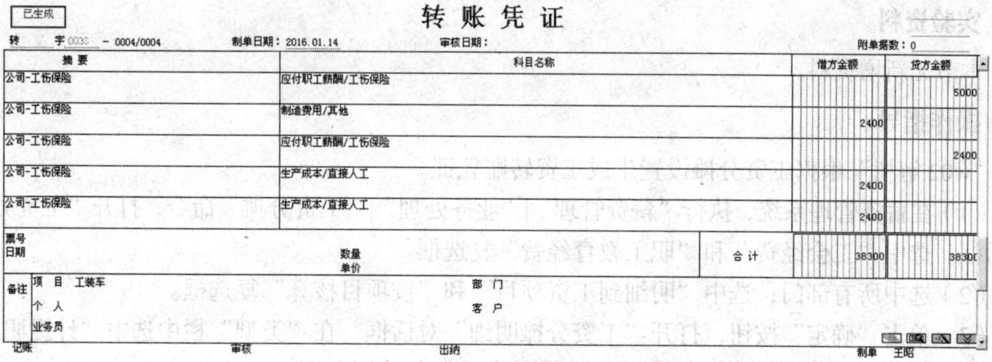

已生成

转 账 凭 证

转 字 0033 － 0004/0004　制单日期：2016.01.14　审核日期：　附单据数：0

摘要	科目名称	借方金额	贷方金额
公司-工伤保险	应付职工薪酬/工伤保险		5000
公司-工伤保险	制造费用/其他	2400	
公司-工伤保险	应付职工薪酬/工伤保险		2400
公司-工伤保险	生产成本/直接人工	2400	
公司-工伤保险	生产成本/直接人工	2400	
票号 日期	数量 单价　合计	38300	38300

备注　项目 工装车　部门　个人　客户　业务员

记账　审核　出纳　制单 王昭

图 7-25 “转账凭证”窗口（工伤保险）

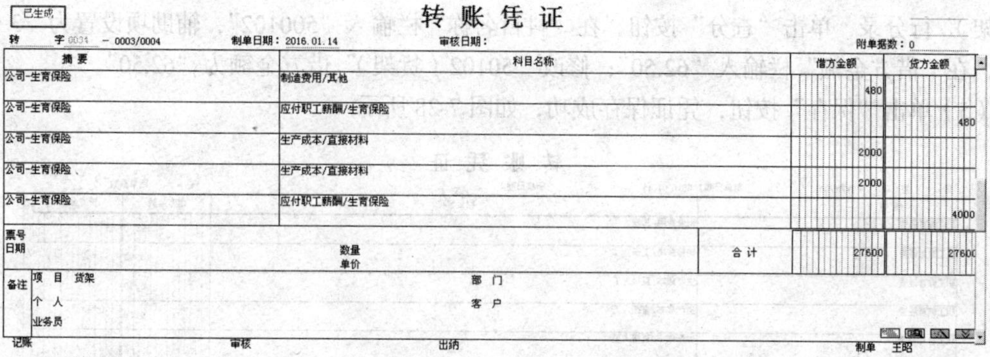

已生成

转 账 凭 证

转 字 0034 － 0003/0004　制单日期：2016.01.14　审核日期：　附单据数：0

摘要	科目名称	借方金额	贷方金额
公司-生育保险	制造费用/其他	480	
公司-生育保险	应付职工薪酬/生育保险		480
公司-生育保险	生产成本/直接材料	2000	
公司-生育保险	生产成本/直接材料	2000	
公司-生育保险	应付职工薪酬/生育保险		4000
票号 日期	数量 单价　合计	27600	27600

备注　项目 货架　部门　个人　客户　业务员

记账　审核　出纳　制单 王昭

图 7-26 “转账凭证”窗口（生育保险）

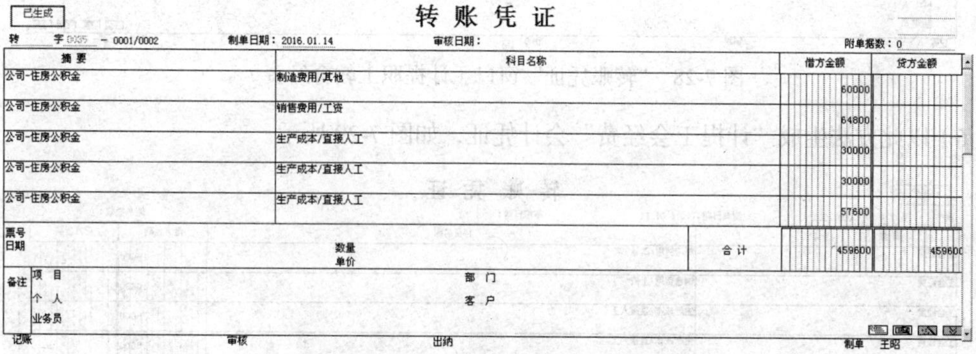

已生成

转 账 凭 证

转 字 0035 － 0001/0002　制单日期：2016.01.14　审核日期：　附单据数：0

摘要	科目名称	借方金额	贷方金额
公司-住房公积金	制造费用/其他	60000	
公司-住房公积金	销售费用/工资	64800	
公司-住房公积金	生产成本/直接人工	30000	
公司-住房公积金	生产成本/直接人工	30000	
公司-住房公积金	生产成本/直接人工	57600	
票号 日期	数量 单价　合计	459600	459600

备注　项目　部门　个人　客户　业务员

记账　审核　出纳　制单 王昭

图 7-27 “转账凭证”窗口（住房公积金）

业务二　计提职工经费

业务描述

2016 年 1 月 20 日，根据工资分摊设置，计提职工教育经费及工会经费，其中一车间生产人员工资在货架和仓储笼按 1：1 进行分配。（勾选“合并科目相同，辅助项相同的分录）

实验要求

- 计提职工经费。

实验资料

本节无新增资料。

操作指导

“w02 解树”根据工资分摊设置生成工资转账凭证。

（1）在薪资管理系统，执行“薪资管理”|“业务处理”|“工资分摊”命令，打开“工资分摊”对话框。选中“工会经费”和“职工教育经费”复选框。

（2）选中所有部门；选中“明细到工资项目”和“按项目核算”复选框。

（3）单击“确定”按钮，打开“工资分摊明细”对话框。在“类型”栏中选中“计提职工教育经费”，选中“合并科目相同、辅助项相同的分录”复选框。

（4）单击“制单”按钮。生成工资费用分摊凭证，修改凭证字为“转账凭证”，选中“500102（货架）”行分录，单击“查分”按钮，在“科目名称”栏输入“500102”，辅助项设置为“3 仓储笼”，在“借方金额”栏输入“62.50”；修改“50102（货架）”借方金额为“62.50”。

（5）单击“保存”按钮，凭证保存成功，如图 7-28 所示。

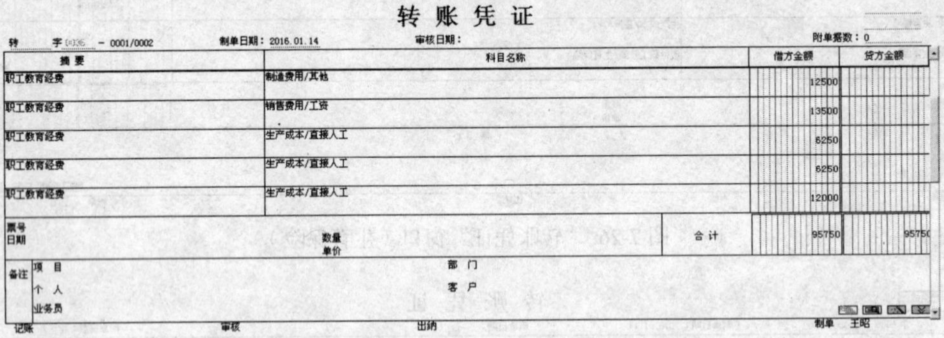

图 7-28 “转账凭证”窗口（计提职工教育经费）

（6）以此方法生成“计提工会经费”会计凭证，如图 7-29 所示。

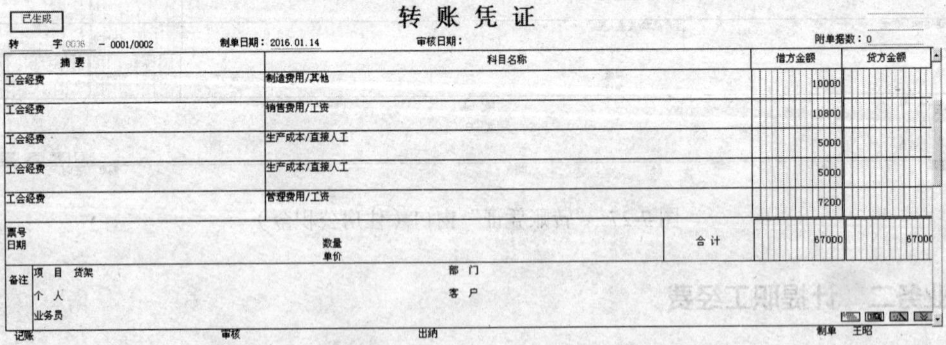

图 7-29 “转账凭证”窗口（计提工会经费）

业务三 计提个人所得税

业务描述

2016 年 1 月 25 日，根据工资分摊设置，完成计提个人所得税的账务处理。

实验要求

- 计提个税。

实验资料

本节无新增资料。

操作指导

“w02 解树“根据工资分摊设置生成计提个人所得税的转账凭证。

（1）在薪资管理系统中，执行“薪资管理”|“业务处理”|“工资分摊”命令，打开“工资分摊”对话框。选中“计提代扣所得税”复选框。

（2）选中所有部门，选中“明细到工资项目”复选框。

（3）单击“确定”按钮，打开“工资分摊明细”对话框。在“类型”栏中选择“个人所得税”选中“合并科目相同、辅助项相同的分录”复选框。

（4）单击“制单”按钮，生成会计凭证，修改凭证字为“转账凭证”。

（5）单击“保存”按钮，凭证保存成功，如图 7-30 所示。

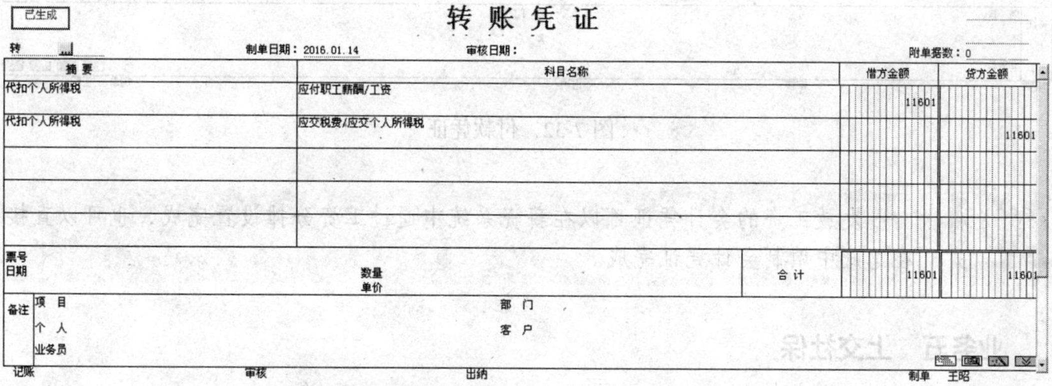

已生成

转 账 凭 证

转　　制单日期：2016.01.14　　审核日期：　　附单据数：0

摘要	科目名称	借方金额	贷方金额
代扣个人所得税	应付职工薪酬/工资	11601	
代扣个人所得税	应交税费/应交个人所得税		11601
票号 日期	数量 单价 合计	11601	11601

备注　项目　部门　个人　客户　业务员

记账　审核　出纳　制单　王昭

图 7-30　转账凭证

业务四　发放工资

业务描述

2016 年 1 月 30 日，根据工资分摊设置，发放职工工资。取得与该业务有关的原始凭证，如图 7-31 所示。

> 工商银行转账支票存根
> 票号 32102240
> 无附加信息
> 出票日期 2016 年 01 月 30 日
> 收款人：深圳杰威尔出版有限公司
> 金额：52399.58
> 用途：发放工资
> 单位主管略会计略

图 7-31 “业务四——转账支票存根”

实验要求

- 发放工资。

实验资料

本节无新增资料。

操作指导

“w02 解树”根据工资分摊设置完成发放职工工资的会计凭证。

（1）在薪资管理系统中，执行“薪资管理”|“业务处理”|“工资分摊”命令，打开“工资分

摊”对话框，选中“发放工资”复选框。

（2）选中所有部门，选中“明细到工资项目”复选框。

（3）单击“确定”按钮。打开“工资分摊明细”对话框，选中“合并科目相同、辅助项相同的分录”复选框。

（4）单击“制单”按钮，生成发放工资的会计凭证，修改凭证字为“付款凭证”。根据支票存根修改会计科目“100201”的“辅助项”。

（5）单击“保存”按钮，凭证保存成功，如图 7-32 所示。

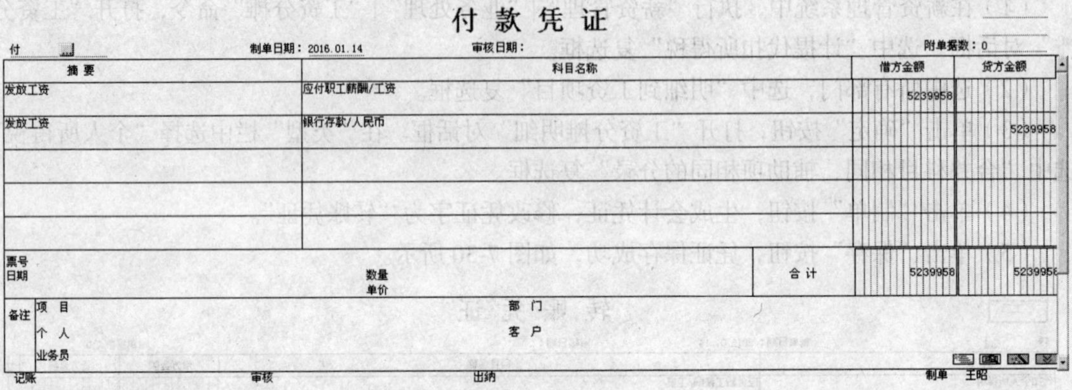

图 7-32 付款凭证

> **温馨提示** 发放工资的会计凭证可以在薪资系统中通过工资分摊设置完成，也可以直接在总账中填制会计凭证完成。

业务五 上交社保

业务描述

2016 年 1 月 30 日，上交本月企业个人负担的社会保险和住房公积金，取得与该业务相关的原始单据如表 7-17 和图 7-33～图 7-35 所示。

实验要求

- 上交社保。

实验资料

表 7-17 “业务五——社会保险费专用收款票据” 单元：元

收费项目	起始年月	终止年月	人数	单位缴纳额	个人缴纳额	合计金额
养老保险	2016.1.1	2016.1.30	15	7 660.00	3 064.00	10 724.00
医疗保险	2016.1.1	2016.1.30	15	3 830.00	766.00	4 596.00
失业保险	2016.1.1	2016.1.30	15	383.00	76.60	459.60
工伤保险	2016.1.1	2016.1.30	15	383.00		383.00
生育保险	2016.1.1	2016.1.30	15	306.40		306.40

中国工商银行转账支票存根
32102244
无附加信息
出票日期 2016 年 01 月 30 日
收款人：社会保险管理中心
金额：16 469.00
用途：交纳社会保险
单位主管（略）会计（略）

图 7-33 “业务五——转账支票存根”

缴款单位：安徽环与仓储设备有限公司
金额：9 192.00

图 7-34 “业务五——住房公积金收款收据”

中国工商银行转账支票存根
32102245
无附加信息
出票日期 2016 年 01 月 30 日
收款人：住房公积金管理中心
金额：9 192.00
用途：交纳住房公积金
单位主管（略）会计（略）

图 7-35 “业务五——转账支票存根”

操作指导

“w02 解树”在总账管理系统中，填制上交社会保险和住房公积金的会计凭证。

（1）在企业应用平台，执行“财务会计”|“总账”|“凭证”|“填制凭证”命令，打开“凭证”对话框。

（2）单击“增加”按钮。

（3）修改凭证字为“付款凭证”，修改“制单日期”为“2016.01.30”，输入上交社会保险的会计凭证。

（4）单击“保存”按钮，凭证保存成功，如图 7-36 所示。

（5）以此方法，增加上交住房公积金的会计凭证，如图 7-37 所示。

（6）请将账套输出至“D:\823 账套备份 7-3”文件夹。

付 款 凭 证

付 字 0017 - 0001/0002 制单日期：2016.01.30 审核日期： 附单据数：

摘 要	科目名称	借方金额	贷方金额
上交社会保险	应付职工薪酬/养老保险	766000	
上交社会保险	应付职工薪酬/医疗保险	383000	
上交社会保险	应付职工薪酬/失业保险	38300	
上交社会保险	应付职工薪酬/工伤保险	38300	
上交社会保险	应付职工薪酬/生育保险	30640	
票号 - 日期	数量 单价 合计	1646900	1646900
备注 项目 个人 业务员	部门 客户		

记账 审核 出纳 制单 解树

图 7-36 “付款凭证”窗口（上交社会保险）

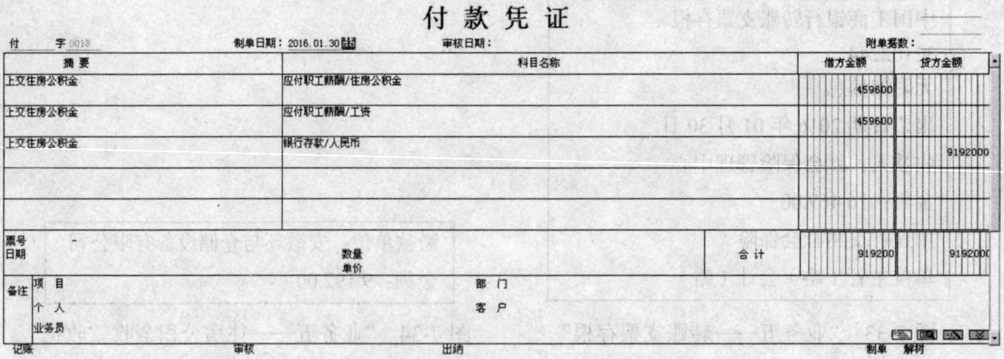

付 款 凭 证

付 字 0013　　制单日期：2016.01.30　　审核日期：　　附单据数：

摘要	科目名称	借方金额	贷方金额
上交住房公积金	应付职工薪酬/住房公积金	459600	
上交住房公积金	应付职工薪酬/工资	459600	
上交住房公积金	银行存款/人民币		9192000
票号 日期	数量 单价 合计	919200	9192000

备注　项 目　　部 门
　　　个 人　　客 户
　　　业务员

记账　　审核　　出纳　　制单 解树

图 7-37 “付款凭证”窗口（上交住房公积金）

实训练习

1. 2016 年 1 月 30 日，调整个人所得税扣税基数，完成工资变动处理及工资费用的分配处理（勾选：合并科目相同、辅助项相同的分录），并委托银行代发工资。

2. 2016 年 1 月 30 日，按规定计提本月应交的“五险一金”（勾选：合并科目相同、辅助项相同的分录，五险一金计提表略）

3. 2016 年 1 月 30 日，按照规定计提本月应交的“五险一金”。

实训四 薪资管理系统结账及账表查询

业务一 期末结账

扫一扫

业务描述

2016 年 1 月 31 日，办理薪资管理系统月末结账，将“缺勤天数”“缺勤扣款”和“代扣税”清零。

实验要求

- 期末结账。

实验资料

本节无新增资料。

操作指导

“w02 解树”完成薪资管理系统结账。

（1）在薪资管理系统中，执行“业务处理”|“月末处理”命令，打开“月末处理”对话框。如图 7-38 所示。

（2）单击“确定”按钮，系统提示“月末处理之后，本月工资将不许变动！继续月末处理吗？”，单击“是”按钮，系统继续提示“是否选择清零？”，单击“是”按钮，打开“选择清零项目”对话框。选择需要清零的项目“缺勤扣款”“缺勤天数”和“代扣税”，如图 7-39 所示。

（3）单击“确定”按钮，系统提示“月末处理完毕！”，如图 7-40 所示。

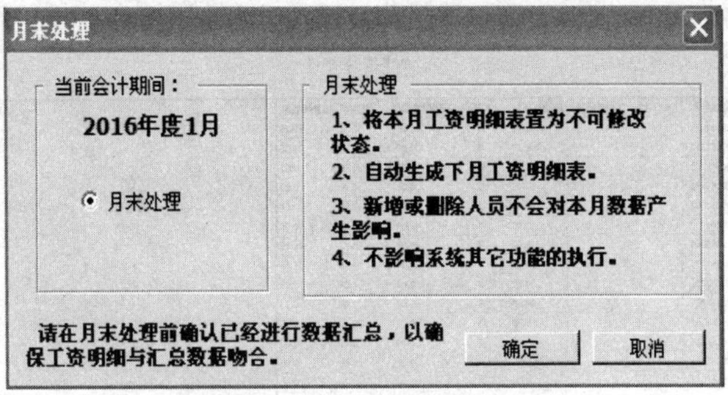

图 7-38 “月末处理”对话框

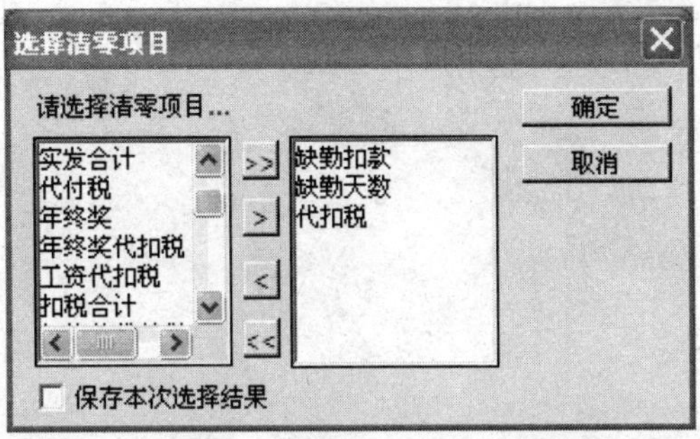

图 7-39 “选择清零项目”对话框

图 7-40 “薪资管理——月末处理完毕”提示框

温馨提示

- 薪资系统月末结账时，若为处理多个工资类别，则应打开工资类别，分别进行月末结算。教材中，在初始设置中选择了单个工资类别，因此对薪资系统办理一次月末结账即可。

业务二 查询个人所得税申报表

业务描述

2016 年 1 月 31 日，查询个人所得税年度申报表。

实验要求

- 查询个税申报表。

实验资料

本节无新增资料。

操作指导

“w02 解树”查询薪资管理系统账表。

（1）在薪资管理系统中，执行“业务处理”|“扣缴所得税”命令，打开“个人所得税申报模板”对话框。

（2）选择“个人所得税年度申报表”，打开“所得税申报”对话框。

（3）单击“确定”按钮，进入“系统扣缴个人所得税年度申报表”窗口，如图 7-41 所示。

系统扣缴个人所得税年度申报表

2016年1月－2016年1月

总人数：15

姓名	证件号码	所得项目	所属期间...	所属期间...	收入额	减费用额	应纳税所...	税率	速算扣除数	应纳税额	已扣缴税款
李建明		工资	20160101	20161231			1532.80	10	105.00	48.28	48.28
张景山		工资	20160101	20161231			704.20	3	0.00	21.13	21.13
胡彭泽		工资	20160101	20161231			0.00	0	0.00	0.00	0.00
刘睿		工资	20160101	20161231			0.00	0	0.00	0.00	0.00
赵文星		工资	20160101	20161231			234.80	3	0.00	7.04	7.04
王智		工资	20160101	20161231			0.00	0	0.00	0.00	0.00
王蕊		工资	20160101	20161231			994.00	3	0.00	29.82	29.82
杨慧		工资	20160101	20161231			255.20	3	0.00	7.66	7.66
秦昊		工资	20160101	20161231			34.80	3	0.00	1.04	1.04
何家鸿		工资	20160101	20161231			34.80	3	0.00	1.04	1.04
许志军		工资	20160101	20161231			0.00	0	0.00	0.00	0.00
郑彦		工资	20160101	20161231			0.00	0	0.00	0.00	0.00
沈伟		工资	20160101	20161231			0.00	0	0.00	0.00	0.00
吕宏		工资	20160101	20161231			0.00	0	0.00	0.00	0.00
陈玮		工资	20160101	20161231			0.00	0	0.00	0.00	0.00
合计							3790.60		105.00	116.01	116.01

图 7-41 “系统扣缴个人所得税年度申报表”窗口

业务三 查询银行代发表

业务描述

2016 年 1 月 31 日，查询银行代发一览表。

实验要求

- 查询银行代发表。

实验资料

本节无新增资料。

操作指导

“w02 解树”查询薪资管理系统账表。

（1）在薪资管理系统中，执行“业务处理”|“银行代发”命令，打开“请选择部门范围”对话框，选择所有部门，单击“确定”按钮，打开“银行文件格式设置”对话框，选择“银行模板”为“中国工商银行”，修改“总长度”为“10”，如图 7-42 所示。

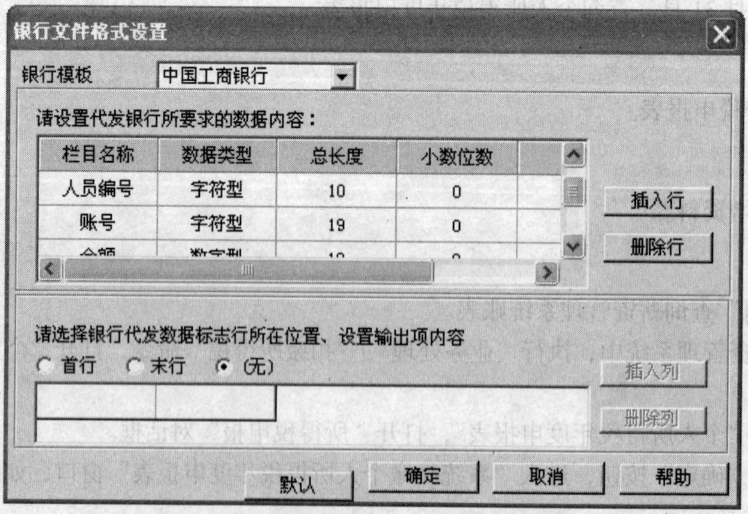

图 7-42 “银行文件格式设置”对话框

（2）单击“确定”按钮，系统会弹出“确认设置的银行文件格式？”提示框。

（3）单击“是”按钮，进入“银行代发一览表”窗口，如图 7-43 所示。

银行代发一览表

名称：中国工商银行　　人数：15

单位编号	人员编号	账号	金额	录入日期
1234934325	101	)7021609007089	4752.52	20160101
1234934325	201	)7021609007089	4035.07	20160101
1234934325	202	)7021609007089	3343.95	20160101
1234934325	203	)7021609007089	2911.60	20160101
1234934325	301	)7021609007089	3315.76	20160101
1234934325	302	)7021609007089	3389.40	20160101
1234934325	401	)7021609007089	4304.18	20160101
1234934325	402	)7021609007089	3659.54	20160101
1234934325	501	)7021609007089	3330.85	20160101
1234934325	502	)7021609007089	3421.76	20160101
1234934325	503	)7021609007089	3267.20	20160101
1234934325	504	)7021609007089	3267.20	20160101
1234934325	505	)7021609007089	3267.20	20160101
1234934325	506	)7021609007089	3221.75	20160101
1234934325	601	)7021609007089	2911.60	20160101
合计			52,399.58	

图 7-43 “银行代发一览表”窗口

（4）单击“退出”按钮。

> **温馨提示** 银行文件格式可以进行设置，并且可以分别以 TXT、DAT 及 DBF 的文件格式输出。

业务四　查询工资发放条

业务描述

2016 年 1 月 31 日，查询本月员工工资发放条。

实验要求

- 查询工资条。

实验资料

本节无新增资料。

操作指导

“w02 解树”查询薪资管理系统账表。

（1）在薪资管理系统中，执行“统计分析”|“账表”|“工资表”命令，打开“工资表”对话框。

（2）选中“工资发放条”，如图 7-44 所示。

（3）单击“查看”按钮，打开“工资发放条”对话框。

（4）单击选中所有部门，并单击“选定下级部门”前的复选框。

（5）单击“确定”按钮，进入“工资发放条”窗口，如图 7-45 所示。

（6）单击“退出”按钮。

（7）请将账套输出至“D:/823 账套备份\7-4”文件夹。

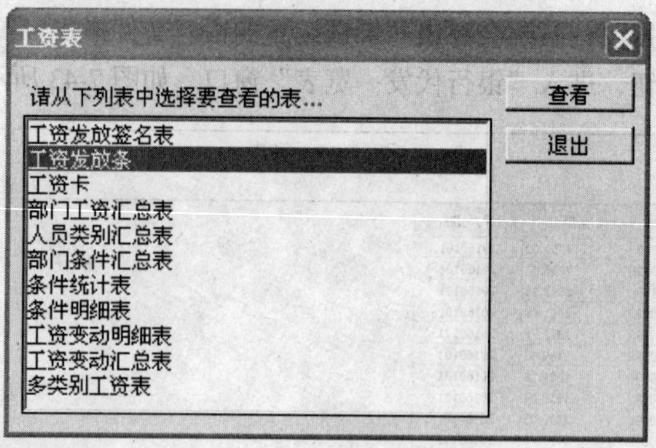

图 7-44 “工资表”对话框

工资发放条
2016 年 01 月

部门 全部　　合计月份 一月　　人数：15

人员编号	姓名	应发合计	扣款合计	实发合计	代扣税	代付税	年终奖	年终奖代扣税	工资代扣税	扣税合计	年终奖代付税	工资代付税	基本工资	奖金	交通补贴	岗位工资	福利补贴
101	崔知萝	5,600.00	847.48	4,752.52	48.28				48.28	48.28			3,000.00	1,000.00	800.00	600.00	200.00
201	王昭	4,700.00	664.93	4,035.07	21.13				21.13	21.13			2,500.00	800.00	800.00	400.00	200.00
202	解树	3,900.00	556.05	3,343.95									2,000.00	600.00	800.00	300.00	200.00
203	高夏珍	3,400.00	488.40	2,911.60									2,000.00	200.00	800.00	200.00	200.00
301	季白	4,200.00	884.24	3,315.76	7.04				7.04	7.04			2,200.00	400.00	1,000.00	400.00	200.00
302	许诩	3,900.00	510.60	3,389.40									2,000.00	400.00	1,000.00	300.00	200.00
401	王郁	5,000.00	695.82	4,304.18	29.82				29.82	29.82			2,400.00	800.00	1,000.00	600.00	200.00
402	虞姬	4,200.00	540.46	3,659.54	7.66				7.66	7.66			2,000.00	600.00	1,000.00	400.00	200.00
501	白钰	4,000.00	669.15	3,330.85	1.04				1.04	1.04			2,000.00	600.00	600.00	600.00	200.00
502	甄平	4,000.00	578.24	3,421.76	1.04				1.04	1.04			2,000.00	600.00	600.00	600.00	200.00
503	徐翊轩	3,800.00	532.80	3,267.20									2,000.00	600.00	600.00	400.00	200.00
504	吴虞雯	3,800.00	532.80	3,267.20									2,000.00	600.00	600.00	400.00	200.00
505	柯建宇	3,800.00	532.80	3,267.20									2,000.00	600.00	600.00	400.00	200.00
506	李英宇	3,800.00	578.25	3,221.75									2,000.00	600.00	600.00	400.00	200.00
601	洛夜樱	3,400.00	488.40	2,911.60									2,000.00	200.00	800.00	200.00	200.00
合计		61,500.00	9,100.42	52,399.58	116.01	0.00	0.00	0.00	116.01	116.01	0.00	0.00	32,100.00	8,600.00	11,600.00	6,200.00	3,000.00

图 7-45 “工资发放条”窗口

温馨提示

- 工资业务处理完成后，相关工资报表数据同时生成，系统提供了多种形式的报表来反映工资核算的结果。如果对报表的格式不满意还可以进行修改。
- 系统提供的工资报表主要包括“工资发放签名表”“工资发放条”“部门工资汇总表”“人员类别汇总表”“部门条件汇总表”“条件统计表”“条件明细表”及“工资变动明细表”等，其查询方法参照业务三中的操作步骤。
- 工资发放条是发放工资时，交给职工的工资项目清单。系统提供了自定义工资发放打印信息和工资项目打印位置格式的功能，提供固化表头和打印区域范围的“工资套打”格式。

实训练习

查询工资条。

项目小结

本项目主要讲了薪资管理系统参数设置、银行档案设置、人员档案设置、工资项目设置、系统公式设置、扣税依据设置、工资数据变动、工资分摊设置、工资费用、计提职工经费、计提个人所得税、发放工资、上交社保等内容，薪资是人力资源管理的重要内容，工资分配关系企业所交数额大小，也关乎企业盈利的大小，在分配完工资之后计提的税是做报表的基础。

项目综合评价

评价记录表

姓　　名：　　班　　级：　　评价时间：

评价指标		评价标准	所占比例	分值
学习过程 Σ70	学习目标 Σ40	薪资管理系统初始化设置	10%	
		薪资变动及分摊设置	5%	
		薪资分摊账务处理	15%	
		本章成绩	10%	
	综合能力 Σ30	薪资管理系统参数设置	10%	
		薪资管理系统账表查询	10%	
		结账	5%	
		综合能力	5%	
小组合作 Σ30	初始实施	账套引入	5%	
	过程实施	配合及解决问题及灵动性	5%	
	合作交流	小组成员间的交流与合作	10%	
	资源利用	资源使用及组织	10%	
综合得分				
教师评语		签名： 年　月　日		
学生意见		签名： 年　月　日		

项目八
总账管理系统期末业务处理

功能概述

总账期末处理是总账系统里的一个模块，包括了完成月末自动转账处理、进行试算平衡、对账、结账及生成月末工作报告，是系统操作收尾的一部分工作。

实验目的与要求

- 系统地学过项目三总账的处理之后我们还应熟悉期末业务处理的内容和方法。

实训一　期末结转制造费用

业务描述

2016 年 1 月 31 日，结转本月发生的制造费用，分配比例为“货架：仓储笼：工装车=3：2：5。”

实验要求

- 结转期末制造费用。

扫一扫

实验资料

本节无新增加资料。

操作指导

“w02 解树”结转制造费用。

（1）在总账管理系统中，执行“总账”|“账表”|“科目表”|“余额表”命令，打开“发生额及余额查询条件”对话框，在“科目”栏输入“5101-5101”，“级次”选择“2-2”，勾选“包含未记账凭证”复选框，其他条件默认，如图 8-1 所示。

（2）单击“确定”按钮，打开“5101 制造费用”|“发生额及余额表”窗口，根据比例分配，如图 8-2 所示。

（3）执行“凭证”|“填制凭证”命令，打开“填制凭证”对话框，单击“增加”按钮。

（4）修改凭证字为“转账凭证”，填制日期“2016.01.31”，输入摘要“结转制造费用”，分别输入会计科目、辅助项及相应金额。

（5）单击“保存”按钮，凭证保存成功，如图 8-3 所示。

（6）请将账套输出至“D:\823 账套备份\8-1”文件夹。

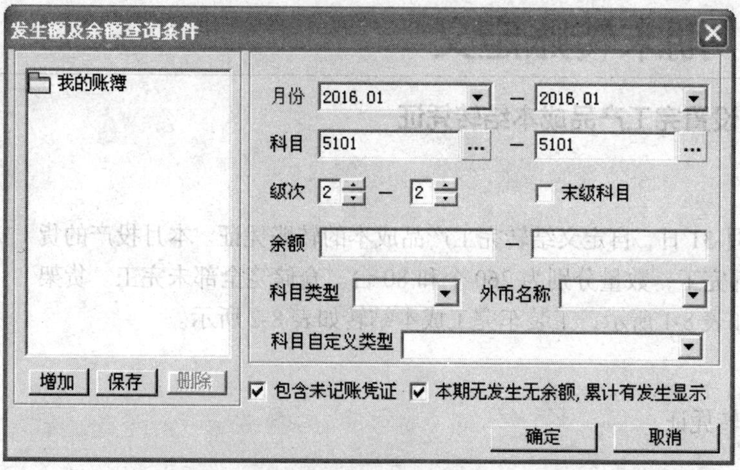

图 8-1 “发生额及余额查询条件”对话框

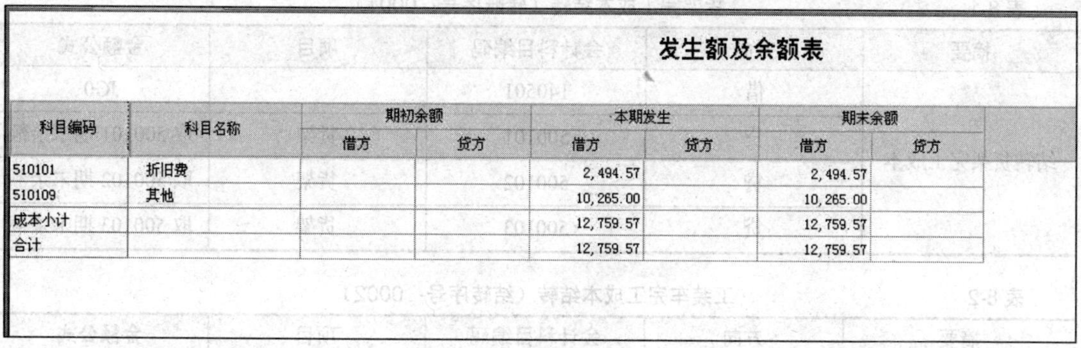
发生额及余额表

科目编码	科目名称	期初余额		本期发生		期末余额	
		借方	贷方	借方	贷方	借方	贷方
510101	折旧费			2,494.57		2,494.57	
510109	其他			10,265.00		10,265.00	
成本小计				12,759.57		12,759.57	
合计				12,759.57		12,759.57	

图 8-2 “发生额及余额表”窗口

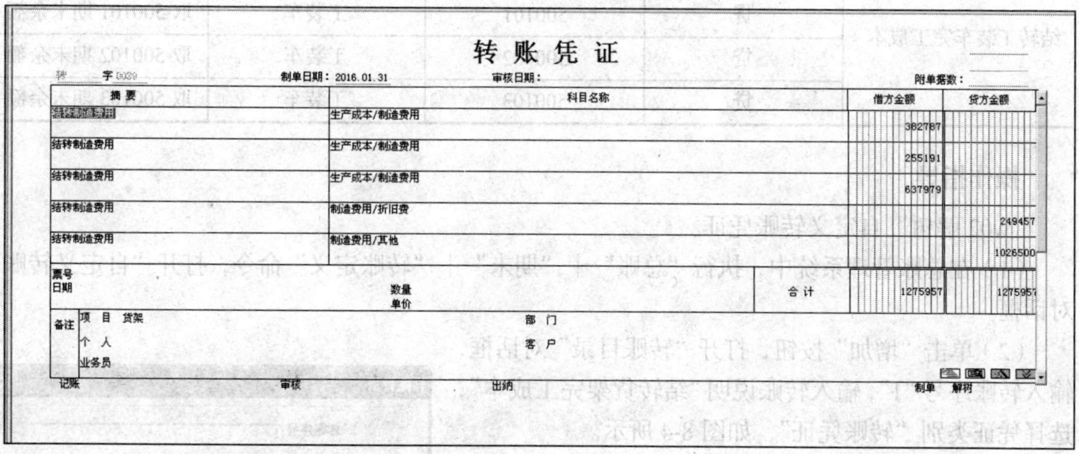

图 8-3 转账凭证

实训练习

结转 2015 年 12 月期末制造费用。

实训二 期末转账定义

业务一 设置完工产品成本结转凭证

扫一扫

业务描述

2016年1月31日，自定义结转完工产品成本的转账凭证。本月投产的货架和工装车全部完工，数量分别为260个和80台。仓储笼全部未完工。货架完工成本结转如表8-1所示，工装车完工成本结转如表8-2所示。

实验要求

- 生产结转凭证。

实验资料

表8-1　货架完工成本结转（转账序号：0001）

摘要	方向	会计科目编码	项目	金额公式
结转货架完工成本	借	140501		JG0
	贷	500101	货架	取500101期末余额
	贷	500102	货架	取500102期末余额
	贷	500103	货架	取500103期末余额

表8-2　工装车完工成本结转（结转序号：0002）

摘要	方向	会计科目编码	项目	金额公式
结转工装车完工成本	借	140502		JG0
	贷	500101	工装车	取500101期末余额
	贷	500102	工装车	取500102期末余额
	贷	500103	工装车	取500103期末余额

操作指导

“w02解树”自定义转账凭证。

（1）在总账管理系统中，执行“总账”｜“期末”｜“转账定义”命令，打开“自定义转账”对话框。

（2）单击“增加”按钮，打开“转账目录”对话框，输入转账序号“1”，输入转账说明“结转货架完工成本”，选择凭证类别“转账凭证”，如图8-4所示。

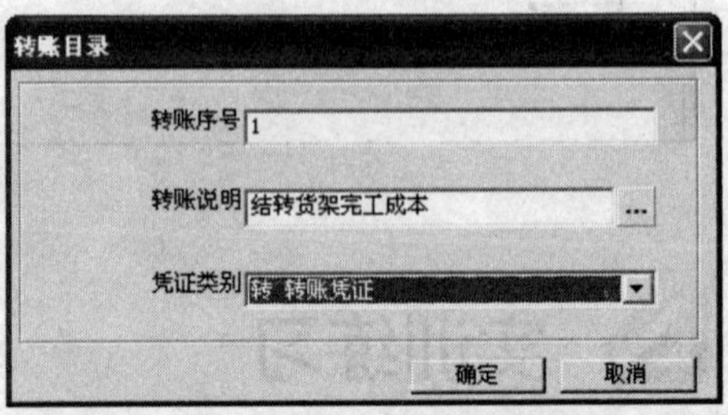

图8-4 “转账目录”对话框

（3）单击“确定”按钮，返回“自定义转账设置”对话框。

（4）单击“增行”按钮，输入第一条分录的科目编码“140501”、金额公式“JGO”等栏目内容。

（5）继续单击“增行”按钮，输入第二条分录的科目编码“500101”，在“项目”栏中选择“1 货架”，双击“方向”栏，选择方向为“贷”，双击金额公示栏，单击参照按钮，选择“期末余额”，单击“下一步”按钮，打开“公式向导”对话框。

（6）系统默认取数会计科目为“500101”；期间“月”；单击“项目”栏参照按钮，选择“货架”项目，如图 8-5 所示。

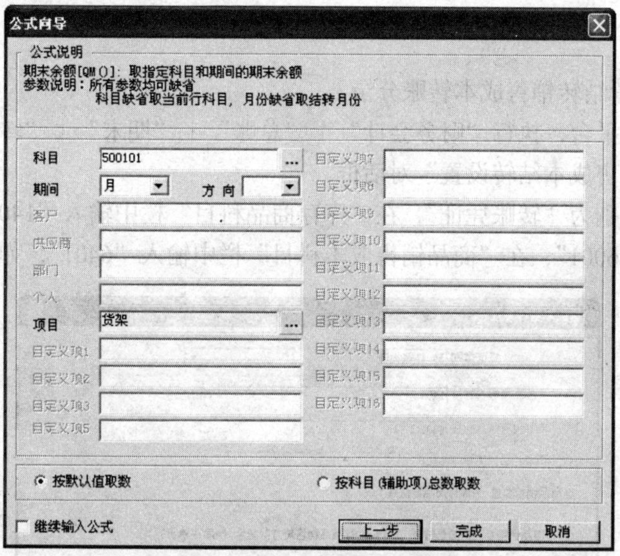

图 8-5 “公式向导”对话框

温馨提示

• 转账科目可以为非末级科目，部门可为空，表示所有部门。

（7）单击“完成”按钮，返回“自定义转账设置”对话框。

（8）重复（5）、（6）的操作步骤，完成第三条分录和第四条分录的定义，全部设置完毕后，单击“保存”按钮退出。

（9）重复上述步骤，完成“结转工装车完工成本”自定义转账分录，如图 8-6 所示。

转账序号 0002　　转账说明 结转工装车成本　　凭证类别 转账凭证

摘要	科目编码	部门	个人	客户	供应商	项目	方向	金额公式
结转工装车成本	140502						借	JG()
结转工装车成本	500101					工装车	贷	QM(500101,月,,2)
结转工装车成本	500102					工装车	贷	QM(500102,月,,2)
结转工装车成本	500103					工装车	贷	QM(500103,月,,2)

图 8-6 结转工装车成本“自定义转账分录”

业务二　设置销售成本凭证

业务描述

2016 年 1 月 31 日，设置结转销售成本的凭证。

实验要求

- 设置结转销售成本凭证。

实验资料

本节无新增资料。

操作指导

“w02 解树”设置结转销售成本转账分录。

（1）在企业应用平台，执行“财务会计”｜“总账”｜“期末”｜“转账定义”｜“销售成本”命令，打开“销售成本结转设置”对话框。

（2）选择凭证类别为“转账凭证”，在“库存商品科目”栏中输入“1405”，在“商品销售收入科目”栏中输入“6001”，在“商品销售成本科目”栏中输入“6401”，如图 8-7 所示。

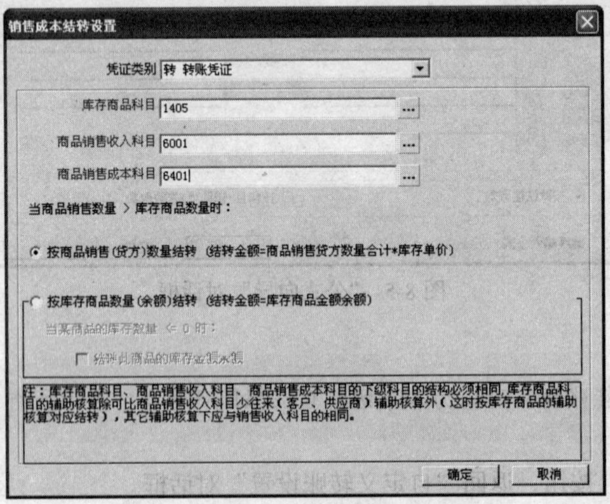

图 8-7 “销售成本结转设置”对话框

（3）单击“确定”按钮，完成“销售成本结转设置”凭证。

> **温馨提示**
>
> - 在总账中完成“销售成本结转设置”，库存商品、商品销售收入科目、商品销售成本科目的下级科目的结构必须相同。
> - 库存商品科目的辅助核算除可以比商品销售收入的科目少些往来辅助核算外，其他辅助核算与销售收入科目相同。

业务三 设置结转税金，计提税费转账凭证

业务描述

2016 年 1 月 31 日，自定义结转未交增值税、计提城建税、计提教育费附加、计提地方教育费附加及计提企业所得税费用的转账凭证，如表 8-3～表 8-7 所示。

实验要求

- 计提税费。
- 生产凭证。

实验资料

表 8-3　结转未交增值税（转账序号：0003）

摘要	方向	会计科目编码	金额公式
结转未交增值税	借	22210104	取 22201 的期末余额
	贷	222102	JGO

表 8-4　计提城建税（转账序号：0004）

摘要	方向	会计科目编码	金额公式
计提城建税	借	6403	222102 的贷方发生额*0.07
	贷	222105	JGO

表 8-5　计提教育费附加（转账序号：0005）

摘要	方向	会计科目编码	金额公式
计提教育费附加	借	6403	222102 的贷方发生额*0.03
	贷	222106	JGO

表 8-6　计提地方教育费附加（转账序号：0006）

摘要	方向	会计科目编码	金额公式
计提地方教育费附加	借	6403	222102 的贷方发生额*0.02
	贷	222107	JGO

表 8-7　计提企业所得税费用（转账序号：0007）

摘要	方向	会计科目编码	金额公式
计提企业所得税费用	借	6801	（4103 贷方发生额-4103 借方发生额）*0.25
	贷	222108	JGO

操作指导

“w02 解树”设置自定义转账凭证。

（1）在总账管理系统中，执行“总账”｜“期末”｜“转账定义”｜“自定义转账”命令，打开“自定义转账”对话框。

（2）单击“增加”按钮，打开“转账目录”对话框，输入转账序号“3”，输入转账说明“结转未交增值税”，选择凭证类别“转账凭证”。

（3）单击“确定”按钮，返回“自定义转账设置”对话框。

（4）单击“增行”按钮，输入第一条分录的科目编码“22210104”、双击金额公式栏，单击参照按钮，选择“期末余额”，单击“下一步”按钮，打开“公式向导”对话框，如图 8-8 所示。修改“科目”为“222101”。单击“完成”按钮，返回“自定义转账设置”对话框。

（5）继续单击“增行”按钮，输入第二条分录的科目编码“222102”，双击“方向”栏，选择“贷”，金额公式“JGO”等栏目内容，单击“保存”按钮，如图 8-9 所示。

（6）重复上述步骤，增加计提城建税、教育费附加、地方教育费附加及企业所得税的转账凭证，如图 8-10 和图 8-11 所示。

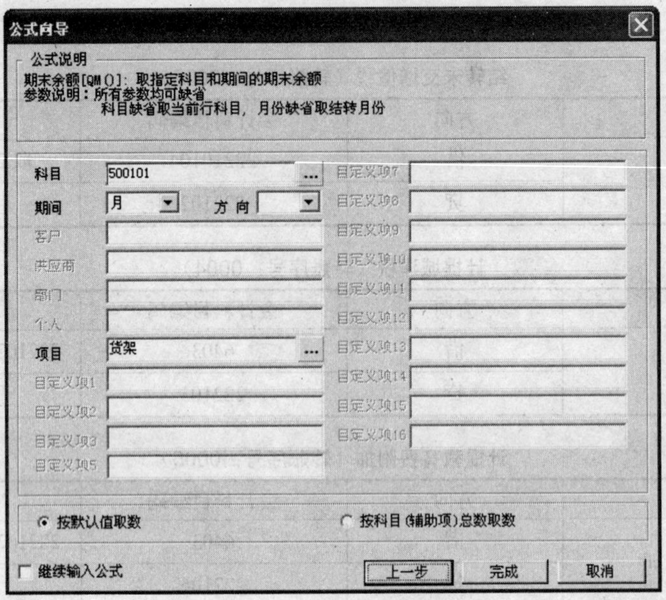

图 8-8 “公式向导”对话框

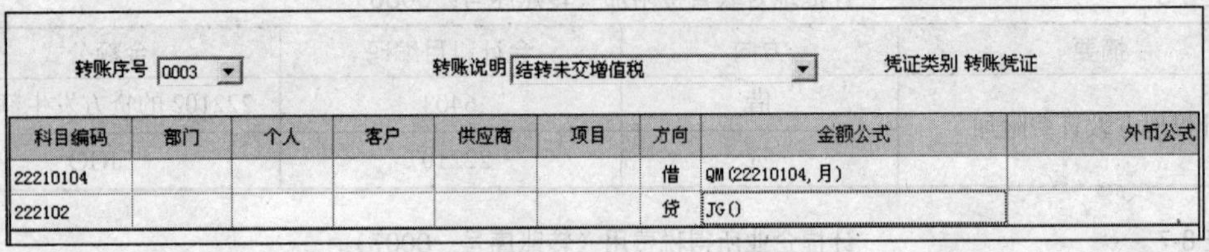

图 8-9 结转未交增值税

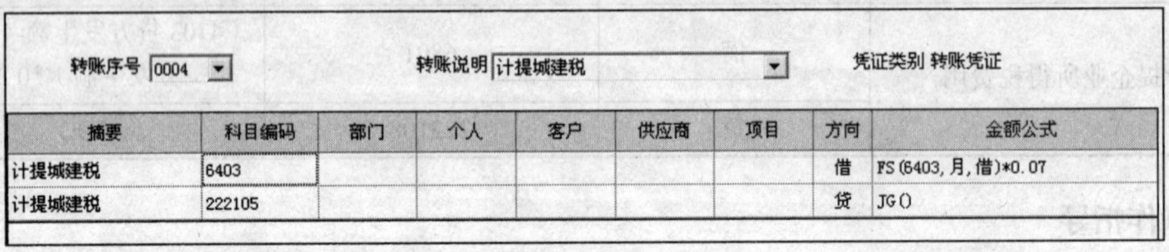

图 8-10 计提城建税

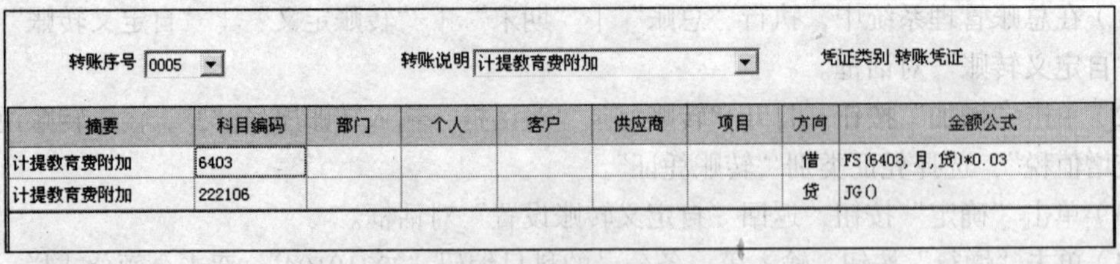

图 8-11 计提教育费附加

温馨提示

- 转账科目可以为非末级，部门可以为空，表示所有部门。
- 城建税、教育费附加及地方教育费附加的计提基数为本期发生的增值税、消费税和营业税之和；本例中因本企业本月没有发生相关的消费税和营业税，因此仅以增值税为计提基数。
- 自定义转账功能可以完成对各种费用的分配、分摊、计提及税金的计算等，可以自定义期间损益转账凭证，系统也单独提供了结转期间损益的功能，用户可以根据实际情况决定采用哪一种。如果用户使用了应收、应付系统，那么在总账系统中，不能按客户、供应商辅助项进行结转，只能按科目总数进行结转。

业务四　设置期间损益结转凭证

业务描述

2016 年 1 月 31 日，设置结转期间损益的凭证。

实验要求

- 生产期间损益凭证。

实验资料

本节无新增资料。

操作指导

“w02 解树”设置结转期间损益的凭证。

（1）在总账管理系统中，执行“总账”｜“期末”｜“转账定义”｜“期间损益”命令，打开“期间损益结转设置”对话框。

（2）选择凭证类别为“转账凭证”，在“本年利润科目”栏输入“4103”，如图 8-12 所示。

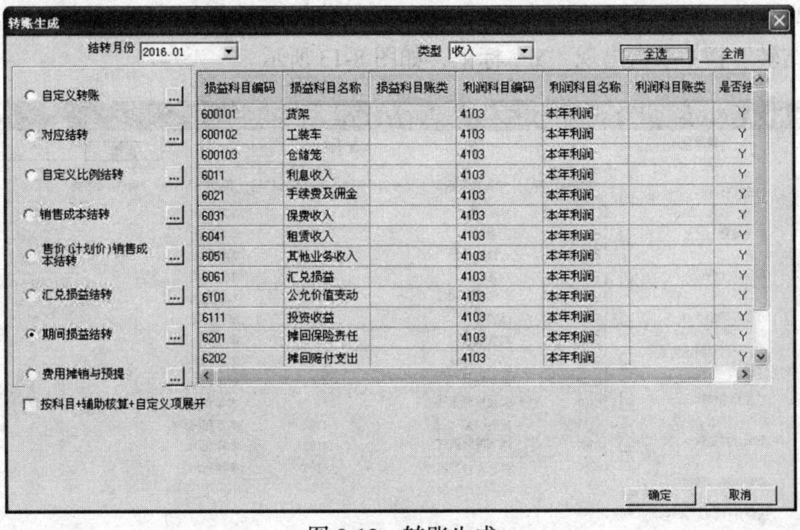

损益科目编码	损益科目名称	损益科目账类	利润科目编码	利润科目名称	利润科目账类	是否结
600101	货架		4103	本年利润		Y
600102	工装车		4103	本年利润		Y
600103	仓储笼		4103	本年利润		Y
6011	利息收入		4103	本年利润		Y
6021	手续费及佣金		4103	本年利润		Y
6031	保费收入		4103	本年利润		Y
6041	租赁收入		4103	本年利润		Y
6051	其他业务收入		4103	本年利润		Y
6061	汇兑损益		4103	本年利润		Y
6101	公允价值变动		4103	本年利润		Y
6111	投资收益		4103	本年利润		Y
6201	摊回保险责任		4103	本年利润		Y
6202	摊回赔付支出		4103	本年利润		Y

图 8-12　转账生成

（3）单击“确定”按钮，完成“期间损益结转设置”。

（4）请将账套数出至“D:\823 账套备份\8-2”文件夹。

实训练习

1. 2016 年 1 月 30 日，进行结转期末完工产品的设置；
2. 2016 年 1 月 30 日，进行计提应交企业所得税的设置。

实训三 期末转账凭证生成

业务一 结转完成产品成本

扫一扫

业务描述

2016 年 1 月 31 日，生成结转完工产品成本的转账凭证。

实验要求

- 结转生产产品成本凭证。

实验资料

本节无新增资料。

操作指导

“w03 高夏珍”完成凭证出纳签字；“w01 王昭”审核凭证、完成凭证记账；“w02 解树”生成转账凭证。

（1）在总账管理系统中，操作员刘睿对所有收款凭证和付款凭证完成出纳签字。

（2）“w01 王昭”对所有凭证完成审核，并对凭证记账。

（3）“w02 解树”执行“财务会计”“总账”“期末”“转账生成”命令，打开“转账生成”对话框，选择高夏珍“自定义转账”单选框。在“结转货架完工成本”和“结转工装车完工成本”对应“是否结转”栏中双击出现“Y”标记，如图 8-13 所示。

图 8-13 “转账生成”对话框

（4）单击“确定”按钮，生成“结转货架完工成本”和“结转工装车完工成本”的转账凭证。并将“结转货架完工成本”会计凭证中“140501 库存商品（货架）的辅助核算数量修改为“260”；将“结转工装车完工成本”会计凭证中“40502 库存商品（工装车）”的辅助核算数量修改为“80”，单击“保存”按钮，凭证保存成功，如图 8-14 所示。

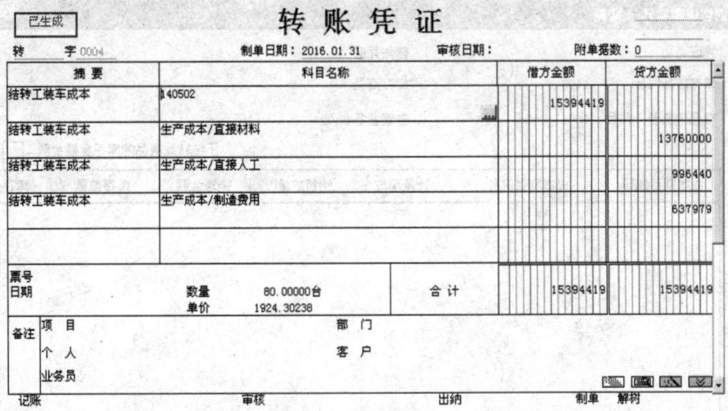

图 8-14 转账凭证——结转工装车成本

业务二 结转销售成本

业务描述

2016 年 1 月 31 日，结转本月销售产品的销售成本。

实验要求

- 结转并生成销售成本凭证。

实验资料

本节无新增加资料。

操作指导

“w01 王昭”审核凭证、完成凭证记账；“w02 解树”生成结转销售成本的凭证。

（1）在总账管理系统中，“w01 王昭”对尚未审核的凭证进行审核，并对凭证进行记账。

（2）“w02 解树”执行“财务会计”|“总账”|“期末”|“转账生成”命令，打开“转账生成”对话框，选择“销售成本结转”单选框。单击“确定”按钮，弹出“销售成本结转一览表”对话款，如图 8-15 所示。

（3）单击“确定”按钮，生成“结转销售成本”的会计凭证。单击“保存”按钮，凭证保存成功，如图 8-16 所示。

温馨提示

- 由于销售成本的计算取决于销售数量和单位生产成本两个因素。因此，在生成销售成本结转凭证之前，必须将所有的销售业务的凭证以及产品完工入库凭证进行审核记账，才能产生正确的销售成本结转凭证。
- 由于转账是按照已记账的凭证的数据进行的，所以在月末进行转账之前，请先将所有未记账凭证进行记账，否则，生成的转账凭证的数据可能有误。
- 生成转账凭证后退出时返回转账生成界面，若不进行其他类型的转账生成，应单击“取消”按钮退出，如果单击“确定”按钮，系统会重复生成凭证。
- 转账凭证每月只生成一次，不要重复生成。如果已生成的转账凭证有误，必须删除后重新生成。
- 通过转账生成成功的转账凭证必须进行保存，否则将视同放弃。
- 自动转账生成的凭证仍需审核、记账。

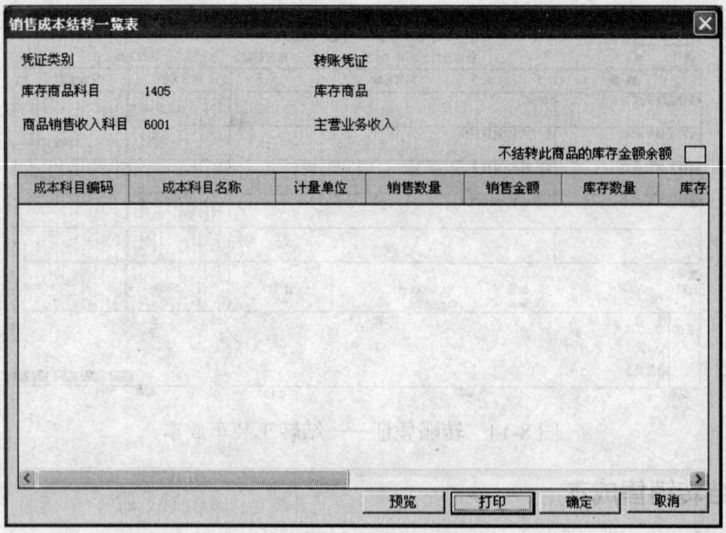

图 8-15 “销售成本结转一览表”对话框

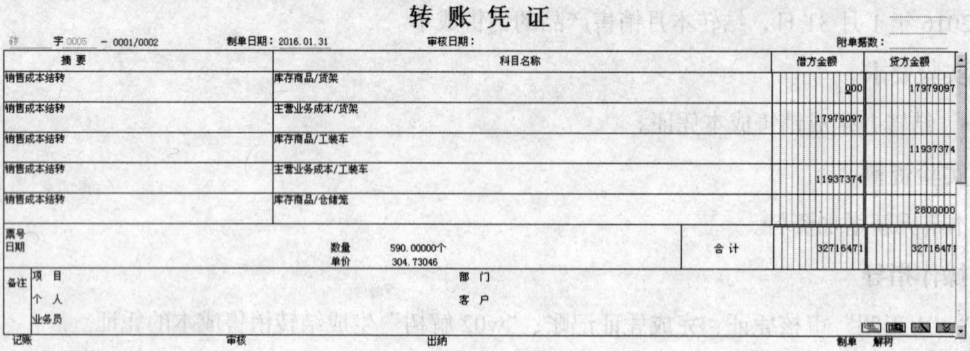

图 8-16 转账凭证——销售成本结转

业务三 结转税费

业务描述

2016 年 1 月 31 日，根据自定义转账凭证，生成结转本月未交增值税，计提城建税、教育附加及地方教育附加的会计凭证。

实验要求

- 计提增值税等生成凭证。

实验资料

本节无新增加资料。

操作指导

“w01 王昭”审核凭证，完成凭证记账；“w02 解树”生成自定义转账凭证。

（1）在总账管理系统，“w01 王昭”对尚未审核的凭证完成审核，并对凭证记账。

（2）“w02 解树”执行“财务会计”|“总账”|“期末”|“转账生成”命令，打开“转账

生成”对话框，选择“自定义转账”单选框。在“结转未交增值税”栏对应的“是否结转”栏双击出现“Y”标记。

（3）单击“确定”按钮，生成凭证。

（4）单击“保存”按钮，凭证保存成功，如图 8-17 所示。

（5）“w01 王昭”对尚未审核的凭证完成审核，并对凭证进行记账。

（6）“w02 解树”执行“转账生成”命令，打开“转账生成”对话框，选择“自定义转账”单选框。在“计提城建税”和“计提教育附加”栏对应的“是否转账”栏双击出现“Y”标记。生成相应的凭证，如图 8-18、图 8-19 和图 8-20 所示。

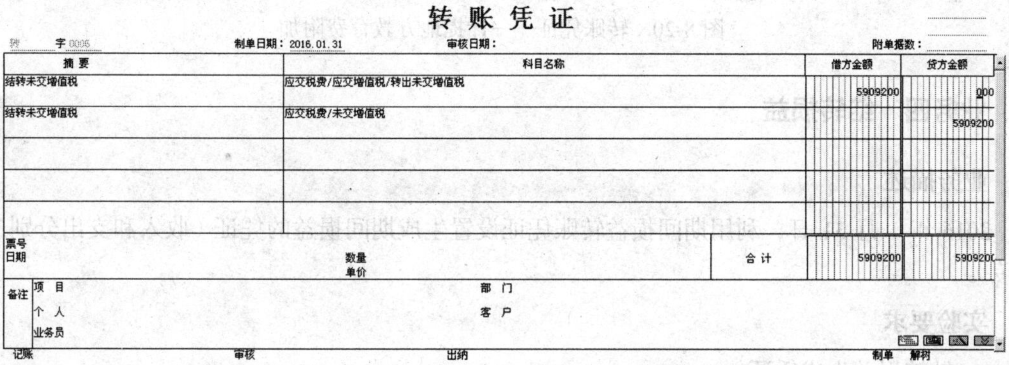

图 8-17　转账凭证——结转未交增值税

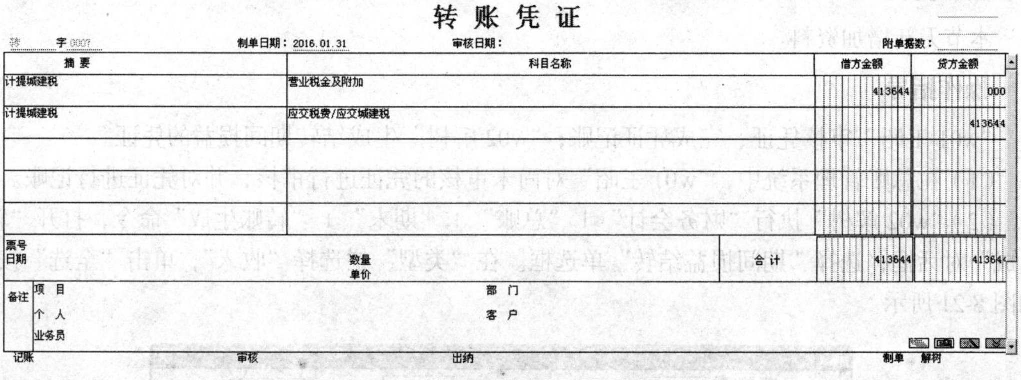

图 8-18　转账凭证——计提城建税

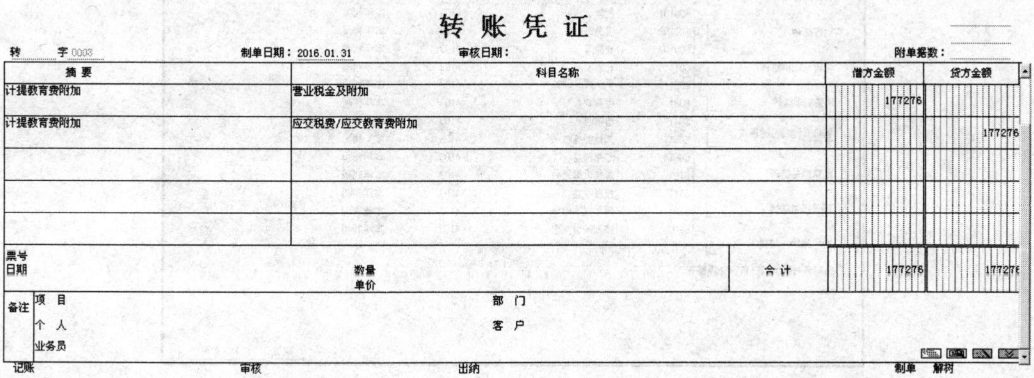

图 8-19　转账凭证——计提教育费附加

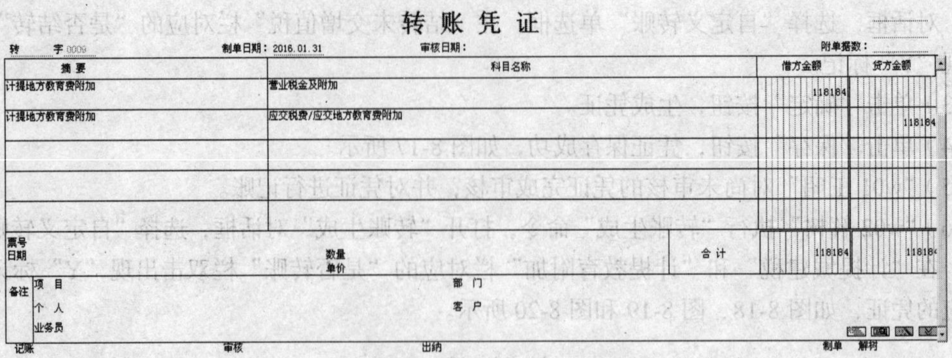

图 8-20 转账凭证——计提地方教育费附加

业务四 结转损益

业务描述

2016 年 1 月 31 日，利用期间损益转账凭证设置生成期间损益的凭证（收入和支出分别进行结转）。

实验要求

- 结转损益生成凭证。

实验资料

本节无新增加资料。

操作指导

“w01 王昭”审核凭证、完成凭证记账；“w02 解树”生成结转期间损益的凭证。

（1）在总账管理系统中，“w01 王昭”对尚未审核的凭证进行审核，并对凭证进行记账。

（2）“w02 解树”执行“财务会计”|“总账”|“期末”|“转账生成”命令，打开“转账生成”对话框，选择“期间损益结转”单选框。在“类型”栏选择“收入”，单击“全选”按钮，如图 8-21 所示。

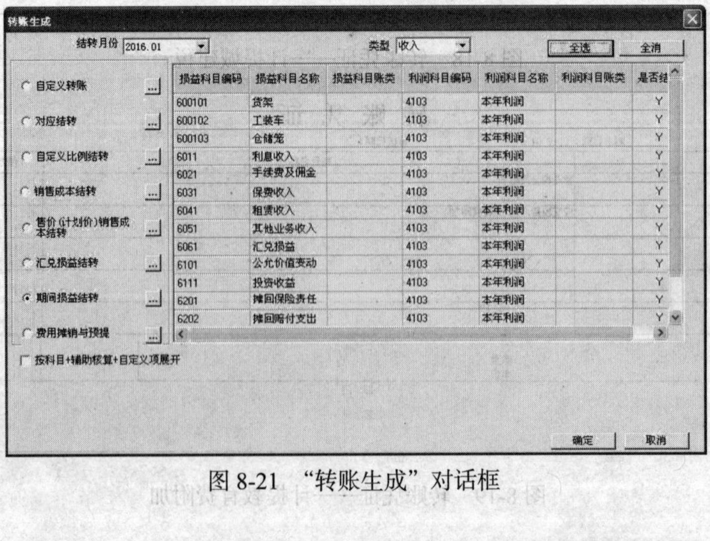

图 8-21 “转账生成”对话框

（3）单击“确定”按钮，生成结转损益收入的凭证。关闭“凭证”窗口。

（4）在“类型”栏选择“支出”，单击“全选”按钮，系统提示“2016.01月或之前有未记账的凭证，是否继续结转？”，单击“是”按钮，生成结转损益支出的凭证。

业务五　计提并结转企业所得税

业务描述

2016年1月31日，计提并结转企业所得税。

实验要求

- 审核凭证。
- 计提结转企业所得税。

实验资料

本节无新增加资料。

操作指导

“w01 王昭”审核凭证、完成凭证记账；“w02 解树”生成计提、结转企业所得税的凭证。

（1）在总账管理系统中，“w01 王昭”对尚未审核的凭证进行审核，并对凭证记账。

（2）“w02 解树”执行“总账”｜“期末”｜“转账生成”命令，打开“转账生成”对话框，选择“自定义转账”单选框。在“计提企业所得税”栏对应的“是否结转”栏双击出现“Y”标记。

（3）单击“确定”按钮，生成凭证。

（4）单击“保存”按钮，凭证保存成功。

（5）“w02 解树”执行“总账”｜“凭证”｜“填制凭证”命令，增加结转企业所得税的会计凭证。

（6）“w01 王昭”对尚未审核的凭证进行审核，并对凭证记账。

（7）请将账套输出至“D:\823 账套备份\8-3”文件夹。

实训练习

计算（使用自定义转账功能）并结转本月所得税。

2016年1月30日，计算并结转本月应交所得税，不考虑纳税相关调整因素。

实训四　期末对账与结账

业务一　应收款管理系统对账

扫一扫

业务描述

2016年1月31日，完成应收款管理系统与总账对账。

实验要求

- 结转对账。

实验资料

本节无新增加资料。

操作指导

“w01 王昭”完成应收管理系统对账。

（1）在应收管理系统中，执行“应收款管理”｜“账表管理”｜“业务账表”｜“与总账对账”命令，打开“对账条件”对话框，所有条件默认，如图 8-22 所示。

（2）单击“确定”按钮，显示“与总账对账结果”窗口，如图 8-23 所示。显示与总账对账结果平衡。

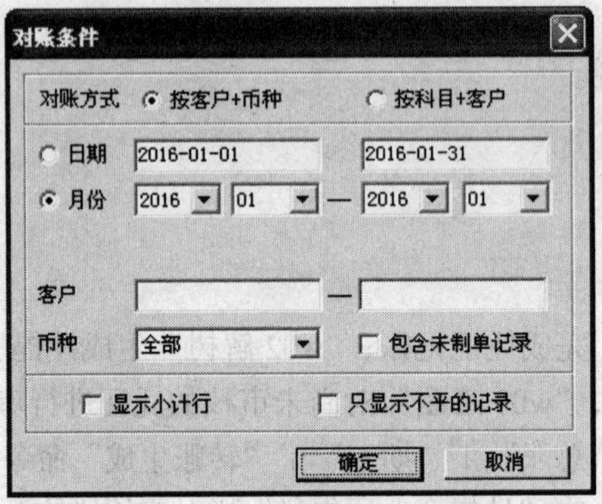

图 8-22 “对账条件”对话框

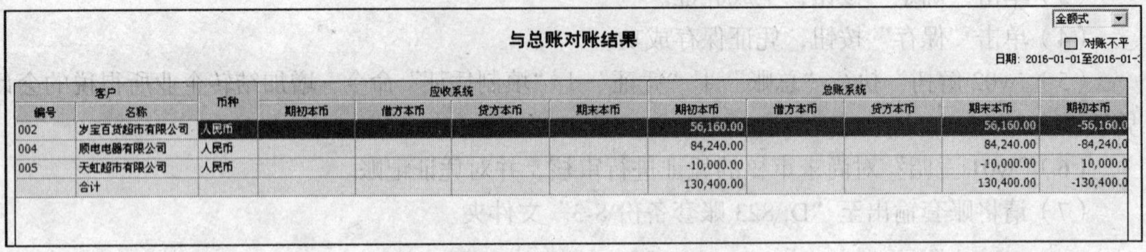

图 8-23 “与总账对账结果”窗口

业务二 应付款管理系统对账

业务描述

2016 年 1 月 31 日，完成应付款管理系统与总账对账。

实验要求

- 应付款系统对账。

实验资料

本节无新增加资料。

操作指导

“w01 王昭”完成应付款管理系统对账。

（1）在应付管理系统中，执行“应付款管理”｜“账表管理”｜“业务账表”｜“与总账对账”命令。打开“对账条件”对话框，所有条件默认。

（2）单击“确定”按钮，显示“与总账对账结果”窗口，如图 8-24 所示。显示与总账对账结果平衡。

与总账对账结果

金额式

对账不平

日期：2016-01-01至2016-01-

客户		币种	应收系统				总账系统				
编号	名称		期初本币	借方本币	贷方本币	期末本币	期初本币	借方本币	贷方本币	期末本币	期初本币
002	岁宝百货超市有限公司	人民币					56,160.00			56,160.00	-56,160.0
004	顺电电器有限公司	人民币					84,240.00			84,240.00	-84,240.0
005	天虹超市有限公司	人民币					-10,000.00			-10,000.00	10,000.0
	合计						130,400.00			130,400.00	-130,400.0

图 8-24 “与总账对账结果”窗口

业务三 固定资产管理系统对账

业务描述

2016 年 1 月 31 日，完成固定资产管理系统与总账对账。

实验要求

- 固定资产系统对账。

实验资料

本节无新增加资料。

操作指导

“w01 王昭”完成固定资产管理系统对账。

参照“项目六实训五”。

业务四 总账对账

业务描述

2016 年 1 月 31 日，完成总账对账。

实验要求

- 总账对账

实验资料

本节无新增加资料。

操作指导

“w01 王昭”完成总账对账。

（1）在总账管理系统中，执行“总账”|“期末”|“对账”命令，打开“对账”对话框。

（2）单击“试算”按钮，系统显示“2016.01，试算结果平衡”，如图 8-25 所示。

（3）单击“确定”按钮，退出“2016.01.试算平衡表”对话框。

（4）单击“检查”按钮。系统提示“总账、辅助账、多辅助账、凭证数据正确！”。

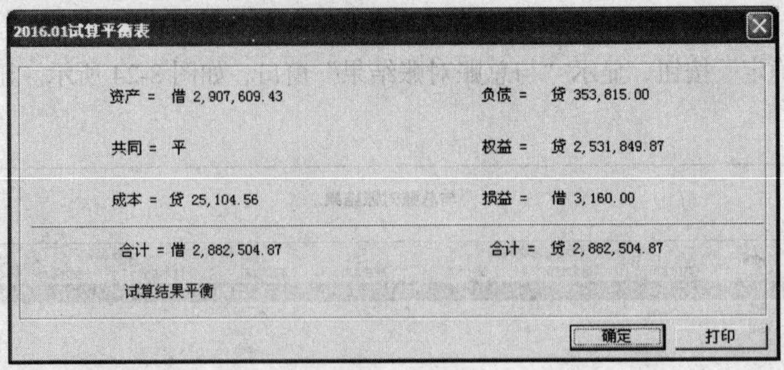

图 8-25 “试算平衡表”对话框

（5）单击“确定”按钮，选中“检查科目档案辅助项与账务数据的一致性”“总账与辅助账”及“辅助账与明细账”复选框。

（6）单击“选择”按钮，激活“对账”按钮。

（7）单击“对账”按钮，系统完成对账，对账结果如图 8-26 所示。

图 8-26 “对账”对话框

业务五　总账结账

业务描述

2016 年 1 月 31 日，完成总账结账。

实验要求

- 结账。

实验资料

本节无新增加资料。

操作指导

“w01 王昭”完成总账对账。

（1）在总账管理系统中，执行“总账”｜“期末”｜“结账”命令，打开“对账”对话框。

系统默认“2016.01”，如图 8-27 所示。

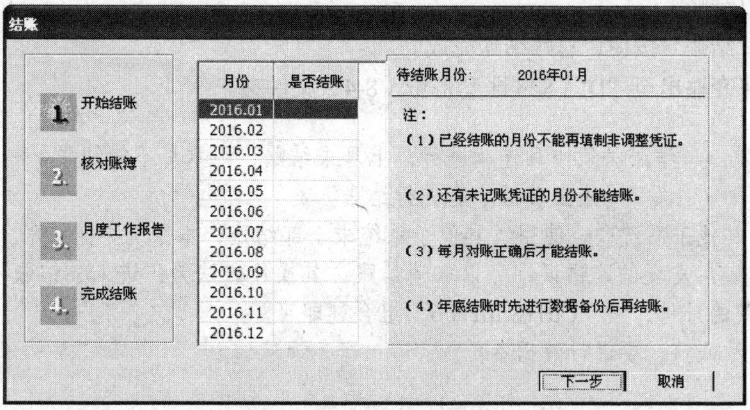

图 8-27 “结账——开始结账”对话框

（2）单击“下一步”，打开“结账——核对账簿”对话框，单击“对账”按钮。系统“核对 2016 年 1 月账簿”，如图 8-28 所示。

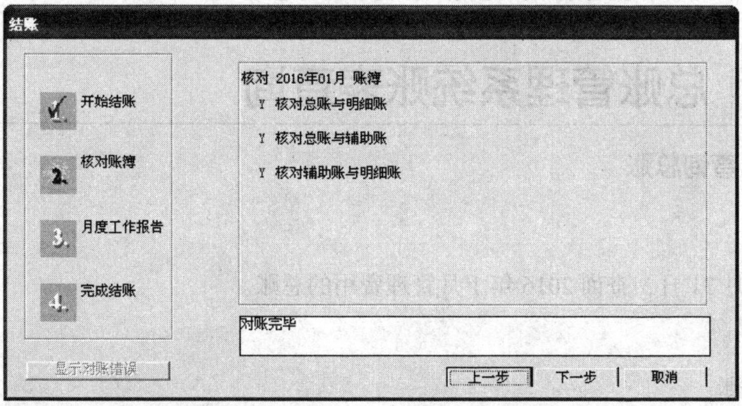

图 8-28 “结账——核对账簿”对话框

（3）单击“下一步”，打开“结账——月度工作报告”对话框，显示“2016 年 1 月工作报告”，如图 8-29 所示。

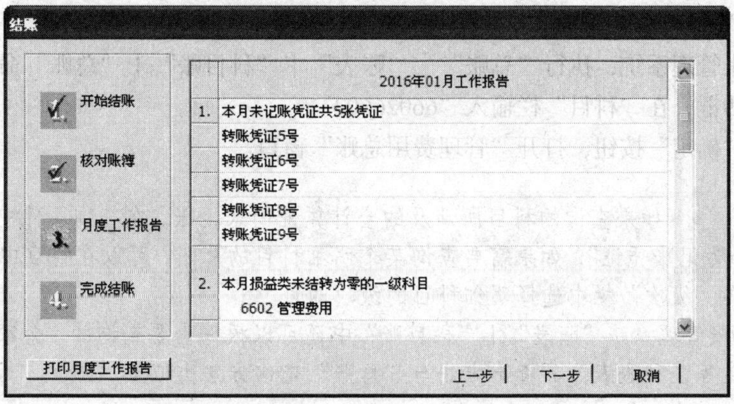

图 8-29 “结账——月度工作报告”对话框

（4）单击“下一步”，打开“结账——月度工作报告”对话框，系统提示“2016 年 1 月工作检查完成，可以结账”。

（5）单击“结账”按钮，总账结账完成。

（6）请将账套输出至“D: \ 823 账套备份 \ 8-4”文件夹。

温馨提示

- 结账必须按月连续进行，上月未结账，则本月不能结账。
- 每月对账正确后才能进行结账。
- 若与其他子系统联合使用，其他子系统未全部结账，本系统不能结账。
- 若结账后发现结账错误，可以取消结账。其操作方法为：进入“结账”对话框，选择要取消结账的月份，按“Ctrl+Shift+F6”组合键即可。
- 取消结账前，要进行数据备份。

实训练习

2016 年 1 月 30 日，执行期末应收账款系统与总账系统进行对账；

2016 年 1 月 30 日，执行期末固定资产管理系统与总账对账。

实训五　总账管理系统账表查询

业务一　查询总账

扫一扫

业务描述

2016 年 1 月 31 日，查询 2016 年 1 月管理费用的总账。

实验要求

- 查询总账。

实验资料

本节无新增加资料。

操作指导

“w01 王昭”进行总账查询。

（1）在总账管理系统，执行“总账”｜“账表”｜“科目账”｜“总账”命令，打开“总账查询条件”对话框，在“科目”栏输入“66026602”。

（2）单击“确定”按钮，打开“管理费用总账”窗口。

温馨提示

- 如果查询的科目所涉及的会计凭证尚未记账，在查询条件中可以选中“包含为记账凭证”；如果需要查询某个明细科目的总账，可以在科目中输入该明细科目的编码，在“级次”栏中选择明细科目的级次即可。
- 在总账管理系统“账表”｜“科目账”中还可以根据需要查询的“余额表”“明细账”和“序时账”等多种账表。其查询方法与“总账”查询方法类似。

业务二　查询项目明细账

业务描述

2016 年 1 月 31 日，查询 2016 年 1 月货架的项目明细账。

实验要求

- 查询明细账。

实验资料

本节无新增加资料。

操作指导

“w01 王昭”查询项目明细。

（1）在总账管理系统中，执行“总账”｜“账表”｜“项目辅助账”｜“项目明细账”｜“项目明细账”命令，打开“项目明细账条件”对话框，在“项目大类”栏选择“生产成本核算”，在“项目”栏选择“货架”，其他条件默认。

（2）单击“确定”按钮，打开“货架”的“项目明细账”窗口。

业务三　查询科目明细账

业务描述

2016 年 1 月 31 日，查询 2016 年 1 月一号店超市有限公司的明细账。

实验要求

- 查询科目明细账。

实验资料

本节无新增加资料。

操作指导

“w01 王昭”查询客户明细账。

（1）在总账管理系统，执行“总账”｜“账表”｜“客户往来辅助账”｜“客户往来明细账”｜“客户明细账”命令。打开“查询条件选择”对话框，在“客户”栏选择“001-一号店超市有限公司”，其他条件默认。

（2）单击“确定”按钮，打开一号店超市有限公司的“客户明细账”。

（3）请将账套输出至“D: \ 823 账套备份 \ 8-5”文件夹。

温馨提示

- 在总账管理系统中，用户可以根据需要在“账表”中查询“客户往来辅助账”“供应商往来辅助账”“个人往来账”和“部门辅助账”等各种账表。

实训练习

2016 年 1 月 30 日，在总账系统，查询项目明细账。

项目小结

本项目主要介绍了制造费用结转，期末转账定义包括完工产品成本结转、销售成本结转、税金，计提税费结转、期间损益结转的具体设置、期末的设置及凭证的生成、对账及结账，是总账期末处理是总账系统里面最后一个内容，是对前面项目的一个汇总。期末处理特别重要，期末处理会影响项目九报表数据来源的正确与否，结转是对前面的总结也是为后面的铺垫。

项目综合评价

评价记录表

姓　　名：　　班　　级：　　评价时间：

<table>
<tr><th colspan="2">评价指标</th><th>评价标准</th><th>所占比例</th><th>分值</th></tr>
<tr><td rowspan="8">学习过程
Σ70</td><td rowspan="4">学习目标
Σ40</td><td>期末结转制造费用</td><td>10%</td><td></td></tr>
<tr><td>期末转账定义</td><td>5%</td><td></td></tr>
<tr><td>期末转账凭证生成</td><td>15%</td><td></td></tr>
<tr><td>本章成绩</td><td>10%</td><td></td></tr>
<tr><td rowspan="4">综合能力
Σ30</td><td>期末对账与结账</td><td>10%</td><td></td></tr>
<tr><td>总账管理系统账表查询</td><td>10%</td><td></td></tr>
<tr><td>结账</td><td>5%</td><td></td></tr>
<tr><td>综合能力</td><td>5%</td><td></td></tr>
<tr><td rowspan="4">小组合作
Σ30</td><td>初始实施</td><td>账套引入</td><td>5%</td><td></td></tr>
<tr><td>过程实施</td><td>配合及解决问题及灵动性</td><td>5%</td><td></td></tr>
<tr><td>合作交流</td><td>小组成员间的交流与合作</td><td>10%</td><td></td></tr>
<tr><td>资源利用</td><td>资源使用及组织</td><td>10%</td><td></td></tr>
<tr><td colspan="2">综合得分</td><td colspan="3"></td></tr>
<tr><td colspan="2">教师评语</td><td colspan="3">签名：
年　月　日</td></tr>
<tr><td colspan="2">学生意见</td><td colspan="3">签名：
年　月　日</td></tr>
</table>

项目九

报表管理系统业务处理

功能概述

UFO报表系统是报表处理的工具，既可以编制对外报表，又可以编制各种内部报表。它的主要任务是设计报表的格式和编制格式，从总账系统或其他业务系统中取得有关会计信息，自动编制各种会计报表，对报表进行审核、汇总，生成各种分析图，并按预定格式输出各种会计报表。具体包括以下内容。

- 文件管理：对报表文件的创建、读取、保存和备份进行管理。能够进行不同文件格式的转换。支持多个窗口同时显示和处理，可以同时打开的文件和图形窗口多达40个。提供了标准财务数据的“导入”和“导出”功能，可以和其他流行财务软件交换数据。
- 格式管理：提供了丰富的格式设计功能，如定义组合单元、画表格线及调整行高和列宽等，可以制作各种要求的报表。
- 数据处理：UFO以固定的格式管理大量不同的表页，多达99999张，具有相同格式的报表资料统一在一个报表文件中进行管理，并且在每张表页之间建立有机的联系。该系统同时提供了排序、审核、舍位平衡及汇总功能；提供了绝对单元公式和相对单元公式，可以方便迅速地定义计算公式；提供了种类丰富的函数，可以从用友账务系统及其他业务系统中提取数据，生成财务报表。
- 图标功能：将数据表以图形的形式进行表示。采用图文混排，可以方便地进行图形数据组织，制作包括直方图、立体图及折线图等10种图式的分析图表。可以编制图表的位置、大小及标题等，打印输出图表。
- 二次开发：提供批命令和自定义，自动记录命令窗口中输入的多个命令，可以将有规律性的操作过程编织成批命令文件，可以在短时间内开发出本企业的专用系统。

实验目的与要求

- 系统学习自定义报表和使用报表模板生成报表的方法。要求掌握报表格式设计和公式设置的方法以及报表数据的计算方法，了解及查询有关的图表功能。

实训一　报表模板使用

业务一　生成资产负债表

业务描述

请以“w01 王昭”的身份生成资产负债表。

实验要求

- 2016 年 1 月 31 日，利用报表模板生成本月资产负债表。

实验资料

本节无新增加资料。

操作指导

“w01 王昭”生成资产负债表。

（1）在企业应用平台上，执行“财务会计”|“UFO 报表”命令，打开“UFO 报表”，系统提示“日积月累”，单击“关闭”按钮。

（2）单击“新建”按钮，打开下一张空白表页。

（3）执行“格式”|“报表模板（M）”命令，打开“报表模板”对话框，在“您所在的行业”栏选择“2007 年新会计制度科目”，在“财务报表”栏选择“资产负债表”，如图 9-1 所示。

（4）单击“确认”按钮，系统提示“模板格式将覆盖本表格式！是否继续？”。

（5）单击“确认”按钮，生成资产负债表模板，此时报表为“格式”状态。在 A3“编辑单位:”单元格输入“深圳杰威尔出版有限公司”。

（6）将报表从“格式”状态切换到“数据状态”。

（7）执行“数据”|“关键字”|“输入关键字”命令，打开“输入关键字”对话框，输入“2016 两 1 月 31 日”，如图 9-2 所示。

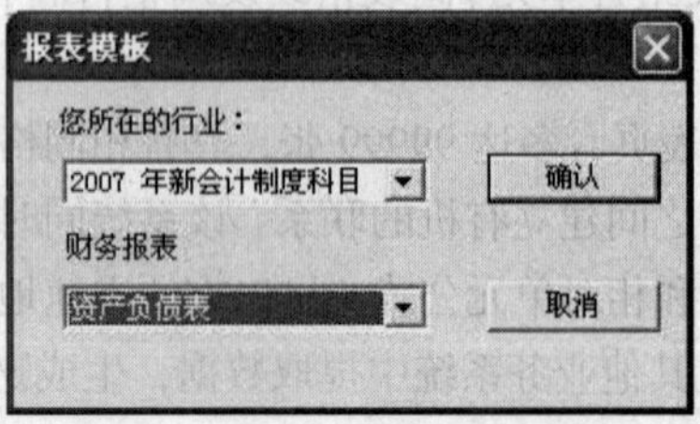

图 9-1 “报表模板”对话框

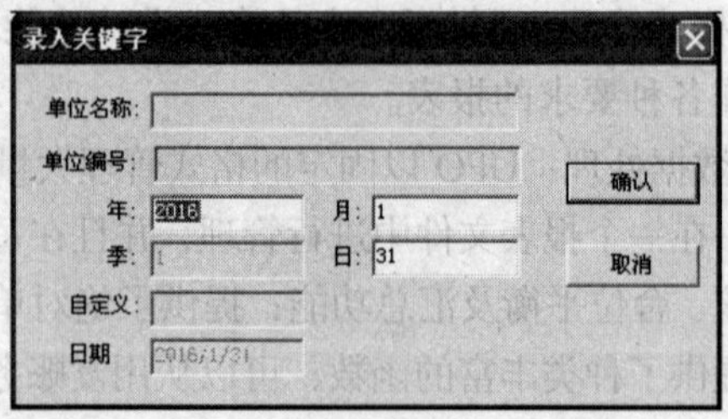

图 9-2 “录入关键字”对话框

（8）单击“确认”按钮，系统提示“是否重算第 1 页？”，单击“是”按钮，系统自动计算资产负债表各项目数。

（9）单击“保存”按钮，将资产负债表以“zcfzb.rep”命名，保存到 D:\823 备份账套\9-1 文件夹下。

业务二　生成利润表

业务描述

请以“w01 王昭”的身份生成利润表。

实验要求

- 2016 年 1 月 31 日，利用报表模板生成本月利润表。

实验资料

本节无新增加资料。

操作指导

“w01 王昭”生成利润表。

（1）继续单击“新建”按钮，打开一张空白表页。

（2）执行“格式”|“报表模板（M）”命令，打开“报表模板”对话框，在“你所在的行业”栏选择“2007 年新会计制度科目”，在“财务报表”栏选择“利润表”。

（3）重复业务一中第四步至第八步，生成本月“利润表”。

（4）单击“保存”按钮，将利润表以“lrb.rep”命名，保存到 D:\823 备份账套\9-1 文件夹下。

温馨提示

• 在实际工作中，用户也可执行“格式”|“报表模板”命令，从系统提供的 21 个行业的会计报表中查找适合本企业的报表模板。报表模板是预先设立了标准格式的会计报表，模板各单元的计算公式已经设立，可大大减少报表格式设计和公式定义的工作量。

• UFO 报表系统有两种工作状态，一种是格式状态，另一种是数据状态。两种状态的切换只需要单击窗口左下角以红色字体显示的“格式”或“数据”即可实现。

• 在数据状态下，执行“数据”|“整表重算”命令，弹出“整表重算”的提示框，单击“是”按钮，系统自动利用设计的报表公式从相关系统或表页中取数，完成整表重算，获得报表数据。也可以执行“数据”|“表页重算”命令，生成当前表页的报表项目数据。

• 资产负债表中的相关项目数据提取的是资产、负债、所有者权益各项目不同时点的数据，它主要提取两个时点的数据，即期初数与期末数，各自对应的函数名为“QC”月“QM”。利润表各项目对应的账户为损益类账户，在提取项目金额时，应提取发生额，对应的函数名为“FS”。

实训练习

打开 zcfzb.rep，其中有 8 个计算公式未填写，利用账务函数自定义公式，重新生成资产负债表并保存。

实训二 自定义报表设计

业务一 设计管理费用明细表

业务描述

请以“w01 王昭”的身份自定义管理费用明细表。

实验要求

• 报表设计。

实验资料

2016 年 1 月 31 日，根据表 9-1，在 UFO 报表中设计该表页。

表 9-1 管理费用明细表

编制单位：安徽环与仓储设备有限公司 年 月 日 单位：元

项目	经理室	财务部	采购部	销售部	生产一车间	生产二车间	仓储部
工资							

续表

项目	经理室	财务部	采购部	销售部	生产一车间	生产二车间	仓储部
福利费							
社会保险费							
办公费							
业务招待费							
折旧费							
差旅费							
其他							
合计							

操作指导

“w01 王昭”设计管理费用明细表。

1. 创建新表

（1）2016 年 1 月 31 日，操作员张景山在企业应用平台中执行“财务会计”|“UFO 报表”命令，打开“UFO 报表”。

（2）单击“新建”按钮，生成一张空白表页。

温馨提示

- 在创建报表之后，就可以进行表样设计了。表样设计实际上就是设置一张报表的大小和外观。其具体内容包括设置表尺寸、行高列宽、画表格线、定义组合单元、设置单元属性、输入对应项目名称和设置关键字等。除设置关键字外，表样设计的功能键基本集中在“格式”菜单下，也可右击鼠标后从列表中选用相关功能。

2. 设置表尺寸

（1）执行“格式”|“表尺寸”命令，打开“表尺寸”对话框。

（2）输入报表的行数为“12”，输入表的列数为“8”，如图 9-3 所示。单击“确认”按钮，系统自动将报表显示区域的空白表格根据所设置的行、列数进行显示，而不再显示整张空白表页。

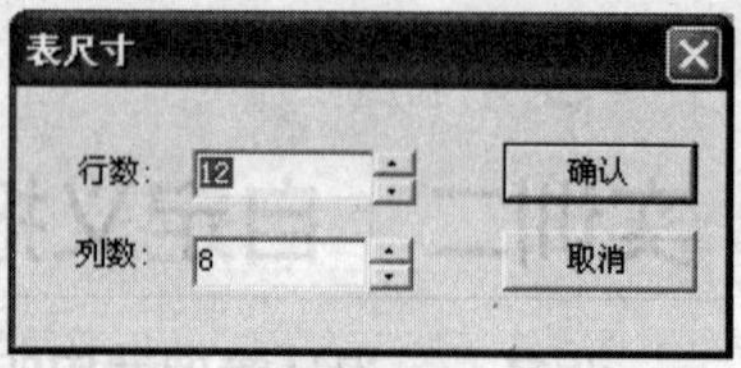

图 9-3 “表尺寸”对话框

温馨提示

- 所谓表尺寸，是指报表的行数和列数。
- 在设置表的行数时，要特别注意加上表头和表尾部分所占的行数。

3. 设置行高、列宽

（1）选定整张表，执行“格式”|“行高”命令，打开“行高”对话框，输入表报行高“8”毫米，单击“确认”按钮，如图 9-4 所示。

（2）执行“格式”|“列宽”命令，打开“列宽”对话框，输入报表列宽“20”毫米。单击“确认”按钮。

温馨提示

- 在定义报表行高或列宽时，必须首先选择需要被定义的行或列，否则系统只对光标停留处的行或列进行定义。操作时，可单击行号或列号快速选择行或列，若要选择整张表格，可以使用“Ctrl+A”快捷键。

4. 画表格线

（1）选中 A3：H12 区域，执行“格式”|“区域画线”命令，打开“区域画线”对话框。

（2）选中线型“网线”前的单选框，如图 9-5 所示。单击“确认”按钮，表格画线成功。

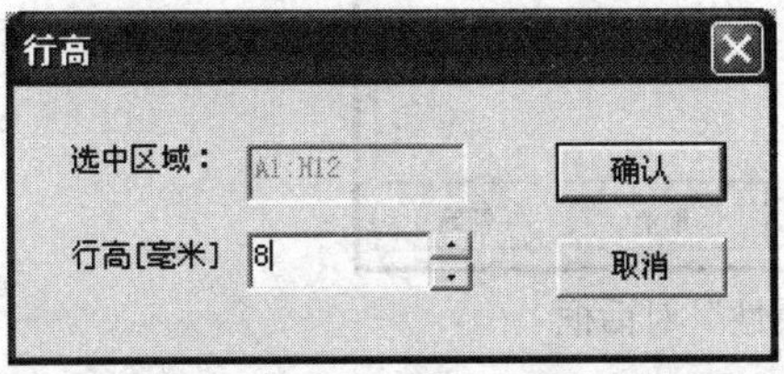

图 9-4 “行高”对话框

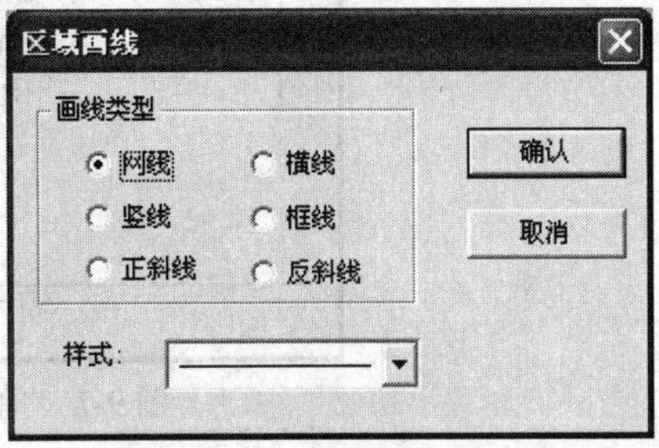

图 9-5 “区域画线”对话框

> • 增加的空白表页是没有表格线的，选择拟画线区域，即可进入“区域画线”对话框，对话框中提供了网线，横线，竖线，框线，正斜线，反斜线 6 种线型的选择。

5. 定义组合单元

（1）选中第一行 A1：H1 单元，执行“格式”|“组合单元”命令，打开“组合单元”对话框，如图 9-6 所示。

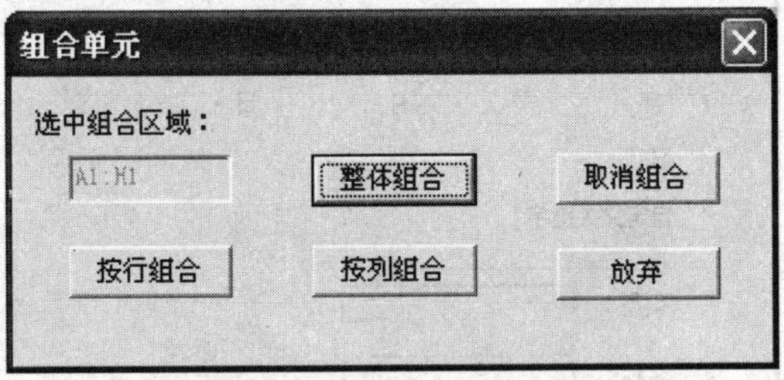

图 9-6 “组合单元”对话框

（2）单击“整体组合”按钮，该行的所有单元将被合并为一个组合单元。

> • “组合单元”对话框提供整体组合，按行组合，按列组合，取消组合，放弃等选项，用户根据实际情况进行选择，单击某一选项即可完成操作。

6. 设置单元属性

（1）选中整张表，执行“格式”|“单元属性”命令，打开“单元格属性”对话框。

（2）系统默认单元类型为“数值”，选中“逗号”前的复选框，如图 9-7 所示。

（3）单击“确定”按钮。

> • UFO 报表系统提供了较为全面的单元属性定义功能。主要对单元类型、字体图案、对齐方式、边框内容进行调整。字体图案、对齐方式、边框等的设置与 Excel 表的相关设置类似。

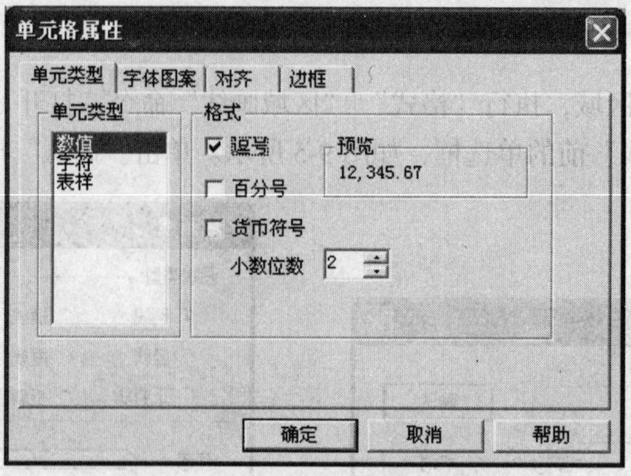

图 9-7 “单元格属性”对话框

7．设置关键字

（1）组合 A2：C2 单元格。

（2）选中组合后的单元格，执行“数据”|“关键字”|“设置”命令，打开“设置关键字”对话框，选中“单位名称”前的单选项，如图 9-8 所示。单击“确定”按钮。

（3）重复第一步操作，分别选择 D2、E2 和 F2 单元，设置关键字“年”“月”“日”。

（4）执行“数据”|“关键字”|“偏移”命令，打开“定义关键字偏移”对话框，输入“年”的偏移量为“10”，“月”的偏移量为“10”，“日”的偏移量为“10”，单击“确定”按钮。

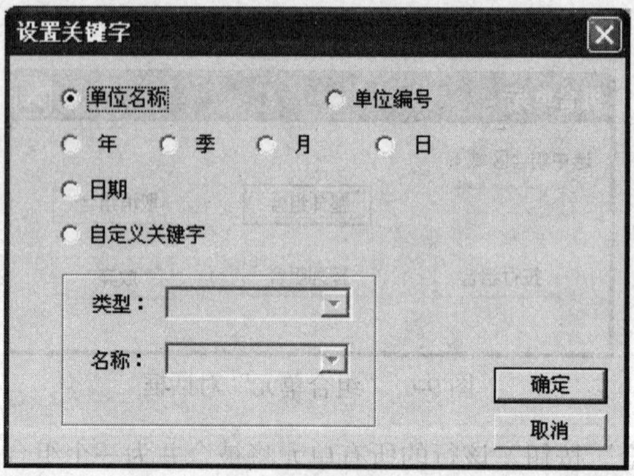

图 9-8 “设置关键字”对话框

温馨提示

• 一般地，单元其他内容未修改字体颜色前，均以黑色显示，但关键却是以红色字体显示，且在关键字名称前或后都有一串或长或短的红色小叉，这些红色小叉在切换到数据状态下则没有显示，它们代表了更改关键字内容的长度限制及关键字内容的显示位置。

• 一般地，关键字的位置是由关键字偏移量的大小决定的。单元偏移量的范围是[−300,300]，负数表示向左偏移，正数表示向右偏移。需要说明的是，关键字的偏移量设置不仅可以在格式状态下完成，也可以在数据状态下完成。

• 关键字设置错误或不合理，可以执行“数据”|“关键字”|“取消”命令，选择需要取消关键字前的单选项，单击“确定”按钮即可取消对应的关键字。

8. 输入报表文字内容

双击选定单元，将光标定位在单元格中，直接在单元格中输入内容；也可以在选定单元后，将光标定位在窗口上方中的编辑栏中进行输入。

9. 保存报表

（1）执行“文件”|“保存”命令，打开“另存为”对话框。

（2）选择保存路径 D:\823 备份账套\9-2，输入文件名“管理费用明细表”，单击“另存为”按钮。报表保存成功。

业务二　设置管理费用部门明细表公式

业务描述

请以“w01 王昭”的身份生成设置管理费用部门明细表公式。

实验要求

- 2016 年 1 月 31 日，定义管理费用明细表各单元的单元公式。

实验资料

本节无新增加资料。

操作指导

“w01 王昭”设置管理费用部门明细表公式。

（1）打开“管理费用明细表”，在格式状态下，选择 B4 单元，执行“数据”|“编辑公式”|“单元公式”命令，打开“定义公式”对话框。

（2）单击“函数向导”按钮，打开“函数向导”对话框，选择“函数分类”为“用友账务函数”，选择“函数名”为“发生（FS）”函数。

（3）单击“下一步”按钮，打开“用友账务函数”编辑窗口。

（4）单击“参照”按钮，打开“账务函数”对话框，系统显示：“账套号”默认，“会计年度”默认，“期间”默认为“月”，“方向”默认为“借”，将“科目”修改或选择输入为“660201”，在“辅助核算”|“部门编码”栏选择“经理室”。

（5）单击“确定”按钮，返回“用友账务函数”对话框。

（6）单击“确定”按钮，返回“定义公式”对话框。

（7）单击“确定”按钮，B4 单元格公式定义完成。系统会自动在 B4 单元格中显示“公式单元”字样，当光标停在该单元时，在工具栏显示该单元计算公式。

（8）重复上述第一步至第七步，完成 B5：H11 单元格公式。

（9）选择 B12 单元，执行“数据”|“编辑公式”|“单元公式”命令，在打开的“定义公式”对话框中输入公式“B4+B5+B6+B7+B8+B9+B10+B11”。

（10）重复第九步，设置 C12：H 12 单元格公式。管理费用明细表公式设置完成。

（11）单击“保存”按钮。

温馨提示

- 在上述管理费用明细表中 B5：H 11 单元格的公式也可以通过复制 B4 单元格公式，然后根据单元格所对应的部门和项目进行修改。例如：设置 B5 单元格的公式，可以先复制 B4 单元格的公式，然后双击 B5 单元格，打开“定义公式”对话框，将公式中的科目编码“660201”修改为“660202”，B5 单元格公式设置完成。C4 单元格的公式，可以把复制后公式中的部门编码“1”修复为“2”。其他单元格同理。

业务三　生成管理费用明细表数据

业务描述

请以“w01 王昭”的身份生成设置管理费用部门明细表数据。

实验要求

- 2016 年 1 月 31 日，生成 1 月管理费用明细表数据。

实验资料

本节无新增加资料。

操作指导

“w01 王昭”生成管理费用部门明细表数据。

（1）打开“管理费用明细表”，单击“数据/格式”切换按钮，进入数据状态，执行“数据”|“关键字”|“输入”命令，打开“输入关键字”对话框。

（2）在“单位名称”栏输入“深圳杰威尔出版有限公司”，在“年”“月”“日”栏分别输入“2016”“1”“31”。

（3）单击“确认“，系统提示“是否重算第一页？”，单击“是“按钮，生成 2016 年 1 月管理费用明细表。

（4）单击“保存“按钮。

业务四　定义财务指标分析表

业务描述

请以“w01 王昭”的身份设计企业主要指标分析表。

实验要求

2016 年 1 月 31 日，根据表 9-2，在 UFO 报表中设计该表页并生成相关指标数据。

实验资料

表 9-2　企业主要财务指标分析表

编制单位：深圳杰威尔出版有限公司　　2016 年 1 月

评价纬度	评价指标	指标公式	评价结果
偿债能力	流动比率	流动资产/流动负债	
	产权比率	负债总额/股东权益	
	资产负债率	负债总额/资产总额	
营运能力	存货周转率	销售收入/存货	
	应收账款周转率	销售收入/应收账款	
盈利能力	成本费用利润率	利润总额/成本费用总额	
	净资产收益率	净利润/所有者权益	

操作指导

“w01 王昭”设计企业主要指标分析表，生成指标数据。

（1）参照“项目九”|“实训二”|“业务一”的操作指导，制作“企业主要财务指标分析表”。

（2）选择 C4 单元，执行“数据”|“编辑公式”|“单元公式”命令，打开“定义公式”对话框。在单元格中输入“"zcfzb.rep"->C18/"zcfzb.rep"->G19”。

（3）单击“确认”按钮，流动比率公式设置成功。

（4）同理，在 C5 单元格中输入“"zcfzb.rep"->G29/"zcfzb.rep"->G36”；在 C6 单元格中输入“ "zcfzb.rep"->G29/"zcfzb.rep"->C38 ”；在 C9 单元格输入“ 'lrb.rep"->C19/("lrb.rep"->C6+ “lrb.rep"->C7+"lrb.rep"->C8+"lrb.rep"->+C9+"lrb.rep"->C10”。

（5）选择 C7 单元，执行“数据”|“编辑公式”|“单元公式”命令，打开“定义公式”对话框。

（6）单击“筛选条件”按钮，打开“筛选条件”对话框，在“请输入筛选条件”栏输入“all”。

（7）单击“确认”按钮，继续单击“关联条件”按钮，在“当前关键值”栏选择“月”，在“关键表名”栏选择“D:\823 账套备份\9-2\lrb.rep”，在“关联关键值”栏选择“月”。

（8）单击“确认”按钮，“定义公式”对话框，复制“C7”栏中的“For all Relation 月 with ‘'D:\823 账套备份\9-1\lrb.rep"->”部分。

（9）删除“C7”栏中的所有内容，粘贴“"D:\823 账套备份\9-1\lrb.rep"->”，并在其后输入“C5/”。

（10）重复（5）～（9），寻找资产负债表存放路径，继续在“C7”单元格复制“rep"->C5/"D:\823 账套备份\9-1\zcfzb.rep"->”，并在其后输入“C15”。

（11）单击“确认”按钮，“存货周转率”公式设置完成。

（12）(重复（5）～（11），设置 C8 单元格的公式为“"D:\823 账套备份\9-1\lrb.rep"->C5/"D:\823 账套备份\9-1\zcfzb.rep"-> C10”；设置 C10 单元格的公式为“"D:\823 账套备份\9-1\lrb.rep"->C21/"D:\823 账套备份\9-1\zcfzb.rep" ->G36”。

（13）选择保存路径 D:\823 备份账套\9-2，输入文件名“企业主要财务指标分析表”，单击“保存”按钮，报表保存成功。

业务五　生成财务指标值

业务描述

请以“w01 王昭”生成财务指标值。

实验要求

- 2016 年 1 月 31 日，根据企业主要财务指标表中的公式设置，生成 1 月的指标值。

实验资料

本节无新增加资料。

操作指导

“w01 王昭”生成指标值。

（1）打开“企业主要财务指标分析表”，单击“数据/格式”切换按钮，进入数据状态，执行“数据”|“关键字”|“输入”命令，打开“输入关键字”对话框。

（2）在“单位名称”栏输入“深圳杰威尔出版有限公司”，在“年”“月”栏分别输入“2016”“01”。

（3）单击“确认”按钮，系统提示“是否重算第一页？”，单击“是”按钮，生成2016年1月“企业主要财务指标分析表”。

（4）单击“保存”按钮。

实训练习

打开lrb.rep的B2和C2单元格中分别设置“年”“月”关键字，并输入关键字为“2014”和“4”。

项目小结

自定义报表为自己设计的报表，但是该有的项目必须有，填充的公式也需要正确才能生成正确的数据，前面做账的正确关乎这一项目生成数据的好坏，关乎企业盈亏，但并无太大难度。一般情况下，企业系统中有完整的表格填充，并非一定要自己设计，但是有些企业精益求精，同学们也要了解一下这一项目的内容。

项目综合评价

评价记录表

姓　　名：　　　班　　级：　　　评价时间：

评价指标		评价标准	所占比例	分值
学习过程 Σ70	学习目标 Σ40	报表模板使用	10%	
		自定义报表设计	5%	
		生成报表	15%	
		本章成绩	10%	
	综合能力 Σ30	生成利润表	10%	
		生成资产负债表	10%	
		生成管理费用明细表	5%	
		查看报表正确性	5%	
小组合作 Σ30	初始实施	账套引入	5%	
	过程实施	配合及解决问题及灵动性	5%	
	合作交流	小组成员间的交流与合作	10%	
	资源利用	资源使用及组织	10%	
综合得分				
教师评语		签名： 年月日		
学生意见		签名： 年月日		